Ich, Prinzessin aus dem Hause Al Saud
Ich, Prinzessin Sultana, und meine Töchter

Ich, Prinzessin aus dem Hause Al Saud

Eine Frau erzählt ihr Leben: »In einem Land, in dem noch immer Könige herrschen, bin ich eine Prinzessin.« Aber was wie ein Märchen aus Tausendundeiner Nacht klingt, ist in Wirklichkeit ein Alptraum. Denn die Erzählerin stammt aus dem saudi-arabischen Königshaus, und in diesem Wüstenstaat zählen Frauen nicht viel, auch wenn sie Prinzessinnen sind. Ihnen wird von klein auf eingetrichtert, daß sie sich ihren Vätern und Brüdern bedingungslos unterzuordnen haben. Sie werden gegen ihren Willen verheiratet, eingesperrt, geschlagen. Sie leben in goldenen Palästen, aber sie sind nicht viel mehr als Sklavinnen.

Eine arabische Prinzessin, die ihren Namen nicht preisgeben kann und sich deshalb Sultana nennt, hat diese Demütigungen nicht länger ertragen. Sie hat sich entschlossen, die Mauer des Schweigens zu durchbrechen und von sich und ihrer Familie zu berichten.

Ich, Prinzessin Sultana, und meine Töchter

Überzeugt, daß das offene Sprechen über die Mißstände in ihrer Heimat ihre stärkste Waffe ist, beschloß Sultana, erneut über das Leben im goldenen Käfig zu berichten. In *Ich, Prinzessin Sultana, und meine Töchter* erzählt sie vom Schicksal der Frauen im heutigen Saudi-Arabien. Tief bewegend und erschütternd schildert sie die Sehnsüchte und Wünsche ihrer Töchter, die wie Sklavinnen in einer Welt leben, in der Männer das alleinige Sagen haben und Frauen geschlagen, eingesperrt und gegen ihren Willen verheiratet werden.

Sultanas Erzählungen wurden aufgeschrieben von Jean Sasson, der die Prinzessin ihr Leben erzählt hat. Die beiden Frauen lernten sich in Saudi-Arabien kennen, wo Jean Sasson zwölf Jahre gelebt und gearbeitet hat.

Ich, Prinzessin aus dem Hause Al Saud

Ein Leben hinter tausend Schleiern

Ich, Prinzessin Sultana, und meine Töchter

Ein Leben hinter tausend Schleiern

Zwei Bestseller in einem Band

GOLDMANN

Es ist nicht die Absicht der Autorin und der Prinzessin, mit dieser wahren Geschichte den islamischen Glauben zu diskreditieren.

Umwelthinweis:
Alle bedruckten Materialien dieses Taschenbuches sind chlorfrei und umweltschonend.

Der Wilhelm Goldmann Verlag, München, ist ein Unternehmen der Verlagsgruppe Random House GmbH.

Einmalige Sonderausgabe Juni 2003
»Ich, Prinzessin aus dem Hause Al Saud«
Published by arrangement with the autor c/o Rembar & Curtis, New York

Umschlaggestaltung: Design Team München
Umschlagfoto: Corbis / Peter Furnley
Druck: Elsnerdruck, Berlin
Titelnummer: 13349
Made in Germany

ISBN 3-442-13349-1
www.goldmann-verlag.de

Ich, Prinzessin aus dem Hause Al Saud

Ein Leben hinter tausend Schleiern

Aufgeschrieben von Jean P. Sasson

Aus dem Amerikanischen von
Christa Broermann und Cornelia Stoll

Die amerikanische Originalausgabe erschien unter dem Titel
»Princess: A True Story of Life Behind the Veil in Saudi-Arabia«
bei William Morrow, New York

Dieses Buch ist Jack W. Creech gewidmet.

Er hielt es von Anfang an für wichtig, daß Sultanas Geschichte erzählt wird. Er allein kennt die Qualen, die ich durchlebte, während ich dieses Buch schrieb und dabei meine lange Freundschaft mit Sultana vertiefte. Er war mir in der schwierigen und langen Entstehungszeit des Manuskriptes zugleich ein Freund und eine emotionale Stütze.

Inhaltsverzeichnis

Einleitung

In einem Land, in dem noch immer Könige herrschen, bin ich eine Prinzessin. Den Namen, den ich dort trage, darf ich hier nicht preisgeben, denn was ich erzähle, könnte für mich und meine Familie sehr gefährlich werden. Ich werde mich deshalb Sultana nennen.

Ich bin eine saudische Prinzessin aus dem Hause Al Saud und gehöre jener Familie an, die das Königreich Saudi-Arabien regiert. Als Frau in einem von Männern beherrschten Land kann ich den unmittelbaren Schritt in die Öffentlichkeit nicht wagen. Daher bat ich meine amerikanische Freundin, die Schriftstellerin Jean Sasson, meine Lebensgeschichte niederzuschreiben.

Ich wurde frei geboren, doch heute liege ich in Ketten. Da sie unsichtbar sind, spürte ich sie erst, als ich älter wurde und begriff. Von da an war mein Leben nur noch ein schmaler Streifen Angst.

An meine vier ersten Lebensjahre erinnere ich mich nicht. Vermutlich lachte und spielte ich wie alle kleinen Kinder, denn damals wußte ich noch nicht, daß ich im Land meiner Geburt keinen Wert besaß, weil ich ein Mädchen war.

Um mein Leben verstehen zu können, muß man wissen, wer meine Vorfahren sind. Die Familie Al Saud blickt auf sechs Generationen zurück und herrschte schon in der Zeit der frühen Emire von Nedschd, in jenem Beduinenland, das

Teil des heutigen Königreiches Saudi-Arabien ist. Diese ersten Al Sauds waren Männer, deren Ehrgeiz nicht weiter reichte als für die Eroberung des nahe gelegenen Wüstenlandes und für nächtliche Überfälle auf benachbarte Stämme.

Im Jahre 1891 erlitt der Stamm der Al Saud eine Niederlage und mußte fliehen. Abdul Asis, der einmal mein Großvater werden würde, war damals noch ein Kind. Nur mit knapper Not überstand er die gefährliche Flucht durch die Wüste. Später sollte er sich daran erinnern, wie sehr er sich geschämt hatte, als sein Vater ihm befahl, in eine große Tasche zu kriechen, die dann am Sattelhorn eines Kamels festgebunden wurde. Wütend, daß er noch nicht mitkämpfen durfte, spähte der Bub verbittert aus der Tasche, die mit jedem Schritt des Tieres hin und her schaukelte. Die Flucht, so erinnerte er sich später, sei die Wende in seinem Leben gewesen: Nach der demütigenden Niederlage seiner Familie mußte er mitansehen, wie die Heimat seinem Blick entschwand.

Nach zwei Jahren Nomadenleben in der Wüste fand die Familie Al Saud Zuflucht in Kuwait. Das Leben als Flüchtling war Abdul Asis so verhaßt, daß er sich schon in jungen Jahren schwor, das Wüstenland, das einst seine Heimat gewesen war, zurückzuerobern.

So kehrte der fünfundzwanzigjährige Abdul Asis im September 1901 in unser Land zurück. Nach entbehrungsreichen Monaten besiegten er und seine Männer am 16. Januar 1902 den Feind, die Familie Raschid. Um sich die Loyalität der Wüstenstämme zu sichern, heiratete Abdul Asis in den folgenden Jahren mehr als dreihundert ihrer Frauen. Sie schenkten ihm im Laufe der Zeit über fünfzig Söhne und achtzig Töchter. Die Söhne der Lieblingsfrauen hatten eine besondere Stellung inne; mittlerweile sind sie erwachsen und sitzen in unserem Land an den Schaltstellen der Macht. Abdul Asis aber liebte keine Ehefrau mehr als Hassa Sudairi.

Hassas Söhne führen heute die Familie Al Saud an und beherrschen das von ihrem Vater gegründete Königreich. Einer dieser Söhne, Fahd, ist heute unser König.

Viele Söhne und Töchter heirateten Cousinen und Cousins aus den bedeutenden Nebenlinien unserer Familie, wie den al Turkis, Jiluwis und al Kabirs. Die Prinzen und Prinzessinnen aus diesen Ehen sind besonders einflußreiche Angehörige des Hauses Al Saud. Heute, im Jahr 1991, umfaßt unsere Dynastie nahezu einundzwanzigtausend Mitglieder. Daher stammen rund tausend Prinzen oder Prinzessinnen direkt vom großen König Abdul Asis ab.

Ich, Sultana, bin eine dieser direkten Nachfahren.

Meine erste lebhafte Erinnerung hat mit Gewalt zu tun. Ich war vier Jahre alt, als mich meine Mutter, sonst eine sanftmütige Frau, mit der Hand ins Gesicht schlug. Ich hatte meinen Vater beim Gebet nachgeahmt. Doch statt mich nach Mekka zu wenden, betete ich meinen sechsjährigen Bruder Ali an. Ich hielt ihn für einen Gott. Woher sollte ich wissen, daß er es nicht war? Noch heute, zweiunddreißig Jahre später, brennt mir die Wange von diesem Schlag, und ich erinnere mich wieder, daß ich mir die erste Frage stellte: Wenn mein Bruder kein Gott war, warum wurde er dann wie einer behandelt?

In einer Familie mit zehn Töchtern und einem Sohn gehört in unserem Land die Angst zum täglichen Leben: Angst, daß der unerbittliche Tod den einzigen Knaben holen könnte, Angst, daß keine weiteren Söhne geboren werden würden. Meine Mutter hatte bei jeder Schwangerschaft Angst: Sie flehte einen Sohn herbei, und immer und immer wieder war es ein Mädchen, bis sie schließlich zehn Töchter hatte.

Dann geschah, was sie am meisten befürchtet hatte: Mein Vater nahm eine zweite, jüngere Frau, die ihm die ersehnten Söhne gebären sollte. Diese Frau, auf der alle Hoffnungen ruhten, brachte drei tote Söhne zur Welt, dann ließ mein

Vater sich von ihr scheiden. Erst die vierte Frau gebar ihm endlich viele Söhne, doch mein älterer Bruder war der Erstgeborene, und als solcher stand er an erster Stelle. Wie meine Schwestern täuschte ich vor, daß ich meinen Bruder Ali verehrte, in Wahrheit aber haßte ich ihn, wie nur Geknechtete hassen können.

Meine Mutter wurde als Zwölfjährige mit meinem damals zwanzigjährigen Vater verheiratet. Man schrieb das Jahr 1946; der Weltkrieg, der die Ölförderung unterbrochen hatte, war zu Ende. Das Öl, heute der Lebenssaft Saudi-Arabiens, hatte der Familie meines Vaters noch nicht den großen Reichtum beschert, aber die sich anbahnende Veränderung wurde für uns im Alltag schon spürbar. Oberhäupter großer Nationen huldigten unserem König. Der britische Premierminister Winston Churchill schenkte König Abdul Asis einen funkelnagelneuen extravaganten Rolls-Royce. Die leuchtend grüne Limousine mit dem thronähnlichen Rücksitz funkelte wie ein Smaragd in der Sonne. So großartig dieses Geschenk auch war, der König war irgendwie enttäuscht, denn kaum hatte er es gesehen, schenkte er es Abdullah, einem seiner Lieblingsbrüder.

Abdullah, ein Onkel und enger Freund meines Vaters, bot ihm das Auto für die Hochzeitsreise nach Dschidda an, und zur Begeisterung meiner Mutter nahm mein Vater das Angebot an. Im Jahr 1946 war im Mittleren Osten das Kamel noch immer das gebräuchlichste Transportmittel, und es sollten noch drei Jahrzehnte vergehen, bis alle Saudis die Wüste im bequemen Auto durchqueren würden.

Sieben Tage und Nächte lang fuhren meine frisch vermählten Eltern auf einer Piste durch die Wüste. In der Hektik der Abreise hatte mein Vater sein Zelt vergessen, und da das junge Paar von Sklaven begleitet wurde, konnte die Ehe erst nach der Ankunft in Dschidda vollzogen werden.

Die anstrengende Reise durch den Wüstenstaub gehörte

zu den glücklichsten Erinnerungen meiner Mutter. Seither teilte sie ihr Leben in »die Zeit vor der Reise« und »die Zeit nach der Reise« ein. Diese Reise, so sagte sie mir einmal, sei das Ende ihrer Jugend gewesen. Sie habe damals nicht geahnt, was nach der Hochzeit auf sie zukommen würde. Mit acht Jahren hatte sie während einer Fieberepidemie ihre Eltern verloren, und vier Jahre später wurde sie mit einem groben Mann verheiratet, der zur Grausamkeit neigte. Sie war nicht darauf vorbereitet, im Leben mehr zu tun als zu gehorchen.

Mein Vater war ein hartherziger Mann, und es war vorauszusehen, daß meine Mutter schwermütig werden würde. Aus ihrer tragischen Ehe gingen sechzehn Kinder hervor, von denen elf die gefährliche Zeit der Kindheit überstanden. Über das Leben ihrer zehn Mädchen herrschen heute die Ehemänner, die man ihnen bestimmt hat. Ihr einziger Sohn, ein bekannter saudischer Prinz und Geschäftsmann, führt mit seinen vier Ehefrauen und zahlreichen Geliebten ein angenehmes Leben und hat eine vielversprechende Zukunft vor sich.

Ich habe viel gelesen und nachgedacht und weiß, daß die meisten heutigen Nachfahren früher Kulturen ihre primitiven Vorfahren belächeln. Wenn sich eine Kultur weiterentwickelt, überwindet sie durch Aufklärung die Angst vor der Freiheit des Individuums. Die menschliche Gesellschaft nimmt gierig Wissen in sich auf und verändert sich. Aber das Land meiner Ahnen ist in den letzten tausend Jahren erstaunlich rückständig geblieben. Obwohl bei uns Wolkenkratzer wie Pilze aus dem Boden schießen und wir Saudis medizinisch bestens versorgt sind, werden die Fragen nach der Lebensqualität von Frauen immer noch mit einem Achselzucken abgetan.

Es ist allerdings falsch, unseren muslimischen Glauben für die niedrige Stellung der Frau in unserer Gesellschaft verantwortlich zu machen. Der Koran, in dieser Beziehung mit der Bibel vergleichbar, ordnet die Frau dem Manne zwar unter, aber unser Prophet Mohammed predigte nur Güte und Gerechtigkeit gegenüber den Frauen. Die Männer, die nach Mohammed kamen, richteten sich jedoch lieber nach den uralten Bräuchen und Traditionen, als seinen Worten und Taten zu folgen. So war unserem Propheten Mohammed die Praxis der Kindstötung, mit der man zu seinen Lebzeiten den leidigen weiblichen Nachwuchs loswurde, ein Greuel, und aus seinen Worten klingt Betroffenheit, wenn er über die Mißhandlung und Geringschätzung der Frau spricht: »Wer immer eine Tochter hat und sie nicht lebendig begräbt, sie nicht beschimpft oder ihr nicht seine männlichen Kinder vorzieht, den möge Gott ins Paradies bringen.«

Und doch haben die Männer in diesem Land alles getan und werden auch künftig alles tun, damit ihnen die Frauen möglichst viele Söhne und möglichst wenige Töchter gebären. Noch immer bemißt sich im Königreich Saudi-Arabien der Wert eines Kindes nach seinem Geschlecht.

In Saudi-Arabien hängt die Ehre eines Mannes von seinen Frauen ab, deshalb muß er sich Gehorsam verschaffen und die Sexualität der Frauen kontrollieren, sonst droht ihm öffentliche Schande. Da man davon ausgeht, daß die Frau ihr sexuelles Verlangen nicht im Zaum halten kann, muß der Mann sie streng bewachen. Diese absolute Kontrolle hat nichts mit Liebe zu tun, sondern mit der Angst, die Ehre des Mannes könnte befleckt werden.

Die Autorität des Mannes in unserem Lande ist grenzenlos. Frau und Kinder sind ihm auf Gedeih und Verderb ausgeliefert. Er ist der unumschränkte Herrscher im eigenen Haus. Der Grundstock zu diesem Verhältnis zwischen Mann und Frau wird bereits in der Erziehung des kleinen Jungen gelegt. Schon in jungen Jahren wird ihm beigebracht, daß Frauen nichts wert sind, daß sie nur für seine Bequemlichkeit und sein Wohlbefinden da sind. Er sieht, wie geringschätzig der Vater die Mutter und seine Schwestern behandelt, und empfindet folglich für alle Frauen nur Verachtung; das macht eine Freundschaft zu einer Frau unmöglich. Da der Junge im Umgang mit Frauen nur gelernt hat, sie wie Sklaven zu behandeln, ist es nicht verwunderlich, daß er auch seine spätere Ehefrau nicht als Partnerin, sondern als seinen Besitz betrachtet.

Und so kommt es, daß die Frauen in meiner Heimat von Vätern ignoriert, von ihren Brüdern verachtet und von ihren Ehemännern mißbraucht werden. Die Männer machen sich damit aber selbst unglücklich. Rastlos irren sie von Frau zu Frau, von einer Geliebten zur anderen und ahnen nicht, daß sie das Glück in den eigenen vier Wänden finden könnten, mit einer gleichberechtigten Frau. Sie behandeln Frauen als ihren Besitz und machen sich dadurch ebenso unglücklich wie die Frauen, die sie beherrschen. Und sie sorgen dafür, daß Liebe und wahre Partnerschaft für Männer wie für Frauen unerreichbar sind.

Die Geschichte der Frauen in Saudi-Arabien liegt im dunkeln. Weder die Geburt noch der Tod einer Frau werden offiziell registriert. Die Geburt männlicher Nachkommen wird in die Papiere der Familie und des Stammes eingetragen, die Geburt weiblicher Nachkommen dagegen wird nirgendwo vermerkt. Wird ein Mädchen geboren, löst das normalerweise nur Trauer oder Scham aus. Ich habe mich oft gefragt, ob es uns Töchter der Wüste überhaupt gibt, wenn unser Kommen und Gehen nicht einmal registriert wird. Gibt es mich überhaupt, wenn niemand von meiner Existenz weiß?

Mehr noch als die tagtäglichen Ungerechtigkeiten hat mich diese Frage bewogen, das Risiko einzugehen und meine Lebensgeschichte niederzuschreiben. Noch führen arabische Frauen ein verborgenes Leben hinter tausend Schleiern, streng bewacht in einer streng patriarchalischen Gesellschaft, aber es wird sich etwas ändern, denn wir haben diese Zwänge satt.

Ich möchte dem Leser zeigen, wie eine Prinzessin aus dem Hause Al Saud lebt. Das Tagebuch, das ich seit dem elften Lebensjahr führe, wird mir dabei helfen. Aber ich möchte auch von dem verborgenen Leben saudischer Frauen erzählen, die nicht zur Königsfamilie gehören, denn viele von ihnen haben keine Gelegenheit, ihre Leidensgeschichte niederzuschreiben.

Die Wahrheit durchdringt nur selten die Mauern der saudischen Paläste, denn Geheimhaltung wird in unserer Gesellschaft großgeschrieben. Und doch entspricht alles, was ich der Verfasserin dieses Buches erzählt habe, der Wahrheit.

1. KAPITEL

Kindheit

Ali stieß mich zu Boden, aber ich weigerte mich beharrlich, ihm den rotbackigen glänzenden Apfel zu geben, den mir der pakistanische Koch geschenkt hatte. Ali lief vor Zorn dunkelrot an. Ich schützte die Beute mit meinem Körper, biß hastig große Stücke ab und schlang sie unzerkaut hinunter. Daß ich ihm sein männliches Privileg verweigerte, war ein schweres Vergehen, und ich wußte, daß ich bald die Folgen würde tragen müssen. Ali versetzte mir noch rasch zwei Fußtritte und rannte dann zu Omar, unserem ägyptischen Chauffeur, vor dem meine Schwestern fast ebensoviel Angst hatten wie vor Ali oder meinem Vater. Ali und Omar verschwanden in der Villa. Ich blieb allein zurück und wußte, daß ich mich dem geballten Zorn der Männer des Hauses würde stellen müssen.

Wenig später kam Omar, gefolgt von Ali, aus der Seitentür gerannt. Ich würde wieder einmal den kürzeren ziehen, denn in meinem kurzen Leben hatte es schon genügend ähnliche Beispiele gegeben. Sehr früh hatte ich gelernt, daß jeder Wunsch Alis erfüllt werden mußte. Trotzig schluckte ich den letzten Bissen hinunter und sah meinen Bruder herausfordernd an.

Vergeblich wehrte ich mich gegen den festen Griff von Omars riesigen Händen. Er hob mich in die Höhe und schleppte mich in das Arbeitszimmer meines Vaters. Mein

Vater blickte widerwillig von seinen Büchern auf und betrachtete ärgerlich die scheinbar allgegenwärtige, lästige Tochter, während er seinem Liebling und ältesten Sohn einladend die Arme entgegenstreckte.

Ali durfte sprechen. Aber ich durfte nicht antworten. Von der Sehnsucht nach väterlicher Liebe und Anerkennung überwältigt, schöpfte ich plötzlich wieder Mut. Ich schrie laut heraus, was passiert war. Der Ausbruch verschlug meinem Vater und meinem Bruder die Sprache, denn die Frauen in meiner Heimat lernen normalerweise schon in jungen Jahren, daß sie taktieren müssen, statt sich offen zu wehren. Längst ist die Glut in den Herzen der stolzen und leidenschaftlichen Beduinenfrauen erloschen, und die sanftmütigen Frauen von heute haben nur noch wenig Ähnlichkeit mit ihnen.

Ich hörte mich wie von Ferne schreien und vor Angst krampfte sich mein Magen zusammen. Meine Knie zitterten, als mein Vater sich erhob. Ich sah, wie er ausholte, aber den Schlag in mein Gesicht spürte ich nicht.

Zur Strafe bekam Ali mein ganzes Spielzeug, und um mich zu lehren, daß der Mann der Herr war, verfügte mein Vater, daß in Zukunft ausschließlich der neunjährige Ali das Recht haben sollte, bei den Mahlzeiten meinen Teller zu füllen. Der siegreiche Ali gab mir von nun an die kleinsten Portionen und die schlechtesten Stücke Fleisch. Abend für Abend ging ich hungrig zu Bett, und Ali stellte einen Posten vor meine Tür, der aufpaßte, daß mir meine Mutter oder meine Schwestern nichts zu essen brachten. Um mich zusätzlich zu quälen, kam er mitten in der Nacht in mein Zimmer und hielt mir dampfende Teller mit köstlich duftendem Hühnchen und Reis unter die Nase.

Schließlich wurde er der Quälereien müde, aber seither war er mein erbitterter Feind. Ich war zwar erst sieben, aber der Vorfall mit dem Apfel hatte mir erstmals bewußtgemacht, daß ich ein Mädchen war und von gewissenlosen Männern in Ketten gelegt wurde. Der Mut meiner Mutter und meiner Schwestern war bereits gebrochen, doch ich gab nie die Hoffnung auf, daß ich eines Tages triumphieren und daß meinen Leiden Gerechtigkeit widerfahren würde. Diese entschlossene Haltung machte mich schon früh zum schwarzen Schaf der Familie.

Es gab aber auch fröhliche Zeiten in meiner Kindheit. Die glücklichsten Stunden verbrachte ich im Haus der Tante meiner Mutter. Sie war Witwe und so alt, daß kein Mann sich mehr für sie interessierte und ihr folglich auch nicht das Leben schwermachen konnte. Sie war immer fröhlich. Außerdem kannte sie viele spannende Geschichten aus der Zeit der Stammeskriege. Sie hatte die Geburt unserer Nation miterlebt, und während sie uns von den Heldentaten und glorreichen Siegen König Abdul Asis' und seiner Anhänger erzählte, saßen meine Schwestern und ich im Schneidersitz auf kostbaren Perserteppichen, knabberten Dattelgebäck und Mandelkuchen und lauschten ihr voll Spannung. Die Tapferkeit der Al Sauds auf dem Schlachtfeld erfüllte mich mit neuem Stolz auf meine Familie.

Die Familie meiner Mutter hatte die Sippe Al Saud begleitet, als diese 1891 aus Riad fliehen mußte. Sieben Jahre später kehrten die männlichen Mitglieder ihrer Familie mit Abdul Asis zurück, um das Land zurückzuerobern. Der Bruder meiner Tante kämpfte an Abdul Asis' Seite. Zum Dank für seine Treue durften die Töchter der Familie in die königliche Familie einheiraten.

Als ich noch ein Kind war, genoß meine Familie zwar Privilegien, aber wirklich reich war sie nicht. Allerdings sicherten uns die Einkünfte aus der Ölförderung immer einen üppig gedeckten Tisch und eine gute medizinische Versorgung, und das allein galt damals schon als größter Luxus.

Wir lebten in einer großen, schneeweiß getünchten Villa.

Jedes Jahr verwandelten die Sandstürme das Weiß in ein cremefarbenes Sandgelb, doch die Sklaven meines Vaters übermalten die Wände immer wieder mit weißer Farbe. Auf die gleiche Weise wurden die neun Meter hohen Mauern, die das Anwesen umschlossen, instand gehalten. Das Haus, in dem ich meine Kindheit verbrachte, bot zwar westlichen Wohnkomfort, doch gemessen an heutigen Maßstäben war es für Mitglieder der saudischen Königsfamilie ein eher bescheidenes Logis.

Als Kind fühlte ich mich unbehaglich in diesem großen Haus mit seinen langen, dunklen Fluren. Überall führten Türen in Räume, in denen sich unser geheimnisvolles Leben abspielte. Mein Vater und Ali bewohnten die Gemächer der Männer im ersten Stock. Neugierig, wie ich war, schielte ich damals oft in diese Räume. Dunkelrote Samtvorhänge schlossen das Sonnenlicht aus, und der schwere Duft von türkischem Tabak und Whiskey verlieh ihnen eine ganz besondere Atmosphäre. Ein verstohlener Blick, und schon huschte ich wieder hinunter ins Erdgeschoß, wo meine Schwestern und ich einen großen Flügel bewohnten. Das Zimmer, das ich mit Sara teilte, ging zum Garten der Frauen hinaus. Meine Mutter hatte die Wände leuchtend gelb gestrichen. Unser Zimmer strahlte eine Lebensfreude aus, die ich sonst in der Villa vermißte.

Die Hausangestellten und Sklaven der Familie lebten in kleinen, stickigen Zimmern in einem separaten Gebäude im hinteren Teil des Gartens. Unsere Villa hatte eine Klimaanlage, doch die Quartiere des Personals waren sehr unzureichend gegen die brütende Hitze des Wüstenklimas geschützt. Nur kleine elektrische Ventilatoren sorgten ein wenig für Kühlung. Ich erinnere mich, daß die ausländischen Hausmädchen und Chauffeure oft mit Schrecken an die bevorstehende Nacht dachten. Trotzdem lehnte es mein Vater ab, auch ihre Unterkünfte mit einer Klimaanlage auszustatten. Er sagte, dann würden sie den ganzen Tag nur noch schlafen.

Omar schlief als einziger in einer Kammer im Hauptgebäude. Im Eingangsbereich der Villa hing eine lange goldene Kordel, die über eine Schnur mit einer Kuhglocke in Omars Zimmer verbunden war. Wenn Omar gebraucht wurde, zog man daran. Kaum hatte die Glocke angeschlagen, meldete er sich an der Zimmertür meines Vaters, egal zu welcher Tages- oder Nachtzeit. Ich muß zugeben, daß ich oft an der Kordel zog, wenn Omar gerade seinen Mittagsschlaf hielt, manchmal sogar mitten in der Nacht. Dann rannte ich atemlos in mein Zimmer, schlüpfte wieder ins Bett und stellte mich schlafend. Eines Nachts erwischte mich meine Mutter bei diesen Streichen. Die Enttäuschung über ihr jüngstes Kind stand ihr ins Gesicht geschrieben. Sie drohte mir, alles dem Vater zu sagen, aber sie tat es nie.

Aus der Zeit meines Großvaters besaßen wir sudanesische Sklaven. Ihre Zahl wuchs mit jedem Jahr, wenn mein Vater vom Haddsch, der alljährlichen Pilgerfahrt nach Mekka, neue Sklavenkinder mitbrachte. Pilger aus dem Sudan und aus Nigeria verkauften ihre Kinder an reiche Saudis und finanzierten so die Rückreise in ihre Heimat. Doch mein Vater handelte nicht mit den Sklaven. Sie wohnten bei uns im Haus und halfen ihm bei seinen Geschäften. Die Kinder waren unsere Spielkameraden und fühlten sich überhaupt nicht wie Sklaven. Als die Regierung 1962 die Sklaverei verbot, bettelten die Sudanesen meinen Vater unter Tränen an, er solle sie behalten. Sie leben noch heute in seinem Haus.

Mein Vater war stets darauf bedacht, die Erinnerung an unseren geliebten König Abdul Asis wachzuhalten. Er sprach von diesem großen Mann, als sehe er ihn jeden Tag. Ich war wie vor den Kopf geschlagen, als ich mit acht Jahren erfuhr, daß der alte König schon 1953 gestorben war, drei Jahre vor meiner Geburt!

Nach dem Tod unseres ersten Königs geriet unser Königreich in eine ernste Krise, da sein Nachfolger, sein Sohn Saud, bedauerlicherweise keine Führungsqualitäten besaß. Er verschleuderte den Ölreichtum des Landes und gab Unsummen für Paläste, Autos und den Schmuck seiner Frauen aus. Unser junges Land schlitterte ins politische und wirtschaftliche Chaos.

Im Jahr 1963 versammelten sich die Mitglieder der Herrscherfamilie deswegen in unserem Hause. Ich war damals sieben Jahre alt und sehr neugierig. Omar, der Fahrer meines Vaters, stürmte in den Garten. Er tat sehr wichtig und rief den Frauen zu, daß sie nach oben gehen sollten. Er fuchtelte mit den Armen, als wolle er böse Geister aus dem Haus treiben, und scheuchte uns wie eine Herde Ziegen die Treppe hinauf in ein kleines Wohnzimmer. Meine ältere Schwester Sara bat meine Mutter um die Erlaubnis, sich hinter dem maurischen Balkon verstecken zu dürfen, denn sie wollte die seltene Gelegenheit nutzen und die Herrscher einmal bei der Arbeit beobachten. Wir sahen unsere mächtigen Cousins und Onkels zwar häufig bei zwanglosen Familienfesten, doch wenn es um wichtige Staatsangelegenheiten ging, waren wir stets ausgeschlossen. Und wenn bei einer jungen Frau erst einmal der monatliche Zyklus einsetzte und sie sich verschleiern mußte, wurde sie von heute auf morgen von allen Männern getrennt, Vater und Brüder ausgenommen.

Unser Leben verlief so eintönig, daß sich selbst meine strenge Mutter an diesem Tag erweichen ließ. Sie setzte sich sogar zu ihren Töchtern auf den Fußboden des Korridors, spähte durch die Brüstung der Galerie und belauschte die Männer im großen Salon unter uns. Ich als Jüngste durfte auf ihrem Schoß sitzen. Vorsichtshalber legte sie mir ihre Finger auf die Lippen. Hätte man uns entdeckt, so wäre mein Vater sehr wütend geworden.

Meine Schwestern und ich verfolgten gebannt, wie die

Söhne, Schwiegersöhne und Neffen des verstorbenen Königs, hochgewachsene Männer in fließenden Gewändern, den Salon betraten. Die stoische Miene von Kronprinz Faisal erregte unsere Neugier. Selbst mir fiel damals auf, daß er traurig und erschöpft wirkte, als trage er an einer schweren Bürde. Im Jahr 1963 hatten alle Saudis erkannt, daß es Prinz Faisal war, der die Geschicke des Landes sachkundig lenkte, während König Saud ein unfähiger Herrscher war. Man munkelte sogar, Sauds Herrschaft sei nur noch ein Symbol für den leidenschaftlich verteidigten Zusammenhalt der Familie. Die meisten gaben dieser Übereinkunft keine Zukunft mehr, da sie weder dem Land noch Prinz Faisal gerecht wurde.

Prinz Faisal stand etwas abseits der Gruppe. Schließlich erhob er seine Stimme und verschaffte sich Gehör. Er sagte, er wolle über Angelegenheiten sprechen, die für die Familie und das Land von höchster Bedeutung seien. Es drohe der Verlust des Thrones, den man unter so großen Opfern erkämpft habe. Das Volk habe die Exzesse der königlichen Familie satt, und einige forderten sogar, nicht nur König Saud, sondern die gesamte Familie Al Saud wegen ihrer Dekadenz aus dem Land zu jagen und durch einen religiösen Führer zu ersetzen.

Prinz Faisal sah die jüngeren Prinzen streng an und sagte mit klarer, fester Stimme, daß ihre Abkehr von der traditionellen Lebensweise der gläubigen Beduinen eine große Gefahr für den Thron sei. Es stimme ihn zutiefst traurig, daß die meisten jüngeren Mitglieder der Königsfamilie nicht arbeiteten und nur von den monatlichen Einkünften aus der Erdölförderung lebten. Faisal machte eine lange Pause und wartete auf Einwände von seiten seiner Brüder und Verwandten, doch die Anwesenden blieben stumm. Wenn er die Kontrolle über die Ölgelder hätte, fuhr er drohend fort, würde er den Prinzen den Geldhahn zudrehen und sie zu nutzbringender Arbeit zwingen. Nach diesen Worten nickte er seinem Bruder Mohammed zu und setzte sich seufzend. Vom Balkon aus fiel mir auf, daß einige junge Cousins nervös auf ihren Polstern hin und her rutschten. Obwohl die Männer der Familie Al Saud jeden Monat aus der Staatskasse nur zehntausend Dollar bezogen, wurden sie immer reicher. Saudi-Arabien ist ein riesiges Land, und der größte Teil gehört unserer Familie. Kein Bauvertrag wird geschlossen, ohne daß einer von uns daran verdient.

Dann ergriff Prinz Mohammed, der drittälteste lebende Bruder des Königs, das Wort. Aus seinen Ausführungen schlossen wir, daß König Saud die absolute Macht zurückverlangte, die ihm 1958 entzogen worden war. Angeblich weilte er augenblicklich auf dem Land und hetzte die Menschen gegen seinen Bruder Faisal auf. Dies war eine schlimme Stunde für die Familie Al Saud, die vor den Bürgern Saudi-Arabiens immer Eintracht demonstriert hatte.

Mein Vater erzählte einmal, warum Mohammed, der älteste lebende Sohn nach Faisal, bei der Nachfolge übergangen worden war: Der alte König hatte erklärt, daß Mohammeds Charakter viele Männer das Leben kosten würde, wenn er sich auf die Macht des Thrones stützen könnte. Mohammeds gewalttätiges Naturell war allgemein bekannt.

Ich wandte meine Aufmerksamkeit wieder der Versammlung zu. Gerade sagte Prinz Mohammed, daß die Monarchie selbst in Gefahr sei, und sprach die Möglichkeit an, den König zu stürzen und Prinz Faisal die Macht zu übergeben. Prinz Faisal zog so scharf den Atem ein, daß Mohammed betroffen schwieg. Faisal schien den Tränen nahe, als er erneut das Wort ergriff. Er habe, so vertraute er den Verwandten an, dem geliebten Vater auf dem Sterbebett versprochen, daß er sich der Herrschaft seines Bruders niemals widersetzen werde, und dieses Versprechen werde er halten, auch dann, wenn Saud das Land in den Ruin führe. Sollte die

Absetzung seines Bruders zum Gegenstand der Versammlung werden, dann müsse er auf der Stelle das Haus verlassen.

Ein lautes Gemurmel erhob sich, und schließlich einigten sich die Männer darauf, daß Mohammed, der älteste Bruder nach Faisal, den König zur Vernunft bringen solle. Wir sahen, wie die Männer ihre Kaffeetassen hoben und gelobten, getreu dem Wunsch ihres Vaters Abdul Asis, der Welt als geeinte Kraft entgegenzutreten. Der traditionelle Austausch von Abschiedsgrüßen begann. Dann gingen die Männer so still, wie sie gekommen waren, wieder aus dem Salon.

Damals ahnte ich es noch nicht, aber diese Versammlung war der Anfang vom Ende der Herrschaft meines Onkels König Saud. Die Geschichte nahm ihren Lauf, und meine Familie und meine Landsleute mußten miterleben, wie Abdul Asis' Söhne einen der Ihren aus dem Land jagten. Saud hatte in seiner ausweglosen Lage einen Fehler begangen und seinem Bruder, Prinz Faisal, einen Drohbrief geschrieben. Damit war sein Schicksal endgültig besiegelt, denn nach einem ungeschriebenen Gesetz der Beduinen ist es ein schlimmes Vergehen, wenn man den eigenen Bruder beleidigt oder gar bedroht.

Die Familie und das Land steckten in einer tiefen Krise. Später erfuhren wir, daß Kronprinz Faisal durch sein besonnenes Auftreten sogar einen von Onkel Saud angezettelten Umsturz vereitelt hatte. Er selbst hielt sich dabei im Hintergrund und überließ die Entscheidung über den künftigen Kurs des jungen Staates seinen Brüdern und den religiösen Führern. Auf diese Weise entschärfte er die politischen Folgen der Familientragödie und ermöglichte es den Staatsmännern, die erforderlichen Maßnahmen zu ergreifen.

Zwei Tage später erfuhren wir von Onkel Sauds Abdankung. Da unser Vater damals mit seinen Brüdern und Cousins weggefahren war, erhielten wir die Nachricht nicht von ihm, sondern von einer Frau Onkel Sauds, die zugleich eine unserer Lieblingstanten war. Sie stürzte wie von Sinnen in unser Haus und riß sich zu meinem Entsetzen vor den Augen der männlichen Bediensteten den Schleier vom Gesicht. Sie kam direkt aus Onkel Sauds Wüstenresidenz, dem Nasrijah-Palast, der für mich immer ein Sinnbild für den verschwenderischen Reichtum und die Mißwirtschaft in unserem Land bleiben wird.

Meine Schwestern und ich drängten uns um die Mutter. Die Tante war völlig außer sich, sie schrie und schimpfte auf die Familie. Besonders zornig war sie auf Kronprinz Faisal, den sie für das Unglück ihres Mannes verantwortlich machte. Ihre Schwäger, berichtete sie, hätten eine Verschwörung angezettelt und ihm den Thron geraubt, den der Vater ihm vermacht habe. Ein Vertreter der Ulema, der Gelehrten für islamisches Recht und Religion, sei an jenem Morgen in den Palast gekommen und habe ihrem Mann mitgeteilt, daß er abdanken müsse.

Ich war hingerissen von diesem Auftritt, denn in unserer Gesellschaft erlebt man nur selten eine offene Auseinandersetzung. Bei uns ist es üblich, daß man leise spricht und möglichst allen Seiten recht gibt. Unstimmigkeiten werden diskret übergangen. Meine Tante, eine wunderschöne Frau mit langen schwarzen Locken, raufte sich die Haare und riß sich die kostbare Perlenkette vom Hals. In diesem Augenblick begriff ich den Ernst der Lage. Meine Mutter beruhigte sie schließlich ein wenig und führte sie zum Tee in den Salon. Meine Schwestern drückten das Ohr an die verschlossene Tür und lauschten, was die beiden Frauen miteinander flüsterten. Ich schob mit der Zehe die Haarbüschel meiner Tante zusammen, sammelte die großen glänzenden Perlen vom Boden auf und warf sie in eine leere Vase im Flur.

Meine Mutter begleitete die immer noch weinende Tante zu ihrem schwarzen Mercedes. Wir alle sahen zu, wie der

Chauffeur mit der völlig verstörten Frau davonfuhr. Wir sahen sie nie wieder, denn sie ging mit Onkel Saud und seinem Gefolge ins Exil. Unsere Mutter sagte, wir dürften unserem Onkel Faisal auf keinen Fall böse sein. Die Tante habe ihn deshalb so beschimpft, weil sie ihren Mann sehr liebe, aber ein netter und großzügiger Mann sei nicht unbedingt auch ein guter Herrscher. Onkel Faisal werde das Land in eine glänzende Zukunft voll Stabilität führen, und deshalb ziehe er sich den Zorn derer zu, die nicht seine Fähigkeiten besäßen. Meine Mutter mochte nach westlichen Maßstäben ungebildet sein, doch sie war eine kluge Frau.

2. KAPITEL

Familie

Ermutigt von Iffat, der Frau König Faisals, erkämpfte sich meine Mutter für ihre Töchter eine gewisse Schulbildung. Mein Vater hatte sich jahrelang geweigert, diese Möglichkeit überhaupt in Erwägung zu ziehen. Meine fünf älteren Schwestern lernten unter Anleitung einer ägyptischen Privatlehrerin, die zu uns ins Haus kam, den Koran auswendig. Das war ihre ganze Ausbildung. An sechs Nachmittagen pro Woche wiederholten sie zwei Stunden lang jedes Wort, das ihnen die strenge fünfundvierzigjährige Fatima vorbetete. Einmal fragte Fatima meine Eltern, ob sie den Unterricht meiner Schwestern auf naturwissenschaftliche Fächer, Geschichte und Mathematik ausdehnen dürfe. Mein Vater blieb bei seinem Nein, und so hallten weiterhin die Worte des Propheten durch die Flure unseres Hauses.

Mit den Jahren merkte mein Vater aber, daß viele Mitglieder der königlichen Familie ihren Töchtern eine Ausbildung angedeihen ließen. Sieht man einmal von den Frauen bei den Beduinenstämmen und in den Dörfern ab, so hatte der weibliche Teil der Bevölkerung wegen des großen Ölreichtums fast nichts mehr zu tun. Untätigkeit und Langeweile wurden zu einem nationalen Problem. Zwar sind die Mitglieder der königlichen Familie viel reicher als die meisten Saudis, doch der unverhoffte Wohlstand machte Dienstboten aus dem

Fernen Osten und anderen armen Regionen der Welt für nahezu jede Familie erschwinglich.

Alle Kinder brauchen Denkanstöße, aber meine Schwestern und ich konnten nicht viel mehr tun, als in unseren Zimmern zu spielen oder im Garten der Frauen herumzusitzen. Wir konnten nirgends hingehen und kaum etwas unternehmen. In meiner Kindheit gab es in der Stadt nicht einmal einen Park oder einen Zoo.

Meine Mutter wußte nicht mehr, wie sie fünf tatendurstige Töchter beschäftigen sollte. Sie erhoffte sich von der Schule eine Entlastung für sich selbst und zugleich auch eine Erweiterung unseres Horizonts. Mit Tante Iffats Unterstützung rang sie meinem Vater schließlich die Erlaubnis ab, den fünf jüngsten Töchtern, darunter auch Sara und mir, eine richtige Schulbildung zukommen zu lassen.

Unser erstes Klassenzimmer befand sich im Haus eines Verwandten aus der Königsfamilie. Sieben Familien aus der Sippe Al Saud beschäftigten eine junge Lehrerin aus Abu Dhabi, einer nahe gelegenen Stadt in den Vereinigten Arabischen Emiraten. Unsere Klasse bestand nur aus sechzehn Schülerinnen. Nach einer beliebten Unterrichtsmethode für Mädchen nannte man eine solche Lerngruppe damals »Kutab«. Wir saßen von Samstag bis Donnerstag täglich von neun Uhr morgens bis zwei Uhr nachmittags im Haus unseres Cousins zusammen.

Im Unterricht zeigte sich erstmals die überdurchschnittliche Intelligenz meiner Lieblingsschwester Sara. Sie lernte sogar viel schneller als Mädchen, die doppelt so alt waren wie sie. Die Lehrerin fragte Sara, ob sie die Grundschule absolviert habe, und als Sara verneinte, schüttelte sie verwundert den Kopf.

Unsere Lehrerin hatte das Glück gehabt, daß ihr Vater, ein aufgeschlossener Mann, sie auf eine Schule nach England geschickt hatte. Wegen einer Mißbildung – sie hatte einen Klumpfuß – hatte sie keine Chance, einen Mann zu bekommen, und so wählte sie für sich den Weg der Freiheit und Unabhängigkeit. Lächelnd verriet sie uns, daß der Klumpfuß für sie ein Geschenk Gottes sei: Er bewahre sie vor einer Verkrüppelung ihres Gehirns. Sie lebte zwar im Haus unseres Cousins – damals konnte eine unverheiratete Frau in Saudi-Arabien unmöglich alleine wohnen –, bezog aber ein Gehalt und traf selbständig die Entscheidungen über ihr Leben.

Ich mochte sie sehr, denn sie war freundlich und nachsichtig, wenn ich meine Aufgaben nicht gemacht hatte. Im Gegensatz zu Sara war ich keine begabte Schülerin. Ich war froh, wenn ich die Lehrerin mit meinen mäßigen Leistungen nicht allzusehr enttäuschte. Ich interessierte mich mehr für Malerei als für Mathematik, und ich sang lieber, als Gebete aufzusagen. Manchmal benahm ich mich so schlecht, daß Sara mich zwickte. Weil ich dann aber vor Schmerz aufschrie und den Unterricht störte, ließ sie mich schließlich lieber in Ruhe. Unsere Lehrerin machte dem Namen, den man ihr siebenundzwanzig Jahre zuvor gegeben hatte, wirklich alle Ehre: Sakina bedeutet im Arabischen »Gleichmut«.

Sakina sagte zu meiner Mutter, daß Sara die intelligenteste Schülerin sei, die sie je unterrichtet habe. Ich hüpfte herum und rief: »Und was ist mit mir?« Sakina überlegte eine Weile und antwortete dann: »Und Sultana wird sicher einmal berühmt.«

Beim Abendessen erzählte Mutter unserem Vater voller Stolz, was die Lehrerin über Sara gesagt hatte. Sichtlich erfreut lächelte Vater Sara an. Mutter strahlte vor Glück, doch dann fragte Vater höhnisch, wie eine Tochter, die sie geboren habe, überhaupt etwas lernen könne. In der gleichen Weise sprach er ihr auch jeden Anteil an den hervorragenden Leistungen Alis ab, der in der Stadt eine moderne höhere Schule besuchte und zu den Klassenbesten zählte. In seinen Augen hatten wir Kinder alle geistigen Fähigkeiten nur vom Vater geerbt.

Noch heute schaudert es mich, wenn ich sehe, wie meine älteren Schwestern addieren oder subtrahieren. Ich spreche kleine Dankgebete für Tante Iffat, die das Leben so vieler saudischer Frauen verändert hat.

Im Sommer 1932 war Onkel Faisal in die Türkei gereist und hatte sich dort in eine außergewöhnliche junge Frau namens Iffat al Thunajan verliebt. Die Romanze begann so: Die junge Iffat hatte erfahren, daß sich der saudische Prinz in Konstantinopel aufhielt, und war wegen der umstrittenen Besitzungen ihres verstorbenen Vaters in Saudi-Arabien an ihn herangetreten. (Die Thunajans waren ursprünglich Saudis, die während der langen osmanischen Besatzung den Weg in die Türkei gefunden hatten.) Faisal war von ihrer Schönheit hingerissen und lud sie mit ihrer Mutter nach Saudi-Arabien ein, um die Streitfrage vor Ort zu klären. Er gab ihr nicht nur die Besitzungen zurück, sondern machte sie auch zu seiner Frau, eine Entscheidung, die er später als die klügste seines Lebens bezeichnete. Meine Mutter erzählte, daß Faisal vor seiner Heirat mit Iffat wie ein Besessener von einer Frau zur anderen gehetzt sei.

Iffat war während Faisals Herrschaft die treibende Kraft hinter dem Bildungsprogramm für junge Mädchen. Ohne ihr Engagement hätte keine arabische Frau bis heute ein Klassenzimmer von innen gesehen. Ich bewunderte ihren starken Charakter und nahm sie mir zum Vorbild. Iffat hatte sogar den Mut, ein englisches Kindermädchen einzustellen. Wie sich später zeigte, wirkte sich der märchenhafte Reichtum auf den Charakter ihrer Kinder weniger nachteilig aus als auf den aller anderen Sprößlinge der Königshäuser.

Bedauerlicherweise verloren viele Cousins jedes Maß, nachdem ihnen das viele Geld in den Schoß gefallen war. Meine Mutter sagte immer, die Beduinen hätten die karge

Einöde der Wüste überlebt und jetzt werde uns der gewaltige Reichtum der Ölfelder zum Verhängnis. Die große Mehrheit der jungen Al Sauds hatte wenig übrig für die spartanische Lebensart und tiefe Religiosität ihrer Väter. Auch ich glaube, daß das Leben im Luxus die Kinder dieser Generation verdorben hat. Weil sie so reich sind, haben sie keine Ziele mehr, und echte Befriedigung bleibt ihnen versagt. Die Schwäche der saudischen Monarchie liegt in unserer Verschwendungssucht. Ich fürchte, sie wird uns noch zum Verhängnis.

In meiner Kindheit reisten wir oft durch unser Land. Fast alle Saudis haben das Nomadenblut der Beduinen in den Adern, und kaum waren wir von einer Reise zurückgekehrt, planten wir schon die nächste. Wir Saudis halten zwar keine Schafe mehr, doch wir können es einfach nicht lassen, hinter den Bergen nach Weiden zu suchen, die noch grüner sind als jene, an denen wir uns gerade erfreuen.

Riad war zwar Regierungssitz, aber den Mitgliedern der Sippe Al Saud gefiel es dort nicht besonders. Sie klagten endlos über das öde Leben in der Stadt. Es war zu heiß und zu trocken, die religiösen Führer nahmen sich zu wichtig, die Nächte waren zu kalt. Die meisten zogen Dschidda oder Taif vor. In der alten Hafenstadt Dschidda war man toleranter und Reformen gegenüber aufgeschlossener, und in der Seeluft atmete es sich leichter.

In Dschidda verbrachten wir gewöhnlich die Zeit von Dezember bis März, und für die Monate April und Mai kehrten wir zurück nach Riad. Im Juni flüchteten wir vor der Sommerhitze in die Berge von Taif und blieben dort bis September. Im Oktober und November ging es dann wieder zurück nach Riad. Den Fastenmonat Ramadan und die zwei Wochen des Haddsch verbrachten wir selbstverständlich in Mekka, unserer heiligen Stadt.

Seit 1968, ich war damals zwölf Jahre alt, war mein Vater unermeßlich reich, wenn auch weniger verschwendungssüchtig als die meisten Mitglieder seiner Familie. Trotzdem ließ er für jede seiner vier Familien jeweils vier prachtvolle Häuser bauen: in Riad, Dschidda, Taif und Spanien. Die Häuser waren bis zur Farbe der Teppiche und zu den Möbeln in allen vier Städten identisch eingerichtet. Mein Vater haßte jede Veränderung. Wenn er von einer Stadt in die andere flog, wollte er immer das Gefühl haben, er wohne noch im selben Haus. Meine Mutter mußte alles gleich in vierfacher Ausführung kaufen, bis hin zur Unterwäsche für die Kinder. Die Familie sollte sich nicht mit Kofferpacken herumplagen müssen. Mir war es unheimlich, daß mein Zimmer in Dschidda oder Taif genauso aussah wie das in Riad: Überall die gleichen Schränke, überall die gleichen Kleider. Selbst meine Bücher und Spielsachen wurden vierfach gekauft und auf die vier großen Häuser verteilt.

Meine Mutter protestierte selten, doch als mein Vater für meinen Bruder Ali, der damals erst vierzehn Jahre alt war, gleich vier rote Porsche kaufte, erhob sie Einspruch. Eine solche Verschwendung sei eine Schande, rief sie, angesichts der schrecklichen Armut überall auf der Welt. Aber wenn es um Ali ging, wurden keine Kosten gescheut.

Mit zehn Jahren bekam Ali seine erste goldene Rolex geschenkt. Um diese Uhr beneidete ich ihn besonders. Ich hatte mir nämlich einen breiten goldenen Armreif aus dem Suk gewünscht, aber mein Vater hatte mir die Bitte barsch abgeschlagen. Zwei Wochen lang protzte Ali mit seiner Rolex, dann vergaß er sie auf dem Tisch neben dem Swimmingpool. Ich zertrümmerte sie wütend mit einem Stein.

Ausnahmsweise blieb meine Tat unentdeckt, und voller Genugtuung sah ich, daß mein Vater Ali rügte, weil er mit seinem Besitz so achtlos umging. Aber schon eine Woche später bekam Ali eine neue goldene Rolex, und mein kindlicher Groll wurde noch stärker.

Meine Mutter redete oft mit mir über meinen Haß auf

meinen Bruder. Dieser klugen Frau entging nie das wütende Funkeln meiner Augen, auch wenn ich mich nach außen hin in mein Schicksal fügte. Als Nesthäkchen wurde ich von meiner Mutter und meinen Schwestern natürlich ganz besonders verwöhnt, und ich kann rückblickend nicht leugnen, daß ich richtig verzogen wurde. Weil ich im Gegensatz zu meinen großen und kräftigen Schwestern für mein Alter immer sehr klein war, behandelte man mich die ganze Kindheit hindurch wie ein Kleinkind. Meine Schwestern waren so ruhig und zurückhaltend, wie es sich für saudische Prinzessinnen gehörte, ich dagegen war laut und ungebärdig und scherte mich wenig darum, daß ich zum Königshaus gehörte. Sicher habe ich die Geduld meiner Schwestern sehr strapaziert, aber noch heute würde jede beim ersten Anzeichen einer Gefahr sofort schützend die Hand über mich halten.

Für meinen Vater war ich dagegen die letzte von vielen Enttäuschungen. Die Folge war, daß ich als Kind viele Jahre um seine Zuneigung gekämpft habe. Schließlich gab ich jedoch die Hoffnung auf, jemals seine Liebe zu gewinnen, und wollte nur noch seine Aufmerksamkeit auf mich lenken, und sei es auch nur in Form von Strafen für meine Streiche und meine Aufsässigkeit. Ich dachte, wenn er mich nur oft genug ansehen müßte, dann würde er meine besonderen Charakterzüge schon erkennen und mich genauso lieben wie seinen Sohn Ali. In Wahrheit erreichte ich durch mein ungehöriges Benehmen nur, daß seine Gleichgültigkeit fast in offene Abneigung umgeschlagen wäre.

Meine Mutter nahm es schicksalergeben hin, daß wir in einem Land lebten, in dem Zwietracht zwischen den Geschlechtern herrschte. Aber ich war noch ein Kind und hatte das ganze Leben noch vor mir. Ich wollte mich mit dieser Situation nicht abfinden.

Im nachhinein vermute ich, daß selbst Ali seine guten Seiten hatte, aber über eine große Charakterschwäche konnte ich einfach nicht hinwegsehen: Ali war grausam. Ich beobachtete, wie er den behinderten Sohn unseres Gärtners verhöhnte. Der arme Junge hatte überlange Arme, merkwürdig verkrüppelte Beine und einen unsäglich komischen Gang. Wenn Ali Freunde zu Besuch hatte, rief er den armen Sami herbei und ließ ihn seinen »Affengang« vorführen. Weder der mitleiderregende Ausdruck auf Samis Gesicht noch die Tränen, die ihm über die Wangen liefen, konnten Alis Herz rühren.

Wenn Ali junge Kätzchen fand, sperrte er sie ein und freute sich königlich, daß die Katzenmutter vergeblich nach ihren Jungen miaute. Niemand im Haus wagte es, ihn zu schelten, weil mein Vater an seinen grausamen Streichen nichts Schlimmes fand.

Nach einem besonders eindringlichen Gespräch mit meiner Mutter über meinen Haß auf Ali nahm ich mir vor, nicht mehr die offene Konfrontation zu suchen, sondern mich auf »saudische« Art mit ihm zu arrangieren. Obendrein hatte meine Mutter sich auf Gottes Wünsche berufen, und diese Argumente fruchten immer, wenn man arabische Kinder davon überzeugen will, daß sie ihr Verhalten ändern sollen. Durch die Augen meiner Mutter erkannte ich schließlich, daß mich mein gegenwärtiger Kurs auf einen dornigen Weg führen würde.

Dann aber machte Ali noch in derselben Woche durch sein niederträchtiges Verhalten alle meine guten Vorsätze wieder zunichte. Meine Schwestern und ich fanden einen kleinen verwaisten Hundewelpen. Er winselte vor Hunger. Aufgeregt suchten wir ein paar Puppenfläschchen zusammen und machten Ziegenmilch warm. Wir wechselten uns beim Füttern des Welpen ab. Nach ein paar Tagen war das Hündchen kugelrund. Wir wickelten es in Stoffreste und setzten es in unseren Puppenwagen.

Es stimmt schon, daß die meisten Muslime für Hunde

nichts übrig haben, aber es gibt nur wenige, die einem Jungtier, egal welcher Art, etwas antun können. Selbst unsere strenggläubige Mutter lächelte über die Streiche unseres Welpen.

Eines Nachmittags fuhren wir Basem, das bedeutet auf arabisch »lächelndes Gesicht«, gerade in einem Kinderwagen spazieren, als Ali mit seinen Freunden vorbeikam. Da seine Freunde von Basem begeistert waren, beschloß Ali, der Hund sei von nun an in seinem Besitz. Als er ihn uns wegnehmen wollte, setzten meine Schwestern und ich uns schreiend zur Wehr. Mein Vater hörte das Geschrei und kam aus seinem Arbeitszimmer. Als Ali ihm sagte, daß er den Hund haben wolle, mußten wir unseren Basem hergeben. Durch nichts in der Welt hätten wir unseren Vater umstimmen können. Ali wollte unseren kleinen Spielgefährten, also bekam er ihn.

Tränen rannen uns übers Gesicht, als Ali mit Basem unter dem Arm fröhlich davonlief. Die Möglichkeit, meinen Bruder jemals zu lieben, war damit ein für allemal dahin. Und mein Haß wurde noch größer, als ich erfuhr, daß er auf dem Weg zu Freunden Basem aus dem fahrenden Auto geworfen hatte, weil ihm das Gejaule des Welpen auf die Nerven gegangen war.

3. KAPITEL

Meine Schwester Sara

Mir war elend zumute. Meine Lieblingsschwester Sara lag im Arm meiner Mutter und weinte. Sara, die neunte Tochter meiner Eltern, ist drei Jahre älter als ich, nach ihr wurde Ali geboren. An jenem Tag hatte Sara ihren sechzehnten Geburtstag, und eigentlich hätte sie fröhlich sein müssen. Aber meine Mutter hatte ihr soeben eine niederschmetternde Nachricht von meinem Vater überbracht.

Sara trug seit zwei Jahren, seit ihrer ersten Monatsblutung, den Schleier. Der Schleier machte sie zur Unperson. Seit sie ihn trug, waren all ihre Kinderträume verflogen und sie hatte nie wieder von einer großen Zukunft gesprochen. Sie war mir fremd geworden, denn für mich lag der Augenblick, ab dem ich ebenfalls den Schleier würde tragen müssen, noch in weiter Ferne. Die größere Distanz zu Sara weckte in mir die Sehnsucht nach den glücklichen Tagen unserer Kindheit. Mit einem Mal wurde mir klar, daß man sich seines Glückes erst dann bewußt wird, wenn es entschwunden ist, und jetzt, da Sara so augenscheinlich unglücklich war, erkannte ich, wie selig wir doch gewesen waren.

Sara war ein besonders hübsches Mädchen, viel hübscher als ich oder die anderen Schwestern. Aber ihre Schönheit war ein Fluch, denn als die Männer durch ihre Mütter und Schwestern von ihr erfuhren, wollten alle sie heiraten. Sara war groß und schlank, hatte eine samtweiche, weiße Haut, und in ihren großen, funkelnden braunen Augen spiegelte sich die Gewißheit, daß jeder, der sie sah, von ihre Schönheit bezaubert war. Wir Schwestern beneideten sie alle heftig um ihr langes schwarzes Haar.

Sara war trotz ihrer Schönheit sehr umgänglich und deshalb bei allen beliebt. Doch leider war sie nicht nur mit Schönheit geschlagen, sie war auch noch außergewöhnlich intelligent. Und in unserem Land ist Intelligenz für eine Frau ein Fluch, denn es besteht keine Aussicht, daß sie ihre Gaben jemals entfalten kann.

Sara wollte in Italien Kunst studieren und in Dschidda die erste Kunstgalerie eröffnen, ein Ziel, auf das sie seit ihrem zwölften Lebensjahr hingearbeitet hatte. Ihr Zimmer war vollgestopft mit Büchern über alle großen Meister. Manchmal schwirrte mir förmlich der Kopf, wenn sie von den bedeutenden Kunstwerken in Europa schwärmte. Kurz vor Bekanntgabe ihrer Hochzeit durchstöberte ich heimlich ihr Zimmer und fand eine Liste mit Sehenswürdigkeiten in Florenz, Venedig und Mailand, die sie sich ansehen wollte.

Ich wußte, daß Saras Träume nicht in Erfüllung gehen würden. In meiner Heimat werden die meisten Ehen von den älteren Frauen der Familie gestiftet, aber bei uns traf mein Vater alle Entscheidungen allein. Für ihn war es längst beschlossene Sache, daß seine hübscheste Tochter einen besonders bedeutenden und steinreichen Mann heiraten würde.

Der Mann seiner Wahl stammte aus einer angesehenen Kaufmannsfamilie in Dschidda, zu der unsere Familie wichtige Geschäftsbeziehungen unterhielt. Ausschlaggebend für die Entscheidung waren ausschließlich finanzielle Erwägungen. Der Auserwählte war zweiundsechzig Jahre alt, und Sara sollte seine dritte Frau werden. Sie hatte diesen alten Mann, der durch die Frauen in seiner Verwandtschaft von ihrer Schönheit erfahren hatte, niemals kennengelernt. Doch jetzt drängte er bereits darauf, den Hochzeitstermin festzulegen. Unsere Mutter hatte versucht, sich für Sara einzusetzen, aber mein Vater war kein Mann, der sich von den Tränen einer Tochter beeindrucken ließ.

Ausgerechnet heute hatte Sara erfahren, daß sie zur Heirat gezwungen werden sollte. Meine Mutter schickte mich aus dem Zimmer, wandte mir dann aber den Rücken zu, so daß es mir gelang, sie zu überlisten. Ich trat ein paarmal auf der Stelle, klappte die Tür zu und schlüpfte in einen offenen Schrank. So hörte ich, wie meine Schwester unseren Vater verfluchte, unsere Heimat und unsere Kultur. Sie weinte so bitterlich, daß ich vieles von der Unterhaltung nicht mitbekam, aber eines verstand ich ganz deutlich: Sie rief, daß sie geopfert werden solle wie ein Lamm.

Meine Mutter weinte auch, aber wie hätte sie Sara trösten sollen, denn schließlich war es das uneingeschränkte Recht ihres Mannes, seine Töchter mit jedem beliebigen Mann zu verheiraten. Sechs Töchter hatten schon dieses Schicksal erduldet, und meine Mutter wußte, daß die übrigen vier auf nichts Besseres hoffen durften. Keine Macht der Welt konnte das verhindern.

Ich machte eine ungeschickte Bewegung im Schrank, meine Mutter wurde auf mich aufmerksam und entdeckte mich. Sie kniff nur die Augen zusammen und schüttelte den Kopf, jagte mich aber nicht aus dem Zimmer. Sie sagte mir, ich solle einen Waschlappen holen, und wandte sich dann wieder Sara zu. Sie legte ihr den Waschlappen auf die Stirn und wiegte sie in den Schlaf. Eine Weile blieb sie noch sitzen und sah ihre junge Tochter an, dann stand sie müde auf. Mit einem langen traurigen Seufzer nahm sie mich bei der Hand und führte mich in die Küche. Obwohl noch nicht Essenszeit war und die Köchin schlief, stellte sie mir einen Teller Kuchen und ein Glas kalte Milch hin. Ich war damals dreizehn Jahre alt und für mein Alter zu klein. Sie hob mich auf ihren Schoß und hielt mich lange in ihren Armen.

Saras Tränen bewirkten nur, daß mein Vater noch gefühlloser wurde. Ich hörte zufällig, wie sie ihn anflehte. Sie war in ihrem Schmerz so außer sich, daß sie ihm vorwarf, er sei ein Frauenhasser. Und dann schleuderte sie ihm ein Wort Buddhas entgegen: »Sieg erzeugt Haß, denn die Besiegten sind unglücklich ...« Vater bäumte sich vor Zorn geradezu auf, drehte sich um und ging. Sara schrie ihm hinterher, sie wäre besser nie geboren worden, denn der Schmerz überwiege die Freude in ihrem Leben. Mein Vater antwortete mit böser Stimme, daß er den Hochzeitstermin vorverlegen werde. Das verkürze die schreckliche Zeit des Wartens.

Vater kam gewöhnlich jeden vierten Abend in unsere Villa. Gläubige Muslime mit vier Frauen teilen sich ihre Abende so ein, daß sie jeder Frau und jeder Familie gleich viel Zeit widmen. Wenn ein Mann nicht mehr zu seiner Frau und seinen Kindern geht, ist das eine ernste Sache, eine Art Strafe. Bei uns herrschte wegen Sara so viel Aufregung, daß Vater wegblieb. Zu meiner Mutter, seiner ersten und damit wichtigsten Frau, sagte er, sie könne den anderen drei Frauen bestellen, daß er abwechselnd zu ihnen kommen werde, aber nicht mehr zu uns. Bevor er ging, wies er sie kurz an, sie solle ihre Tochter von ihrer hysterischen Abneigung gegen die Ehe heilen und dafür sorgen, daß sie sich in ihr Schicksal füge und eine »pflichtbewußte Frau und gute Mutter« werde.

An die Hochzeiten der anderen Schwestern erinnere ich mich kaum. Tränen gab es wohl immer, aber ich war damals so jung, daß ich noch nicht verstand, wie tief es die Gefühle eines jungen Mädchens verletzt, wenn es gegen seinen Willen mit einem fremden Mann verheiratet wird. Wenn ich dagegen heute die Augen schließe, erinnere ich mich wieder an jede Einzelheit in den Wochen vor Saras Heirat, bei der Hochzeit und in den traurigen Wochen danach.

Ich galt in der Familie als schwieriges Kind und strapazierte die Geduld meiner Eltern mehr als alle anderen Töchter. Ich stellte absichtlich und ohne jede Rücksicht den elterlichen Haushalt auf den Kopf. Ich schüttete Sand in den Motor von Alis neuem Mercedes, stibitzte Geld aus der Brieftasche meines Vaters und vergrub Alis Goldmünzensammlung im Garten. Und als Ali auf seiner Luftmatratze im Swimmingpool schlief, setzte ich grüne Schlangen und eklige Eidechsen aus Gläsern im Wasser aus.

Sara war die perfekte Tochter. Sie war still und gehorsam und bekam in der Schule immer die besten Noten. Obwohl ich sie sehr gern hatte, hielt ich sie für schwach. In den Wochen vor der Hochzeit aber überraschte sie uns alle. In ihr steckte offenbar mehr Kraft und Mut, als wir angenommen hatten. Sie rief jeden Tag im Büro unseres Vaters an und ließ ihm ausrichten, sie denke nicht daran zu heiraten. Sie telefonierte sogar mit dem Büro ihres Zukünftigen und ließ ihm durch seinen indischen Sekretär folgendes mitteilen: Er sei ein widerlicher alter Mann und solle Frauen heiraten, keine Mädchen. Der indische Sekretär hielt es wohl für angezeigt, die Nachricht nicht an seinen Chef weiterzuleiten, denn es passierte rein gar nichts. Aber Sara ließ nicht locker. Sie rief noch einmal an und verlangte, den Mann persönlich zu sprechen! Er war nicht im Büro. Angeblich war er für ein paar Wochen nach Paris gereist. Vater hatte von Saras Streichen genug und ließ bei uns die Telefone stillegen. Sara durfte ihr Zimmer nicht mehr verlassen.

Saras neues Leben rückte bedrohlich näher. Der Hochzeitstag brach an. Die Wochen der Unruhe und Trauer hatten Saras Schönheit nichts anhaben können. Im Gegenteil, sie kam mir sogar noch schöner vor, fast wie durchsichtig, wie ein himmlisches Geschöpf, das nicht für diese Welt gemacht war. Sie war noch schlanker geworden, und die dunklen Augen glänzten herrlich in ihrem Gesicht. Sie war wie in Stein gemeißelt. Ihr Blick war unergründlich, aber ich sah durch ihre riesigen schwarzen Pupillen bis tief in ihre Seele. Und dort sah ich nur Angst.

Am Hochzeitstag kamen in aller Frühe unsere älteren Schwestern und verschiedene Cousinen und Tanten, um die Braut für den Bräutigam herzurichten. Ich saß reglos wie ein Stein in der Ecke des großen Ankleidezimmers, das jetzt der Vorbereitung der Braut diente, aber sie nahmen von meiner unerwünschten Gegenwart keine Notiz.

Nicht weniger als fünfzehn Frauen kümmerten sich um die verschiedenen Details der Vorbereitungszeremonien. Die erste Zeremonie, »Halawa«, führten unsere Mutter und ihre älteste Tante durch. Alle Haare an Saras Körper, mit Ausnahme der Augenbrauen und des Kopfhaars, mußten entfernt werden. Eine besondere Mischung aus Zucker, Rosenwasser und Zitronensaft köchelte in der Küche vor sich hin. Diese süße Paste wurde auf Saras Körper verteilt und dann, als sie angetrocknet war, mitsamt der Körperbehaarung wieder abgezogen. Die Zitronen verströmten einen süßen Duft, doch Saras Schmerzensschreie ließen mich vor Angst erschaudern.

Dann bereiteten die Frauen das Henna vor und spülten ein letztes Mal Saras üppige Locken. Ihr Haar glänzte herrlich. Die Nägel wurden leuchtend rot lackiert – die Farbe des Blutes, wir mir schwante. Das blaßrosa Brautkleid aus feiner Spitze hing an der Tür. Auf dem Frisiertisch lag ein Diamantenkollier, daneben ein passender Armreif und Ohrringe. Der Bräutigam hatte den Schmuck schon vor Wochen als Geschenk überbringen lassen, doch Sara hatte ihn keines Blickes gewürdigt.

Wenn eine saudische Braut glücklich ist, dann herrscht im Vorbereitungsraum geschäftige Vorfreude, und immer wieder erschallt fröhliches Lachen. An Saras Hochzeitstag herrschte bedrückte Stimmung; die Frauen hätten sie ebensogut für das Begräbnis schmücken können. Alle sprachen mit gedämpfter

Stimme. Sara ließ die Handgriffe apathisch über sich ergehen. Gemessen an ihren Temperamentsausbrüchen der vergangenen Wochen war sie merkwürdig gefügig. Später begriff ich, warum sie mir wie in Trance erschien.

Vater war sehr besorgt gewesen, Sara werde der Familie Schande machen, wenn sie sich weiterhin der Heirat widersetzte und sogar den Bräutigam beleidigte. Deshalb hatte er einen der pakistanischen Hausärzte gebeten, Sara an diesem Tag eine Spritze mit einem starken Beruhigungsmittel zu geben. Später erfuhren wir, daß der Arzt dem Bräutigam sogar Beruhigungstabletten für Sara mitgegeben und gesagt hatte, daß sie wegen der Hochzeit sehr aufgeregt und überreizt sei und daß die Pillen gegen ihre nervösen Magenbeschwerden seien. Der Bräutigam, der Sara ja überhaupt nicht kannte, muß sie in den folgenden Tagen für eine ungewöhnlich stille und gefügige junge Frau gehalten haben. In Saudi-Arabien heiraten viele alte Männer junge Mädchen, und gewiß ist es für sie ganz normal, daß ihre Bräute schreckliche Angst haben.

Trommelwirbel kündigten das Eintreffen der Gäste an. Schließlich waren die Frauen mit ihrer Arbeit fertig. Sie streiften Sara das Kleid über den Kopf und steckten ihre Füße in rosa Pumps. Meine Mutter legte ihr die diamantene Halskette an. Ich rief, daß die Halskette wie eine Schlinge aussehe. Eine Tante schlug mich mit der Hand auf den Kopf, eine andere zog mich am Ohr, aber von Sara kam kein Laut. Wir alle starrten sie in ehrfürchtigem Schweigen an. Keine Braut hätte schöner sein können.

Hinten im Garten war für die Trauung ein riesiges Zelt errichtet worden. Der Garten quoll über von Blumen aus Holland. Lichterketten zauberten abenteuerliche Muster auf den Boden. Vom Glanz geblendet, vergaß ich für einen Augenblick die grausame Wirklichkeit.

Im Zelt drängten sich bereits die Gäste. Frauen aus der

königlichen Familie, behängt mit Diamanten, Rubinen und Smaragden, nahmen zusammen mit nichtadeligen Saudis an dem gesellschaftlichen Ereignis teil. Das kam selten vor. Saudische Frauen aus niedrigeren Schichten dürfen bei unseren Hochzeiten zuschauen, müssen dabei aber einen Schleier tragen und zu den Mitgliedern der königlichen Familie einen gebührenden Abstand halten. Eine Freundin erzählte mir einmal, daß sich gelegentlich auch Männer verschleiert unter die Zuschauerinnen mischen, um einen verbotenen Blick auf unsere unverschleierten Gesichter zu erhaschen. Für die männlichen Gäste gab es einen Empfang in einem großen Hotel in der Stadt. Dort unterhielten sie sich, tanzten und aßen wie die Frauen hier im Zelt.

Auf saudischen Hochzeiten feiern Männer und Frauen getrennt. Nur vier Männer sind zur Feier der Frauen zugelassen: der Bräutigam, sein Vater, der Brautvater und der Religionsgelehrte, der die kurze Trauung vollzieht. In unserem Fall lebte der Vater des Bräutigams nicht mehr; deshalb wurde der Bräutigam nur von unserem Vater begleitet, als es an der Zeit war, die Braut abzuholen.

Die Sklaven und Dienstboten hoben die Deckel von den zugedeckten Speisen. Die Gäste eilten zum Büffett. Als erste machten sich die verschleierten Frauen über die Platten her. Die Armen mußten sich die Leckerbissen hinter dem Schleier in den Mund stopfen. Andere kosteten norwegischen Räucherlachs, russischen Kaviar, Wachteleier und andere Delikatessen. Vier große Tische bogen sich förmlich unter der Last der Speisen: Links standen die Vorspeisen, in der Mitte die Hauptgerichte, rechts die Desserts; die Getränke standen auf einem separaten Tisch. Alkohol wurde natürlich nirgendwo serviert, doch viele Frauen aus der königlichen Familie hatten edelsteinbesetzte Flakons in ihren Handtaschen. Hin und wieder verschwanden sie kichernd in den Waschräumen und genehmigten sich einen Schluck.

Ägyptische Bauchtänzerinnen bewegten sich zur Mitte des Zeltes. Die Frauen verstummten und blickten mit gemischten Gefühlen auf die Tänzerinnen, die wie wild mit den Becken kreisten. Die meisten Frauen waren von der erotischen Darbietung, die mir am besten von allem gefiel, nur peinlich berührt. Wir Saudis nehmen uns zu ernst und sind von Scherzen und Gelächter eher peinlich berührt. Zu meiner Verblüffung gesellte sich eine ältere Tante zu den Bauchtänzerinnen und wiegte sich ebenfalls in den Hüften. Obwohl sie sich erstaunlich geschmeidig bewegte, hörte ich, wie andere Verwandte mißbilligend murrten.

Dann erfüllten wieder Trommelwirbel die Luft, und ich wußte: Jetzt würde Sara kommen. Alle Gäste blickten erwartungsvoll zum Eingang der Villa. Gleich darauf wurde die Tür geöffnet, und Sara trat heraus, begleitet von meiner Mutter und einer Tante, die sie zum Podium führten.

Sie trug jetzt einen hauchdünnen rosa Schleier, der von einem Perlendiadem der gleichen Farbe gehalten wurde. Der Schleier brachte ihre ungewöhnliche Schönheit noch besser zur Geltung. Als die Gäste Saras tieftrauriges Gesicht sahen, erhob sich zustimmendes Gemurmel. So hatte eine junge, jungfräuliche Braut auch auszusehen: wie ein bis ins Innerste verängstigtes Wesen.

Dutzende Frauen schritten hinter Sara her und taten, wie bei Festen in der Wüste üblich, lautstark ihre Freude kund. Die einen ließen schrille Triller ertönen, indem sie ihre Zungen gegen die Gaumen schnellen ließen, andere stießen spitze Schreie aus. Sara strauchelte, aber unsere Mutter stützte sie.

Kurze Zeit später erschien mein Vater mit dem Bräutigam. Daß der Bräutigam älter war als mein Vater, hatte ich schon gewußt, aber als ich ihn dann sah, war ich zutiefst angewidert. Einem jungen Mädchen wie mir mußte er uralt erscheinen, und zudem erinnerte er mich an ein Wiesel. Ich erschauderte bei der Vorstellung, daß er bald den Körper meiner schüchternen, empfindsamen Schwester berühren würde.

Der Bräutigam grinste anzüglich, als er den Schleier vor dem Gesicht meiner Schwester lüftete. Sie war von den Beruhigungsmitteln so benommen, daß sie nicht reagierte und ihren neuen Herrn nur verständnislos anstarrte. Die eigentliche Eheschließung hatte schon vor Wochen stattgefunden. Die Männer hatten unter Auschluß der Frauen die Mitgiftvereinbarungen unterzeichnet und die erforderlichen Papiere ausgetauscht. Die wenigen Worte, die im Namen Allahs heute gesprochen werden sollten, waren eigentlich nur schmückendes Beiwerk der eigentlichen Eheschließung.

Der Religionsgelehrte sah meinen Vater an, während dieser die Formel sprach, mit der Sara gegen die vereinbarte Mitgift an den Bräutigam verheiratet wurde. Dann blickte er auffordernd den Bräutigam an, der daraufhin erklärte, er wolle Sara zu seiner Frau nehmen. Und Sara sagte, sie werde sich von nun an seiner Fürsorge und seinem Schutz unterstellen. Keiner der Männer sah sie während der Zeremonie auch nur einmal an.

Mit Koransuren segnete der Religionsgelehrte die Ehe meiner Schwester. Dann kreischten und trillerten plötzlich alle Frauen laut los. Sara war verheiratet! Die Männer lächelten zufrieden.

Sara stand immer noch reglos da. Nun zog der Bräutigam einen kleinen Beutel aus der Tasche seines Gewandes und warf Goldmünzen in die Menge. Zornbebend sah ich zu, wie er selbstgefällig Glückwünsche zu seiner Hochzeit mit dem schönen Mädchen entgegennahm. Dann nahm er meine Schwester am Arm und führte sie rasch weg.

Als Sarah an mir vorbeikam, sah sie mir in die Augen. Ich wußte, daß ihr jemand hätte helfen müssen, doch ebenso wußte ich, daß niemand etwas tun konnte. Dann fiel mir wieder der Spruch ein, den Sara unserem Vater entgegengeschleudert hatte: »Sieg erzeugt Haß, denn die Besiegten sind unglücklich.« Doch ich war so traurig, daß mich auch die Gewißheit nicht zu trösten vermochte, daß diese ungleiche Verbindung dem Bräutigam bestimmt kein Glück bringen würde. Er konnte gar nicht schlimm genug bestraft werden.

4. KAPITEL

Scheidung

Vater verbot uns, Sara in den ersten drei Monaten ihrer Ehe zu besuchen. Sie brauche Zeit, um sich an ihr neues Leben und ihre neuen Aufgaben zu gewöhnen, sagte er. Der Anblick der Familie würde nur den Wunsch in ihr wecken, zu ihrem nutzlosen Leben voller Illusionen zurückzukehren. Unsere Klagen über ihr Sklavenleben bedachte Vater nur mit einem gefühllosen Nicken. Aus seiner Sicht erfüllte Sara nur ihre Bestimmung als Frau, die eben darin bestand, daß sie ihrem Mann diente, ihm in allem zu Willen war und ihm Kinder gebar.

Sara hatte nichts aus ihrem Zimmer mitgenommen. Sie hatte wohl Angst, daß der Anblick der Bücher und der anderen liebgewonnenen Dinge ihr Leben nur noch trostloser machen würde. Mir war, als sei Sara tot. Ihr Weggang hatte ein tiefes, schwarzes Loch in meinem Leben hinterlassen. Stundenlang saß ich in ihrem Zimmer und trauerte inmitten ihrer Besitztümer. Ja, ich begann sogar, mich für ihre Hobbys zu interessieren, und ich merkte, daß ich Züge ihrer Persönlichkeit annahm. Ich las ihr Tagebuch, und ihre Träume waren wie meine eigenen. Ich weinte und zweifelte an der Weisheit eines Gottes, der es zuließ, daß das Böse über die Unschuld siegte.

Ich zog Saras Nachthemd an, legte mich in ihr Bett und blätterte ihre Kunstbände durch. Als mich meine Mutter dabei ertappte, ließ sie das Zimmer abschließen.

Wir mußten jedoch nicht drei Monate warten, bis wir unsere Schwester wiedersahen, wie mein Vater angeordnet hatte. Schon fünf Wochen nach der Hochzeit machte Sara einen Selbstmordversuch.

Ich war gerade im Garten und unterhielt mich piepsend, grunzend und blökend mit den Tieren in unserem neuen Privatzoo, als Omar so eilig durch das vordere Gartentor stürzte, daß er stolperte und seine Sandalen verlor. Omar hatte ein braungebranntes Gesicht, doch jetzt war er kreidebleich. Er strich seine Thobe, das traditionelle Gewand der Saudis, glatt und klopfte den Sand aus seinen Sandalen. Dann rief er mir zu, ich solle schnell meine Mutter holen.

Wenn es um ihre Kinder ging, hatte meine Mutter so etwas wie einen siebten Sinn. Als sie Omar sah, fragte sie sofort, was mit Sara sei.

Kein Araber wird einem Verwandten die Wahrheit ins Gesicht sagen, wenn ein Angehöriger krank ist oder im Sterben liegt. Stirbt beispielsweise ein Kind, so sagt der unglückliche Überbringer der traurigen Nachricht der Familie zunächst nur, daß sich das Kind nicht wohl fühle. Wenn Fragen kommen, räumt er ein, daß man den Arzt habe aufsuchen müssen, und erst später rückt er damit heraus, daß das Kind im Krankenhaus liegt. Wenn die Angehörigen weiterbohren, sagt der Bote endlich, der Zustand des Kindes sei ernst und die Familie solle sich ans Krankenlager begeben. Noch länger dauert es, bis er zugibt, daß das Leben eines lieben Angehörigen in Gefahr ist. Es kann Stunden dauern, bevor die Angehörigen erfahren, wie ernst die Lage wirklich ist. Und niemals wird ein Bote den Hinterbliebenen ins Gesicht sagen, daß ein Angehöriger gestorben ist. Er bereitet die Familie höchstens darauf vor, daß der Arzt noch schlechtere Nachrichten bringen wird.

Omar sagte meiner Mutter, Sara habe verdorbenes Fleisch gegessen und liege in einer Privatklinik in Dschidda. Mein

Vater habe gesagt, Mutter solle sofort ein Privatflugzeug nehmen und hinfliegen. Mutter preßte die Lippen zusammen und holte eilig ihre Abahja, das schwarze Gewand, und den Schleier.

Ich schrie und weinte und klammerte mich so lange an meiner Mutter fest, bis sie mir erlaubte, mitzukommen. Ich mußte ihr allerdings versprechen, daß ich mich in der Klinik auch dann ruhig verhalten würde, wenn Sara sehr krank wäre. Ich gab ihr mein Wort, rannte zu Saras Zimmer und hämmerte mit Fäusten und Füßen so lange gegen die verschlossene Tür, bis die Dienstboten den Schlüssel brachten. Sara brauchte doch ihr Lieblingsbuch.

Omar fuhr zuerst zu Vaters Büro, weil er unsere Reisepapiere vergessen hatte. Wenn in Saudi-Arabien eine Frau verreisen will, braucht sie die schriftliche Einwilligung ihres Mannes. Ohne das Papier hätte man uns am Zoll möglicherweise festgehalten und unserem Flugzeug die Starterlaubnis verweigert. Vater gab uns auch unsere Pässe und sagte meiner Mutter, wir müßten Sara unter Umständen zur Behandlung nach London bringen. Verdorbenes Fleisch? Nach London? Wenn etwas faul war, dann die Geschichte meines Vaters. Ich war überzeugt, meine Schwester sei bereits tot.

Wir flogen in einem kleinen Privatflugzeug nach Dschidda. Der Flug verlief ruhig, aber im Passagierraum herrschte eine gedrückte Stimmung. Meine Mutter sprach kaum ein Wort und hielt fast während des gesamten Fluges die Augen geschlossen. Es war erst wenige Jahre her, daß sie zum erstenmal in ein Auto gestiegen war. Jetzt bewegte sie die Lippen, und ich wußte, daß sie zwei Gebete zu Allah schickte: erstens, daß Sara noch am Leben sein möge, und zweitens, daß uns das Flugzeug sicher zu ihr bringen möge.

Der Pilot und der Kopilot waren Amerikaner, die mir wegen ihrer offenen, freundlichen Art auf Anhieb sympathisch waren. Sie fragten mich, ob ich im Cockpit sitzen wolle. Aufgeregt stampfte ich mit den Füßen und ruderte mit den Armen, bis Mutter schließlich widerstrebend nickte. Ich hatte noch nie im Cockpit gesessen. Im Cockpit saß sonst immer nur Ali.

Zuerst bekam ich Angst, als ich den endlosen Himmel vor mir sah. Das Flugzeug kam mir vor wie ein Spielzeug, und nur die dünne Außenhaut trennte uns von der harten Erde. Ich stieß einen leisen, ängstlichen Schrei aus und wich zurück. Doch John, der größere der beiden Piloten, lächelte mir aufmunternd zu und erklärte mir geduldig die Funktionen der verschiedenen Knöpfe und Instrumente. Ich war selbst überrascht, wie unbefangen ich mich über seine Schulter beugen konnte. Das war eine der wenigen Situationen in meinem jungen Leben, in denen ich mich in Gegenwart von Männern wohlgefühlt hatte. Vor meinem Vater hatte ich Angst. Ali und meine Halbbrüder verachtete ich. Es war ein merkwürdiges, ja berauschendes Gefühl, als ich feststellte, daß Männer, die mir von Haus aus immer nur als Halbgötter erschienen waren, so natürlich und vertrauenerweckend sein konnten.

Ich sah zum Cockpit hinaus und hatte plötzlich eine Ahnung, was ein Adler empfindet, der sich hoch in die Lüfte erhebt, und mich durchflutete ein wunderbares Gefühl von Freiheit. Meine Gedanken wanderten zu Sara, und mit Schrecken wurde mir bewußt, daß die Vögel, ja alle Tiere, freier waren als meine arme Schwester. Ich schwor mir, daß ich mein Leben selbst in die Hand nehmen würde, ganz gleich, was ich dafür tun und welche Leiden ich erdulden müßte.

Kurz vor der Landung setzte ich mich wieder zu meiner Mutter. Sie nahm mich liebevoll in den Arm und drückte mich zärtlich an sich, während die Maschine auf das Terminal zurollte. Sie trug den Schleier, aber ich wußte auch so, welcher Ausdruck auf ihrem Gesicht lag. Sie stieß einen langen, gequälten Seufzer aus.

In den langen Gängen der Klinik hörten wir Klagelaute und Geschrei. Meine Mutter ging noch schneller und drückte mir die Hand so fest, daß es fast schmerzte.

Sara lebte, aber ihr Zustand war kritisch. Völlig aufgelöst erfuhren wir, daß sie versucht hatte, sich das Leben zu nehmen. Sie hatte den Kopf in den Gasherd gesteckt und das Gas aufgedreht. Sara war sehr ruhig und totenbleich. Ihr Ehemann war nicht da, aber er hatte seine Mutter geschickt. Die alte Frau schimpfte mit lauter Stimme auf Sara, weil sie Schande über ihren Sohn und seine Familie gebracht habe. Sie war eine böse, alte Hexe. Am liebsten hätte ich ihr das Gesicht zerkratzt und sie davongejagt, aber dann fiel mir wieder ein, daß ich meiner Mutter versprochen hatte, ruhig zu bleiben. So stand ich an Saras Bett, hielt vor Zorn den Atem an und streichelte ihre weichen, reglosen Hände.

Mutter schlug den Schleier zurück und blickte der alten Frau direkt ins Gesicht. Sie hatte mit allem möglichen gerechnet, aber daß ihre Tochter versucht hatte, sich das Leben zu nehmen, kam für sie völlig unerwartet. Sie war wie vor den Kopf geschlagen. Als sie sich zornig an Saras Schwiegermutter wandte, hätte ich am liebsten mit den Füßen aufgestampft und sie angefeuert. Sie fiel der Frau jäh ins Wort und fragte sie, was ihr Sohn Sara angetan habe, daß ein so junges Mädchen sich das Leben nehmen wolle. Dann befahl sie ihr, das Krankenzimmer zu verlassen: Dies sei kein Ort für gottlose Menschen. Die alte Frau ging und wir hörten, wie sie mit lauter, zorniger Stimme Gott um Hilfe anflehte.

Mutter drehte sich zu mir um und sah mein bewunderndes Lächeln. Ich blickte sie voller Ehrfurcht an, und einen kurzen Augenblick flammte in mir die Erkenntnis auf, daß Gott uns nicht verlassen würde. Sara würde gerettet werden. Aber ich wußte, daß Mutter für ihren Mut würde büßen müssen, wenn Vater herausbekommen sollte, was sie zu der alten Frau gesagt hatte. Ich kannte meinen Vater. Mitleid für Sara war von ihm nicht zu erwarten, nur Wut über ihre Verzweiflungstat, über die Schande ihres Ungehorsams.

Und Vater würde auch auf Mutter wütend sein, weil sie ihre Tochter verteidigt hatte. In Saudi-Arabien hat man vor alten Menschen großen Respekt. Was sie auch tun oder sagen, niemand wagt es, ihnen die Stirn zu bieten. Meine Mutter war der alten Frau wie eine Löwin entgegengetreten, die ihr Junges verteidigt. Mein Herz zerbarst fast vor Stolz auf meine mutige Mutter.

Saras Ehemann ließ drei Tage lang nichts von sich hören, dann kam er in die Klinik und forderte sein Eigentum zurück. Mutter hatte inzwischen den Grund für Saras Tat herausgefunden. Sie sah ihren Schwiegersohn voller Verachtung an. Saras Ehemann war ein Sadist. Er hatte Sara auf eine widerliche und brutale Art so lange sexuell mißbraucht, bis ihr schließlich der Selbstmord als einziger Ausweg erschienen war. Selbst Vater war entsetzt, als er von den Leiden seiner Tochter erfuhr. Aber er war mit Saras Ehemann einer Meinung: Eine Frau gehört zu ihrem Gatten. Saras Mann versprach Vater, daß er zu seiner Frau in Zukunft normale sexuelle Beziehungen unterhalten werde.

Mutters Hand zitterte, und ihr Mund öffnete sich wie zu einem Schrei, als Vater seine Entscheidung bekanntgab. Sara weinte und versuchte, aus dem Bett zu steigen. Sie wollte nicht länger leben und drohte, sich die Pulsadern aufzuschneiden, wenn sie zu ihrem Ehemann zurückkehren müsse. Mutter trat schützend vor sie. Zum ersten Mal in ihrem Leben widersetzte sie sich ihrem Mann. Sie sagte zu ihm, Sara werde niemals in das Haus dieses Scheusals zurückkehren. Sie selbst werde den Fall vor den König und die Ulema bringen. Niemand werde billigen, daß diese Ehe bestehen bleibe. Vater drohte ihr mit Scheidung, doch sie blieb standhaft und meinte nur, er solle tun, was er für nötig halte, ihre Tochter werde jedenfalls nicht an jenen Ort des Schreckens zurückkehren.

Vater stand da und starrte sie an. Ihm war wohl klar, daß die Religionsgelehrten Sara aller Wahrscheinlichkeit nach zu ihrem Ehemann zurückschicken würden. Wie immer in solchen Fällen würden sie dem Mann raten, seine Frau so zu behandeln, wie es der Koran vorschreibt, und damit wäre die unliebsame Angelegenheit aus der Welt geschafft. Vater sah Mutter unverwandt an und überlegte, wie er auf ihre Entschlossenheit reagieren sollte. Er war entsetzt, aber er wollte unter allen Umständen vermeiden, daß die Öffentlichkeit von dieser Familienangelegenheit erfuhr. Also gab er zum ersten Mal in seiner Ehe nach.

Da wir zur königlichen Familie gehörten und Saras Ehemann die einträglichen Geschäfte mit meinem Vater nicht verlieren wollte, gab er widerwillig sein Einverständnis zu einer Scheidung.

Nach islamischem Recht kann sich der Mann ohne Angabe von Gründen scheiden lassen. Für eine Frau ist die Scheidung dagegen sehr schwierig. Hätte sich Sara um eine Scheidung bemüht, hätte das viele Probleme aufgeworfen. Die religiösen Autoritäten hätten möglicherweise verfügt, daß »dir vielleicht etwas mißfällt, was Allah zu deinem Wohl bestimmt hat«, und sie gezwungen, bei ihrem Ehemann zu bleiben. Doch Saras Ehemann gab nach und sprach in Gegenwart von zwei männlichen Zeugen dreimal die Worte: »Ich lasse mich von dir scheiden.« Damit war die Ehe aufgehoben.

Sara war frei! Sie kehrte in ihr Elternhaus zurück.

Da jede große Aufregung zu Veränderungen führt, hatte sich durch Saras Hochzeit, ihren Selbstmordversuch und ihre Scheidung auch mein junges Leben verändert. Ich entwickelte neue Gedanken und Ideen und verlor endgültig alle kindlichen Illusionen.

Ich grübelte stundenlang über die primitiven Bräuche, von denen die Ehe in meiner Heimat geprägt wurde. Die Heiratschancen eines saudischen Mädchens hängen von mehreren Faktoren ab: von Ansehen und Vermögen seiner Familie und davon, ob es körperliche Mißbildungen hat und wie hübsch es ist. Gesellschaftlicher Kontakt mit jungen Frauen ist Männern untersagt; deshalb sind sie darauf angewiesen, daß ihre Mütter und Schwestern mit Adleraugen ständig nach einer guten Partie Ausschau halten. Selbst wenn das Eheversprechen bereits gegeben ist und der Zeitpunkt der Hochzeit schon feststeht, kennt ein Mädchen ihren Bräutigam nur im Ausnahmefall. Nur vereinzelte Familien gestatten den Austausch von Fotos.

Ein Mädchen aus guter Familie, das nicht in irgendeiner Weise mißgestaltet ist, erhält gewöhnlich mehrere Heiratsanträge. Wenn es sehr schön ist, schicken viele Männer ihre Mütter und Väter los, um für sie um die Hand des Mädchens anzuhalten. Schönheit ist für eine Frau in Saudi-Arabien ein großer Vorteil. Natürlich darf ihr Ruf durch keinen Skandal geschädigt sein, sonst hilft ihr auch die strahlendste Schönheit nichts mehr. Ein Mädchen, das ins Gerede gekommen ist, endet als dritte oder vierte Frau eines alten Mannes in einem abgelegenen Dorf.

Viele Saudis überlassen die letzte Entscheidung über die Verheiratung ihrer Töchter ihren Frauen. Sie wissen, daß ihre Frauen den besten Kandidaten auswählen werden. Allerdings setzen sich auch Mütter häufig über den Willen ihrer Töchter hinweg, vor allem dann, wenn sie selbst die Erfahrung gemacht haben, daß der Mann, vor dem sie anfangs solche Angst hatten, eigentlich ganz umgänglich und nett ist. Liebe und Zuneigung seien vergänglich, warnen solche Mütter ihre Töchter, deshalb sei es für ein Mädchen am besten, wenn es in eine angesehene Familie einheirate. Andererseits gibt es auch Männer wie meinen Vater, die aus der Heirat ihrer Töchter möglichst großen persönlichen oder finanziellen Gewinn ziehen wollen. Und es gibt keine übergeordnete Instanz, die ihre Entscheidung in Frage stellen könnte. Sara mit ihrer Schönheit, ihrer Intelligenz und ihren kindlichen Träumen war für meinen Vater letztlich nicht mehr als eine Schachfigur, durch die er noch mehr Reichtum zu erringen hoffte.

Das Unglück meiner geliebten Schwester lehrte mich vor allem eins: Wir Frauen brauchten ein Mitspracherecht bei den Entscheidungen, die unser Leben so tiefgreifend und nachhaltig veränderten. Seit dieser Zeit galt mein ganzes Sinnen und Trachten nur noch den Rechten der Frauen in meiner Heimat. Frauen sollten mit der gleichen Würde behandelt werden und sich ebenso frei verwirklichen können wie die Männer, die dieses Recht von Geburt an haben.

5. KAPITEL

Ali

Ein paar Monate nach Saras Heimkehr überzeugte meine älteste Schwester Nura meinen Vater, daß Sara und ich die Welt außerhalb Saudi-Arabiens kennenlernen müßten. Bislang war es uns noch nicht gelungen, Sara aus ihrer Depression zu reißen, und Nura meinte, eine Reise sei genau die richtige Medizin. Ich selbst war schon zweimal in Spanien gewesen, aber damals war ich noch so jung, daß dies nicht als richtige Reiseerfahrung zählte.

Nura war mit einem Enkel unseres ersten Königs verheiratet. Sie erfreute Vater mit ihrer Ehe und mit ihrer ruhigen, gelassenen Lebenseinstellung. Nura tat, was man ihr sagte, und stellte keine Fragen. Vater gewann sie im Laufe der Jahre wirklich lieb, denn keine seiner anderen Töchter hatte Nuras Sanftmut und gelassene Fröhlichkeit. Seit Saras Scheidung führte Vater uns Nura ständig als gutes Beispiel vor Augen. Auch Nura hatte einen Fremden geheiratet, aber ihre Ehe war nicht unglücklich – wenn auch nur deshalb, weil ihr Ehemann rücksichtsvoll und aufmerksam war.

Nach Ansicht meines Vaters hatte Sara das kriminelle Verhalten ihres Ehemannes provoziert. Im Mittleren Osten trägt niemals der Mann die Schuld. Selbst wenn er seine Frau umbringt, führt er für seine Tat triftige Gründe an, die von anderen Männern ohne weiteres akzeptiert werden. Ich habe in meinem Heimatland in der Zeitung Artikel gelesen, in denen Männer, die ihre Frau oder ihre Tochter wegen »unsittlichen Verhaltens hingerichtet« hatten, positiv dargestellt wurden. Der bloße Verdacht einer sexuellen Verfehlung – eines Kusses etwa – kann ein junges Mädchen das Leben kosten. Und das ist noch nicht alles. Die Religionsgelehrten loben den Vater, weil er die Gebote des Propheten verteidigt hat, und beglückwünschen ihn öffentlich zu seiner »bemerkenswerten Tat«!

Damals bauten Nura und Achmed gerade an ihrem neuen Palast, und Nura wollte nach Europa reisen, um italienische Möbel zu kaufen. Unterwegs sollten wir Zwischenstation in Ägypten machen, damit sich Nuras Kinder die Pyramiden ansehen konnten.

Vater hatte zweiundzwanzig Töchter von vier Frauen, und oft hörten wir ihn vor sich hinmurmeln, daß »die Frau der Fluch des Mannes« sei. Daß seine jüngeren Töchter gegen die absolute Herrschaft des Mannes aufmuckten, stimmte ihn nicht gerade freundlicher. Was wir sagten und taten wurde als unerhört empfunden und keines kritischen Gedankens gewürdigt. Wir wußten, daß wir unsere hochgesteckten Ziele nicht erreichen würden, aber allein die Tatsache, daß wir leidenschaftlich über Themen diskutierten, an die sich noch nie eine saudische Frau gewagt hatte, erschien uns wie ein Sieg.

Nura wollte, daß Mutter uns ins Ausland begleitete, doch seit Saras Heimkehr war Mutter so merkwürdig still geworden, als hätte ihre große Rebellion gegen den allmächtigen Ehemann ihre ganze Lebenskraft aufgezehrt. Sie befürwortete, daß Sara nach Italien reisen sollte, meinte allerdings, ich sei für so ein Unternehmen noch zu jung und solle zu Hause bleiben. Nicht zum erstenmal setzte ich meinen Willen mit einem Wutausbruch durch. Sara zeigte an der Reise kaum Interesse, und nicht einmal die Aussicht, die Wunderwerke der italienischen Kunst zu sehen, konnte sie aufmuntern. Aber ich war außer mir vor Freude.

Die Freude war schnell verflogen, denn eines Abends verkündete Ali selbstgefällig, er werde uns begleiten. Vater war nämlich der Ansicht, ich brauche einen Anstandswauwau. Der Gedanke, daß mir der hinterhältige Ali die Reise verderben würde, brachte mich fast zur Verzweiflung. Ich überlegte, wie ich ihm eine besonders schwere Beleidigung zufügen konnte. Ich schnappte mir seine neue Ghutra, das schwere Kopftuch, und seine Igahl, die schwarze Kordel, mit der die Ghutra befestigt wird, und rannte durch das Haus in mein Badezimmer. Ich hatte keine Ahnung, was ich mit den Sachen machen sollte, aber für einen saudischen Mann ist es eine schwere Beleidigung, wenn jemand diesen Kopfschmuck berührt. Ich hatte einfach das dringende Bedürfnis, Ali unverzüglich und schwer zu beleidigen.

Ali rannte hinter mir her und schrie, er werde mich bei Vater verpetzen. Ich schlug ihm die Badezimmertür vor der Nase zu. Da er nur Sandalen trug, brach er sich den großen Zeh und verletzte sich an der Hand. Er schrie und jammerte so laut, daß die Dienstboten schon glaubten, ich wollte ihn umbringen. Aber niemand eilte zu seiner Rettung herbei.

Ich weiß nicht, welcher Teufel mich ritt. Vielleicht war es der Anblick des großen Tyrannen, der stöhnend um Mitleid flehte. Jedenfalls warf ich seinen Kopfschmuck in die Toilette und spülte. Aber die Igahl wollte einfach nicht verschwinden, sosehr ich auch mit der Klobürste auf sie einstampfte. Als Ali sah, was ich getan hatte, stürzte er sich auf mich. Wir wälzten uns auf dem Fußboden. Ich gewann die Oberhand, denn ich packte ihn an seinem gebrochenen Zeh und drehte. Mutter hörte Alis jämmerliche Schreie. Sie trennte uns und verhinderte, daß ich die ganze Wut, die ich in all den Jahren aufgestaut hatte, endlich an ihm auslassen konnte.

Ich wußte, daß ich mich in große Schwierigkeiten gebracht hatte. Schlimmer hätte meine Lage nicht sein können. Während Mutter und Omar mit Ali in die Klinik fuhren, um ihm den gebrochenen Zeh eingipsen zu lassen, schlich ich mich in sein Zimmer und sammelte seine heimlichen Schätze zusammen, lauter Dinge, die nach der Religion und den Gesetzen unseres Landes verboten sind.

»Schätze« dieser Art horten alle Jungs in diesem Alter überall auf der Welt, aber nach den religiösen Gesetzen, die in Arabien gelten, ist ihr Besitz ein schweres Vergehen. Ich hatte Alis Zeitschriftensammlung – *Playboy, Penthouse* und ähnliches – schon vor längerer Zeit entdeckt. Erst kürzlich war mir seine neue Sammlung von Dias in die Hände gefallen. Ich nahm sie neugierig mit in mein Zimmer und schaute sie mir mit einem Diaprojektor an. Nackte Männer und Frauen, die allerlei merkwürdige Verrenkungen machten. Auf einigen Bildern waren sogar Tiere mit Frauen abgebildet. Ali verlieh die Dias offenbar an seine Freunde, denn auf jedem stand deutlich lesbar sein Name.

Ich war damals noch zu unerfahren, um genau zu begreifen, was das alles bedeutete, aber ich wußte, daß diese »Schätze« verboten waren, denn Ali bewahrte sie immer in einer verbeulten Pappschachtel mit der Aufschrift »Schulnotizen« auf. Ich kannte mich in seinen Besitztümern aus, weil ich schon seit Jahren in seinem Zimmer herumstöberte. Sorgfältig zog ich sämtliche Zeitschriften und Dias aus dem Karton. Und ich fand noch sieben Fläschchen mit alkoholischen Getränken, die Ali vom Wochenendausflug nach Bahrain mitgebracht hatte. Frohlockend steckte ich alles in eine Tragetasche.

In Saudi-Arabien hat jedes Stadtviertel seine eigene Moschee. Die Regierung hat größten Wert darauf gelegt, daß jeder männliche Muslim in seiner Nähe eine Moschee hat, die er bequem zu Fuß aufsuchen kann, da fünfmal am Tag gebetet wird. Zwar kann ein Muslim seine Gebete an jedem beliebigen Ort sprechen, wenn er sich nach Mekka wendet, aber die Gebete in einer Moschee gelten allemal als andächtiger.

Wir wohnten in einer sehr wohlhabenden Gegend und hatten deshalb eine riesige Moschee aus weiß schimmerndem Marmor. Da es zwei Uhr nachmittags war, wußte ich, daß das Mittagsgebet vorüber war und ich meinen Plan unentdeckt ausführen konnte. Im heißen Klima Saudi-Arabiens pflegen selbst Geistliche die Mittagsruhe.

Ängstlich öffnete ich die Tür zur Moschee, spähte vorsichtig in das Innere und trat dann ein. Da ich noch nicht verschleiert war, würde es vielleicht gar nicht auffallen, daß ich mich hier herumtrieb. Und für den Fall, daß man mich schnappte und zur Rede stellte, hatte ich schon eine Ausrede parat: Ich suche mein neues Kätzchen, das sich in die Moschee verirrt hat.

In der Moschee war es angenehm kühl und still. Ich war meinem Vater und Ali schon oft bis zum Portal gefolgt, aber betreten hatte ich das Gotteshaus noch nie. Ali wurde seit seinem sechsten Lebensjahr dazu angehalten, fünfmal am Tag zu beten. Ich wurde ganz aufgeregt, wenn ich daran dachte, wie mein Vater Ali bei der Hand genommen und stolz durch den Haupteingang der Moschee geführt hatte, während ich als Mädchen draußen bleiben mußte und ihnen traurig und wütend nachblickte.

In meiner Heimat haben Frauen keinen Zutritt zu den Moscheen. Der Prophet Mohammed hat ihnen zwar nicht verboten, öffentlich in Moscheen zu beten, aber er hielt es für besser, wenn sie ihr Gebet zu Hause verrichteten.

Niemand war zu sehen. Ich eilte über den Marmorboden; meine Schritte hallten laut. Ich legte die Tasche mit Alis verbotenem Besitz auf die Treppe, die zum Balkon mit den Lautsprechern führt, aus denen fünfmal täglich die Worte des Propheten Mohammed über die Stadt hallen. Als ich daran dachte, wie eindringlich der Muezzin die Gläubigen zum Gebet ruft, regte sich mein Gewissen. Dann aber sah ich Alis höhnisches Grinsen vor mir, als er mir erklärt hatte, daß er Vater um das Vergnügen bitten werde, mich auspeitschen zu dürfen. Zufrieden lächelnd machte ich mich auf den Weg nach Hause. Sollte er doch sehen, wie er da wieder herauskam.

Noch am selben Abend fuhren drei Mutawas, Gesetzeshüter des Korans, vor unserem Haus vor. Vater war noch nicht vom Büro zurück, und ich spähte mit drei philippinischen Zimmermädchen durch ein Fenster im ersten Stock. Die Mutawas gestikulierten wild und schrien Omar an. Sie deuteten abwechselnd zum Himmel und auf einen Stapel Bücher und Zeitschriften, die sie mit sichtlichem Abscheu in Händen hielten. Am liebsten hätte ich losgelacht, doch ich setzte eine ernste Miene auf.

Alle Ausländer und die meisten Saudis haben Angst vor den Mutawas, denn sie sind sehr mächtig und haben ihre Augen überall. Selten entgeht ihnen eine Verfehlung, und selbst die Mitglieder der Königsfamilie geben acht, daß sie nicht ihre Aufmerksamkeit erregen.

Erst vor zwei Wochen hatte eines unserer philippinischen Hausmädchen ihren Zorn heraufbeschworen, weil es in einem knielangen Hemd zum Suk gegangen war. Die Mutawas hatten mit einem Stock auf sie eingeschlagen und ihre entblößten Beine mit roter Farbe besprüht.

Wenn die Regierung auch keine Touristen in unser Land läßt, so leben in den größeren Städten doch viele Ausländerinnen, die als Krankenschwestern, Sekretärinnen oder Hausmädchen arbeiten. Viele von ihnen ziehen sich den Zorn derer zu, die unentwegt die Worte des Propheten im Munde führen, aber Frauen verachten. Wenn sich eine Frau mit unbedeckten Armen oder Beinen auf die Straße wagt, so verstößt sie gegen eine wichtige Anstandsregel und läuft Gefahr, wie unser philippinisches Hausmädchen geschlagen und mit Farbe besprüht zu werden.

Das Mädchen hatte seine Beine mit Lackentferner gereinigt, aber sie waren immer noch rot und wund. Sie war überzeugt, daß die religiösen Ordnungshüter sie bis zu unserem Haus verfolgt hätten und sie nun ins Gefängnis stekken wollten. Zitternd vor Angst kroch sie unter mein Bett. Ich hätte ihr gerne den wahren Grund des Besuchs gesagt, aber ich mußte mein Geheimnis hüten, auch vor einer philippinischen Bediensteten.

Leichenblaß kam Omar in die Villa und rief nach Ali. Ich sah, wie Ali über den Flur humpelte. Er streckte die Spitze seines rechten Fußes in die Höhe und balancierte vorsichtig auf der Ferse. Ich ging ihm nach. Mutter wartete im Wohnzimmer, und Omar rief gerade im Büro meines Vaters an. Die Mutawas waren schon wieder fort, hatten Omar aber einen Teil jener verbotenen Schätze anvertraut: eine Zeitschrift, Dias und ein Fläschchen Whiskey. Den Rest hatten sie als Beweis für Alis Schuld behalten. Ich beobachtete Ali. Alle Farbe wich aus seinem Gesicht, als er seine kostbarsten Besitztümer in Omars Schoß liegen sah.

Omars Blick fiel auf mich. Er befahl mir, das Zimmer zu verlassen, ich aber klammerte mich am Rock meiner Mutter fest, und sie strich mir über den Kopf. Mutter muß es wohl gehaßt haben, wie Omar ihre Kinder herumkommandierte, denn sie sah ihn herausfordernd an. Daraufhin ignorierte er mich einfach. Er befahl Ali, sich zu setzen. Vater sei bereits auf dem Weg, und die Mutawas holten die Polizei. Man werde Ali verhaften, verkündete er mit donnernder Stimme.

Es war totenstill im Raum. Die Ruhe vor dem Sturm. Mir saß der Schrecken in den Gliedern, aber Ali faßte sich schnell wieder. Er zischte Omar an: »Sie können mich nicht verhaften. Ich bin ein Prinz. Diese religiösen Fanatiker sind bloß lästige Moskitos.« Der Gedanke schoß mir durch den Kopf, daß Ali ein Aufenthalt im Gefängnis bestimmt nicht schaden würde.

Vor dem Haus quietschten Reifen. Es war Vater. Er stürmte zu uns ins Zimmer und hob die verbotenen Gegenstände hoch, einen nach dem anderen: Als er die Zeitschrift musterte, warf er Ali einen strengen Blick zu. Das Fläschchen Whiskey warf er verächtlich in den Sessel: Alle Prinzen haben Alkohol im Haus. Dann aber hob er das Dia ins Licht der Lampe. Im nächsten Moment brüllte er, Mutter und ich sollten sofort den Raum verlassen. Kaum waren wir draußen, hörten wir seine Hand auf Alis Wange klatschen.

Das war ein schlechter Tag für Ali gewesen.

Die Mutawas hatten jedoch beschlossen, einen Angehörigen des Königshauses lieber nicht verhaften zu lassen. Doch der heilige Zorn trieb sie ein paar Stunden später in unsere Villa zurück, und mein Vater tat sich schwer, für die Dias, auf denen Frauen mit Tieren kopulierten, eine Entschuldigung zu finden.

Damals, im Jahr 1968, war König Faisal an der Macht, und er nahm die Missetaten der jungen Prinzen nicht so gelassen hin wie sein älterer Bruder Saud. Die Mutawas spürten, daß sie in einer sehr starken Position waren. Sie und mein Vater wußten, daß König Faisal, Vaters Cousin, die Fassung verlieren würde, falls es wegen der Geschichte mit den Dias zu einem Skandal kommen sollte. Daß die Mutawas angesichts der damaligen Modernisierung des Landes sorgenvoll in die Zukunft blickten, war bekannt. Deshalb ermahnte König Faisal seine Brüder und Cousins immer wieder, auf ihre Kinder aufzupassen. Er wollte unbedingt vermeiden, daß sich das Königshaus den Zorn der Geistlichkeit zuzog, und versicherte den religiösen Führern, daß er nur Modernisierungsmaßnahmen durchführe, die unumgänglich seien. Das habe nichts mit westlicher Dekadenz zu tun. Vom Westen übernehme er nur das Gute, nicht das Schlechte. Aber die Mutawas sahen im Sittenverfall unter den Mitgliedern des Königshauses einen Beweis für den verderblichen

Einfluß aus dem Westen. Und Alis Diasammlung war nicht dazu angetan, sie zu beruhigen.

Wir hörten, wie die Mutawas bis tief in die Nacht darüber diskutierten, ob auch der Sohn eines Prinzen angemessen bestraft werden könne. Ali konnte von Glück sagen, daß er zur Familie Al Saud gehörte. Ein Prinz konnte nur mit ausdrücklicher Billigung des Königs vor ein ordentliches Gericht gestellt werden, und das kam, wenn überhaupt, sehr selten vor. Wäre Ali ein gewöhnlicher Saudi oder ein Ausländer gewesen, so hätte man ihn sicherlich zu einer langen Gefängnisstrafe verurteilt.

Nur zu gut war uns noch in Erinnerung, was dem Bruder unseres philippinischen Chauffeurs widerfahren war. Er hatte für eine italienische Baufirma in Riad gearbeitet und war vor fünf Jahren verhaftet worden, weil er einen Pornofilm besessen hatte. Er verbüßte noch immer eine siebenjährige Haftstrafe. Daß er im Gefängnis schmachten mußte, war noch nicht alles: jeden Freitag bekam er zehn Peitschenhiebe. Unser Chauffeur besuchte ihn jeden Samstag. Einmal berichtete er Ali unter Tränen, daß sein armer Bruder von den Schlägen vom Vortag am ganzen Körper schwarze Striemen gehabt habe. Er fürchtete, sein Bruder werde das nächste Jahr nicht überleben.

Ali hatte Pech: Seine Schuld stand zweifelsfrei fest, denn auf all seinen Schätzen stand groß und dreist sein Name. Schließlich erzielten die Männer eine Art Kompromiß: Vater spendete der Moschee eine große Summe, und Ali mußte fünfmal am Tag zu den Gebeten in der Moschee erscheinen, um die Mutawas und Allah zu versöhnen. Die Mutawas wußten, daß nur wenige junge Prinzen zum Gebet gingen und daß Ali diese Strafe besonders hart treffen würde. Ali mußte sich die nächsten zwölf Monate vor jedem Gebet bei dem obersten Mutawa in der Moschee melden und durfte nur dann fernbleiben, wenn er sich nicht in der Stadt aufhielt. Ali, der normalerweise bis neun Uhr schlief, stöhnte schon beim bloßen Gedanken an das Gebet zu Sonnenaufgang. Als weitere Strafe mußte er tausendmal schreiben: »Allah ist groß, und ich habe ihn verärgert, weil ich nach der verdorbenen und unsittlichen Lebensweise des gottlosen Westens gestrebt habe.« Außerdem verlangte man von Ali, die Namen derer, die ihm die Dias und die Zeitschriften gegeben hatten, zu nennen. Es stellte sich heraus, daß er selbst die Zeitschriften aus dem Ausland mitgebracht hatte: ein Prinz wird am Zoll ja immer nur höflich durchgewinkt. Die Dias hatte er allerdings einem Mann aus dem Westen abgekauft, den er auf einer Party kennengelernt hatte. Ali war froh, daß er den Mutawas einen Ausländer als Sündenbock präsentieren konnte, und gab ihnen sofort den Namen und die Dienstadresse des Mannes. Später erfuhren wir, daß der Betreffende verhaftet, ausgepeitscht und des Landes verwiesen worden ist.

Mir war ganz elend zumute, denn ich hatte mit meinem dummen Streich Schande über unsere Familie gebracht. Ich glaubte zwar nicht, daß Ali die Lektion schaden würde, aber ich wußte, daß meine Eltern sehr betrübt waren und auch unschuldige Menschen unter meinem Streich zu leiden hatten. Außerdem – ich schäme mich, es zuzugeben – hatte ich schreckliche Angst davor, daß meine Tat ans Licht kommen könnte. Ich betete zu Gott und gelobte Besserung, wenn er mich dieses eine Mal noch davonkommen ließ.

Omar geleitete die Mutawas hinaus. Mutter und ich warteten, bis Ali und Vater in unser gemeinsames Wohnzimmer zurückgekehrt waren. Vater schnaubte vor Wut und stieß Ali, den er am Oberarm gepackt hatte, vor sich her zur Treppe. Ali sah in meine Richtung, und unsere Blicke trafen sich. Dann blitzte in seinen Augen die Erkenntnis auf, daß ich ihn verraten hatte. Als ich sah, daß er mich eher gekränkt als wütend anblickte, wurde mir fast weh ums Herz.

Ich schluchzte, denn auf einmal spürte ich das ganze Gewicht der schrecklichen Tat, die ich begangen hatte. Vater sah mich mitleidig an. Dann gab er Ali einen Stoß und schrie ihn an, seinetwegen sei die ganze Familie in Aufregung, selbst die unschuldigen Kinder. Zum ersten Mal in meinem Leben nahm mich mein Vater in den Arm und tröstete mich.

Jetzt war mir noch viel elender zumute. Ich konnte die Zärtlichkeit meines Vater, nach der ich mich zeitlebens gesehnt hatte, nun nicht richtig genießen, und empfand statt der Freude, die ich mir so oft erträumt hatte, nur Schuldgefühle. Ich hatte diese Belohnung überhaupt nicht verdient.

Aber ich hatte mein Ziel erreicht. Außerdem war von Alis gebrochenem Zeh und der verstopften Toilette, in der immer noch seine Kopfbedeckung steckte, jetzt keine Rede mehr. Seine Sünden wogen so schwer, daß alles andere darüber vergessen wurde.

6. KAPITEL

Die Reise

Trotz dieser ganzen Aufregung erlaubte uns Vater die vierwöchige Reise nach Ägypten und Italien, aber ich freute mich nicht mehr darauf. Beim Kofferpacken fiel mir auf, daß Ali mißtrauisch vor meiner Zimmertür hin und her schlich. Früher hatte er an mich kaum einen Gedanken verschwendet. Ich war ja nur ein Mädchen, das man gelegentlich ärgern oder herumstoßen konnte, das aber sonst zu nichts nütze war. Jetzt sah er mich mit anderen Augen an, denn er hatte die überraschende Entdeckung gemacht, daß ich, ein wertloses weibliches Geschöpf und noch dazu die Jüngste in der Familie, ein gefährlicher und würdiger Gegner war.

Sechs Limousinen brachten uns zum Flughafen. Wir waren zu elft: Nura, Achmed mit drei ihrer fünf Kinder und zwei philippinische Hausmädchen, Sara und ich, Ali und sein Freund Hadi.

Hadi war zwei Jahre älter als Ali und studierte am Religionsinstitut in Riad, wo junge Männer zu Mutawas ausgebildet werden. Die Erwachsenen waren von Hadi beeindruckt, denn er zitierte aus dem Koran und benahm sich in ihrer Gegenwart besonders fromm. Mein Vater war überzeugt, daß Hadi auf seine Kinder einen guten Einfluß haben würde. Hadi sagte jedem, der es hören wollte, daß Frauen ins Haus gehörten. Und Ali warnte er, daß Frauen die Ursache allen Übels auf der Welt seien.

Das konnte ja eine lustige Reise werden, mit Ali und Hadi als Begleiter!

Mutter fuhr nicht mit zum Flughafen. Sie wirkte schon seit Tagen teilnahmslos und bedrückt. Ich vermutete, daß ihr Alis Eskapaden Sorgen machten. Sie verabschiedete sich im Garten von uns und winkte uns vom Haupttor hinterher. Sie war verschleiert, aber ich wußte, daß ihr Tränen über das Gesicht liefen. Irgend etwas stimmte nicht mit ihr, aber angesichts der aufregenden Reise grübelte ich nicht weiter darüber nach.

Achmed hatte erst kürzlich ein neues Flugzeug gekauft. Wir hatten die ganze Maschine für uns. Ich schaute nach, ob die beiden Amerikaner, die Mutter und mich nach Dschidda geflogen hatten, wieder im Cockpit saßen, wurde jedoch enttäuscht. Diesmal flogen uns zwei Briten. Aber auch sie machten einen netten Eindruck. Die königliche Familie stellt oft amerikanische oder britische Piloten ein. Achmed sprach mit den beiden Männern, und Nura, die beiden Hausmädchen und die drei kleinen Kinder machten es sich im Flugzeug bequem.

Sara hatte den Schleier abgelegt. Sie hatte sich schon in eine Decke gehüllt und beschäftigte sich mit ihren geliebten Büchern. Hadi warf einen empörten Blick auf ihr unbedecktes Gesicht und flüsterte Ali etwas zu. Daraufhin wandte sich Ali an Sara und befahl ihr, den Schleier wieder anzulegen, bis wir Saudi-Arabien verlassen hätten. Sara entgegnete, sie könne mit dem dicken Stoff vor dem Gesicht nicht lesen und er solle gefälligst den Mund halten.

Wir waren noch nicht in der Luft, und schon war der erste Familienstreit entbrannt. Ich versuchte, Ali auf den gebrochenen Zeh zu treten, trat aber daneben. Ali holte zum Schlag aus, aber ich duckte mich, und sein Schlag ging ins Leere. Achmed, als ältester Mann die Autoritätsperson an Bord, stand auf und brüllte, wir sollten uns gefälligst hinsetzen und ruhig sein. Er und Nura tauschten einen vielsagenden Blick. Offenbar bereuten sie ihre großzügige Einladung bereits.

Die drei heiligsten Stätten des Islam sind Mekka, Medina und Jerusalem. Über eine Milliarde Muslime auf der ganzen Welt träumen von der Stadt Mekka, in der Gott dem Propheten Mohammed seinen Willen offenbart hat. Fünf rituelle Verpflichtungen, die sogenannten »Pfeiler der Religion«, bilden das Fundament unseres religiösen Lebens. Eine davon ist die Pilgerfahrt nach Mekka, der Haddsch, den jeder Muslim, der es sich irgendwie leisten kann, unternehmen sollte.

Die zweite heilige Stadt ist Medina. Sie gilt als die »Stadt des Propheten«, denn dort liegt Mohammed begraben.

Und dann Jerusalem, die dritte heilige Stadt! In Jerusalem wurde Mohammed von Gott aus dem Felsendom in den Himmel geholt. Wenn von Jerusalem die Rede ist, vergießen Muslime bittere Tränen: Die Stadt ist besetzt, sie steht unserem Volk nicht mehr offen!

Wenn die Städte Mekka, Medina und Jerusalem für einen Muslim eine Quelle geistlichen Labsals sind, so ist Kairo die glanzvolle Krönung des muslimischen Selbstbewußtseins. Kairo steht für fünftausend Jahre Geschichte. Die Stadt repräsentiert eine der bedeutendsten Hochkulturen der Welt und einen der wichtigsten Höhepunkte der muslimischen Zivilisation. Alle Araber sind stolz auf Ägypten. Im Vergleich zu der Macht, dem Reichtum und den schöpferischen Leistungen der alten Ägypter erscheint der Ölreichtum der modernen Araber am Golf armselig und bedeutungslos.

In Kairo, einer seit Menschengedenken von Leben pulsierenden Stadt, wurde aus mir eine Frau. Im arabischen Kulturkreis, wo dem Übergang vom Mädchen zur Frau so viel Bedeutung beigemessen wird, wartet jedes Mädchen mit einer Mischung aus Angst und freudiger Erwartung auf seine erste Menstruation. Wenn mir Freundinnen aus dem Westen erzählen, daß sie bei ihrer Monatsblutung nicht wußten, was mit ihnen geschah, und sogar dachten, sie müßten sterben, bin ich sprachlos vor Staunen. In der muslimischen Welt spricht man ganz ungezwungen über die weibliche Menstruation. In dem Augenblick, wenn sie einsetzt, wird aus dem Kind eine Frau. Die Zeit der Kindheit ist schlagartig zu Ende, und zwar in jeder Hinsicht, und der warme Kokon kindlicher Unschuld ist unwiederbringlich zerrissen.

Wenn ein saudisches Mädchen seine erste Blutung hat, bekommt es die erste Abahja und den ersten Schleier. Beides wird mit größter Sorgfalt ausgesucht. Selbst die Ladenbesitzer, meist muslimische Inder oder Pakistani, erkundigen sich ungeniert und respektvoll danach, wann das Mädchen zur Frau geworden ist. Obwohl der Kauf eine ernste Angelegenheit ist, lächelt der Verkäufer milde und sucht eine Abahja und einen Schleier aus, unter denen die junge Frau möglichst gut zur Geltung kommt.

Die Schleier sind zwar immer schwarz, aber es gibt sie in großer Auswahl. Ist der Stoff hauchdünn, so lassen sich die Gesichtszüge, die er eigentlich verhüllen soll, wenigstens noch schattenhaft erahnen. Praktischer ist ein mitteldicker, gazeartiger Stoff, denn man sieht bequem durch ihn hindurch und erspart sich böse Blicke oder Vorwürfe von religiösen Gesetzeshütern. Wenn eine Frau den traditionellen dicken Stoff wählt, haben die Männer nicht einmal mehr eine vage Ahnung, was für ein Gesicht sich hinter ihm verbirgt. Ein solcher Schleier ist wie eine Maske, und auch der kräftigste Windstoß kann ihn nicht lüften. Eine Frau, die ihn trägt, kann im Gold-Suk keinen Schmuck mehr begutachten, und nach Einbruch der Dämmerung sieht sie auch kein heranrasendes Auto mehr. Besonders sittenstrenge Frauen tragen zu diesem schweren Schleier schwarze Handschuhe und dicke schwarze Strümpfe, damit auch wirklich kein bißchen nackte Haut zu sehen ist.

Eine modebewußte Frau, die ihre Individualität betonen will, kann sich mit einem phantasievoll gemusterten Schleier aus dem schwarzen Meer der Gewänder herausheben. Viele Frauen kaufen sich Schals, die mit Edelsteinen besetzt sind, und es gibt kaum einen Mann, der sich nicht nach ihnen umdreht, wenn die Juwelen aufblitzen. Auffälliger und kostbarer Schmuck dieser Art wird häufig an die Seite oder hinten auf die Abahja aufgenäht.

Gerade jüngere Frauen legen Wert darauf, sich durch besondere Abahjas und Schleier von den anderen abzuheben. Der Händler führt den jungen Mädchen die neueste Mode vor und zeigt ihnen, wie sie den Schal elegant über den Kopf werfen müssen, damit es schick aussieht. Man erörtert ausgiebig, wie die Abahja geschlossen werden muß, um von den Füßen so viel zu zeigen, wie gerade noch erlaubt ist. Jedes Mädchen experimentiert und entwickelt eine eigene Methode, seinen Umhang mit einer gewissen Eleganz zu tragen.

Ein Mädchen betritt den Laden, und als verschleierte Frau im heiratsfähigen Alter verläßt sie ihn wieder. In den Minuten dazwischen hat sich ihr ganzes Leben verändert. Ein Mädchen wird von arabischen Männern überhaupt nicht beachtet, aber sobald es Schleier und Umhang angelegt hat, folgen ihm heimlich alle Augen. Die Männer riskieren verbotene Blicke auf entblößte Fesseln, die mit einem Mal hocherotisch geworden sind. Hinter dem Schleier sind wir arabische Frauen für arabische Männer besonders verführerisch und begehrenswert.

Da ich mich gerade in Kairo aufhielt, als meine erste Monatsblutung einsetzte, blieb ich von schwerwiegenden Folgen fürs erste verschont. Sara und Nura sagten mir, was ich wissen mußte, rieten mir aber davon ab, auch Ali einzuweihen, da er sonst von mir verlangt hätte, sogar in Kairo einen Schleier zu tragen. Sara sah mich bekümmert an und nahm mich lange in den Arm. Sie wußte, daß ich von nun an so lange als Bedrohung und Gefahr für alle Männer galt, bis ich verheiratet war und hinter den Mauern eines luxuriösen Gefängnisses verschwand.

Achmed besaß mitten in Kairo eine luxuriöse Wohnung, die sich über drei Stockwerke erstreckte. Er und Nura bezogen den obersten Stock, wo sie ungestört sein konnten. Die beiden philippinischen Hausmädchen, die drei Kleinkinder, Sara und ich quartierten uns im zweiten Stock ein, und Ali, Hadi und der ägyptische Hausmeister im ersten. Sara und ich waren uns glücklich in die Arme gefallen, als wir erfuhren, daß wir nicht auf dem gleichen Stockwerk mit Ali und Hadi wohnen mußten.

Am ersten Abend wollten Achmed, Nura, Hadi und Ali sich in einem Nachtclub einen Bauchtanz ansehen. Achmed meinte, Sara und ich sollten mit den Kindern und den philippinischen Mädchen zu Hause bleiben. Sara erhob keine Einwände, aber ich redete so lange auf Achmed ein, bis er schließlich nachgab und wir mitgehen durften.

Mit vierzehn erwachte ich im Land der Pharaonen zu neuem Leben und erkor Kairo zu meiner Lieblingsstadt. Meine Liebe zu Kairo hat bis heute nicht nachgelassen. Das pulsierende Leben in dieser aufregenden Metropole weckte in mir eine ungeahnte Leidenschaft, die ich mir bis heute nicht erklären kann. Männer und Frauen aller Hautfarben, nach verschiedensten Moden gekleidet, eilten durch die Straßen, alle auf der Suche nach dem Abenteuer, alle auf der Suche nach dem Glück. Mir wurde klar, wie langweilig und eintönig mein bisheriges Leben verlaufen war. Kairo war das Gegenteil der saudischen Städte, die mir schon in jungen Jahren steril und tot erschienen waren.

Das Elend in den Straßen bedrückte mich zwar, doch es entmutigte mich nicht, denn ich sah in ihm eine treibende Kraft für Veränderungen. Armut macht empfänglich für Neuerungen und Umwälzungen, ohne die sich die Menschheit nicht weiterentwickeln würde. Ich dachte an Saudi-Arabien und wünschte mir für meine Heimat fast ein wenig Armut oder Bedürftigkeit, die uns zwingen würde, unsere Wertvorstellungen zu ändern.

Auch in meinem Land gibt es verschiedene Schichten, angefangen von den Mitgliedern der steinreichen königlichen Familie bis hinab zu den einfachen Lohnarbeitern. Aber niemand, nicht einmal ein ausländischer Gastarbeiter, lebt bei uns unterhalb der Armutsgrenze. Unsere Regierung bietet allen Saudis Wohlstand und garantiert jedem männlichen Bürger ein Dach über dem Kopf, ärztliche Versorgung, eine Ausbildung, eine Arbeitsstelle, die ihm ein akzeptables Auskommen ermöglicht, zinsfreie Kredite und nötigenfalls sogar Geld für das tägliche Brot. Und für den Unterhalt der Frauen sind die Männer zuständig, sei es der Vater, der Ehemann oder der Cousin.

Da die Grundbedürfnisse befriedigt sind, fehlt der innere Antrieb zur Veränderung. So habe ich denn auch wenig Hoffnung, daß sich das Rad der Geschichte in meinem Land jemals weiterdrehen wird. Wir Saudis sind zu reich für Veränderungen und sind schon zu tief in Lethargie versunken. Als wir damals durch das hektische Kairo fuhren, teilte ich meiner Familie diese Überlegungen mit, aber nur Sara hörte aufmerksam zu und verstand, was ich sagen wollte.

Dann ging die Sonne unter und ihr goldenes Licht schimmerte über den scharfen Konturen der Pyramiden. Der träge dahinfließende Nil pumpte Leben in die Stadt und die Wüste. Ich sog die Abendluft tief in meine Lungen und spürte, wie das Leben durch meine Adern pulste.

Ali und Hadi waren empört, daß Sara und ich, zwei unverheiratete Frauen, in einen Nachtclub gehen durften. Hadi führte mit Ali ein langes, ernstes Gespräch über den Sittenverfall in unserer Familie. Mit sichtlicher Genugtuung erklärte er ihm, daß seine Schwestern alle mit vierzehn Jahren verheiratet gewesen seien und daß man in seiner Familie ein wachsames Auge auf die Mädchen habe. Dann fügte er hinzu, daß er als Religionsgelehrter die Pflicht habe, nach unserer Rückkehr bei meinem Vater wegen meines Vehaltens zu protestieren. Riad war fern, und das machte Sara und mich mutig. Wir schnitten ihm Grimassen und zogen ihn damit auf, daß er noch gar kein Religionsgelehrter sei.

Im Club verschlang Hadi die Tänzerinnen mit Blicken und machte anzügliche Bemerkungen zu ihren Figuren. Trotzdem meinte er zu Ali, sie seien alle Huren und sollten seiner Meinung nach gesteinigt werden! Hadi war ein aufgeblasener Dummkopf, der mit seinem frömmelnden Getue sogar Ali auf die Nerven ging. Ali trommelte gereizt mit den Fingerspitzen auf den Tisch und blickte sich im Nachtclub um.

So wie ich Hadi bisher kennengelernt hatte, konnte ich bei der Entdeckung, die ich am nächsten Tag machte, nur noch Abscheu für ihn empfinden.

Achmed mietete einen Wagen mit Chauffeur, der Nura, Sara und mich zum Einkaufen brachte, während er selbst eine geschäftliche Verabredung wahrnahm. Der Hausmeister, der gleichzeitig auch als Fahrer für uns arbeitete, brachte die beiden philippinischen Hausmädchen mit den Kindern zum Hotel »Mena House«, wo sie im Swimmingpool baden durften. Als wir aus dem Haus gingen, lagen Ali und Hadi faul auf den Sofas und erholten sich von der vergangenen Nacht, in der sie kaum geschlafen hatten.

Sara wurde in der brütenden Hitze der Stadt bald müde. Ich schlug ihr vor, zusammen zur Wohnung zurückzufahren und Nura die restlichen Einkäufe zu überlassen. Nura war einverstanden und wies den Chauffeur an, nach Hause zu fahren.

Als wir in die Wohnung traten, hörten wir gedämpfte Schreie. Sara und ich gingen dem Lärm nach und standen schließlich vor Hadis und Alis Zimmer. Die Tür war nicht verschlossen, und als wir sie öffneten, bot sich uns ein entsetzlicher Anblick. Hadi vergewaltigte ein kleines Mädchen, das höchstens acht Jahre alt war! Ali hielt das Mädchen fest. Alles war blutverschmiert. Unser Bruder und Hadi lachten.

Sara wurde beim Anblick der entsetzlichen Szene hysterisch und lief laut schreiend davon. Ali verzog das Gesicht zu einer bitterbösen Fratze. Er drängte mich aus dem Zimmer und stieß mich zu Boden. Ich lief Sara nach. Wir kauerten uns in eine Ecke in unserem Zimmer.

Nach einer Weile hielt ich die gräßlichen Schreie, die bis in unseren Stock heraufdrangen, einfach nicht mehr aus. Ich schlich die Treppe hinunter und überlegte verzweifelt, was ich tun könnte. Dann klingelte es an der Tür. Ali öffnete. Draußen stand eine Ägypterin um die Vierzig. Er gab ihr fünfzehn ägyptische Pfund und fragte sie, ob sie noch mehr Töchter habe. Sie bejahte und sagte, sie werde morgen wiederkommen. Hadi führte das weinende Mädchen hinaus. Die Mutter verzog keine Miene, nahm das hinkende Kind, dem Tränen über die Wangen liefen, bei der Hand und schloß von außen die Tür.

Achmed schien nicht überrascht, als Nura ihm empört von dem Vorfall berichtete. Er schürzte nur die Lippen und meinte, er werde Genaueres in Erfahrung bringen. Später erzählte er Nura, die Mutter habe den beiden das Kind gegen Bezahlung überlassen. Dagegen könne man also nichts machen.

Hadi und Ali taten, als sei nichts passiert, obwohl wir sie bei ihrer schändlichen Tat ertappt hatten. Als ich Hadi höhnisch fragte, wie ein Mensch seines Schlages Religionsgelehrter werden könne, lachte er mir nur ins Gesicht. Ali drohte ich, unserem Vater zu verraten, daß er kleine Mädchen vergewaltige. Ali lachte noch lauter als Hadi, dann beugte er sich zu mir vor und meinte: »Sag es ihm doch. Das ist mir egal!« Vater habe ihm die Adresse eines Mannes gegeben, den er wegen ähnlicher Dienste kontaktieren solle. Lächelnd meinte er, mit kleinen Mädchen mache es eben mehr Spaß, und im übrigen vergnüge sich Vater genauso, wenn er in Kairo sei.

Ich stand da, als hätte man mir einen Elektroschock verabreicht: Ich spürte ein Brennen im Gehirn und starrte mit weit aufgerissenem Mund meinen Bruder an. Zum ersten Mal in meinem Leben dachte ich, daß alle Männer, ausnahmslos alle, böse seien. Ich wollte die Erinnerung an den furchtbaren Abend aus meinem Gedächtnis tilgen und sehnte mich zurück nach der Unschuld und Ahnungslosigkeit meiner Kindheit. Leise ging ich aus dem Zimmer und fragte mich, welch schreckliche Entdeckungen ich in dieser grausamen Männerwelt als nächste machen würde.

Ich schätze Kairo weiterhin als eine Stadt, in der ein Funke der Aufklärung glimmt, doch damals begriff ich auch, daß Elend schlimme Folgen hat und daß ich meine Ansichten revidieren mußte. Gegen Ende der Woche traf ich die ägyptische Mutter erneut: Sie klingelte, ein anderes kleines Mädchen an der Hand, an einer anderen Wohnungstür. Ich wollte mit ihr reden, wollte herausbekommen, was eine Mutter dazu brachte, ihre kleinen Töchter an Männer zu verkaufen. Doch sie bemerkte meinen entschlossenen, fragenden Blick und rannte davon.

Sara und ich redeten mit Nura stundenlang über dieses Problem. Seufzend meinte Nura, Ahmed habe ihr gesagt, daß in vielen Teilen der Welt Leute ihre Kinder verkauften. Ich rief empört, ich würde lieber verhungern, als so etwas zu tun. Nura stimmte mir zu, gab aber zu bedenken, daß sich so etwas leicht sage, wenn man den nagenden Schmerz des Hungers noch nicht am eigenen Leib verspürt habe.

Wir ließen Kairo mit seinem Elend hinter uns. Sara bekam endlich Gelegenheit, ihr geliebtes Italien zu sehen. Machte ihr strahlendes Lächeln die Leiden wett, die ihr diese Reise erst ermöglicht hatten? Die Wirklichkeit, schwärmte sie begeistert, übertreffe ihre kühnsten Träume.

Wir reisten nach Venedig, Florenz und Rom. Noch heute klingen mir die fröhlichen Stimmen und das Lachen der Italiener in den Ohren. Ich wurde in ein Land der Schwermut hineingeboren, und der Gedanke, daß es ein Volk gibt, das sich selbst nicht so schrecklich ernst nimmt, hat für mich etwas sehr Tröstliches.

In Mailand gab Nura mehr Geld aus, als die meisten Menschen in ihrem ganzen Leben verdienen. Sie und Achmed gerieten in einen regelrechten Kaufrausch, getrieben von dem tiefen Verlangen, ihre innere Leere auszufüllen.

Hadi und Ali vertrieben sich die Zeit mit Prostituierten. In gewissen italienischen Straßen wimmelt es Tag und Nacht von hübschen jungen Mädchen, die jedem zahlungskräftigen Mann ihre Dienste anbieten. Ali zeigte sich so, wie ich ihn immer erlebt hatte: als egoistischer junger Mann, der nur auf sein Vergnügen aus war. Hadi war noch schlimmer, denn er kaufte die Frauen nicht nur, sondern er verachtete sie zugleich für das, was sie taten. Er begehrte sie, und zugleich haßte er sie und das System, das ihnen so viele Freiheiten ließ. Hadis Heuchelei wurde für mich zum Inbegriff männlicher Niedertracht.

Als wir wieder in Riad landeten, machte ich mich auf weitere Unannehmlichkeiten gefaßt. Ich war vierzehn und galt jetzt als Frau. Vor mir lag ein schweres Schicksal. So unglücklich meine Kindheit auch gewesen war, ich klammerte mich an sie und wollte um keinen Preis der Welt wahrhaben, daß dieser Lebensabschnitt vorbei war. Ich zweifelte nicht daran, daß mein Leben als Frau ein beständiger Kampf gegen die Gesellschaftsordnung in meinem Land sein würde, eine Ordnung, die uns Frauen nur die Rolle des Opfers zubilligt.

Doch all meine Ängste rückten in den Hintergrund angesichts des Leids, das mich zu Hause erwartete, denn meine Mutter lag im Sterben.

7. KAPITEL

Das Ende des Weges

Der Tod ist die einzige Gewißheit in unserem Leben. Da meine Mutter fest an die Worte des Propheten Mohammed glaubte, empfand sie keine Furcht, als sie ans Ende ihres Lebensweges kam. Sie hatte das keusche Leben einer anständigen muslimischen Frau geführt und wußte, daß ihr die verdiente Belohnung winkte. Und doch war sie traurig, denn sie ängstigte sich um ihre unverheirateten Töchter. Sie war unsere Kraft, unsere einzige Stütze, und sie wußte, daß wir nach ihrem Tod schutzlos den Stürmen des Lebens ausgesetzt sein würden.

Wie Mutter uns gestand, hatte sie schon bei unserer Abreise das Ende nahen gefühlt. Der Anlaß ihrer Todesahnungen waren drei merkwürdige Visionen, die sie im Traum gehabt hatte.

Meine Mutter hatte mit acht Jahren ihre Eltern bei einer Fieberepidemie verloren. Als einzige Tochter hatte sie die Eltern während ihrer kurzen Krankheit gepflegt. Beide schienen schon auf dem Weg der Besserung, als mitten in einem schweren Sandsturm ihr Vater sich plötzlich auf die Ellenbogen stützte, zum Himmel emporlächelte und vier Worte sprach: »Ich sehe den Garten.« Dann verschied er, und kurz darauf starb auch ihre Mutter. Meine Mutter kam in die Obhut ihrer vier älteren Brüder und wurde schon sehr jung mit meinem Vater verheiratet.

Mein Großvater war ein mitfühlender und freundlicher Mann gewesen, der seine Tochter nicht weniger liebte als seine Söhne. Wenn die Männer seines Stammes haderten, weil ihnen eine Tochter geboren worden war, lachte er nur und sagte, sie sollten Gott dafür danken, daß er der Familie ein so zartes weibliches Geschöpf beschert habe. Mutter sagte, sie wäre nicht so früh verheiratet worden, wenn ihr Vater länger gelebt hätte. Er hätte ihr ganz bestimmt eine längere unbeschwerte Kindheit gegönnt.

Sara und ich saßen an Mutters Bett, und sie vertraute uns stockend ihre Träume an. Die erste beunruhigende Vision hatte sie vier Nächte vor Saras Selbstmordversuch gehabt.

»Ich war in einem Beduinenzelt. Es sah genauso aus, wie das Zelt unserer Familie, als ich noch ein Kind war. Erstaunt sah ich meinen Vater und meine Mutter. Sie waren jung und gesund und saßen neben dem Kaffeefeuer. In der Ferne hörte ich meine Brüder, die mit den Schafen von der Weide kamen. Ich rannte auf meine Eltern zu, doch sie sahen mich nicht und hörten mich auch nicht, als ich sie beim Namen rief.

Zwei meiner Brüder, die inzwischen beide tot sind, setzten sich ins Zelt zu meinen Eltern. Meine Brüder schlürften aus kleinen Tassen die warme Milch der Kamelstute, während mein Vater die Bohnen für den Kaffee zerstieß. Der Traum endete damit, daß mein Vater ein eigenes Gedicht aufsagte. Es handelte vom Paradies, das alle guten Muslime erwartet. Das Gedicht war einfach, wirkte auf mich aber sehr beruhigend. Ich weiß es noch immer auswendig:

Heitere Flüsse strömen,
Bäume spenden Schatten
unter dem Gelb der Sonne.
Früchte türmen
sich zu Füßen,

Milch und Honig
fließen.
Liebe Menschen warten
auf jene, die auf Erden
noch gefangen sind.«

Damit endete der Traum meiner Mutter. Sie sagte, sie habe ihn nicht sehr ernst genommen, er sei vielleicht eine freundliche Botschaft Allahs an sie gewesen, daß ihre Eltern und Brüder im Paradies seien.

Etwa eine Woche, nachdem Sara wieder zu uns zurückgekehrt war, hatte meine Mutter erneut eine Vision.

In ihrem zweiten Traum saßen alle verstorbenen Mitglieder ihrer Familie im Schatten einer Palme. Sie aßen köstliche Speisen aus silbernen Schüsseln. Diesmal aber wurde Mutter von ihren Lieben gesehen, und ihr Vater stand sogar auf und begrüßte sie. Er nahm sie bei der Hand und lud sie ein, sich zu ihnen zu setzen und mit ihnen zu essen.

Dann bekam sie plötzlich Angst und wollte weglaufen, aber ihr Vater hielt sie an der Hand fest. Mutter fiel ein, daß sie Kinder hatte, für die sie sorgen mußte, und bat ihren Vater, er solle sie loslassen. Sie habe keine Zeit, sich hinzusetzen und zu essen. Dann stand auch ihre Mutter auf, legte ihr die Hand auf die Schulter und sagte: »Fadihla, Gott sorgt schon für deine Töchter. Es kommt der Augenblick, an dem du sie in seine Obhut geben mußt.«

An dieser Stelle erwachte Mutter aus dem Traum. Sie sagte, von da an habe sie gewußt, daß sie auf Erden nicht mehr viel Zeit habe und daß sie bald wieder bei denen sein werde, die vor ihr in die Ewigkeit gegangen seien.

Zwei Wochen nach unserer Abreise spürte Mutter Schmerzen im Rücken und im Kopf. Sie litt unter Schwindelanfällen und Übelkeit. Sie nahm die Schmerzen als ein Zeichen, daß ihr nicht mehr viel Zeit blieb. Sie ging zum

Arzt und erzählte ihm von ihren Träumen und von den plötzlich aufgetretenen Schmerzen. Der Arzt tat die Träume mit einer Handbewegung ab, doch die Schmerzen nahm er sehr ernst. Die Untersuchungen ergaben, daß Mutter einen inoperablen Tumor an der Wirbelsäule hatte.

Den letzten Traum hatte meine Mutter in der Nacht, nachdem ihr der Arzt gesagt hatte, daß sie unheilbar krank war. In diesem Traum saß sie mit ihrer Familie im Himmel und aß und trank mit großer Freude und Hingabe. Bei ihr waren ihre Eltern, Großeltern, Brüder, Cousins und Cousinen – Verwandte, die vor vielen Jahren gestorben waren. Mutter lächelte beim Anblick kleiner Kinder, die über den Boden krochen oder die auf einer Wiese Schmetterlinge fingen. Ihre Mutter lächelte sie an und fragte:»Fadihla, warum kümmerst du dich nicht um deine Kleinen? Erkennst du nicht dein eigen Fleisch und Blut?«

Mit einem Mal erkannte Mutter, daß es tatsächlich ihre früh verstorbenen Kinder waren. Die fünf Kleinen, die längst schon im Himmel waren, kletterten ihr auf den Schoß, und sie wiegte sie auf den Knien und drückte sie an sich.

Mutter folgte den Menschen, die sie verloren hatte, und ließ nun diejenigen zurück, die ihr auf Erden geblieben waren. Glücklicherweise mußte meine Mutter nicht sehr leiden. Allah hat wohl gesehen, daß sie eine gottesfürchtige Frau gewesen war und die harten Prüfungen des Lebens bestanden hatte. Sie starb mit Haltung und Würde.

Ihre Töchter umringten das Sterbebett. Für einen Moment ruhte ihr Blick auf jeder von uns. Sie sagte kein Wort, aber wir wußten, daß sie Abschied nahm. Als sie mir ins Gesicht sah, runzelte sie besorgt die Stirn: Sie wußte, daß ich mich den Traditionen nicht beugen würde und und sie ahnte, daß ich ein schwereres Leben haben würde als meine anderen Geschwister.

Dann verschied sie. Der Leichnam wurde von unseren älteren Tanten gewaschen und für die Rückkehr in die Erde vorbereitet. Ich schaute zu, wie die Frauen Mutters mageren, von den vielen Geburten und von der Krankheit ausgezehrten Körper in das weiße Leichentuch aus Leinen hüllten. Ihr Gesicht war friedlich, jetzt, da sie von allen irdischen Sorgen befreit war. Mutter sah im Tod jünger aus als im Leben. Ich empfand ihren Tod als grausam: weil ich sie verloren hatte und weil sie in ihrem kurzen Leben so viel Leid hatte erdulden müssen.

Unsere Familie und Vaters andere Frauen und Kinder versammelten sich in unserem Haus. Eine tröstende Sure aus dem Koran wurde vorgelesen. Dann wurde die sterbliche Hülle meiner Mutter zu einer schwarzen Limousine getragen, auf den Rücksitz gelegt und von Omar weggebracht.

Nach saudischer Sitte ist es Frauen verboten, an einem Begräbnis teilzunehmen, aber meine Schwestern und ich bettelten meinen Vater so lange an, bis er schließlich nachgab und wir mitfahren durften. Wir mußte ihm versprechen, daß wir weder laut jammern noch uns die Haare raufen würden. So zog unsere ganze Familie, eine stille Karawane der Trauer, hinter dem Auto mit meiner toten Mutter in die Wüste.

Wenn man beim Tod eines geliebten Menschen Kummer zeigt, so bekundet man damit nach muslimischer Auffassung, daß man mit Allahs Willen unzufrieden ist. Da unsere Familie aus Nedschd stammt, dem Kernland Saudi-Arabiens, finden die Beisetzungen unserer Angehörigen nicht in der Öffentlichkeit statt.

Unsere sudanesischen Sklaven hatten in der endlosen Wüste schon ein Grab ausgehoben. Mutters Leichnam wurde behutsam in die Grube gelassen, dann zog Ali, ihr einziger Sohn, das weiße Tuch von ihrem Gesicht. Meine Schwestern drängten sich in einiger Entfernung von Mutters letzter Ruhestätte, ich aber starrte wie gebannt in das offene Grab. Als ihr letztes Kind wollte ich ihrer sterblichen Hülle bis zum letzten Augenblick nahe sein. Es schmerzte mich, als die Sklaven den roten Sand der Wüste auf ihr Gesicht und ihren Körper schaufelten.

Schaufel für Schaufel deckte der Sand den Körper meiner lieben Mutter immer weiter zu. In diesem Augenblick fiel mir ein wunderschöner Vers aus einem Gedicht des großen libanesischen Philosophen Khalil Gibran ein: »Vielleicht ist ein Begräbnis bei den Menschen ein Hochzeitsfest bei den Engeln.« Ich stellte mir meine Mutter vor, wie sie neben ihren Eltern stand und ihre verstorbenen Kinder in den Armen hielt, und ich glaubte fest, daß ich eines Tages wieder die zärtlichen Hände meiner Mutter spüren würde. Ich hörte auf zu weinen und ging zu meinen Schwestern zurück. Sie waren betroffen über mein stilles heiteres Lächeln. Ich sprach den Trostvers, den Gott mir in meinem Leid geschickt hatte, und meine Schwestern vernahmen mit zustimmendem Nicken die Worte des weisen Khalil Gibran.

Wir ließen Mutter in den endlosen Weiten der Wüste zurück. Kein Stein markierte ihre Grabstätte, und es gab keine religiöse Zeremonie für diese einfache Frau, die sich aus Liebe zu ihrer Familie aufgeopfert hatte. Ihre Belohnung war, daß sie nun wieder bei ihren Lieben sein durfte und dort auf uns wartete.

Ali wirkte zum ersten Mal in seinem Leben still und in sich gekehrt, und ich begriff, daß auch er tief um unsere Mutter trauerte. Vater hatte uns wenig zu sagen, und so blieb er nach ihrem Tod unserem Haus fern. Nachrichten ließ er uns durch seine zweite Frau überbringen, die an die Stelle unserer Mutter getreten und Hauptfrau geworden war.

Noch im selben Monat erfuhren wir von Ali, daß Vater wieder heiraten wollte. Im meinem Land haben viele Männer vier Frauen, steinreiche ebenso wie arme Beduinen. Allerdings schreibt der Koran vor, daß alle Frauen gleich behandelt werden müssen. Für die Wohlhabenden ist das kein

Problem, und der arme Beduine braucht nur vier Zelte aufzustellen und für einfache Kost zu sorgen. Doch Angehörige der Mittelschicht müssen sich mit einer Frau begnügen, denn sie haben nicht genug Geld, um vier getrennt lebenden Familien einen angemessenen Lebensstandard zu ermöglichen.

Vaters neue Braut hieß Randa und war auch mit dem Königshaus verwandt. Als Kind hatte ich mit diesem Mädchen gespielt, aber das war so lange her, daß es mir vorkam, als sei es in einem anderen Leben gewesen. Randa war fünfzehn und nur ein Jahr älter als ich.

Vier Monate nach dem Begräbnis meiner Mutter nahm ich an der Hochzeit meines Vaters teil. Ich war mürrisch, hatte nicht die geringste Lust mitzufeiern und hielt meine Wut nur mühsam im Zaum. Mutter hatte diesem Mann sechzehn Kinder geboren und ihm viele Jahre treu gedient, und jetzt tilgte er sie offenbar einfach aus seinem Gedächtnis.

Ich war nicht nur auf meinen Vater wütend, sondern auch auf meine frühere Spielkameradin Randa. Ja, ich haßte sie, denn sie sollte die Lücke schließen, die der Tod meiner Mutter hinterlassen hatte.

Die Hochzeit war prunkvoll, und die Braut war jung und schön. Mein Zorn auf Randa löste sich in Luft auf, als sie von meinem Vater aus dem riesigen Ballsaal ins Brautgemach geführt wurde. Ich sah ihr Gesicht, und mein Haß schlug augenblicklich in Mitgefühl um: Ihre Lippen zitterten vor Angst! Ich schämte mich sogar für meinen Haß, denn ich begriff, daß sie hilflos war wie wir alle und nur den Androhungen der allmächtigen saudischen Männer gehorchen mußte.

Vater unternahm mit seiner jungen Braut eine lange Hochzeitsreise nach Paris und Monte Carlo. Nach meinem plötzlichen Stimmungsumschwung wartete ich ungeduldig auf Randas Rückkehr. Ich wollte alles daransetzen, Vaters neue Frau für ein gemeinsames Ziel zu gewinnen: für die Befreiung der saudischen Frauen. Ich wollte Randa nicht nur die Chancen unseres Geschlechts vor Augen führen und sie an meinen Träumen teilhaben lassen, ich wußte auch, daß es Vater empfindlich treffen würde, wenn seine junge Frau ein Selbstbewußtsein entwickeln würde. Ich konnte ihm nicht verzeihen, daß er meine wunderbare Mutter so rasch vergessen hatte.

8. KAPITEL

Freundinnen

Nach der Rückkehr von ihrer Hochzeitsreise zog Randa in unsere Villa. Von ihr wurde erwartet, daß sie die Pflichten der Hausfrau und Mutter übernahm. Weil ich nur ein Jahr jünger war als sie, erschien mir diese Sitte einfach lächerlich. Aber in Saudi-Arabien ist kein Spielraum für Veränderungen oder Anpassungen an besondere Verhältnisse, und so führte Randa, fast noch ein Kind, als Frau und Herrin unseren großen Haushalt.

Sie kehrte von der Hochzeitsreise als eine schweigsame, fast gebrochene Person zurück. Sie sagte kaum etwas, lächelte nie und schlich vorsichtig durch die Villa, als habe sie Angst, etwas kaputtzumachen. Vater schien von seinem neuen Besitz ganz begeistert und verbrachte mit der blutjungen Frau viele Stunden in seinen Gemächern.

Nachdem mein Vater Randa drei Wochen lang seine ungeteilte Aufmerksamkeit geschenkt hatte, witzelte Ali über die Potenz meines Vaters. Ich fragte ihn, ob er sich vorstellen könne, wie Randa in dieser Situation zumute sei; immerhin sei sie mit einem weitaus älteren Mann verheiratet worden, den sie weder gekannt noch geliebt habe. Ich erntete nur einen verständnislosen Blick, der mir deutlich zeigte, daß der Gedanke nicht bei ihm angekommen war, ja daß eine solche Überlegung bei einem Menschen seines beschränkten Horizonts niemals auf fruchtbaren Boden fallen würde. Der

Egoismus des saudischen Mannes ist ein dunkles Meer, das nichts zu durchdringen vermag.

Randa und ich hatten unterschiedliche Lebensauffassungen. Sie glaubte: »Was dir auf die Stirn geschrieben steht, das sehen deine Augen.« Ich meinte dagegen: »Das Bild, das du im Geiste trägst, spiegelt sich in deinem Leben wider.« Außerdem war Randa schrecklich schüchtern und ängstlich, während ich sehr viel entschlossener an das Leben heranging.

Mir fiel auf, daß Randa ständig auf die Uhr sah und schon Stunden, bevor Vater zum Mittag- oder Abendessen nach Hause kam, unruhig wurde. Auf Befehl meines Vaters mußte sie bis zu seiner Ankunft gegessen, geduscht und sich für ihn hergerichtet haben. So ließ sie sich jeden Tag um Punkt zwölf Uhr das Mittagessen servieren, aß ein paar Bissen und zog sich in ihren Wohnbereich zurück. Mein Vater kam meistens gegen ein Uhr nach Hause, aß zu Mittag und ging dann zu seiner neuen Frau. Gegen fünf Uhr verließ er die Villa wieder und fuhr in sein Büro. (In Saudi-Arabien wird von neun bis dreizehn Uhr und von siebzehn bis zwanzig Uhr gearbeitet, dazwischen liegt eine vierstündige Mittagspause.) Am Abend ging er wieder zu Randa.

Ich sah, wie bedrückt Randa war, und überlegte mir, ob ich Vater an die Lehren des Korans erinnern sollte, an die Weisungen Gottes, nach denen ein Muslim seine Tage und Nächte gleichmäßig auf seine vier Frauen verteilen soll. Seit der Hochzeit mit Randa hatte er seine drei älteren Frauen vernachlässigt. Nach reiflicher Überlegung unterließ ich jedoch eine solche Kühnheit.

Die Szene vom Mittag wiederholte sich jeden Abend. Randa ließ sich gegen acht Uhr das Abendessen servieren, ging in ihren Wohnbereich, nahm ein Bad und machte sich für ihren Mann schön. Ich sah sie meistens erst am nächsten Tag wieder, wenn Vater fort war. Gemäß seiner Anordnung durfte sie das Schlafzimmer erst verlassen, wenn er zur Arbeit gegangen war.

Randas trostloses Leben bedrückte mich, und ich bekam Lust, mich irgendwie dafür zu rächen. Ich hatte zwei Freundinnen, die mit ihrer Dreistigkeit sogar mir Angst einjagten; vielleicht konnten sie durch ihre Lebenslust dazu beitragen, daß Randa selbstbewußter wurde. Ich ahnte nicht, was für Kräfte ich entfesselte, als ich einen »Mädchenclub« gründete, der nur aus Randa, meinen beiden unbeugsamen Freundinnen und mir bestand.

Wir nannten den Club »Flinke Lippen«, denn wir wollten uns gegenseitig Mut machen und dagegen kämpfen, daß die traditionelle Rolle der Frau in unserer Gesellschaft weiterhin stillschweigend hingenommen wurde. Wir gelobten feierlich, für folgende Ziele einzutreten:

1. Zu jeder Gelegenheit sollte die Verteidigung der Frauenrechte unsere Lippen und unsere Zungen leiten.
2. Alle Mitglieder sollten sich darum bemühen, jeden Monat ein neues Mitglied anzuwerben.
3. Unser vornehmstes Ziel sollte sein, Eheschließungen zwischen jungen Frauen und alten Männern zu verhindern.

Als junge saudi-arabische Frauen erkannten wir, daß die Männer in unserem Land von sich aus niemals soziale Veränderungen herbeiführen würden. Wir mußten Veränderungen erzwingen. Solange saudische Frauen die Autorität der Männer akzeptierten, blieb die Herrschaft der Männer unangetastet. Nach unserer Auffassung mußte jede Frau Eigenverantwortung übernehmen und den Wunsch nach einem selbstbestimmten Leben für sich und den kleinen Kreis ihrer Schutzbefohlenen langsam in sich heranreifen lassen. Unsere Frauen waren in den Jahrhunderten der Unterdrückung so unselbständig geworden, daß am Anfang der Bewegung erst einmal das geistige Erwachen stehen mußte.

Meine beiden Freundinnen Nadia und Wafa gehörten nicht der Königsfamilie an. Sie kamen aber aus einflußreichen Familien in Riad.

Nadias Vater besaß ein großes Bauunternehmen. Er verhalf verschiedenen Prinzen zu stattlichen Nebeneinkünften, und als Dank erhielt seine Firma große Regierungsaufträge. Er beschäftigte Tausende von Arbeitern aus Sri Lanka, aus dem Jemen und von den Philippinen. Nadias Vater war beinahe so reich wie die Königsfamilie und konnte mühelos drei Frauen und vierzehn Kinder unterhalten. Die siebzehnjährige Nadia war die vierte von sieben Töchtern. Mit Bestürzung hatte sie zur Kenntnis genommen, daß bei der Verheiratung ihrer drei älteren Schwestern ausschließlich pragmatische Überlegungen eine Rolle gespielt hatten. Alle drei führten zwar eine glückliche Ehe, denn sie hatten gute Männer bekommen, doch Nadia hielt es für ausgeschlossen, daß die Glückssträhne weiter anhalten könnte. Sie war pessimistisch und fürchtete, man könnte sie mit einem grausamen und häßlichen alten Kerl verheiraten.

Aber Nadia hatte mehr Glück als die meisten saudischen Frauen, denn ihr Vater hatte ihr erlaubt, ihre Ausbildung fortzusetzen. Er hatte ihr versprochen, daß sie erst mit einundzwanzig heiraten müsse. Die festgesetzte Frist spornte Nadia zu fieberhafter Aktivität an. Sie habe, so meinte sie, bloß noch vier Jahre Zeit, um alle Seiten des Lebens kennenzulernen und einen Vorrat an Erinnerungen anzulegen, die sie in der eintönigen Ehe mit einem häßlichen alten Mann trösten könnten.

Wafas Vater war ein führender Mutawa, ein religiöser Gesetzeshüter, hatte jedoch nur eine Frau. Sein Extremismus hatte die Tochter zur Rebellion getrieben, denn ihr Vater war boshaft und grausam. Wafa versicherte mir, sie wolle mit einer Religion, in der ein Mann wie ihr Vater eine Führerfigur sein könne, nichts zu schaffen haben. Sie glaubte an Gott und an Mohammed als seinen Propheten, war aber der Ansicht, daß die Anhänger seine Lehre entstellt hätten, denn kein Gott könne wollen, daß die Frauen – immerhin die Hälfte der Menschheit – so leiden mußten.

Wafa hatte das ganze Leid in ihrem Elternhaus vor Augen. Ihre Mutter durfte das Haus nie verlassen und war praktisch die Gefangene und Sklavin eines religiösen Fanatikers. Sie hatte ihm sechs Kinder geboren, darunter fünf Söhne, die mittlerweile alle schon erwachsen waren. Wafa war für ihre Eltern eine späte Überraschung gewesen, doch ihr Vater war so enttäuscht, daß er eine Tochter bekommen hatte, daß er ihr allenfalls Beachtung schenkte, um sie herumzukommandieren. Wafa mußte zu Hause bleiben, lernte nähen und kochen. Schon mit sieben mußte sie die Abahja tragen und ihr Haar bedecken. Ab ihrem neunten Lebensjahr wurde sie jeden Morgen von ihrem Vater gefragt, ob sie die erste Blutung gehabt habe. Offenbar erschreckte ihn der Gedanke, daß seine Tochter, nachdem Gott sie zur Frau gemacht hatte, noch mit unbedecktem Gesicht unter Menschen gehen könnte.

Wafa durfte nur wenige Freundinnen haben, und auch sie kamen bald nicht mehr, denn Wafas Vater hatte die unschöne Angewohnheit, sie in Gegenwart ihrer Freundinnen nach ihrer ersten Blutung zu fragen!

Wafas Mutter hatte die rigiden Gebote ihres Mannes satt, entschloß sich aber erst sehr spät, ihnen einen stummen Widerstand entgegenzusetzen. Sie half der Tochter, sich aus dem Haus zu stehlen, und wenn er sich nach Wafa erkundigte, sagte sie ihm, sie schlafe oder studiere den Koran.

Ich hielt mich für mutig und rebellisch, aber verglichen mit Wafa und Nadia war mein Engagement für die Sache der Frauen geradezu lächerlich und wirkungslos. Sie warfen mir vor, daß ich zwar Denkanstöße gebe, die Probleme jedoch zerredete, unserer Sache nicht wirklich nütze und mein Leben bisher nicht verändert habe. Ich mußte leider einsehen, daß sie recht hatten.

Nie werde ich jenen Vorfall vergessen, der sich in einem Parkhaus in der Stadt ereignete. Es war nahe beim Suk, unweit des »Hackplatzes«, wie ihn die Ausländer nennen, weil man dort an Freitagen, den muslimischen Sonntagen, Verbrechern den Kopf oder eine Hand abhackt.

Ich hatte meinem Vater die erste Monatsblutung verschwiegen, weil ich es nicht eilig hatte, unter dem schwarzen Gewand der Frauen zu verschwinden. Leider waren Nura und Achmed der Ansicht, ich hätte die Sache schon zu lange hinausgeschoben. Nura drohte mir, es meinem Vater zu sagen, falls ich es selbst nicht tun sollte. So blieb mir nichts anderes übrig, als meine Freundinnen und Randa zusammenzutrommeln und mich mit ihnen auf den Weg zu machen, um mir die Uniform meines Lebens zu kaufen: ein schwarzes Tuch über einem schwarzen Schleier über der schwarzen Abahja!

Omar fuhr uns zum Eingang des Suk, und wir vier junge Frauen stiegen aus und vereinbarten mit ihm, daß er uns in zwei Stunden dort wieder abholen sollte. Omar begleitete uns sonst immer in den Suk, aber an diesem Tag hatte er etwas Wichtiges zu erledigen. Da auch die fügsame Randa bei uns war, ließ er uns beruhigt allein. Omar war noch nicht aufgefallen, daß Randa allmählich aus dem langen dumpfen Schlaf der Unterwerfung erwachte.

Wir schlenderten zwischen den Ständen hindurch, befühlten verschiedenste Tücher, Schleier und Abahjas. Ich wollte etwas ganz Besonderes, etwas, das mich aus dem Meer der schwarzgekleideten Frauen heraushob. Ich ärgerte mich gewaltig, daß ich in Italien die Gelegenheit versäumt hatte, mir aus feinster italienischer Seide eine Abahja mit kunstvollem

Muster nähen zu lassen. Die Leute hätten im Vorübergehen bemerkt, daß sich unter der schwarzen Hülle ein Individuum verbarg!

Außer mir waren alle verschleiert. Als wir suchend und prüfend langsam immer tiefer in den Suk vordrangen, bemerkte ich, daß Wafa und Nadia vor uns die Köpfe zusammensteckten, flüsterten und kicherten. Randa und ich schlossen auf und fragten, was sie so amüsierte. Nadia blickte mich an. Durch den Schleier hörte ich sie sagen, sie hätten über einen Mann gesprochen, den sie beim letzten Bummel durch den Suk getroffen hätten.

Einen Mann? Ich drehte mich zu Randa um. Wir waren beide bestürzt.

Nur eine Stunde später hatten wir die passende Abahja, Schleier und Tuch gefunden, denn die Auswahl war ziemlich begrenzt.

Das Leben hatte sich abrupt verändert. Als lebensfrohes Geschöpf, das der Welt mit dem Gesicht seine Gefühle zeigte, war ich in den Suk gegangen. Und nun verließ ich ihn als gesichtsloses Wesen, von Kopf bis Fuß in Schwarz gehüllt.

Ich muß zugeben, daß die ersten Augenblicke hinter dem Schleier aufregend waren. Es war eine ganz neue Erfahrung, und ich wandte mich neugierig nach den jungen Männern um, die der geheimnisvollen Gestalt in Schwarz, in die ich mich verwandelt hatte, nachstarrten. Ich wußte, daß sie auf den Windstoß hofften, der den Schleier lüftete und den Blick auf das Verbotene preisgab. Für einen Augenblick kam ich mir vor wie ein Ding, das so schön war, daß man es vor den Männern verstecken mußte, um sie vor ihrer unbezähmbaren Begierde zu schützen.

Aber der Reiz des Neuen war rasch verflogen. Als ich mit meinen Begleiterinnen aus dem kühlen Suk in die glühendheiße Sonne hinaustrat, stockte mir fast der Atem. Die trockene Luft, die ich durch den gazeartigen schwarzen Stoff einsog, schmeckte schal. Ich hatte den dünnsten Schleier gewählt, und trotzdem hatte ich das Gefühl, als sei die Welt in Rauch gehüllt. Wieviel sahen die Frauen, deren Schleier dichter gewebt waren? Das Blau des Himmels war trüb geworden, die Sonne hatte ihren Glanz verloren, und als mir in dem Moment bewußt wurde, daß ich das Leben außer Haus nicht mehr in seiner ganzen Farbigkeit würde wahrnehmen können, wurde mir unsagbar schwer ums Herz. Die Welt war grau geworden. Und gefährlich! Unsicher stolperte ich über den rissigen, löchrigen Gehsteig, in ständiger Furcht, mir einen Knöchel zu verstauchen oder ein Bein zu brechen.

Meine Freundinnen lachten laut über meine unbeholfenen Bewegungen und meine vergeblichen Versuche, den Schleier so zurechtzuzupfen, daß ich besser sah. Ich stolperte über die Kinder von Beduinen und blickte neidisch auf den freizügigen Schleier ihrer Mutter. Die Schleier der Beduinenfrauen reichen nur über die Nase und lassen die Augen frei. Wäre ich nur eine Beduinenfrau gewesen! Gerne hätte ich das Gesicht verhüllt, wenn nur die Augen freigeblieben wären, wenn ich nur das bunte Treiben um mich herum hätte sehen können.

Wir kamen zu früh zum Treffpunkt mit Omar. Randa warf einen Blick auf die Uhr: Wir hatten noch fast eine Stunde Zeit. Randa schlug vor, in den Suk zurückzukehren, denn in der glühenden Sonne sei es viel zu heiß. Nadia und Wafa fragten uns, ob wir etwas Spaß haben wollten. Ich bejahte sofort. Randa trat von einem Fuß auf den anderen und hielt Ausschau nach Omar. Ich merkte, daß ihr schon das Wort »Spaß« Unbehagen bereitete. Zungenfertig, wie ich war, überredete ich Randa, mit Nadia und Wafa mitzugehen. Ich war neugierig, denn ich hatte noch nie gegen ein Gebot unserer Religion verstoßen. Der armen Randa blieb nichts anderes übrig, als sich uns anzuschließen.

Die beiden Mädchen lächelten sich an und winkten uns

hinter sich her. Sie gingen zu einem Parkhaus unter einem neuen Bürogebäude, nicht weit vom Suk entfernt. Männer, die im Gebäude darüber und in den umliegenden Geschäften arbeiteten, parkten dort.

Wir tasteten uns vorsichtig über die stark befahrene Kreuzung. Randa schrie auf und schlug mir auf die Finger, als ich meinen Schleier lüftete, um den Verkehr besser zu sehen. Ich hatte nicht bemerkt, daß ich den Männern auf der Straße das Gesicht gezeigt hatte! Offenkundig staunten sie über das unverhoffte Glück, in der Öffentlichkeit ein weibliches Gesicht zu sehen! Ich begriff sofort, daß man sich besser überfahren ließ, als sich so dreist zu entblößen.

Als wir vor den Aufzügen des Parkhauses standen, erschreckten mich Wafa und Nadia fast zu Tode: Sie traten auf einen Ausländer, einen blendend aussehenden Syrer, zu und fragten ihn, ob er etwas »Spaß« haben wolle. Einen Augenblick lang sah es so aus, als wolle er davonlaufen, dann aber blickte er sich nervös um und drückte schließlich auf den Fahrstuhlknopf. Er faßte sich wieder und nutzte die einmalige Gelegenheit, mit zwei saudischen Frauen, möglicherweise hübschen Frauen, ins Gespräch zu kommen. Er erkundigte sich, was sie mit »Spaß« meinten. Wafa fragte den Syrer, ob er einen Wagen und eine eigene Wohnung habe. Er bejahte und fügte hinzu, daß er die Wohnung mit einem Libanesen teile. Nadia fragte, ob dieser Freund an einer Freundin interessiert sei. »Natürlich«, grinste der Syrer, »wir beide.«

Randa und ich waren wie gelähmt. Kaum hatten wir uns vom ersten Schreck erholt, rafften wir unsere Abahjas hoch und rannten aus dem Parkhaus, als gelte es unser Leben. Unterwegs verlor ich mein Tuch, blieb kurz stehen und bückte mich danach. Randa prallte mit vollem Tempo gegen mich, stürzte und blieb auf dem Rücken im Sand liegen. Ihre Abahja war hochgerutscht, so daß jeder ihre Beine sehen konnte.

Ich half Randa auf, und wir lehnten eine Zeitlang keuchend am Schaufenster eines Geschäftes. Wafa und Nadia hatten die Szene beobachtet. Als sie wieder zu uns stießen, lagen sie sich in den Armen und lachten schallend.

Wir zischten sie an. Was ihnen überhaupt einfiele! Einen Ausländer ansprechen! Was war das für ein »Spaß«! Wußten sie nicht, daß Randa dafür gesteinigt und wir drei mindestens ins Gefängnis geworfen werden konnten? Das war kein Spaß. Das war glatter Selbstmord!

Wafa und Nadia zuckten nur die Achseln und lachten über die Vorwürfe. Sie kannten die Strafen, aber ihnen war das egal. Vor ihnen lag eine deprimierende Zukunft, da lohnte es sich, ein Risiko einzugehen. Und vielleicht lernten sie ja einen netten Ausländer kennen, der sie heiraten würde. Ein Ausländer war allemal besser als ein Saudi!

Randa war einer Ohnmacht nahe. Sie lief zum vereinbarten Treffpunkt und hielt verzweifelt Ausschau nach Omar. Sie wußte, daß sie von meinem Vater keine Gnade zu erwarten hatte, wenn man sie in einer solchen Situation ertappte. Sie war völlig außer sich.

Omar, ein mißtrauischer und gerissener Bursche, fragte uns, was los sei. Randa rutschte unruhig auf dem Autositz hin und her und war drauf und dran, ein Geständnis abzulegen. Ich fiel ihr ins Wort und machte Omar weis, daß wir einen Jungen im Gold-Suk beim Diebstahl einer Halskette beobachtet hätten. Der Händler habe ihn geschlagen, dann sei ein Polizist gekommen und habe ihn mit Gewalt fortgezerrt. Mit zitternder Stimme log ich weiter: Der Dieb sei sehr jung gewesen, und jetzt würde ihm eine Hand abgehackt, deshalb seien wir so aufgeregt. Zu meiner Erleichterung schien Omar die Geschichte zu glauben. Randa schob sachte ihre Hand unter mein schwarzes Gewand. Ich spürte, wie sie mir dankbar die Hand drückte.

Später erfuhr ich von Nadia und Wafa, was sie unter

»Spaß« verstanden. Sie sprachen vor den Aufzügen in Parkhäusern Ausländer an. Meistens waren es Männer aus einem arabischen Nachbarland, aber machmal gerieten sie auch an einen attraktiven Engländer oder Amerikaner. Gutes Aussehen war wichtig. Sie brauchten das Gefühl, daß sie sich in den Mann vielleicht verlieben konnten. Manche Männer bekamen es mit der Angst zu tun, schlüpften in den Fahrstuhl und verschwanden. Manche zeigten Interesse. Wenn sie anbissen, vereinbarten Wafa und Nadia mit ihnen ein Treffen am selben Aufzug. Sie bestanden allerdings darauf, daß die Männer sie mit einem Lieferwagen abholten. Zum vereinbarten Zeitpunkt gingen die Mädchen dann angeblich einkaufen. Sie ließen sich vom Chauffeur am Suk absetzen, kauften Kleinigkeiten und gingen zu dem Treffen. Manchmal waren die Männer mißtrauisch geworden und versetzten sie, aber die anderen warteten bereits nervös mit dem Lieferwagen. Wafa und Nadia vergewisserten sich, daß die Luft rein war, und sprangen dann hinten ins Fahrzeug. Die Männer fuhren unauffällig nach Hause und schleusten die Mädchen heimlich in ihre Wohnung. Eine Unvorsichtigkeit hätte alle Beteiligten den Kopf kosten können.

Daß die Mädchen einen Lieferwagen verlangten, hatte seinen guten Grund. In Saudi-Arabien dürfen Männer und Frauen nur dann im gleichen Wagen fahren, wenn sie eng miteinander verwandt sind. Wenn die Mutawas, die Gesetzeshüter des Korans, Verdacht schöpfen, halten sie Autos an und überprüfen die Personalien der Insassen. Junggesellen ist es verboten, Frauen mit nach Hause zu nehmen, und beim leisesten Verdacht verschaffen sich die Mutawas Zutritt zu den Wohnungen. Wer erwischt wird, wird sofort festgenommen.

Ich hatte Angst um meine Freundinnen. Ich warnte sie immer wieder. Sie waren jung und leichtsinnig, und sie langweilten sich. Lachend erzählten sie mir von einem anderen

Zeitvertreib. Sie wählten auf gut Glück Telefonnummern, bis sich irgenwann ein Ausländer meldete. Was für ein Ausländer war egal, Hauptsache er war kein Saudi oder Jemenit. Sie fragten ihn, ob er allein sei und weibliche Gesellschaft wünsche. Die meisten Männer bejahten: Nach Saudi-Arabien dürfen nur wenige Frauen einreisen, und fast alle Ausländer, die im Land arbeiten, müssen ihre Ehefrau in ihrer Heimat lassen.

Wenn Wafa und Nadia sich für einen Mann interessierten, ließen sie sich von ihm seinen Körper beschreiben. Die Männer kamen ihrer Aufforderung geschmeichelt nach und verlangten dann das gleiche von ihnen. Wafa und Nadia porträtierten sich von Kopf bis Fuß, bis in die intimsten Details. Das sei sehr aufregend, erklärten sie mir. Manchmal trafen sie sich später sogar mit ihren Telefonbekanntschaften.

Ich wollte wissen, wie intim sie mit den Liebhabern wurden, die sie zufällig kennenlernten. Staunend erfuhr ich, daß sie so weit gingen, wie man eben gehen kann – nur die Penetration blieb Tabu. Sie hüteten ihre Jungfräulichkeit wie ihren Augapfel, denn sie wußten, was ihnen sonst in der Hochzeitsnacht blühen würde. Die Ehemänner würden sie zurückschicken, und die Väter würden sie verstoßen. Außerdem würden die Mutawas Nachforschungen anstellen. Unkeuschheit konnte eine jungen Frau das Leben kosten, auf alle Fälle aber das Dach über dem Kopf.

Wafa erklärte, daß sie und Nadia bei solchen Treffen niemals den Schleier ablegten, obwohl sie sonst alle Hüllen fallen ließen. Die Männer versuchten sie dazu zu überreden, den Schleier abzulegen, bettelten, zogen sie auf oder übten sogar Druck auf sie aus. Aber die beiden fühlten sich nur sicher, solange ihr Gesicht vermummt blieb. Wenn einer es ernst gemeint hätte, erklärten sie, dann hätten sie den Schleier vielleicht gelüftet. Aber natürlich meinten es diese Männer nicht ernst. Auch sie wollten nur ihren Spaß haben. Meine

Freundinnen suchten ganz einfach verzweifelt nach einem Ausweg, weil sie sich nicht mit einer Zukunft abfinden wollten, die vor ihnen lag wie eine endlose schwarze Nacht.

Wenn Randa und ich über die gefährlichen Abenteuer unserer Freundinnen sprachen, weinten wir. Ich fühlte, wie Haß auf die Sitten unseres Landes in mir aufstieg. Mädchen wie Wafa und Nadia hatten keinerlei Möglichkeit, selbst über ihr Leben zu bestimmen; deshalb wurden sie zu Unternehmungen getrieben, bei denen sie Kopf und Kragen riskierten.

Noch vor Ablauf des Jahres passierte dann das Unglück. Nadia und Wafa wurden ertappt. Ein selbsternanntes Komitee zur Aufrechterhaltung der öffentlichen Moral streifte durch die Straßen von Riad auf der Jagd nach Leuten, die gegen Gebote des Korans verstießen. Dieses Komitee hatte von den verbotenen Aktivitäten der Mädchen erfahren. Nadia und Wafa stiegen gerade hinten in einen Lieferwagen, als ein PKW mit jungen saudischen Sittenwächtern vorfuhr und die Straße blockierte. Sie hatten die Gegend seit Wochen beobachtet. Einer dieser Fanatiker hatte am Arbeitsplatz mitbekommen, wie ein Palästinenser berichtete, er sei am Aufzug im Untergeschoß von zwei Frauen angesprochen worden.

Wafa und Nadia kamen vorerst mit dem Leben davon: ihre Jungfernhäutchen waren intakt. Aber weder das Komitee zur Aufrechterhaltung der öffentlichen Moral noch die Religionsgelehrten der Ulema oder ihre Väter nahmen ihnen die Geschichte ab, sie hätten die Männer lediglich darum gebeten, sie nach Hause zu fahren, weil ihr Chauffeur unpünktlich gewesen sei. Unter den gegebenen Umständen war ihnen leider keine plausiblere Ausrede eingefallen.

Die Ulema verhörten alle Männer, die in der näheren Umgebung des Ortes arbeiteten, an dem man Wafa und Nadia aufgegriffen hatte. Vierzehn Männer sagten aus, sie seien von zwei Frauen angesprochen worden. Keiner gab zu, daß er sich auf ein Treffen eingelassen hatte.

Nach drei schlimmen Monaten im Gefängnis ließ das Komitee Wafa und Nadia frei. Man hatte ihnen nicht nachweisen können, daß sie sich sexuell betätigt hatten. Sie wurden ihren Vätern zur Bestrafung übergeben.

Wafas Vater, der strenggläubige Muslim, reagierte überraschend milde. Er fragte seine Tochter nach den Motiven für ihr Verbrechen, und als sie ihm weinend berichtete, daß sie ihr Leben als öde und trostlos empfunden habe, hatte er sogar Mitleid mit ihr. Trotzdem, so erklärte er ihr, müsse er sie vor allen weiteren Versuchungen der Stadt bewahren. Er beschwor sie, den Koran zu studieren und das einfache Leben zu akzeptieren, das ihr als Frau bestimmt war. Er arrangierte überstürzt eine Heirat mit einem Mutawa aus einem Beduinendorf. Der Beduine war dreiundfünfzig, Wafa siebzehn. Sie sollte seine dritte Frau werden.

Ausgerechnet Nadias Vater reagierte mit unbändigem Zorn. Er sprach kein Wort mit seiner Tochter und ließ sie in ihr Zimmer sperren, bis er über ihre Bestrafung entschieden hatte.

Wenige Tage später kam mein Vater früher als sonst aus dem Büro und rief Randa und mich in sein Wohnzimmer. Wir trauten unseren Ohren nicht, als er verkündete, Nadia werde am nächsten Morgen, am Freitag um zehn Uhr, von ihrem Vater im Swimmingpool der Familie ertränkt. Alle Familienmitglieder sollten der Hinrichtung beiwohnen.

Mein Herz klopfte wie rasend, als Vater Randa fragte, ob sie oder ich jemals dabeigewesen seien, wenn Wafa und Nadia ihre schändlichen Streifzüge unternommen hätten. Ich sprang auf und stritt sofort alles ab. Mein Vater brüllte mich an und drückte mich auf das Sofa zurück. Randa brach in Tränen aus und schilderte den Tag, an dem sie mit mir und den beiden anderen die Abahja und den Schleier gekauft hätten. Vater hörte ihr mit versteinerter Miene zu, bis sie alles gestanden hatte. Dann fragte er uns über unseren Mädchenclub »Flinke Lippen« aus und warnte uns davor, irgend etwas zu verschweigen. Nadia habe ihm schon vor Tagen von unseren Aktivitäten erzählt. Als Randa die Stimme versagte, zog er einige Papiere aus der Aktentasche: verschiedene Unterlagen des Clubs und die Mitgliederliste. Er hatte mein Zimmer durchsucht, und dabei waren sie ihm in die Hände gefallen. Ich bekam einen trockenen Mund und brachte kein Wort mehr heraus.

Vater legte den Stapel Papiere ruhig auf die Aktentasche. Er blickte Randa direkt in die Augen und sagte: »Mit dem heutigen Tage verstoße ich dich. Dein Vater wird binnen einer Stunde einen Chauffeur schicken, der dich zu deiner Familie zurückbringt. Jeder Kontakt zu meinen Kindern ist dir verboten.«

Ich erschrak, als sich mein Vater langsam mir zuwandte. »Du bist meine Tochter. Deine Mutter war eine gute Frau. Trotzdem hättest du, den Lehren des Korans entsprechend, mit dem Leben gebüßt, wenn du dich an Wafas und Nadias Umtrieben beteiligt hättest. In Zukunft wirst du mir keinen Ärger mehr bereiten. Du wirst dich auf das Lernen konzentrieren, während ich einen passenden Ehemann für dich suche.« Er hielt einen Augenblick inne, beugte sich ganz nah zu mir heran und blickte mir durchdringend in die Augen. »Füge dich gehorsam in deine Zukunft, Sultana, du hast keine Wahl.«

Vater ergriff die Papiere und die Aktentasche und verließ den Raum, ohne Randa oder mich noch einmal anzusehen.

Erschüttert folgte ich Randa in ihr Zimmer und schaute wie betäubt zu, wie sie ihre Habseligkeiten, Schmuck, Kleider und Bücher, ungeordnet auf das Bett legte. Ihr Gesicht drückte überhaupt nichts aus. Ich wollte etwas sagen, fand aber keine Worte. Als die Türglocke läutete, half ich den

Dienern, Randas Sachen in den Wagen zu schaffen. Ohne ein Wort des Abschieds verschwand sie aus unserem Haus, aber nicht aus meinem Herzen.

Am nächsten Tag, um zehn Uhr, saß ich allein in meinem Zimmer und starrte durch die Balkontür ins Freie. Ich dachte an Nadia, stellte mir vor, wie man ihr die schweren Ketten anlegte, wie man ihr die dunkle Kapuze überstülpte, wie man sie hochhob und in das blaugrüne Wasser des Swimmingpools ihrer Familie warf. Ich schloß die Augen. Ich fühlte, wie ihr untertauchender Körper sich aufbäumte, wie ihr Mund verzweifelt nach Luft schnappte, wie ihre Schreie erstickten, wie ihre Lungen sich mit Wasser füllten. Ich erinnerte mich an ihre blitzenden schwarzen Augen, ihre Art, das Kinn zu heben, wenn ihr Lachen den Raum erfüllte. Ich dachte an ihre weiche helle Haut, und ich verzog angewidert das Gesicht, als ich mir vorstellte, wie rasch die Natur ihr Zerstörungswerk an dieser zarten Haut vollenden würde. Ich blickte auf die Uhr. Es war zehn Minuten nach zehn. Mir war bang ums Herz. Ich würde Nadia nie wieder lachen hören.

Das war die furchtbarste Stunde in meinem jungen Leben. So bedauerlich oder verwerflich die Eskapaden meiner Freundinnen gewesen sein mochten, sie rechtfertigten weder Wafas überstürzte Heirat und noch viel weniger Nadias Tod. Diese Strafen hatten mir auf grausame Weise vor Augen geführt, wie gefühllos saudische Männer sein konnten und wie wenig ihnen das Leben und die Träume von Frauen bedeuteten.

9. KAPITEL

Ausländerinnen

Nach Randas Verstoßung, Wafas überstürzter Heirat und Nadias Tod vegetierte ich buchstäblich vor mich hin. Ich erinnere mich, daß mich nicht mehr nach dem frischen Atem des Lebens verlangte. Ich fühlte mich wie in einem Winterschlaf. Am liebsten hätte ich so flach geatmet und meinen Herzschlag so sehr verlangsamt wie manche wilden Tiere, die sich für Monate in ihre Höhlen zurückziehen. Oft, wenn ich im Bett lag, hielt ich mir die Nase zu und preßte die Lippen zusammen, und erst wenn ich gar nicht mehr anders konnte, als auszuatmen, sah ich ein, daß ich meine Lebensfunktionen nicht vollkommen unter Kontrolle hatte.

Die Hausbediensteten teilten meinen Schmerz, denn ich galt als die Sensibelste in der Familie und hatte immer Interesse an ihren Nöten gezeigt. Für das magere Gehalt, das ihnen Omar monatlich auszahlte, mußten sie die lange Trennung von ihren Lieben in der Heimat in Kauf nehmen.

Marci, das Mädchen von den Philippinen, das mich persönlich bediente, bemühte sich redlich, mich wieder auf andere Gedanken zu bringen. Sie erzählte mir packende Geschichten aus der Heimat, und nach langen Gesprächen schmolz schließlich das Eis in der sonst eher frostigen Beziehung zwischen Herrin und Dienerin.

Eines Tages vertraute sie mir zaghaft den Wunschtraum ihres Lebens an. Sie wollte als Hausmädchen im Dienst unserer Familie so viel Geld sparen, daß sie auf die Philippinen zurückkehren und dort eine Ausbildung zur Krankenschwester machen konnte. Philippinische Krankenschwestern seien in aller Welt gefragt, und auf den Philippinen stehe dieser Beruf bei Frauen hoch im Kurs.

Nach den Prüfungen wollte Marci nach Saudi-Arabien zurückkehren und in einem modernen Krankenhaus arbeiten. Strahlend erzählte sie mir, eine philippinische Krankenschwester verdiene monatlich dreitausendachthundert Rial! Das sind rund tausend Dollar. Als Hausmädchen bei uns verdiente sie etwa zweihundert Mark. Sie sagte, mit einem so hohen Einkommen könne sie ihre ganze Familie in der Heimat ernähren.

Marci war erst drei Jahre alt, als ihr Vater bei einem Grubenunglück ums Leben kam. Ihre Mutter war damals im siebten Monat schwanger und erwartete das zweite Kind. Sie hatten ein schweres Leben. Marcis Großmutter hütete die beiden Kinder, während die Mutter in den Hotels ihrer Stadt täglich zwei Schichten arbeitete. Immer wieder hatte Marcis Mutter gesagt, daß man aus dem Elend nur herauskomme, wenn man etwas gelernt habe, und so sparte sie eisern für die Ausbildung der Kinder.

Zwei Jahre, bevor Marci ihre Ausbildung an einer Schwesternschule antreten sollte, wurde ihr jüngerer Bruder Tony von einem Auto angefahren und schwer verletzt. Seine Beine waren so zerschmettert, daß sie amputiert werden mußten. Die Arztkosten zehrten alle Rücklagen für Marcis Ausbildung auf.

Als ich Marcis Lebensgeschichte hörte, weinte ich bittere Tränen. Ich fragte sie, wie sie Tag für Tag, Woche für Woche ihr strahlendes Lächeln behalten könne. Marci lächelte breit. Ganz einfach, meinte sie, sie habe einen Traum und könne ihn verwirklichen.

Da Marci auf den Philippinen in einer bettelarmen Gegend aufgewachsen war, schätzte sie sich überglücklich, Arbeit zu haben und dreimal täglich ihren Teller füllen zu können. Die Menschen aus ihrer Gegend verhungerten zwar nicht, wie Marci betonte, aber sie starben als Folge der Unterernährung an allerlei Krankheiten.

Marci erzählte mir die Geschichten ihres Volkes so anschaulich, daß ich mich schließlich als Teil ihrer Lebensgeschichte, ihrer Heimat und ihrer reichen Kultur fühlte. Ich hatte Marci und die anderen Philipiner unterschätzt. Ich hatte bisher wenig über sie nachgedacht und sie für einfältige Leute gehalten, denen jeglicher Ehrgeiz fehlt. Wie hatte ich mich getäuscht!

Einige Wochen später hatte Marci so viel Vertrauen zu mir gefaßt, daß sie mir von ihrer Freundin Madeline erzählte. Ihr Bericht warf die Frage nach den moralischen Werten in meinem Land auf. Aus Marcis Mund erfuhr ich zum ersten Mal, daß in meiner Heimat Saudi-Arabien Frauen aus der Dritten Welt als Sexsklavinnen gehalten werden.

Marci und Madeline waren als Kinder befreundet gewesen. Madelines Familie war extrem arm. Sie und ihre sieben Geschwister bettelten oft an der Hauptstraße, die ihre Provinz mit Manila verbindet. Ab und zu hielt ein großes Auto mit Ausländern an, und große weiße Hände ließen ein paar Münzen in die ausgestreckten Hände der Kinder fallen.

Während Marci die Schule besuchte, mußte Madeline für die Familie etwas Eßbares herbeischaffen.

Schon früh hatte Madeline einen bestimmten Wunschtraum und einen Plan zu seiner Verwirklichung. Als sie achtzehn wurde, nähte sie sich aus Marcis alter Schuluniform ein Kleid und fuhr nach Manila. Dort machte sie eine Agentur ausfindig, die Philipiner zur Arbeit ins Ausland vermittelte. Madeline bewarb sich um eine Stelle als Hausmädchen.

Das Mädchen war so zierlich und hübsch, daß der Besitzer

der Agentur, ein Libanese, ihr mit anzüglichem Blick einen anderen Vorschlag machte: Er könne ihr einen Job in einem Bordell in Manila verschaffen, dort würde sie unendlich viel mehr verdienen als ein Hausmädchen!

Madeline war zwar im Elend aufgewachsen, aber sie war auch eine fromme Katholikin. Ihre empörte Reaktion überzeugte den Libanesen, daß sie ihren Körper niemals verkaufen würde. Seufzend ließ er sie ein Antragsformular ausfüllen und erst einmal warten.

Dann erklärte er ihr, er suche über dreitausend philippinische Arbeitskräfte für die Länder am Persischen Golf und werde Madeline bei den Stellen für Hausmädchen bevorzugt berücksichtigen, denn Araber hätten gerne hübsche Mädchen um sich. Als sie das Büro verließ, zwinkerte er ihr zu und tätschelte ihren Po.

Madeline war aufgeregt und ängstlich, als ihr eine Stelle als Hausmädchen in Riad in Saudi-Arabien zugesagt wurde. Ungefähr um die gleiche Zeit schwanden Marcis Aussichten, eine Schwesternschule zu besuchen, und sie beschloß, Madelines Beispiel zu folgen und sich eine Arbeit außerhalb der Philippinen zu suchen. Bei Madelines Abreise hatte sie im Spaß gesagt, daß sie bald nach Saudi-Arabien nachkommen werde. Die Freundinnen hatten sich zum Abschied umarmt und versprochen, einander zu schreiben.

Vier Monate später, als Marci erfuhr, daß sie ebenfalls in Saudi-Arabien arbeiten sollte, hatte sie immer noch keine Nachricht von Madeline. Und sie hatte auch keine Ahnung, wo sie ihre Freundin nach ihrer Ankunft suchen sollte. Sie wußte nur, daß sie in Riad sein mußte. Da die Familie, bei der sie selbst arbeiten sollte, ebenfalls in Riad wohnte, beschloß sie, Madeline ausfindig zu machen.

Ich erinnere mich noch an den Abend, als Marci zu uns kam. Mutter war für den Haushalt und die Einteilung der Dienstboten zuständig. Ich weiß noch, wie Marci, das verschüchterte kleine Ding, sich sofort an unsere älteste Philipina hängte.

Da bei uns in der Villa über zwanzig Bedienstete arbeiten, kümmerte sich keiner besonders um Marci. Sie war ein unerfahrenes Mädchen von neunzehn Jahren und bekam die Aufgabe, die Zimmer der beiden jüngsten Töchter des Hauses, also Saras und meines, in Ordnung zu halten. Sechzehn Monate lang war sie mir still und geduldig auf Schritt und Tritt gefolgt und hatte mich nach meinen Wünschen gefragt, doch ich hatte ihr kaum Beachtung geschenkt.

Marci überraschte mich mit der Bemerkung, daß die anderen philippinischen Dienstboten meinten, sie habe besonderes Glück gehabt, weil Sara und ich sie nie schlugen oder anschrien. Ich fragte Marci mit funkelnden Augen, ob in unserem Haus geschlagen werde, und seufzte erleichtert, als sie entschieden verneinte. Ali gelte zwar als schwierig, weil er jeden anbrülle und beschimpfe, aber gewalttätig sei er nicht. Nur Omar habe er einige Male ans Schienbein getreten. Ich lachte. Mit Omar hatte ich wenig Mitleid.

Marci senkte die Stimme, als sie mir den Klatsch erzählte, der unter der Dienerschaft die Runde machte. Sie berichtete, daß Vaters zweite Frau – sie stammte aus einem benachbarten Golfstaat – ihre Dienerinnen täglich gekniffen und geschlagen habe. Ein armes Mädchen aus Pakistan erlitt sogar eine Gehirnverletzung, als sie bei einer Auseinandersetzung die Treppe hinunterstürzte. Nachdem man ihr vorgeworfen hatte, sie arbeite nicht schnell genug, war sie mit einem Korb voll schmutziger Laken und Handtücher in Richtung Waschküche gerannt. Unterwegs stieß sie mit Vaters Frau zusammen, die daraufhin so zornig wurde, daß sie das Mädchen in den Magen boxte. Das Mädchen taumelte und stürzte die Treppe hinunter.

Die Frau meines Vaters rannte die Treppe hinunter, trat das Mädchen, das stöhnend am Boden lag, und schrie es an, es solle sich wieder an die Arbeit scheren. Als die junge Frau sich nicht rührte, warf man ihr vor zu simulieren. Schließlich mußte man sie zum Arzt bringen. Sie war nicht mehr ganz bei Verstand, hielt sich nur noch den Kopf mit beiden Händen und kicherte.

Vaters Frau sorgte dafür, daß einer unserer Ärzte eine Bescheinigung ausstellte, in der stand, daß das Mädchen gestürzt sei und sich eine Gehirnerschütterung zugezogen habe. Sobald die junge Frau reisefähig war, sollte sie nach Pakistan zurückgeschickt werden. Man behielt das Gehalt für die letzten beiden Monate ein und schickte sie mit ganzen fünfzig Rial, rund fünfzehn Dollar, zu ihren Eltern zurück.

Warum ich so überrascht sei, wollte Marci wissen. In Saudi-Arabien würden doch die meisten Hausmädchen mißhandelt, unser Haus sei eine seltene Ausnahme.

Ich hatte schon viele Freundinnen zu Hause besucht, aber noch nie gesehen, daß jemand geschlagen wurde. Allerdings wußte ich, daß man auf das Personal wenig Rücksicht nahm. Ich hatte schon mit angehört, wie Freundinnen ihre Dienstmädchen beschimpften, daß sie aber auch handgreiflich wurden, konnte ich mir einfach nicht vorstellen.

Marci seufzte tief und meinte, körperliche Mißhandlungen und sexueller Mißbrauch blieben im allgemeinen geheim. Sie erinnerte mich daran, daß ich nur wenige Meter von einem Palast entfernt lebte, in dem zahlreiche junge Mädchen Schlimmes erleiden mußten, ohne daß man davon etwas mitbekam.

Sie riet mir leise, die Augen offenzuhalten und darauf zu achten, was in meinem Land mit Ausländerinnen geschehe. Ich nickte ihr traurig zu.

Bei diesem Gespräch merkte Marci, daß ich ein mitfühlendes Herz habe. So beschloß sie, mir die ganze Geschichte ihrer Freundin Madeline anzuvertrauen. Unser Gespräch ist mir so gegenwärtig, als hätte es gestern stattgefunden, und Marcis ernstes Gesicht steht noch immer lebhaft vor mir.

»Ma'am, ich möchte Ihnen von meiner besten Freundin Madeline erzählen. Sie sind eine Prinzessin, vielleicht kommt einmal der Tag, an dem Sie uns armen Mädchen von den Philippinen helfen können.«

Ich war an jenem Morgen allein und langweilte mich, also nickte ich. Ich hatte Lust, mir Klatsch anzuhören, auch von einer Philipina. Ich machte es mir auf dem Bett bequem, und Marci stopfte mir pflichtbewußt Kissen unter den Kopf, wie ich es gerne hatte.

Ich sagte: »Hol mir eine Schale frisches Obst und ein Glas Laban, ehe du mit deiner Geschichte anfängst.« Laban ist ein buttermilchähnliches Getränk, das im Mittleren Osten viel getrunken wird. Nachdem sie mit einem Tablett mit Obst und dem erfrischenden Getränk zurückgekommen war, streckte ich die Füße unter der Decke hervor und sagte ihr, sie solle mich massieren, während sie mir von ihrer Freundin Madeline erzähle.

Rückblickend empfinde ich brennende Scham über mein egoistisches und kindisches Verhalten. Mich reizte der Gedanke an eine tragische Geschichte, aber ich wollte erst stillsitzen und zuhören, nachdem alle meine Wünsche befriedigt waren! Jetzt, da ich älter und klüger bin, empfinde ich nur Scham für das, was ich von der saudischen Kultur gelernt und übernommen hatte. Ich kenne niemanden in Saudi-Arabien, der jemals auch nur das geringste Interesse am Leben eines Bediensteten gezeigt hätte: an der Zahl seiner Angehörigen, an seinen Träumen und Zielen. Menschen aus der Dritten Welt waren nur dazu da, uns reiche Saudis zu bedienen. Selbst meine Mutter, eine freundliche und liebevolle Frau, interessierte sich nur ganz selten für die Sorgen ihrer Hausangestellten, was ich allerdings dem Umstand zuschreibe, daß sie ein gewaltiges Pensum an Pflichten zu erfüllen hatte. Sie mußte unseren großen Haushalt führen und außerdem meinen anspruchsvollen Vater zufriedenstellen. Ich hatte keine solche Entschuldigung. Voll Scham muß ich mir heute eingestehen, daß Marci und die anderen damals für mich kaum mehr waren als Roboter, die meine Befehle entgegenzunehmen hatten. Und ebenso beschämt mich der Gedanke, daß Marci und die übrigen Diener und Dienerinnen mich noch für nett hielten, weil ich die einzige war, die ihnen persönliche Fragen stellte. Das ist eine schmerzliche Erinnerung für eine Frau, die sich selbst für sensibel hält.

Nachdenklich und mit ausdrucksloser Miene begann Marci, mir die Füße zu massieren und ihre Geschichte zu erzählen.

»Ma'am, ehe ich die Philippinen verließ, bat ich den Libanesen von der Agentur um die Adresse von Madelines Arbeitgeber. Er sagte, er dürfe sie mir nicht geben. Da schwindelte ich ihm etwas vor. Ich sagte, ich wolle meiner Freundin Sachen von ihrer Mutter bringen. Ich bettelte so lange, bis er schließlich nachgab. Er schrieb mir eine Telefonnummer auf und verriet mir das Viertel in Riad, in dem Madeline arbeitete.«

»Ist ihr Arbeitgeber ein Prinz?«

»Nein, Ma'am. Er wohnt in einem Viertel namens Al Malas, etwa dreißig Autominuten von hier.«

Unser Haus lag im Stadtteil Al Nasrijah, der angesehensten und reichsten Wohngegend Riads, in der viele Mitglieder der königlichen Familie wohnten. Vor langer Zeit war ich einmal in dem Viertel Al Malas gewesen und erinnerte mich daran, daß es dort viele hübsche Villen wohlhabender saudischer Geschäftsleute gab.

Ich wußte, daß es Marci verboten war, das Grundstück unserer Villa zu verlassen. Nur einmal im Monat durften die Dienstmädchen einen Einkaufsbummel machen, den Omar eigens für sie arrangierte. Da unser Personal, wie die meisten Hausangestellten in Saudi-Arabien, das ganze Jahr über ohne Unterbrechung sieben Tage in der Woche arbeitet, fragte ich mich, wie es Marci geglückt war, sich davonzustehlen und ihre Freundin zu besuchen.

»Wie hast du es geschafft, nach Al Malas zu kommen?«

Marci zögerte einen Augenblick. »Nun, Ma'am, Sie kennen den Chauffeur Antoine, den Philipino?«

Wir hatten vier Chauffeure, zwei Philipiner und zwei Ägypter. Ich wurde im allgemeinen von Omar oder dem anderen Ägypter gefahren. Die Philipiner kauften die Lebensmittel und erledigten andere Besorgungen. »Antoine? Der junge Mann, der immer lächelt?«

»Ja, Ma'am, genau der. Wir haben uns gern, und er war bereit, mit mir nach meiner Freundin zu suchen.«

»Marci! Du hast einen Schatz!« Ich brach in Gelächter aus. »Und was war mit Omar? Wie bist du aus dem Haus gekommen, ohne daß er es bemerkt hat?«

»Wir haben gewartet, bis Omar mit der Familie nach Taif fuhr. Das war unsere Chance.« Marci lächelte über mein zufriedenes Gesicht. Sie wußte, daß mir nichts mehr Freude bereitete, als die Männer in unserem Haus zu überlisten.

»Zuerst wählte ich die Telefonnummer, die ich auf den Philippinen bekommen hatte. Aber man wollte mich nicht mit Madeline sprechen lassen. Ich sagte, ich hätte eine Nachricht von ihrer Mutter.

Mit viel Mühe konnte ich die Leute überreden, mir die Adresse zu geben und den Weg zur Villa zu beschreiben.

Antoine fuhr zu dieser Adresse. Er fand die Villa tatsächlich und gab für Madeline einen Brief von mir ab. Ein Jemenit nahm den Brief in Empfang. Zwei Wochen später bekam ich einen Anruf von Madeline. Ich verstand sie kaum, weil sie flüsterte. Sie hatte Angst, sie könnte beim Telefonieren erwischt werden. Sie sagte, sie sei in einer sehr schlimmen Lage, ich solle doch bitte kommen und ihr helfen. Dann dachten wir uns am Telefon einen Plan aus.«

Ich stellte die Obstschale weg, hörte mit höchster Aufmerksamkeit zu und sagte, sie solle aufhören, meine Füße zu massieren. Ich ahnte, wie gefährlich dieses geplante Treffen war, und mein Interesse an diesem tapferen Mädchen, von dem ich bisher kaum etwas gewußt hatte, wuchs.

»Zwei Monate vergingen. Wir wußten, daß wir in den heißen Sommermonaten Gelegenheit zu einem Treffen bekommen würden. Wir hatten Angst, daß Madeline von ihren Arbeitgebern nach Europa verschleppt würde, aber sie blieb in Riad. Als Sie und ihre Familie mit Omar die Stadt verließen, versteckte ich mich auf dem Rücksitz des schwarzen Mercedes und ließ mich von Antoine zu Madeline fahren.«

Als Marci Madelines Situation schilderte, zitterte ihre Stimme zum erstenmal vor Erregung.

»Ich blieb im Auto sitzen, während Antoine an der Tür läutete. Während ich wartete, fiel mir auf, daß die Mauer um die Villa in einem schlechten Zustand war. Die Farbe blätterte ab, das Tor war rostig, und die Zweige, die über die Mauerkrone ragten, waren völlig verdorrt. Das konnte kein anständiges Haus sein. Ich begriff, daß meine Freundin in Gefahr sein mußte, wenn sie dort arbeitete.

Ich fühlte mich deprimiert, noch bevor sie mich ins Haus gelassen hatten. Antoine mußte vier- oder fünfmal läuten, ehe sich drinnen etwas regte. Alles war genau so, wie Madeline gesagt hatte. Es war gespenstisch! Ein alter Jemenit im buntkarierten Wickelrock öffnete das Tor. Er sah aus, als habe er geschlafen. Sein finsteres Gesicht verriet, daß es ihm ganz und gar nicht gefiel, wenn man ihn bei einem Nickerchen störte.

Antoine und ich bekamen Angst, und ich hörte Antoine mit zitternder Stimme fragen, ob wir bitte das Fräulein Madeline von den Philippinen sprechen könnten. Der Jemenit sprach kaum Englisch, aber Antoine konnte ein wenig Arabisch. Schließlich klappte die Verständigung. Aber der Jemenit wollte uns nicht hereinlassen. Er schickte uns mit einer wedelnden Handbewegung fort und wollte schon das Tor schließen, als ich vom Rücksitz sprang und zu weinen begann.

Unter Tränen behauptete ich, Madeline sei meine Schwester. Ich sei gerade in Riad angekommen und im Haus eines Prinzen aus der Königsfamilie beschäftigt. Ich dachte, das würde vielleicht Eindruck machen, aber er verzog keine Miene. Ich schwenkte einen Umschlag vor seiner Nase und sagte, der Brief sei gerade aus den Philippinen angekommen. Unsere Mutter sei schwer krank. Ich müsse Madeline unbedingt ein paar Minuten sprechen und ihr eine Nachricht von unserer todkranken Mutter überbringen.

Ich betete zu Gott, er möge mich für diese Lügen nicht bestrafen! Ich glaube, Gott hat mich erhört, denn als der Jemenit das arabische Wort für »Mutter« hörte, besann er sich offenbar anders und dachte einen Augenblick nach. Er blickte zuerst Antoine und dann mich an und sagte schließlich, wir sollten einen Augenblick warten. Er schloß das Tor, dann hörten wir ihn mit klappernden Sandalen zum Haus zurücktrotten.

Wir wußten, daß der Jemenit im Haus Madeline fragen würde, ob sie eine Schwester habe und wie sie aussehe. Ich lächelte Antoine matt an. Unser Plan schien zu funktionieren.«

Marci hielt inne und vergegenwärtigte sich jenen Tag.

»Ma'am, dieser Jemenit sah zum Fürchten aus. Er hatte einen gemeinen Blick, und in seinem Gürtel steckte ein Krummsäbel. Antoine und ich waren nahe dran, ins Auto zu steigen und zur Villa zurückzufahren. Aber der Gedanke an meine arme Freundin gab mir Mut.

Madeline hatte mich am Telefon gewarnt, daß zwei Jemeniten die Villa bewachten und die Frauen im Haus nicht aus den Augen ließen. Keine der Dienerinnen dürfe jemals ihren

Arbeitsplatz verlassen. Der junge Jemenit sei herzlos und würde niemanden durchs Tor lassen, nicht einmal eine todkranke Mutter. Aber bei dem alten hätten wir vielleicht Erfolg.

Da die Familie Ferien in Europa machte, hatte der junge Jemenit zwei Wochen Urlaub bekommen und war in den Jemen zurückgekehrt, um zu heiraten. Die einzigen Männer auf dem Anwesen waren der alte Jemenit und ein pakistanischer Gärtner.

Ich schaute auf meine Uhr und Antoine auf seine. Schließlich hörten wir den alten Mann mit schlurfenden Schritten zurückkommen. Quietschend öffnete sich das Tor. Mir lief ein Schauder über den Rücken. Ich hatte das Gefühl, durch das Tor zur Hölle zu treten. Der alte Jemenit grunzte und bedeutete Antoine mit einer Handbewegung, draußen im Auto zu warten. Nur ich durfte hinein.«

Alles in mir verkrampfte sich, als ich mir Marcis Angst vorstellte.

»Wo hast du nur den Mut hergenommen? Ich hätte die Polizei gerufen!«

Marci schüttelte den Kopf. »Die Polizei hilft Philipiner in diesem Land nicht. Man hätte uns bei deinem Vater verraten und dann ins Gefängnis gesteckt oder heimgeschickt, ganz nach den Wünschen deines Vaters. Die Polizei ist für die Starken da, nicht für die Schwachen.«

Ich wußte, daß sie die Wahrheit sagte. Philipiner standen meilenweit unter uns Frauen. Selbst mir, einer Prinzessin, würde die Polizei niemals helfen, wenn es gegen die Männer in meiner Familie ginge. Aber ich wollte in diesem Augenblick nicht an meine Probleme denken, sondern stand ganz im Bann von Marcis Abenteuer.

»Erzähle weiter, was hast du drinnen entdeckt?« Ich rechnete mit dem Gruselkabinett eines saudischen Frankenstein!

Marci war sich nun der vollen Aufmerksamkeit ihrer

Herrin sicher und wurde lebhafter, begleitete ihre Worte mit ausdrucksvoller Mimik und schilderte ihre Erlebnisse in allen Einzelheiten.

»Ich folgte ihm, und da er so langsam ging, konnte ich mich in Ruhe umsehen. Die Betonblöcke waren nie gestrichen worden. Ich entdeckte ein kleines Häuschen, das keine Tür hatte, nur eine Öffnung, über der ein zerschlissener alter Lappen hing. Aus dem Stapel schmutziger Matten, den leeren Blechbüchsen und dem Müllgeruch schloß ich, daß es die Behausung des alten Jemeniten war. Wir gingen an einem Swimmingpool vorbei, der aber bis auf eine schwarze, stinkende Pfütze im tiefen Teil des Beckens leer war. Am flachen Ende des Swimmingpools lagen drei winzige Skelette, die wie Überreste neugeborener Kätzchen aussahen!«

»Kätzchen? Um Himmels willen!« Marci wußte, wie sehr ich junge Tiere liebte. »Was für ein schrecklicher Tod!«

»Ich glaube, daß es Kätzchen waren. Wahrscheinlich waren sie im leeren Becken geboren worden, und die Katzenmutter konnte sie nicht herausholen.«

Ich schüttelte mich vor Ekel!

Marci fuhr fort: »Die Villa war groß, sah aber genauso verwahrlost aus wie die Mauer. Die Betonblöcke waren irgendwann einmal gestrichen worden, aber die Farbe war von den Sandstürmen rissig geworden. Die Pflanzen im Garten waren alle völlig verdorrt. Unter einem großen Baum hing ein Käfig mit vier oder fünf Vögeln darin. Sie sahen traurig und mager aus und starrten uns stumm an.

Der Jemenit rief etwas auf arabisch zur Vordertür hinein. Wen er ansprach, konnte ich nicht sehen. Dann nickte er mir zu und winkte mich herein. In der Tür schlug mir ein übler Geruch entgegen, und ich blieb kurz stehen. Ängstlich und zitternd rief ich Madelines Namen. Der Jemenit drehte sich um und ging weg, um das Nickerchen, bei dem wir ihn gestört hatten, fortzusetzen.

Madeline kam aus einem langen, dunklen Gang. Das Licht war sehr schwach, und nach der grellen Sonne draußen konnte ich sie kaum erkennen. Als sie ihre alte Freundin Marci erkannte, stürzte sie auf mich zu. Wir fielen uns in die Arme, und ich stellte erstaunt fest, daß sie sauber gekleidet war und gut roch. Sie war dünner geworden seit unserer letzten Begegnung, aber sie lebte!«

Ein Gefühl der Erleichterung durchflutete meinen Körper, denn ich hatte damit gerechnet, daß Marcis Freundin halbtot auf einer schmutzigen Matte lag und mit letzter Kraft die Bitte hervorbrachte, man möge ihren Leichnam nach Manila bringen.

»Und was geschah dann?« fragte ich ungeduldig. Ich war auf das Ende von Marcis Geschichte gespannt.

Marci senkte die Stimme zu einem Flüstern, als sei der Schmerz der Erinnerung zu groß.

»Nachdem wir uns begrüßt und lange umarmt hatten, schob mich Madeline den langen Gang entlang. Sie hielt meine Hand und führte mich in ein kleines Zimmer auf der rechten Seite. Sie lotste mich zu einem Sofa und setzte sich selbst auf den Boden mir gegenüber.

Kaum waren wir allein, brach sie in Tränen aus und vergrub ihr Gesicht in meinem Schoß. Ich streichelte ihr das Haar und flüsterte ihr ins Ohr, sie solle doch sagen, was mit ihr los sei. Als ihre Tränen versiegt waren, erzählte sie mir, was sie seit ihrer Abreise aus Manila vor einem Jahr erlebt hatte.

Madeline war am Flughafen von zwei jemenitischen Dienern abgeholt worden. Sie hielten eine Karte hoch, auf der in lateinischen Buchstaben ihr Name stand. Sie ging mit den beiden mit, weil sie nicht wußte, was sie sonst hätte tun sollen. Das wilde Aussehen der Männer machte ihr Angst. Auf der Fahrt durch die Stadt bangte sie um ihr Leben, denn der Fahrer raste wie ein Verrückter. Es war später Abend, als sie im Haus ihres Arbeitgebers ankam, und da es kein Licht gab, sah sie nicht, wie heruntergekommen alles war.

Die Familie des Hauses war damals gerade auf der Pilgerreise nach Mekka. Eine alte Araberin, die kein Englisch konnte, zeigte Madeline ihr Zimmer. Sie bekam Gebäck und Datteln zu essen und heißen Tee zu trinken. Als die alte Frau das Zimmer verließ, gab sie Madeline einen Zettel, auf dem stand, daß man sie am nächsten Tag in ihre Pflichten einweisen werde.«

»Die alte Frau muß die Großmutter gewesen sein«, sagte ich.

»Vielleicht – Madeline hat nichts davon gesagt«, antwortete Marci. »Ich weiß es nicht. Der armen Madeline wurde das Herz schwer, als sie ihr neues Zuhause bei Tageslicht sah. Sie sprang entsetzt aus dem Bett, als sie sah, wie schmutzig die Bettwäsche war, in der sie geschlafen hatte. Auf dem Teller und dem Glas vom Vorabend saßen überall Küchenschaben.

Der Verzweiflung nahe, fand sie schließlich ein Badezimmer, merkte aber schnell, daß die Dusche nicht funktionierte. Sie versuchte, sich mit einem Rest schmutziger Seife und lauwarmem Wasser zu waschen. Vergebens bat sie Gott, ihr klopfendes Herz zu beruhigen. Dann pochte die alte Frau an die Tür.

Da sie keine andere Wahl hatte, folgte sie der Frau in die Küche und erhielt dort eine Liste mit ihren Aufgaben. Madeline las die hastig hingekritzelten Zeilen durch und erfuhr, daß sie der Köchin helfen und sich um Haushalt und Kinder kümmern sollte. Mit Gesten bedeutete ihr die alte Frau, daß sie sich etwas zu essen machen solle. Nach dem Frühstück begann sie, die schmutzigen Töpfe und Pfannen zu scheuern.

Außer Madeline gab es noch drei weitere weibliche Hausangestellte: eine alte Köchin aus Indien, ein attraktives Hausmädchen aus Sri Lanka und ein unscheinbares Mädchen aus

Bangladesch. Die Köchin war mindestens sechzig Jahre alt, die beiden anderen waren Mitte Zwanzig.

Die Köchin redete mit niemandem ein Wort; sie sollte in zwei Monaten nach Indien zurückkehren und träumte nur noch von der Freiheit und von ihrer Heimat. Das unscheinbare Mädchen war still und unglücklich, denn sein Arbeitsvertrag galt noch für ein ganzes Jahr.

Das hübsche Mädchen aus Sri Lanka arbeitete wenig und verbrachte den größten Teil seiner Zeit vor dem Spiegel. Sie erwartete sehnsüchtig die Rückkehr der Familie. Madeline gegenüber deutete sie an, daß der Hausherr sie sehr gerne habe. Sie hoffte, daß er ihr nach seiner Rückkehr aus Mekka eine goldene Halskette kaufen würde.

Madeline wunderte sich, denn das hübsche Mädchen forderte sie auf, sich zu drehen, damit sie sich ihre Figur genauer ansehen konnte. Dann stemmte sie die Hände in die Hüften und erklärte mit vielsagendem Lächeln, Madeline sei für den Geschmack des Hausherrn zu mager, aber vielleicht würde sie einem der Söhne gefallen. Madeline begriff nicht, was sie damit meinte, und scheuerte weiter die schmutzigen Töpfe.

Vier Tage später kam die Familie aus Mekka zurück. Madeline bemerkte sofort, daß ihre Arbeitgeber aus einer niedrigen Schicht kamen: Sie waren vulgär und hatten schlechte Manieren, und bald bewiesen sie mit ihrem Verhalten, daß Madelines Einschätzung richtig war. Es waren Leute, die zufällig reich geworden waren, ohne sich im geringsten dafür angestrengt zu haben. Ihre ganze Bildung stammte aus dem Koran, und den legten sie in ihrer Unwissenheit so aus, wie es ihnen paßte.

Der Hausherr faßte den untergeordneten Rang, den der Koran den Frauen zuweist, als Sklaverei auf. Jede Frau, die nicht muslimisch war, galt als Prostituierte. Noch schlimmer wurde die Sache dadurch, daß der Vater und seine beiden Söhne viermal im Jahr nach Thailand reisten und in den Bordellen von Bangkok die Dienste junger, schöner Thailänderinnen in Anspruch nahmen. Aus der Tatsache, daß manche fernöstlichen Frauen ihren Körper verkauften, zog die Familie den Schluß, daß alle Frauen, die nicht dem islamischen Glauben anhingen, käuflich seien. Wenn eine junge Frau eingestellt wurde, nahmen die Herren des Hauses an, sie könnten beliebig über sie verfügen wie über ein Haustier.

Von der Mutter erfuhr Madeline, daß man sie eingestellt hatte, damit ihre beiden Söhne, die noch keine Zwanzig waren, ihre sexuellen Triebe abreagieren konnten. Sie sagte Madeline, sie müsse Basel und Faris abwechselnd je einen Tag zur Verfügung stehen. Die Mutter sagte ihr das eiskalt ins Gesicht. Madeline war verzweifelt.

Zur Überraschung des attraktiven Hausmädchens fand auch der Vater Geschmack an Madeline. Den beiden Söhnen sagte er, sie könnten mit dem neuen Mädchen schlafen, sobald er sein Vergnügen gehabt habe.«

Ich holte tief Luft und hielt dann den Atem an. Ich wußte, was Marci mir jetzt erzählen würde, doch ich wollte es nicht hören!

»Ma'am Sultana, an jenem ersten Abend, an dem die Familie zurückgekehrt war, vergewaltigte der Vater Madeline!« schluchzte Marci. »Und das war nur der Anfang, denn sie gefiel ihm so gut, daß er sie von nun an jeden Tag vergewaltigte!«

»Warum ist sie nicht weggelaufen? Warum hat sie niemanden um Hilfe gebeten?«

»Ma'am, sie hat es versucht. Sie hat die anderen Dienerinnen gebeten, ihr zu helfen. Die alte Köchin und das häßliche Mädchen wollten sich nicht einmischen und womöglich ihren Lohn aufs Spiel setzen. Das hübsche Mädchen haßte Madeline und sagte, ihretwegen bekäme sie ihre goldene Halskette nicht. Die Ehefrau und die alte Frau wurden vom Hausherrn auch nicht gut behandelt; Madeline war ihnen ganz egal, und sie sagten ihr, sie sei schließlich eingestellt worden, um den Männern im Haus zu Willen zu sein!«

»Ich wäre aus dem Fenster geklettert und weggelaufen!«

»Sie hat es oft versucht. Sie wurde jedesmal erwischt, und alle im Haus wurden angewiesen, sie zu bewachen. Einmal, als alle schliefen, stieg sie auf das Dach des Hauses und warf Zettel auf den Gehweg hinunter, auf denen sie um Hilfe flehte. Saudische Nachbarn fanden die Zettel und gaben sie den beiden Jemeniten. Daraufhin bekam Madeline Prügel!«

»Was geschah, nachdem du sie gefunden hattest?«

Mit trauriger, resignierter Miene erzählte Marci weiter.

»Ich habe alles versucht. Ich habe unsere Botschaft in Dschidda angerufen. Der Mann am Telefon sagte mir, sie bekämen oft solche Beschwerden, könnten aber kaum etwas machen. Unser Land sei auf das Geld angewiesen, das unsere Leute aus dem Ausland nach Hause schickten, und wolle die saudische Regierung nicht mit Protesten verärgern. Was täte das arme philippinische Volk ohne das Geld aus dem Ausland?

Antoine fragte ein paar Chauffeure, ob sie es für ratsam hielten, zur Polizei zu gehen. Sie meinten, die Polizei werde nur dem saudischen Arbeitgeber glauben, und Madeline könne in eine noch schlimmere Lage geraten.«

»Marci!« rief ich. »Was könnte denn noch schlimmer sein?«

»Nichts, Ma'am. Nichts. Ich wußte nicht, was ich machen sollte. Antoine bekam Angst und sagte, wir könnten nichts mehr tun. Schließlich schrieb ich an Madelines Mutter und schilderte ihr die Situation. Sie ging zu der Arbeitsvermittlungsstelle in Manila. Sie wurde einfach weggeschickt. Dann wandte sie sich an den Bürgermeister unserer Stadt. Er sagte, er könne nichts unternehmen. Keiner wollte sich die Finger verbrennen.«

»Wo ist deine Freundin jetzt?«

»Vor einem Monat habe ich einen Brief von ihr bekommen. Gott sei Dank hat man sie nach Ablauf ihres zweijährigen Vertrages auf die Philippinen zurückgeschickt. Zwei neue Philipinas, jünger als Madeline, erfüllen jetzt ihre Aufgabe. Sie glauben nicht, wie wütend Madeline auf mich war! Sie dachte, ich hätte sie einfach im Stich gelassen und keinen Versuch unternommen, ihr zu helfen. Bitte glauben Sie mir: Ich habe alles getan, was ich konnte. Ich schrieb ihr einen Brief, in dem ich alles erklärte. Ich habe nie eine Antwort bekommen.«

Ich konnte meine Landsleute mit keinem Wort entschuldigen und sah Marci nur betroffen ins Gesicht.

Schließlich brach sie das Schweigen. »So ist es meiner Freundin in Ihrer Heimat ergangen, Ma'am.«

Ich spürte, wie erschüttert Marci über das Schicksal ihrer Freundin war. Ich selbst war tief betroffen. Was sagt man zu einer so furchtbaren Geschichte? Mir fiel nichts ein. Ich schämte mich für die Männer meines Landes und fühlte mich dem jungen Mädchen, das noch vor kurzem nur eine Dienerin und Untergebene für mich gewesen war, nicht mehr ebenbürtig. Zerknirscht vergrub ich den Kopf in den Kissen und entließ Marci mit einer Handbewegung. Viele Tage war ich bedrückt und niedergeschlagen. Ich dachte über die zahllosen Geschichten von Mißhandlungen nach, mit denen sich Menschen in meiner Heimat das Gewissen belasteten.

Wie viele andere Madelines mochte es geben, die Menschen um Hilfe baten und auf eine Mauer der Gleichgültigkeit stießen, die sich auf Beamte verließen, die sich nicht im geringsten um ihre Pflichten kümmerten? Und die Männer auf den Philippinen, in Marcis Heimat, waren nicht viel besser als die Männer bei uns, denn sie stahlen sich feige aus der Verantwortung.

Als ich nach Tagen quälender Zerknirschung wieder zu

mir kam, hörte ich mich bei meinen Freundinnen um, fragte nach dem Schicksal ihrer Dienerinnen und versuchte sie aufzurütteln. Je tiefer ich bohrte, desto abscheulicher wurden die Berichte über die Schandtaten saudischer Männer, die Ausländerinnen aus aller Herren Länder mißbrauchten.

Ich erfuhr von Shakuntale aus Indien, die im Alter von dreizehn Jahren für die Summe von sechshundert Rial, das sind rund hundertsiebzig Dollar, von ihrer Familie verkauft worden war. Tagsüber mußte sie arbeiten, und nachts wurde sie vergewaltigt wie die ahnungslose Madeline. Aber Shakuntale war gekauft worden. Sie war Eigentum, das nicht zurückgegeben wurde – sie konnte niemals in ihre Heimat zurückkehren. Sie war Eigentum ihres Peinigers.

Mit Entsetzen hörte ich, wie eine Mutter lachend die Not ihres thailändischen Hausmädchens abtat, das der Sohn des Hauses nach Belieben vergewaltigte. Sie meinte, ihr Sohn brauche das. Die saudischen Frauen seien unerreichbar, deshalb müsse die Familie für Ersatz sorgen. Außerdem sei es den Frauen aus Asien doch egal, mit wem sie ins Bett gingen. Junge Männer sind in den Augen ihrer Mütter absolute Monarchen.

Nachdem mir dieses allgegenwärtige Übel richtig zu Bewußtsein gekommen war, fragte ich Ali, warum Vater und er dreimal im Jahr nach Thailand und auf die Philippinen reisten. Er blickte mich finster an und meinte, das gehe mich überhaupt nichts an. Ich wußte die Antwort auch so, denn die Brüder und Väter vieler Freundinnen reisten ebenfalls in diese schönen Länder, die ihre jungen Mädchen und Frauen systematisch prostituieren.

Ich sah ein, daß ich über Männer und ihre sexuelle Begierde bisher nur wenig gewußt hatte. Der alltägliche Umgang mit den Männern war nur eine Fassade, die Höflichkeit war eine Maske, hinter der man unschwer die grausame Wirklichkeit der Unterdrückung entdeckte.

Zum erstenmal in meinem jungen Leben begriff ich, vor welcher unüberwindlichen Aufgabe unser Geschlecht stand. Ich wußte nun, daß mein Ziel – Gleichberechtigung für uns saudische Frauen – unerreichbar war, wußte, daß die Männer aller Wahrscheinlichkeit nach für immer in ihrer krankhaften Selbstüberschätzung, die uns Frauen zu Untertanen, zu Gefangenen in ausbruchsicheren Kerkern degradierte, befangen bleiben würden, weil sie ihren Größenwahn, der sie zu Tätern und uns zu Opfern stempelte, von Generation zu Generation weitergaben.

Zugleich war mir auch bewußt, daß die Verfügungsgewalt über meinen Körper und meine Seele bald von meinem Vater auf einen Fremden, auf einen Ehemann, übergehen würde. Mein Vater hatte mir mitgeteilt, daß ich drei Monate nach meinem sechzehnten Geburtstag verheiratet werden würde. Ich spürte, wie sich die Fesseln enger um mich schlossen. Mir blieben noch ganze sechs Monate, um meine Freiheit auszukosten, Monate, in denen ich darauf wartete, daß das Schicksal seinen Lauf nahm: Ich war noch ein Kind und so hilflos wie ein Insekt, das sich in einem Spinnennetz verfangen hat.

10. Kapitel

Ein anderes Leben

Am 12. Januar 1972, um zehn Uhr abends, lauschten meine neun Schwestern und ich gebannt auf die Prophezeiungen unserer alten sudanesischen Sklavin Huda. Sie hatte sich nach Saras unglücklicher Heirat und ihrer Scheidung der Astrologie zugewandt und war überzeugt, daß Mond und Sterne auf ihr Leben entscheidenden Einfluß hätten. Schon in unserer frühesten Kindheit hatte uns Huda mit Märchen beglückt, die etwas Abwechslung in unser eintöniges Leben im langweiligen Riad brachten.

Huda war, wie wir alle wußten, 1899 im Alter von acht Jahren von arabischen Sklavenhändlern entführt worden, nachdem sie von der Mutter, die gerade Süßkartoffeln für das Abendessen ausgrub, weggelaufen war. Früher hatte sie uns Kinder stundenlang mit Erzählungen von ihrer Entführung und Gefangenschaft in Atem gehalten.

Zu unserer Freude schmückte Huda die Geschichte ihrer Entführung jedesmal weiter aus. Manchmal setzte sie sich neben das Sofa, sang leise vor sich hin und tat so, als spiele sie im Sand. Dann zog sie plötzlich mit wildem Geschrei einen Kissenbezug hinter ihrem Rücken hervor, stülpte ihn sich über den Kopf und wehrte sich mit Händen und Füßen verzweifelt gegen die imaginären Menschenräuber. Klagend warf sie sich auf den Boden, schlug um sich und schrie nach der Mutter, sprang schließlich mit einem Satz auf den Kaffeetisch, lugte aus den Wohnzimmerfenstern und sprach von den blauen Wellen des Roten Meeres, die sie auf der Überfahrt vom Sudan zu den Wüsten Arabiens vom Schiff aus gesehen hatte.

Ihre Augen funkelten wild, wenn sie die kärgliche Essensration gegen nicht vorhandene Diebe verteidigte. Sie griff blitzschnell nach einem Pfirsich oder einer Birne in der Obstschale und schlang sie hastig bis auf den Kern oder das Gehäuse hinunter. Wenn sie uns vorspielte, wie sie zum Sklavenmarkt geführt wurde, schritt sie mit ernstem Gesicht, die Hände auf dem Rücken verschränkt, im Zimmer auf und ab und flehte Allah um Erlösung an.

Für ein Gewehr wurde sie an die Sippe der Raschid nach Riad verkauft. Über eine staubige Straße verließ sie Dschidda und wurde bei schweren Sandstürmen durch die Wüste bis nach Riad in die Festung Mismahk gebracht, wo das Herrscherhaus der Raschid seinen Sitz hatte.

Wenn Huda diese Szenen darstellte, bogen wir uns vor Lachen. Sie torkelte von einem Möbelstück zum nächsten, sprang im Zimmer umher, als pfiffen ihr noch die Kugeln unseres Ahnen, des jungen Abdul Asis, und seiner sechzig Männer um die Ohren, als diese die Festung erstürmten, die Raschids besiegten und das Land wieder dem Haus Al Saud einverleibten. Mit ihrem dicken Leib sprang Huda über einen Stuhl, als wolle sie sich vor plündernden und mordenden Soldaten in Sicherheit bringen. Dann erzählte sie uns, wie unser Großvater sie gerettet hatte. Am Ende der Vorstellung schnappte sie sich diejenige von uns, die ihr am nächsten saß, riß sie zu Boden, bedeckte sie mit Küssen und schwor hoch und heilig, daß sie so unseren Großvater abgeküßt habe. Auf diese Art war Huda zu uns gekommen.

Als wir älter wurden, lenkte sie uns von den Kümmernissen des Alltags ab, indem sie uns mit Kostproben ihrer Zauberkünste erschreckte. Unsere Mutter hatte für Hudas Orakel nur ein Lächeln übrig, und erst, als ich einmal schreiend aufwachte, weil ich von Hexen und Zaubertränken phantasiert hatte, befahl sie der alten Frau, ihre jüngeren Töchter mit Darbietungen ihres Aberglaubens zu verschonen. Jetzt, da Mutter nicht mehr unter uns weilte, frönte Huda wieder ihren alten Gewohnheiten.

Wie gebannt sahen wir zu, als Huda Saras Handlinien studierte und dabei die runden, schwarzen Äuglein zusammenkniff, als offenbare sich ihr Saras Leben wie eine Vision.

Sara nahm gelassen Hudas Worte entgegen, als habe sie gar nichts anderes erwartet. Mit ernster Miene teilte Huda ihr mit, daß sie ihr Lebensziel nicht erreichen werde. Ich seufzte tief und sank auf die Fersen zurück. Ich wünschte Sara das verdiente Glück so sehr, daß ich Hudas Weissagungen wütend als Humbug abtat. Niemand beachtete meinen lautstarken Protest, und Huda fuhr fort, Saras Lebenslinien zu untersuchen. Sie strich sich über das magere Kinn und murmelte: »Hm, meine kleine Sara. Hier sehe ich, daß du bald wieder heiratest.«

Sara holte entsetzt Luft und zog die Hand zurück. Das wollte sie auf keinen Fall noch einmal erdulden.

Huda lachte leise und meinte zu Sara, sie solle vor ihrer Zukunft nicht weglaufen. Ihre Heirat werde eine Liebesheirat sein, und sie werde dem Land sechs Kindlein schenken, an denen sie große Freude haben werde.

Sara runzelte besorgt die Stirn. Dann tat sie die Prophezeiung mit einem Achselzucken ab. Sie blickte mich an, lächelte und bat Huda, sie solle mir aus der Hand lesen. Wenn Huda das Schicksal ihrer kleinen unberechenbaren Schwester voraussagen könne, dann werde sie, Sara, zeitlebens an ihre Zauberkräfte glauben. Die anderen Schwestern lachten begeistert und schlossen sich Saras Meinung an. Wenn ich ihre Geduld bisweilen auch arg strapaziert hatte, so sah ich doch an ihren Blicken, daß sie mich herzlich liebten.

Obwohl mir gar nicht danach war, ließ ich mich hocherhobenen Hauptes vor Huda nieder, streckte ihr meine Handflächen hin und verlangte mit lauter, gebieterischer Stimme, sie solle mir sagen, was ich in einem Jahr tun würde.

Huda ging über meine Frechheit hinweg und studierte meine Handflächen. Stunden schienen vergangen, als sie endlich zu lesen begann. Sie überraschte uns durch ihre Gesten: Während sie über meine Zukunft nachsann, schüttelte sie den Kopf, murmelte halblaut vor sich hin und stöhnte laut auf. Schließlich heftete sie den Blick auf mich und sprach ihr Urteil mit solcher Bestimmtheit, daß mir angst und bange wurde. Aus jedem Wort sprachen böse Zauberkräfte.

Mit seltsam kehliger Stimme prophezeite mir Huda, daß mich mein Vater schon bald verheiraten werde, daß mich ein Mann glücklich machen und ins Elend stürzen werde, daß ich anderen Unglück und meiner geliebten Familie Gutes und Schlechtes zufügen, daß ich Liebe und Haß ernten, Gutes und Böses bewirken und allen lieben Menschen Rätsel aufgeben würde.

Mit einem gellenden Schrei riß Huda die Arme hoch und flehte Allah an, er möge in mein Leben eingreifen und mich vor mir selber schützen. Sie stürzte sich auf mich, drückte mich zu Boden, schlang ihre Arme um mich und stieß wilde schrille Klagelaute aus.

Nura sprang auf, befreite mich aus Hudas Umklammerung und führte sie aus dem Zimmer. Huda betete mit atemloser Stimme zu Allah, er möge die jüngste Tochter ihres geliebten Herrn beschützen.

Ich zitterte am ganzen Leib. Meine Schwestern wollten mich trösten, ich aber schluchzte und rief, daß Huda einmal damit geprahlt habe, sie sei eine Hexe wie ihre Mutter und habe deren Zauberkräfte mit der Muttermilch eingesogen. Nur eine richtige Hexe könne wissen, daß ich eine Ausgeburt des Bösen sei, jammerte ich.

Meine Schwester Tahani, die schon älter war, versuchte mich zu beruhigen. Es sei doch bloß ein dummes Spiel gewesen, Huda sei etwas zu weit gegangen, man dürfe das nicht so dramatisch sehen. Auch Sara redete beschwichtigend auf mich ein, wischte mir die Tränen aus dem Gesicht und spottete, ich hätte doch bloß Angst, ich würde Hudas schlimme Voraussagen nicht alle aus freien Stücken in die Tat umsetzen können.

Nun versuchten auch die anderen Schwestern mich aufzuheitern. Sie scherzten und erinnerten kichernd an so manchen Streich, den ich Ali gespielt hatte. Wir setzten uns zusammen und erzählten uns gegenseitig die besten Streiche.

Einmal hatte ich eine Freundin gebeten, Ali anzurufen und so zu tun, als sei sie ganz hingerissen von seinem Charme. Stundenlang hörten wir damals das leere Geplapper am Telefon mit an und lauschten den komplizierten Plänen, wie er hinter der Baustelle einer Villa auf den Chauffeur des Mädchens warten wollte.

Meine Freundin überredete ihn, ein Zicklein an der Leine mitzubringen, als Erkennungszeichen für den Chauffeur. Ihre Eltern seien nicht in der Stadt, und Ali könne unbesorgt mit dem Chauffeur nach Hause kommen und sie heimlich treffen.

Die Baustelle lag genau gegenüber dem Haus der Freundin, und meine Schwestern und ich warteten mit ihr auf dem Balkon ihres Schlafzimmers. Wir bogen uns vor Lachen, als der arme Ali mit dem Zicklein an der Leine erschien. Er wartete stundenlang und hielt ununterbrochen nach dem Fahrer Ausschau. Zu unser aller Belustigung gelang es meiner Freundin sogar, Ali nicht nur einmal oder zweimal, sondern dreimal in dieselbe Situation zu bringen! Ali war so scharf darauf, endlich ein Mädchen kennenzulernen, daß er den Verstand verloren hatte. Ich weiß noch, daß mir bei diesem Streich erstmals der Gedanke gekommen war, daß der unsinnige Schleierzwang auch für die Männerwelt schlimme Folgen hatte!

Die Scherze und der Zuspruch meiner Schwestern halfen mir, Hudas düstere Prophezeiung fürs erste zu vergessen. Immerhin war Huda über achtzig und wohl schon etwas senil.

Doch am selben Abend kam unser Vater vorbei und teilte uns mit, er habe für mich den passenden Ehemann gefunden. Resigniert mußte ich feststellen, daß Hudas erste Vorhersage sich schon bewahrheitet hatte. Vor lauter Entsetzen vergaß ich, meinen Vater nach dem Namen meines Zukünftigen zu fragen, und flüchtete deprimiert und verängstigt in mein Zimmer, wo ich fast die ganze Nacht wach lag und an Hudas Worte dachte. Zum erstenmal in meinem jungen Leben hatte ich Angst vor der Zukunft.

Am nächsten Morgen kam Nura ins Haus und teilte mir mit, daß ich unseren königlichen Cousin Karim heiraten sollte. Als kleines Mädchen hatte ich öfter mit seiner Schwester gespielt, aber ich wußte nicht mehr, was sie damals über ihn erzählt hatte, außer daß er sehr herrschsüchtig sei. Er war inzwischen achtundzwanzig Jahre alt, und ich sollte seine erste Frau werden. Nura erzählte, daß sie ein Foto von ihm gesehen habe und daß er ein ungewöhnlich gutaussehender Mann sei. Er hatte in London Jura studiert und, was noch ungewöhnlicher war, im Gegensatz zu den meisten Cousins des Königshauses sogar eine richtige Laufbahn als Geschäftsmann eingeschlagen. Erst kürzlich hatte er in Riad eine eigene große Firma eröffnet. Nura meinte noch, ich hätte doch großes Glück: Karim habe meinem Vater bereits mitgeteilt, daß ich zuerst die Schule beenden solle, bevor er mit mir eine Familie gründen wolle. Er wolle keine Frau, mit der er sich geistig nicht austauschen könne.

Ich war nicht in der Stimmung, mich über diese Wohltaten zu freuen, schnitt meinen Schwestern eine Grimasse und zog die Bettdecke über den Kopf. Dann schrie ich, nicht *ich*, sondern mein Cousin Karim könne sich glücklich schätzen. Nura stockte vor Schreck der Atem.

Nachdem Nura gegangen war, rief ich Karims Schwester an, die ich flüchtig kannte. Ich sagte ihr, daß sie ihrem Bruder von dieser Heirat abraten solle. Wenn wir erst einmal verheiratet seien, könne er sich keine Nebenfrauen nehmen, sonst würde ich sie bei erster Gelegenheit vergiften. Außerdem habe mein Vater für mich nur schwer einen Ehemann gefunden, da ich seit einem Unfall im Chemiesaal in der Schule entstellt sei. Als Karims Schwester mich fragte, wie das passiert sei, druckste ich zuerst herum und behauptete dann, ich hätte versehentlich ein Säurefläschchen fallen lassen und mir das Gesicht verätzt. Sie beendete eilig das Telefongespräch, um ihrem Bruder die Neuigkeit mitzuteilen, und ich lachte mir ins Fäustchen.

Noch am selben Abend stürmte unser Vater ins Haus, im Schlepptau zwei von Karims Tanten. Ich mußte mich vor ihnen aufstellen und mich von oben bis unten mustern lassen, ob Narben in meinem Gesicht oder andere Verunstaltungen zu entdecken waren. Ich war so wütend, daß ich den Mund aufriß und schrie, sie sollten es nur nicht wagen, auch meine Zähne zu begutachten. Dann beugte ich mich vor und gab laute schmatzende Geräusche von mir. Angewidert drehten sie sich um und eilten aus dem Zimmer, während ich wie ein Pferd hinter ihnen her wieherte und nach ihnen trat, was in der arabischen Welt eine furchtbare Beleidigung ist.

Mein Vater stand starr daneben, schaute mich lange an und schien mit sich zu ringen, dann aber brach er in schallendes Gelächter aus. Ich war verblüfft. Ich hatte mindestens mit einer Ohrfeige oder einer Standpauke gerechnet; daß er lachen würde, hätte ich nicht im Traum erwartet. Ich spürte, wie sich ein zaghaftes Lächeln auf meinem Gesicht ausbreitete, dann schüttelte auch ich mich vor Lachen. Neugierig und mit einem verwunderten Lächeln auf den Lippen traten Sara und Ali ins Zimmer.

Vater ließ sich aufs Sofa fallen und wischte sich die Tränen aus dem Gesicht. Er schaute mich an und sagte: »Hast du die Gesichter gesehen, Sultana, als du nach ihnen geschnappt hast? Die eine hat ausgesehen wie ein Pferd! Mein Kind, du bist ein Wunder. Ich weiß nicht, ob ich deinen Cousin Karim bedauern oder beneiden soll.« Dann schneuzte Vater sich kräftig. »Ein Leben mit dir wird auf jeden Fall keine langweilige Angelegenheit.«

Glücklich über den väterlichen Zuspruch, kauerte ich mich auf den Boden und legte ihm den Kopf in den Schoß. Diesen Augenblick wollte ich ewig festhalten. Er tätschelte mir den Arm und lächelte auf sein amüsantes Töchterchen herab. Ich nutzte die Vertraulichkeit und fragte mutig, ob ich Karim einmal vor der Hochzeit treffen dürfe.

Vater wandte sich um und sah Sara an. Etwas in ihrem Blick rührte sein Herz. Er klopfte neben sich aufs Sofa und forderte sie auf, sich neben ihn zu setzen.

Sprachlos registrierte Ali, wieviel Aufmerksamkeit mein Vater plötzlich den Frauen der Familie schenkte. Er lehnte wie gelähmt am Türrahmen und brachte vor Staunen den Mund nicht zu.

11. Kapitel

Karim

Vater war höchst verwundert und ich bitter enttäuscht, daß Karims Familie die Verlobung nicht löste. Karim und sein Vater suchten eine Woche später meinen Vater sogar im Büro auf und fragten höflich an, ob Karim mich kennenlernen dürfe – unter angemessener Aufsicht selbstverständlich. Karim hatte von meinem unkonventionellen Auftritt gehört und war nun neugierig, ob seine Verlobte völlig verrückt oder nur sehr temperamentvoll war.

Vater hatte auf meine Bitte, Karim kennenlernen zu dürfen, nicht geantwortet, aber eine Anfrage von seiten der Familie des Mannes war etwas ganz anderes. Vater diskutierte die Angelegenheit ausführlich mit mehreren Tanten und meiner Schwester Nura, und schließlich erfüllte er Karims Bitte.

Überglücklich tanzte ich durchs Zimmer, als er mir seinen Entschluß mitteilte. Ich sollte meinen zukünftigen Mann vor der Eheschließung kennenlernen! Meine Schwestern und ich waren wie elektrisiert, denn eine solche Begegnung war in unseren Kreisen völlig unüblich. Wir waren Gefangene, die spürten, wie sich die schweren Ketten der Tradition etwas lockerten.

Karims Eltern, mein Vater und Nura vereinbarten, daß Karim in zwei Wochen mit seiner Mutter zum Tee kommen sollte. Seine Mutter, Nura, Sara und zwei Tanten sollten als Anstandswauwaus fungieren.

Die Aussicht auf ein selbstbestimmtes Leben ließ neue Hoffnung in mir aufkeimen, denn noch am Vortag hätte ich von einer solchen Begegnung nicht einmal zu träumen gewagt. Ob Karim mir überhaupt gefallen würde, fragte ich mich aufgeregt. Dann aber schoß mir ein ganz neuer, unangenehmer Gedanke durch den Kopf: Was, wenn Karim mich nicht mochte? Ach, wäre ich doch nur so schön wie Sara, die alle Männerherzen entflammte.

Ich stand jetzt stundenlang vor dem Spiegel, verfluchte meine zierliche Gestalt und zupfte an meinen kurzen, widerborstigen Locken. Meine Nase kam mir plötzlich viel zu klein vor, meinen Augen fehlte der Glanz. Vielleicht sollte ich mich bis zur Hochzeitsnacht lieber hinter einem Schleier verstecken!

Sara lachte über meine Bedenken und versuchte mich mit dem Hinweis zu beruhigen, daß die Männer zierliche Frauen liebten, vor allem solche mit kleinen Stubsnasen und lächelnden Augen. Auch Nura, auf deren Meinung alle große Stücke hielten, lachte und versicherte mir, daß mich alle Frauen der Familie für ein ausgesprochen hübsches Mädchen hielten. Bis dahin war Schönheit für mich kein Thema gewesen, aber vielleicht war es jetzt Zeit, meine Vorzüge ins rechte Licht zu rücken.

Mit einem Mal wollte ich unbedingt als begehrenswerte Frau erscheinen, und ich beklagte mich bei meinem Vater, ich hätte nichts Passendes zum Anziehen. Die saudischen Frauen verschleiern sich zwar auf der Straße, doch sobald sie das Haus einer Freundin betreten, legen sie die schwarze Gewandung ab. Da sie außer den Ehemännern niemanden vom anderen Geschlecht mit ihrer sorgfältig ausgewählten Garderobe beeindrucken können, versuchen sie, ihre Freundinnen auszustechen. In unserem Land putzen sich Frauen für Frauen heraus! Zum Nachmittagstee beispielsweise kommen sie in feinster Spitze und Seide, mit passenden Accessoires und mit Diamanten und Rubinen behängt.

Viele meiner ausländischen Freundinnen staunten über die tiefen Ausschnitte und die knappen Röcke unter unseren unscheinbaren Abahjas. Manche verglichen die saudischen Frauen mit ihren extravaganten Kleidern unter den schwarzen Schleiern und Gewändern mit bunten Paradiesvögeln. Ohne Frage nehmen sich die Frauen mehr Zeit für ihre Toilette unter der Abahja und verwenden mehr Mühe auf ihre Kleidung als westliche Frauen, die sich nach Belieben in modischer Aufmachung zur Schau stellen können.

Vater war über mein Interesse an der Heirat hoch erfreut und kam meinen Wünschen gern entgegen. Nura reiste mit ihrem Ehemann und mir für einen dreitägigen Einkaufsbummel nach London. Ich versuchte, den Verkäuferinnen klarzumachen, daß ich in der nächsten Woche meinen Verlobten kennenlernen würde. Sie sollten nicht denken, ich hätte, nur weil ich eine saudische Prinzessin war, keinerlei Mitspracherecht über mein Leben. Zu meiner Enttäuschung reagierten sie auf diese stolze Bekanntgabe weder ehrfürchtig noch überrascht. Wer in Freiheit lebt, kann die kleinen Errungenschaften derer, die in Ketten liegen, kaum nachvollziehen.

Nura vereinbarte für mich Termine bei einer Kosmetikerin und für eine Farbberatung. Mir wurde eröffnet, daß mir Smaragdgrün am besten stehe, und ich kaufte siebzehn Kleider in dieser Farbe. Mein störrisches Haar wurde in sanfte Wellen gelegt, und als ich anschließend durch die Londoner Einkaufsviertel bummelte, blickte mir zu meiner Verwunderung aus den spiegelnden Schaufenstern eine vornehme fremde Dame entgegen.

Am Tag der Teegesellschaft halfen mir Sara und Marci beim Anziehen. Ich weinte und fluchte abwechselnd, denn es wollte mir einfach nicht gelingen, mein Haar so zu legen wie in London. Plötzlich erschien Huda in der Zimmertür:

»Nimm dich in acht!« schrie sie und kniff die Augen zusammen. »Zuerst wirst du glücklich sein, aber dann wird Unglück über dich kommen mit deinem neuen Mann.« Ich warf mit der Haarbürste nach ihr und schimpfte, sie solle mir mit ihrem dummen Geschwätz den Tag nicht verderben. Sara zog mich an den Ohren und sagte, ich solle mich schämen, Huda sei schließlich eine alte Frau. Ich hatte keine Gewissensbisse und sagte das auch zu Sara. Daraufhin meinte sie, ich sei eben eine gewissenlose Person. Wir schmollten beide, bis die Türglocke ertönte. Sie umarmte mich und sagte, ich sei in meinem smaragdgrünen Kleid wunderschön.

Jetzt war es also soweit: Ich würde meinen zukünftigen Ehemann kennenlernen! Das Pochen meines Herzens dröhnte mir in den Ohren. Ich spürte, daß alle Augen auf mich gerichtet waren und jede meiner Bewegungen verfolgten. Ich errötete, und mein Auftritt fiel weniger großartig aus als geplant. Am liebsten wäre ich in die sicheren Gefilde der Kindheit zurückgekehrt!

Meine Ängste waren gänzlich unbegründet. Karim war der schönste Mann, den ich je gesehen hatte. Sein sinnlicher Blick folgte jeder meiner Bewegungen, und ich kam mir vor wie das lieblichste Geschöpf auf Erden. Schon nach der kurzen steifen Begrüßung hatte ich begriffen, daß er die Verlobung niemals lösen würde. Ich entdeckte eine ungeahnte Begabung in mir, die jeder Frau, die ihre Ziele über Umwege erreichen muß, zugute kommt – meine natürliche, angeborene Koketterie. Wie selbstverständlich blickte ich Karim mit geschürzten Lippen und gesenkten Lidern an und stellte mir vor, er sei nur einer von vielen Bewerbern.

Karims Mutter musterte mich und war über meine kokette Art offenbar entsetzt. Auch Sara, Nura und meine Tanten tauschten erschreckte Blicke aus. Karim aber war wie hypnotisiert, und allein darauf kam es an.

Als er mit seiner Mutter aufbrach, fragte er mich, ob er

mich im Lauf der Woche einmal anrufen dürfe, um die Hochzeitsvorbereitungen zu besprechen. Zum Entsetzen meiner Tanten fragte ich nicht lange um Erlaubnis, sondern antwortete: »Selbstverständlich. Sie können jederzeit nach neun Uhr anrufen.« Als wir uns verabschiedeten, schenkte ich ihm ein verführerisches Lächeln.

Während ich meinen Lieblingsschlager, eine libanesische Liebesschnulze, vor mich hinträllerte, legten mir Nura, Sara und die Tanten in aller Ausführlichkeit dar, was ich alles falsch gemacht hätte. Sie waren überzeugt, daß Karims Mutter auf eine Auflösung der Verlobung bestehen würde, da ich ihren Sohn mit meinen Augen und Lippen regelrecht verführt hätte. Ich streckte den Tanten die Zunge heraus und meinte, sie seien viel zu alt, um die Herzen junger Leute zu verstehen. Ich ließ sie, starr vor Schreck über meine Dreistigkeit, einfach stehen, schloß mich im Badezimmer ein und sang aus voller Kehle.

Später ließ ich die ganze Szene Revue passieren. Hätte Karim mir nicht gefallen, so hätte ich dafür gesorgt, daß auch ich ihm nicht gefalle. Aber ich mochte ihn, und ich hatte alles darangesetzt, daß er sich in mich verliebte. Ich war genau nach Plan vorgegangen: Hätte ich ihn unsympathisch gefunden und die Verlobung lösen wollen, so hätte ich mich beim Essen schlecht benommen, seiner Mutter ins Gesicht gerülpst und ihm Tee über die Hose geschüttet. Falls seine Familie dann immer noch nicht überzeugt gewesen wäre, daß ich nicht die richtige Braut war, hätte ich sogar laut gefurzt. Aber ich war von Karims Aussehen angetan, und so war ihm und seiner Mutter ein schrecklicher Nachmittag erspart geblieben. Ich war so erleichtert, keinen alten, verlebten Mann heiraten zu müssen, daß ich der Liebe in unserer Ehe gute Chancen einräumte.

Ich gab mich also heiteren Gedanken hin, schenkte Marci aus meinem Schrank sechs hübsche Kleider und versprach ihr, Vater darum zu bitten, sie in mein neues Zuhause mitnehmen zu dürfen.

Noch am selben Abend rief Karim an. Vergnügt erzählte er mir, seine Mutter hätte ihm von der Heirat abgeraten. Sie hätte über meine Unverfrorenheit vor Wut gebebt und vorhergesagt, daß ich ihm, dem Erstgeborenen, Kummer machen und die ganze Familie ins Unglück stürzen würde.

Voller Vertrauen in meine Verführungskünste erwiderte ich frech, er solle sich den Rat seiner Mutter genau überlegen.

Karim aber flüsterte, ich sei das Mädchen seiner Träume: eine königliche Cousine, intelligent und humorvoll. Er gestand mir, daß ihm alle Frauen, die seine Mutter bisher für ihn ausgesucht habe, nicht gefallen hätten. Sie säßen stocksteif da, nur darauf bedacht, ihm jeden Wunsch von den Augen abzulesen. Er aber wolle eine Frau mit Temperament, gewöhnliche Frauen würden ihn nur langweilen. Und mit sinnlichem Unterton in der Stimme flüsterte er, ich hätte seine Augen »beglückt«.

Dann stellte er mir eine merkwürdige Frage: Er wollte wissen, ob ich schon »beschnitten« sei. Ich antwortete, da müßte ich meinen Vater fragen, doch er warnte mich: »Frag lieber nicht. Wenn du es nicht weißt, dann heißt das, daß du nicht beschnitten bist.« Anscheinend freute ihn das.

Unschuldig, wie ich war, platzte ich bei Tisch mit der Frage heraus. An diesem Abend speiste Vater bei seiner dritten Frau, deshalb saß Ali dem Essen vor. Empört knallte er sein Glas auf den Tisch und schaute hilfesuchend Sara an. Ich aß weiter Fladenbrot mit Hoummuspaste und bemerkte die angsterfüllten Blicke meiner Schwestern nicht. Erst als ich aufschaute, erkannte ich, daß alle am Tisch peinlich berührt waren.

Ali gebärdete sich wieder einmal als Familienoberhaupt, schlug mit der Faust auf den Tisch und wollte wissen, woher ich dieses Wort hätte. Ich begriff, daß etwas nicht stimmte, erinnerte mich der Warnung Karims und behauptete, ich hätte es vom Personal aufgeschnappt.

Ali bedachte meine Unwissenheit mit einem strafenden Blick und befahl Sara barsch, sie solle am nächsten Morgen Nura zu mir schicken. Nura solle »dieses Kind« aufklären.

Seit Mutters Tod war Nura als älteste Schwester für solche Angelegenheiten zuständig. Am nächsten Morgen kam sie gegen zehn Uhr ins Haus und begab sich unverzüglich in mein Zimmer. Ali habe sie rufen lassen und, so fügte sie mit bekümmerter Miene hinzu, ihr vorgeworfen, daß sie ihre Aufgaben als älteste Tochter sträflich vernachlässigt habe. Er sei sehr verärgert und wolle es Vater sagen.

Nura setzte sich auf die Bettkante und fragte freundlich, was ich denn überhaupt über die Beziehung zwischen Mann und Frau wisse. Zuversichtlich antwortete ich, ich wisse bereits alles, was man wissen müsse.

Lächelnd erwiderte meine Schwester: »Ich fürchte, du trägst das Herz auf der Zunge, Schwesterchen. Vielleicht weißt du doch noch nicht alles, worauf es im Leben ankommt.«

Sie mußte jedoch feststellen, daß ich wirklich bereits sehr viel über den Geschlechtsakt wußte.

Wie fast überall in der arabischen Welt ist das Thema Sex auch in Saudi-Arabien tabuisiert. Die Folge ist, daß Frauen über fast nichts anderes sprechen. Immer wenn Frauen zusammenkommen, geht es um Sexualität, um Männer und Kinder.

In meinem Land können Frauen so wenig unternehmen, daß ihre wichtigste Freizeitbeschäftigung darin besteht, sich gegenseitig zu besuchen. Außer am Freitag, unserem geheiligten Tag, findet an fast jedem Tag der Woche eine Teegesellschaft bei einer Freundin statt. Wir treffen uns, trinken Kaffee und Tee, naschen Süßigkeiten, machen es uns auf dicken Polstern bequem und klatschen. Sobald eine Frau den Schleier trägt, gehört sie diesem Kreis an.

Seitdem ich den Schleier angelegt hatte, hatte ich immer wieder gespannt zugehört, wenn junge Bräute von ihrer Hochzeitsnacht erzählten. Nicht die intimste Einzelheit wurde übergangen, und manche junge Frau schockierte das Kaffeekränzchen mit der Feststellung, daß ihr Sex gefalle. Andere wiederum erzählten, sie würden nur so tun, als schliefen sie gerne mit ihrem Mann, damit sie ihn nicht mit einer oder mehreren anderen teilen müßten. Dann gab es auch Frauen, die Sex so sehr verabscheuten, daß sie die Annäherungen ihres Gatten nur mit geschlossenen Augen und voller Angst und Ekel über sich ergehen ließen. Interessanterweise gab es auch wenige, die sich bei solchen Diskussionen zurückhielten und das Thema mieden. Sie hatten in der Ehe schon viel gelitten und waren wie Sara von ihrem Mann mißhandelt worden.

Nura gewann den Eindruck, daß ich tatsächlich schon alles wußte, worauf es in der Ehe ankam, und daß sie mich nicht weiter aufklären mußte. Sie eröffnete mir allerdings, daß es zu meinen ehelichen Pflichten gehöre, mich Karim jederzeit zur Verfügung zu halten, unabhängig von meiner jeweiligen Befindlichkeit. Ich erklärte, ich würde mit Karim nicht gegen meinen Willen schlafen. Nura schüttelte den Kopf. Nein, weder Karim noch irgendein anderer Mann würde es dulden, wenn sich die Frau verweigere. Im Ehebett herrsche das Recht des Mannes.

Karim sei anders, behauptete ich. Er werde mich niemals mit Gewalt nehmen.

Männer verstünden von diesen Dingen nichts, belehrte mich Nura. Ich solle mir nur keine falschen Hoffnungen machen, sonst sei die Enttäuschung um so bitterer.

Um das Thema zu wechseln, sprach ich meine Schwester auf die Beschneidung an.

Zaghaft gestand mir Nura, daß sie als Zwölfjährige beschnitten worden war. Auch die drei anderen Schwestern hatten sich im gleichen Alter der Prozedur unterziehen müssen. Nur den sechs jüngeren Töchtern der Familie war die barbarische Sitte erspart geblieben, weil ein europäischer Arzt unseren Vater nach einer stundenlangen Diskussion davon überzeugt hatte, daß der Ritus völlig unsinnig war. Nura sagte, es sei ein Segen, daß ich die schreckliche Erfahrung nicht habe machen müssen.

Ich sah, daß meine Schwester den Tränen nahe war, und fragte sie, was man mit ihr gemacht habe.

Seit unzähligen Generationen waren die Frauen in unserer Familie beschnitten worden. Unsere Mutter war, wie die meisten Frauen in Saudi-Arabien, wenige Wochen vor der Heirat beschnitten worden. Und sie war der Tradition völlig verhaftet. Als Nura mit zwölf Jahren ihre erste Blutung bekam, bereitete sie die Beschneidungszeremonie in einem kleinen Dorf unweit von Riad vor.

Der feierliche Akt war mit einem Fest verbunden, und die junge Nura genoß es, wegen ihrer Jungfräulichkeit im Mittelpunkt zu stehen. Kurz vor dem Ritual sagte ihr die Mutter, die älteren Frauen würden jetzt eine kleine Zeremonie abhalten und es sei wichtig, daß sie ganz ruhig liegenbleibe. Eine Frau schlug die Trommel, andere sangen, und die ältesten scharten sich um das erschreckte Kind. Nura, von der Hüfte abwärts nackt, wurde auf ein Laken gelegt, das man auf dem Boden ausgebreitet hatte, und von vier Frauen festgehalten. Die älteste erhob den Arm, und mit Entsetzen sah Nura, daß sie ein rasiermesserscharfes Instrument in der Hand hielt.

Sie schrie. Sie spürte zwischen den Beinen einen stechenden Schmerz. Noch ganz benommen von dem Schock wurde sie aufgerichtet und zur Frauwerdung beglückwünscht. Vor Angst wie gelähmt, sah sie das Blut über ihre Schenkel rinnen. Dann trug man sie in ein Zelt, wo man ihre Schmerzen linderte und die Wunde verband.

Die Wunde heilte schnell, aber erst in der Hochzeitsnacht begriff sie die Folgen der Zeremonie: Sie litt unerträgliche Schmerzen und blutete stark. Da es nicht besser wurde, hatte sie jedesmal Angst, wenn ihr Mann zu ihr kam und mit ihr schlafen wollte. Als sie schwanger wurde, suchte sie einen europäischen Arzt auf. Er war über die Verstümmelung entsetzt. Er teilte ihr mit, daß man ihr die ganzen äußeren Geschlechtsteile abgetrennt habe und daß sie den Geschlechtsakt niemals ohne Tränen, Schmerzen und Blut ausüben können werde.

Als der Arzt erfuhr, daß drei weitere Schwestern beschnitten worden waren und die verbleibenden sechs wahrscheinlich dasselbe Schicksal erwartete, drängte er darauf, daß sie ihre Eltern in seine Praxis schickte.

Meine drei anderen Schwestern suchten den Arzt ebenfalls auf. Baher war noch viel übler zugerichtet, und es war unbegreiflich, wie sie die geschlechtliche Vereinigung mit ihrem Mann überhaupt ertragen konnte. Nura war bei ihrer Beschneidung damals dabeigewesen, und sie erinnerte sich, daß sich die Schwester heftig gewehrt hatte, als die alten Frauen sie festhielten. Es gelang ihr sogar, den Peinigerinnen ein paar Meter weit zu entkommen. Dann aber fing man sie ein und drückte sie wieder auf das Laken. Da sie sich immer noch heftig zur Wehr setzte, war sie besonders schwer verstümmelt worden und hatte viel Blut verloren.

Der Arzt war überrascht, daß gerade meine Mutter auf der Beschneidung ihrer Töchter bestand. Sie selbst hatte das Ritual geduldig über sich ergehen lassen und glaubte, es sei Allahs Wille. Schließlich gelang es dem Arzt, unseren Vater von der Unsinnigkeit der Sitte und den damit verbundenen Gesundheitsrisiken zu überzeugen. Deshalb war mir diese barbarische und sinnlose Prozedur erspart geblieben. Ich fragte sie, wieso Karim sich dafür interessiere, ob ich beschnitten sei.

Ich könne mich glücklich schätzen, meinte Nura, daß er eine unbeschnittene Frau wolle. Es gebe noch viele Männer, die auf der Beschneidung ihrer Bräute bestünden. Es käme ganz darauf an, aus welcher Gegend oder aus welcher Familie ein Mädchen stamme. Manche Familien übten diesen Brauch immer noch aus, während andere ihn für barbarisch hielten, was er auch sei.

Nura sagte, Karim bevorzuge offenbar eine Frau, die das Vergnügen mit ihm teile und nicht nur ein Objekt für ihn sei.

Dann ging sie und überließ mich meinen Gedanken. Mir war klar, daß ich das Glück hatte, zu den jüngeren Töchtern der Familie zu gehören. Ich erschauderte bei dem Gedanken an das Trauma, das Nura und die anderen Schwestern erlitten hatten.

Ich war froh, daß Karim sich um mein Wohlergehen sorgte, und langsam kam mir die Vorstellung gar nicht mehr so abwegig vor, daß es in meinem Land möglicherweise einige Frauen gab, die trotz der Traditionen, die einer zivilisierten Gesellschaft spotteten, glücklich waren. Doch vor allem dachte ich über die Ungerechtigkeit nach, daß Glück und Unglück der arabischen Frau von Anstand und Menschlichkeit ihres Herrn und Gebieters abhingen.

Wie betäubt legte ich mich schlafen. Ich träumte, ich würde in einem wunderschönen smaragdgrünen Hochzeitskleid auf meinen Bräutigam warten. Er kam aber nicht, und aus dem Traum wurde ein Alptraum. Unheimliche, schwarzgekleidete alte Weiber verfolgten mich mit Rasiermessern und lechzten nach meinem Blut. Ich wachte schweißgebadet auf und zitterte am ganzen Leib.

Ich rief Marci herbei und bat sie um kaltes Wasser. Ich litt Seelenqualen, als mir die Bedeutung meines Alptraums bewußt wurde: Ein wesentliches Hindernis bei der Überwindung solcher überkommenen Sitten waren die arabischen Frauen selbst. Die Frauen aus der Generation meiner Mutter waren ungebildet und wußten kaum mehr als das, was ihnen ihre Männer beigebracht hatten. Die tragische Folge war, daß solche barbarischen Bräuche wie die Beschneidung gerade von denjenigen am Leben erhalten wurden, die sie am eigenen Leib erfahren hatten. Für sie war Vergangenheit und Gegenwart eins, und ohne daß sie es wußten, unterstützten sie die Männer im Bemühen, uns in Unwissenheit und Isolation zu halten. Meine Mutter hatte sich selbst dann noch an die Bräuche der Vergangenheit geklammert, als man sie über die gesundheitlichen Risiken aufgeklärt hatte. Sie konnte sich für ihre Töchter einfach kein anderes Leben vorstellen und hatte Angst, daß jedes Abweichen von der Tradition ihre Heiratsaussichten mindere.

Erst die modernen, gebildeten Frauen unserer Generation konnten das Schicksal der Frauen verändern. Die Macht zur Veränderung ruhte in unserem Schoß. Zuversichtlich blickte ich meinem Hochzeitstag entgegen. Ich würde die erste Frau in Saudi-Arabien sein, die ihr Leben von innen heraus veränderte. Und meine Söhne und Töchter würden Arabien in ein neues Land verwandeln, das allen seinen Bürgern, Männern wie Frauen, Ehre machen würde.

12. KAPITEL

Die Hochzeit

Am Tag der Hochzeit war das Brautzimmer von Heiterkeit erfüllt. Ich war umringt von Frauen aus der Verwandtschaft; man verstand kaum sein eigenes Wort, denn alle redeten durcheinander und lachten in gespannter Vorfreude auf das große, feierliche Ereignis.

Wir befanden uns in Nuras und Achmeds Palast, der erst wenige Wochen vor meiner Hochzeit fertiggestellt worden war. Nura war mit dem Bau sehr zufrieden, und ihr lag viel daran, ihr schmuckes Heim in ganz Riad bekannt zu machen. Die gewaltigen Kosten und die prächtige Ausstattung sollten Stadtgespräch werden.

Mir persönlich gefiel Nuras neuer Palast überhaupt nicht. Ich hätte es viel romantischer gefunden, wenn meine Hochzeit in Dschidda am Meer stattgefunden hätte, aber mein Vater hatte auf einer traditionellen Feier bestanden, und ich hatte ausnahmsweise einmal ohne Protest nachgegeben. Seit Monaten war mir klar, daß es besser war, wenn ich meinem Temperament nur in wichtigen Streitfragen freien Lauf ließ und dafür in Kleinigkeiten nachgab. Aber allmählich hatte ich die Ärgernisse in meiner Heimat satt.

Die weiblichen Verwandten beglückwünschten die strahlende Nura zu ihrem schönen Palast. Sara und ich tauschten heimliche Blicke aus. Wir waren uns längst einig, daß der Bau geschmacklos und protzig war.

Deutsche Firmen mit Hunderten von philippinischen, thailändischen und jemenitischen Hilfskräften hatten in mehrmonatiger Arbeit rund um die Uhr einen riesigen Marmorpalast aus dem Boden gestampft. Maler, Schreiner, Schlosser und Architekten hatten sich bei der Arbeit nicht abgestimmt; das Ergebnis war ein unharmonisches Durcheinander.

Die Säle waren mit Blattgold verziert und reich dekoriert. Allein in der Eingangshalle zählten Sara und ich einhundertachtzig Gemälde. Als Sara das Sammelsurium der Werke sah, das ihrer Meinung nach nur von mangelndem Kunstverstand zeugte, wandte sie sich angewidert ab. Teppiche in schreienden Farben mit Vogel- und Tiermotiven aller Art bedeckten die Böden endloser Zimmerfluchten. Die überladenen Schlafgemächer wirkten auf mich bedrückend, und ich fragte mich, wie Kinder aus ein und derselben Familie einen so unterschiedlichen Geschmack haben konnten.

Bei der Innenausstattung ihres Heims hatte Nura schrecklich danebengegriffen, doch die Anlage des Gartens war ihr hervorragend gelungen: In einem Umkreis von eineinhalb Kilometern um den Palast erstreckten sich Teichanlagen und Rasenflächen, dazwischen herrliche Blumenrabatten, Buschwerk und Bäume. Viele originelle Details erfreuten das Auge des Betrachters: Skulpturen, bunte Volieren, Springbrunnen und sogar ein Karussell für die Kinder.

Die Trauung sollte um neun Uhr abends im Garten stattfinden. Nura kannte meine Vorliebe für gelbe Rosen, und so schwammen jetzt Tausende dieser Blumen, die sie eigens aus Europa hatte einfliegen lassen, auf dem Teich neben dem rosengeschmückten Pavillon, in dem Karim die Braut in Empfang nehmen sollte. Stolz berichtete Nura, daß die Leute schon jetzt von der Hochzeit des Jahrzehnts sprachen.

In Saudi-Arabien werden Verlobungen und Hochzeiten

nicht öffentlich bekanntgemacht; sie gelten als reine Privatangelegenheit. Trotzdem verbreiten sich Gerüchte über die Kosten und den Aufwand einer solchen Feierlichkeit wie ein Lauffeuer im ganzen Land, und die einzelnen Linien der königlichen Familie versuchen, sich gegenseitig an Prachtentfaltung zu überbieten.

Als meine Tanten begannen, die Haare an den intimen Stellen meines Körpers zu entfernen, schrie ich auf und schlug um mich. Ich brüllte vor Schmerz und fragte empört, wo diese primitive Sitte herrühre. Meine älteste Tante quittierte die Unverschämtheit mit einer Ohrfeige. Sie blickte mich streng an und sagte, ich sei ein dummes Küken. Als Tochter des muslimischen Glaubens müsse ich doch wissen, daß der Prophet empfehle, die Scham- und Achselhaare aus hygienischen Gründen alle vierzig Tage zu entfernen. Ich schrie trotzig, daß der Brauch doch keinen Sinn mehr mache, seit die Muslime mit heißem Wasser und Seife gesegnet seien und sich den Schmutz nicht mehr mit Wüstensand vom Körper scheuern müßten!

Meine Tante wußte, daß es zwecklos war, mit mir zu streiten, und setzte ihr Tun wortlos fort. Darauf schockierte ich alle Anwesenden mit der Bemerkung, daß der Prophet den sinnlos gewordenen Brauch bestimmt abschaffen würde, wenn er sich heute noch äußern könnte. Allein schon dieser Brauch zeige, daß die Saudis stur wie Maulesel seien. Sie trotteten immer hinter einem Leittier her, selbst wenn es sie in den Abgrund führe. Nur wenn wir uns in feurige Hengste verwandelten und einen eigenen Willen entwickelten, könnten wir das primitive Zeitalter hinter uns lassen und Anschluß an den Fortschritt finden.

Meine Verwandten tauschten besorgte Blicke aus. Mein aufmüpfiges Temperament erschreckte sie zutiefst. Gefügige Frauen waren ihnen entschieden lieber. Es grenzte für sie an ein Wunder, daß ich mit dem Bräutigam, den man für mich ausgesucht hatte, zufrieden war. Aber sie würden erst aufatmen können, wenn die Trauungszeremonie vorüber war.

Mein Hochzeitskleid war aus grellroter Spitze. In meiner Ausgelassenheit machte ich mir einen Spaß daraus, die Verwandten mit meiner Garderobe zu schockieren. Sie hätten lieber zarte Töne an mir gesehen, ein pfirsichfarbenes oder blaßrosa Kleid, aber ich hatte wieder einmal meinen Kopf durchgesetzt. Ich wußte, was mir gut stand, und schließlich mußten auch meine Schwestern zugeben, daß die leuchtende Farbe hervorragend zu meinem Teint und meinen Augen paßte.

Als Sara und Nura mir das Kleid über den Kopf streiften und die zierlichen Knöpfe an der Taille schlossen, schwindelte mir vor Glück.

Dann legte mir Nura Karims Hochzeitsgeschenk um den Hals, ein Kollier aus Rubinen und Diamanten. Ich wurde plötzlich traurig, weil ich wieder an den Tag dachte, als Sara verheiratet worden war und meine Mutter ihr die Juwelen angelegt hatte, während ich, damals noch ein Kind, am Boden saß und die traurige Szene verfolgte. Das war erst zwei Jahre her, und doch schien jetzt alles verändert. Heute schien ich ein anderer Mensch zu sein. Ich ließ mir aber nichts anmerken und lächelte bei der Vorstellung, daß mich meine Mutter jetzt mit einem zufriedenen Glanz in den Augen aus weiter Ferne beobachtete. Das Oberteil meines Kleides war so eng, daß mir die Luft wegblieb, als ich mich nach dem Strauß aus Edelsteinen bückte, den Sara speziell zu diesem Anlaß für mich entworfen hatte.

Ich blickte in die strahlenden Gesichter meiner Schwestern und verkündete: »Ich bin soweit.«

Die Stunde für den Neuanfang, für ein neues Leben war da.

Trommelwirbel übertönten die Klänge des ägyptischen

Orchesters, als ich zwischen Nura und Sara stolz und ungeduldig vor die wartenden Gäste im Garten trat.

Die offizielle Zeremonie hatte, wie bei Hochzeiten in Saudi-Arabien üblich, bereits stattgefunden: Während Karim mit seiner Familie in einem und ich mit meiner Familie in einem anderen Flügel des Palastes gewartet hatten, war der geistliche Scheich von Zimmer zu Zimmer gegangen und hatte die Jaworte eingeholt. Karim und ich hatten das Eheversprechen nicht in Gegenwart des anderen geben dürfen.

Unsere Familien feierten bereits seit vier Tagen und vier Nächten. Und nach dem Erscheinen des Brautpaars vor den weiblichen Gästen sollte weitere drei Tage und drei Nächte gefeiert werden. Bei der heutigen Zeremonie ging es eigentlich nur darum, die hoffnungsfrohen Frischvermählten im Glanz ihrer jugendlichen Schönheit zu bewundern. Für das Brautpaar war diese Nacht immer der Höhepunkt der Festlichkeiten.

Ich hatte Karim seit unserer ersten Begegnung nicht mehr gesehen. Allerdings waren wir in Kontakt geblieben und hatten stundenlang lustige Telefongespräche miteinander geführt. Jetzt schritt Karim, begleitet von seinem Vater, auf den Pavillon zu. Dieser gutaussehende junge Mann sollte bald mein Gemahl sein!

Es war merkwürdig, aber der rhythmische Schlag seines Herzens nahm mich ganz gefangen. Ich sah das Zucken an seinem Hals und zählte die einzelnen Schläge. Ich stellte mir das Herz in seiner Brust vor, diesen mächtigen Hort der Liebe, und sagte zu mir: »Dieses Herz gehört nun dir. Es liegt in deiner Macht, ob es glücklich oder traurig schlägt.« Dies war ein ernster Moment im Leben eines junges Mädchens.

Als er endlich vor mir stand, aufrecht und schlank, konnte ich kaum noch an mich halten. Ich versuchte ruhig zu bleiben, während meine Lippen bebten und mir Tränen in die Augen stiegen. Dann lüftete Karim den Schleier, und wir freuten uns beide so sehr, daß wir einfach loslachen mußten. Die Frauen um uns klatschten wild Beifall und trampelten mit den Füßen. In Saudi-Arabien kommt es nicht oft vor, daß sich Braut und Bräutigam so offenkundig gefallen.

Wir blickten uns lange tief in die Augen. Ich konnte mein Glück noch immer nicht fassen. Ich hatte bisher wie im Dunkeln gelebt, hatte erwartet, daß mich mein Ehemann mit Angst und Abscheu erfüllen würde. Jetzt aber stand Karim vor mir und schien mich von den Fesseln meiner Jugend zu befreien.

Wir wollten so schnell wie möglich allein sein und blieben nach der Zeremonie nur noch so lange bei den Gästen, bis wir die Glückwünsche von Verwandten und Freundinnen entgegengenommen hatten. Dann warf Karim aus hübschen Samtbeutelchen Goldmünzen in die Menge. Ich hatte mich bereits zurückgezogen, um mich für die Reise umzuziehen.

Ich wollte noch einmal mit meinem Vater sprechen, aber er war sofort gegangen, als er seine Aufgabe erfüllt war. Er hatte die jüngste und schwierigste Tochter seiner ersten Frau sicher unter die Haube gebracht und war jetzt aus der Verantwortung entlassen. Ich wünschte mir sehnsüchtig, daß er mir so nahe gewesen wäre, wie ich es immer erträumt hatte und wie es nie der Fall gewesen war.

Karim hatte mir versprochen, sich in den Flitterwochen ganz nach mir zu richten. Mein Wunsch war ihm Befehl, und mit kindlichem Vergnügen stellte ich eine Wunschliste zusammen und schrieb auf, was ich gerne unternehmen und welche Städte ich besuchen wollte. Unsere erste Station sollte Kairo sein, dann sollte es weitergehen nach Paris, nach Los Angeles und schließlich nach Hawaii. Wir sahen acht herrlichen Wochen entgegen, frei von allen Zwängen der arabischen Welt.

In einem smaragdgrünen Seidenkostüm umarmte ich zum Abschied meine Schwestern. Sara weinte fürchterlich und wollte mich nicht loslassen. »Sei tapfer«, flüsterte sie immerfort, daß es mir fast das Herz brach. Ich wußte, daß sie ihre eigene Hochzeitsnacht nie vergessen würde. Vielleicht würde mit den Jahren wenigstens die Erinnerung an die Flitterwochen verblassen.

Ich streifte die schwarze Abahja über mein Modellkostüm, legte den Schleier an und ließ mich mit meinem frisch angetrauten Ehemann in den Rücksitz des Mercedes sinken. Meine vierzehn Koffer waren schon auf dem Weg zum Flughafen.

Damit wir ganz ungestört waren, hatte Karim auf jedem Flug sämtliche Plätze der ersten Klasse reservieren lassen. Die libanesischen Stewardessen lächelten über unser albernes Benehmen. Wir benahmen uns wie Backfische, denn wir hatten nie gelernt, wie man um die Liebe des anderen wirbt.

Nach der Ankunft in Kairo wurden wir zügig vom Zoll abgefertigt und dann zu einem prächtigen Anwesen am Ufer des alten Nil gefahren. Die Villa gehörte Karims Vater. Sie war im 18. Jahrhundert von einem reichen türkischen Kaufmann erbaut und von Karims Vater kürzlich von Grund auf restauriert worden. Über mehrere uneinheitliche Stockwerke verteilten sich dreißig Zimmer, deren Bogenfenster auf üppige Gärten hinausgingen. Die Wände waren mit feinen, graublauen Kacheln mit Arabesken und Tierornamenten bedeckt. Ich war von diesem Anwesen sofort begeistert, und Karim war ganz stolz, als ich ihm erklärte, unsere Ehe könne an keinem schöneren Ort beginnen.

Die Villa war sehr geschmackvoll eingerichtet, ganz anders als Nuras protziger Palast. Mir wurde mit einem Schlag bewußt, daß man künstlerisches Urteilsvermögen nicht mit Geld kaufen kann. Das galt auch für meine Familie.

Ich war erst sechzehn Jahre alt und fast noch ein Kind. Aber mein Mann hatte Verständnis für mich und erleichterte mir den Eintritt in die Welt der Erwachsenen. Ein Vollzug der Ehe, wie er in der arabischen Welt üblich ist, kam für uns nicht in Frage. Nach Karims Ansicht sollten ein Mann und eine Frau, die sich nicht kannten, nicht miteinander schlafen, selbst wenn sie ein Ehepaar waren. Sie sollten erst Gelegenheit haben, sich gründlich kennen und lieben zu lernen. Schon vor Wochen hatte Karim beschlossen, daß die Zeit der Werbung für uns erst nach der Hochzeit beginnen sollte. Und wenn ich bereit für ihn war, sollte ich zu ihm sagen: »Ich will dich ganz kennenlernen.«

Drei Tage und Nächte amüsierten wir uns. Wir aßen gemeinsam, ritten zu den Pyramiden hinaus, bummelten durch die Basare der Stadt, lasen und sprachen miteinander. Die Bediensteten wunderten sich über uns, ein ausgelassenes junges Ehepaar, das sich mit einem keuschen Gutenachtkuß verabschiedete und dann in getrennten Schlafzimmern verschwand.

In der vierten Nacht zog ich meinen Mann zu mir ins Bett, und als ich danach mit dem Kopf an seiner Schulter lag, flüsterte ich ihm zu, daß ich in Riad zum Kreis jener Frauen gehören würde, die skandalöserweise zugaben, daß sie gerne mit ihrem Mann schlafen.

Ich war noch nie in Amerika gewesen und wollte mir unbedingt ein Bild von den Amerikanern machen, die ihre Kultur über die ganze Welt verbreiteten, von dieser Welt aber offenbar nur sehr wenig wußten. Die hektische Art der New Yorker machte mir Angst, und ich war froh, als wir nach Los Angeles kamen, dessen freundliche zurückhaltende Atmosphäre mich an die arabische Welt erinnerte.

Nach mehreren Wochen hatte ich schließlich Menschen aus allen Teilen Amerikas kennengelernt. Ich sagte meinem Mann, daß ich dieses fremde, laute Volk der Amerikaner mochte. Als Karim fragte, warum, konnte ich meine Gefühle nur schwer in Worte fassen. Schließlich sagte ich: »Ich glaube, das bunte Völkergemisch hat eine Kultur hervorgebracht, die der Wirklichkeit nähersteht als alle bisherigen Kulturen auf der Welt.« Da Karim mich offenbar nicht richtig verstand, versuchte ich es mit einer anderen Erklärung: »Es gibt nur wenige Länder, in denen alle Einwohner wirklich in Freiheit leben können, ohne daß alles im Chaos versinkt. In diesem großen Land scheint es zu gelingen. Die meisten Völker kommen offenbar nicht damit zurecht, wenn jeder in Freiheit lebt und zwischen vielen Möglichkeiten wählen kann. Stell dir einmal vor, wie das in der arabischen Welt ausgehen würde. In einem Land von der Größe Amerikas würde auf der Stelle ein Krieg ausbrechen: Jeder wäre der Meinung, er hätte die richtige Lösung zum Wohle aller gefunden! Bei uns sehen die Menschen nur bis zur eigenen Nasenspitze. Das ist hier anders.«

Karin blickte mich verwundert an. Eine Frau, die sich für größere Zusammenhänge interessierte, war ihm noch nie begegnet. Er fragte mich die ganze Nacht zu allen möglichen Themen aus. Daß ich eigene Ansichten hatte, war ihm offenbar nicht geheuer, und daß ich mir über Politik und den Lauf der Welt Gedanken machte, schockierte ihn geradezu. Dann aber küßte er mich auf den Hals und meinte, daß ich meine Ausbildung fortsetzen sollte, wenn wir wieder in Riad seien.

Über seinen gönnerhaften Ton verärgert, entgegnete ich ihm, daß meine Ausbildung nicht zur Diskussion stehe.

Die Flitterwochen dauerten statt der geplanten acht volle zehn Wochen, und erst als Karims Vater auf unserer unverzüglichen Rückkehr bestand, machten wir uns widerstrebend auf den Weg nach Hause. Bis unser eigenes Haus fertiggestellt war, sollten wir im Palast von Karims Eltern wohnen.

Mir war klar, daß mich Karims Mutter nicht mochte und daß sie mir das Leben zur Hölle machen konnte. Es war sehr töricht gewesen, die Traditionen zu verspotten und mir deshalb ihren Zorn zuzuziehen. Ich fluchte über die Gedankenlosigkeit, mit der ich mir meine Schwiegermutter schon bei der ersten Begegnung zur Feindin gemacht hatte. Kein arabischer Mann, auch Karim nicht, würde sich mit seiner Frau gegen seine Mutter verbünden. Jetzt lag es allein an mir, ihr die Hand zur Versöhnung zu reichen.

Auf dem Landeanflug nach Riad erinnerte mich Karim an meine Pflicht, den lästigen Schleier anzulegen. Hastig kramte ich das schwarze Tuch heraus und atmete noch einmal den betörenden Duft der Freiheit. Dann gingen wir auf saudischem Boden von Bord.

Mir war die Kehle wie zugeschnürt, als wir den Palast von Karims Mutter betraten, in dem unser Eheleben beginnen sollte. Ich wußte damals noch nicht, daß Karims Mutter mich so sehr haßte, daß sie schon jetzt nach Wegen suchte, wie sie unsere glückliche Verbindung zerstören könnte.

13. Kapitel

Eheleben

Wenn man das Los der saudischen Frauen der Generation meiner Mutter mit einem Wort charakterisieren will, dann heißt dieses: warten. Sie warteten ihr ganzes Leben. Weil sie keine Ausbildung bekamen und keinen Beruf ergreifen durften, blieb ihnen fast nichts anderes übrig, als zu warten; warten, bis sie verheiratet wurden, warten, bis sie Kinder bekamen, warten, bis die Enkel kamen, warten, bis sie alt wurden.

In arabischen Ländern findet eine Frau im Alter meist auch Zufriedenheit, denn wenn sie viele Söhne geboren, den Fortbestand der Familie gesichert und so ihre Mutterpflichten erfüllt hat, wird sie hoch verehrt.

Meine Schwiegermutter Nuhrah hatte jahrelang auf eine Schwiegertochter gewartet, die ihr die Verehrung entgegenbringen würde, die sie verdiente. Karim, ihr Ältester, war ihr Lieblingssohn. Nach einer uralten saudischen Tradition muß die Frau des Erstgeborenen alles tun, was ihre Schwiegermutter möchte. Wie alle jungen Frauen wußte ich von dieser Tradition, aber wie immer verdrängte ich die Realität bis die Tatsachen mich einholten.

Der Wunsch nach männlichen Nachkommen ist wohl auf der ganzen Welt verbreitet, aber nirgendwo fiebert man der Geburt von Söhnen so entgegen wie in arabischen Ländern. Dort ist jede Frau, solange sie Kinder bekommen kann und noch keinen Sohn geboren hat, einem unerträglichen Druck ausgesetzt. Söhne sind der einzige Grund, warum Ehen geschlossen werden, und gelten als Schlüssel zum Glück des Mannes. Deshalb vergöttern die Mütter ihre Söhne, wodurch zwischen beiden eine starke Bindung entsteht, die erst durch die Liebe des Sohnes zu einer Frau gelockert wird. So betrachtete mich Karims Mutter vom Tag unserer Hochzeit an nicht als willkommenes Familienmitglied, sondern als Rivalin.

Durch meine Anwesenheit drohte ich einen Keil zwischen Nuhrah und ihren Sohn zu treiben, und das verschlimmerte die bedrückte Stimmung, die in Karims Elternhaus seit langem herrschte. Vor einigen Jahren hatte sich etwas ereignet, das Nuhrah die Lebensfreude geraubt hatte.

Nuhrah war die erste Frau von Karims Vater und hatte ihm sieben lebende Kinder geboren. Drei davon waren Söhne. Als Karim vierzehn Jahre alt war, hatte sein Vater eine zweite Frau geheiratet, eine bildschöne und sehr charmante Libanesin. Von dem Augenblick an hatte es in den Häusern der beiden Frauen keinen Frieden mehr gegeben.

Nuhrah war verbittert und nahm ihrem Mann die zweite Heirat sehr übel. In ihrem Haß ging sie so weit, einen äthiopischen Zauberer aus dem Königspalast zu konsultieren, der gegen Bezahlung auch anderen Mitgliedern des Herrscherhauses seine Dienste zur Verfügung stellte. Für eine stattliche Summe sollte er die Libanesin mit einem Fluch belegen und sie unfruchtbar machen. Nuhrah war stolz auf ihre eigene Fruchtbarkeit und fest davon überzeugt, daß ihr Mann die Libanesin verstoßen würde, wenn sie keine Söhne zur Welt brächte.

Aber Karims Vater liebte die Libanesin, und er sagte ihr, ihm sei es gleich, ob sie Kinder bekomme. Selbst nachdem die Libanesin jahrelang kein Kind zur Welt gebracht hatte, verstieß er sie nicht. Nuhrah setzte aber weiterhin alles daran, ihren Mann und sie zu entzweien. Sie konsultierte den

Zauberer erneut und zahlte eine noch größere Summe, um der Libanesin ein Leid anzutun.

Als Karims Vater zugetragen wurde, daß Nuhrah seiner zweiten Frau mit Zauberei nach dem Leben trachtete, war er außer sich vor Zorn. Er ging zu Nuhrah und drohte, falls die Libanesin vor ihr sterben sollte, werde er sie verstoßen, sie mit Schimpf und Schande davonjagen und ihr jeden Kontakt zu ihren Kindern verbieten.

Nuhrah war überzeugt, daß die Libanesin durch Magie unfruchtbar geworden sei und daß sich der böse Zauber nicht mehr aufheben ließ. So lebte sie ständig in der Angst, daß der zweiten Frau ihres Mannes etwas zustoßen könne. Nun blieb ihr nichts anderes übrig, als der Schutzengel der verhaßten Rivalin zu werden, die sie aus dem Weg zu räumen versucht hatte.

In ein seltsames Haus war ich geraten. In ihrem Unglück machte Nuhrah allen das Leben schwer, außer ihren Kindern. Da ich nicht blutsverwandt war und Karim mich liebte, war ich die ideale Zielscheibe ihrer Gehässigkeit. Jedem außer Karim, der es wie die meisten Söhne selbstverständlich fand, daß seine Mutter ihn vergötterte, fiel ihre rasende Eifersucht auf mich auf. Allerdings war sie mit den Jahren auch klüger geworden, denn solange Karim in der Nähe war, überschüttete sie mich mit Zeichen der Zuneigung.

Jeden Morgen begleitete ich Karim fröhlich ans Gartentor. Er arbeitete fleißig in seiner Anwaltskanzlei und verließ das Haus schon morgens um neun Uhr. In Saudi-Arabien ist das sehr früh, besonders bei einem Prinzen. Vor zehn oder elf Uhr stehen die wenigsten Saudis auf.

Ich war mir sicher, daß Nuhrah uns jedesmal vom Fenster ihres Schlafzimmers aus beobachtete, denn sobald sich das Tor hinter Karim geschlossen hatte, rief mich Nuhrah zu sich. Die siebenunddreißig Dienstboten im Haus reichten ihr nicht, ich mußte ihr den heißen Tee servieren.

Da ich meine ganze Kindheit unter dem Regime von Männern gelitten hatte, wollte ich mich in meinem zweiten Lebensabschnitt auf keinen Fall der Willkür einer Frau beugen, auch nicht Karims Mutter.

Anfangs machte ich gute Miene zum bösen Spiel, dann aber wollte ich die verbitterte alte Frau spüren lassen, daß ich schon mit ganz anderen Feinden fertig geworden war. Ein altes arabisches Sprichwort lautet: »Geduld ist der Schlüssel zur Lösung aller Probleme.« Wenn ich mich nicht unterkriegen lassen wollte, war es ratsam, mich an diese altbewährte Weisheit zu halten. Ich wartete geduldig auf eine Gelegenheit, Nuhrahs Macht über mein Leben zu brechen.

Zum Glück mußte ich nicht lange warten. Karims jüngerer Bruder Munir war kürzlich vom Studium aus den USA zurückgekehrt. Er war sehr wütend, daß er wieder in Saudi-Arabien leben mußte, und brachte den häuslichen Frieden durcheinander.

Über das eintönige Leben der saudischen Frauen ist schon viel geschrieben worden, daß aber auch zahlreiche junge Saudis mit ihrer Existenz unzufrieden sind, wurde nur selten dargelegt. Natürlich haben sie, verglichen mit Frauen, ein herrliches Leben, aber sie fühlen sich unausgefüllt und sehnen sich nach Denkanstößen und ein bißchen Ablenkung. Es gibt keine Kinos, Clubs oder die Möglichkeit, Frauen, die nicht dem engsten Familienkreis angehören, zum Abendessen auszuführen.

Munir war erst einundzwanzig Jahre alt und hatte die Freiheiten der amerikanischen Gesellschaft genossen. Nach seinem Studium der Betriebswirtschaft im Bundesstaat Washington hatte er die Absicht, in den Dienst der Regierung zu treten. Vorerst aber wartete er auf eine günstige Gelegenheit, reich zu werden, ein Anliegen, das er mit den meisten saudischen Prinzen teilte. So schloß er sich einem Kreis junger Männer an, die ziemlich wagemutig waren und sogar

Feste mit Frauen gaben, vorwiegend Ausländerinnen, die in Krankenhäusern oder für Fluglinien arbeiteten und es mit Sitte und Anstand nicht so genau nahmen.

Viele dieser Prinzen waren alkohol- oder drogenabhängig, nicht wenige waren beides. Während sie sich die Gehirne vernebelten, wuchs ihre Unzufriedenheit mit den Mitgliedern ihrer Sippen, die das Land regierten. Die Modernisierung Saudi-Arabiens genügte ihnen nicht, sie wollten den westlichen Lebensstil. Sie brannten auf eine Revolution, und da sie sonst nichts zu tun hatten, führten sie aufrührerische Reden und ließen sich auf gefährliche Abenteuer ein. Bald waren ihre Umtriebe aller Welt offenbar.

Der fromme König Faisal, einst selbst ein leichtlebiger junger Mann, verfolgte die Machenschaften seiner jungen Verwandten mit wachsamen Augen. Als besonnener Mann versuchte er sie von ihrem inhaltslosen, ausschweifenden Leben abzubringen. Einige Störenfriede wurden in den Geschäften der Familie an nützliche Arbeit gewöhnt, andere in die Armee gesteckt.

König Faisal beschwerte sich bei meinem Schwiegervater über Munirs aufrührerisches Betragen. Kurz darauf hörte ich, wie im Arbeitszimmer von Karims Vater heftig gestritten wurde. Ich und andere Frauen des Hauses gingen ins Spielzimmer, das dem Büro direkt gegenüberlag, vertieften uns zum Schein in die Karten und lauschten. Mit stockendem Atem hörten wir, wie Munir die Herrscherfamilie der Korruption und Verschwendung bezichtigte. Er rief entschlossen, er und seine Freunde würden schon für die Veränderungen sorgen, die das Königreich so dringend brauche. Dann stürmte er schimpfend und revolutionäre Parolen skandierend aus dem Palast.

Munir verlangte zwar, daß sich das Land der Zukunft öffne, aber seine Ziele waren letztlich verschwommen und seine Unternehmungen abenteuerlich. Es fehlte ihm einfach an Urteilsfähigkeit. Durch Alkohol und Verschwendung war er auf die schiefe Bahn geraten.

Die meisten Ausländer wissen nicht, daß Ungläubige, also Nicht-Muslime, im Königreich Saudi-Arabien bis 1952 offiziell Alkohol trinken durften. Nach zwei voneinander unabhängigen, tragischen Ereignissen, in die saudische Prinzen verwickelt waren, hat unser erster König, Abdul Asis, auch den Fremden den Genuß von Alkohol verboten.

Ende der vierziger Jahre war Prinz Nasir, der Sohn des damaligen Herrschers, völlig verändert aus den Vereinigten Staaten von Amerika zurückgekehrt. Alkohol und leichte Mädchen hatten es ihm angetan. Er bildete sich ein, ein Mann könne eine Frau mit Hilfe von Alkohol dazu bringen, daß sie ihn vergötterte.

Als Gouverneur von Riad hatte Nasir keine Schwierigkeiten, heimlich Vorräte an alkoholischen Getränken anzulegen. Nasir gab Feste, zu denen er trotz des Verbots Männer wie Frauen einlud. Im Sommer 1947 starben nach einem nächtlichen Gelage sieben Gäste, darunter auch Frauen: Sie hatten Holzgeist getrunken.

Nasirs Vater, König Abdul Asis, war über diese Tragödie so erbost, daß er seinen Sohn eigenhändig verprügelte und ihn ins Gefängnis stecken ließ.

Als im Jahre 1951 Mishari, ein weiterer Sohn des Königs, in betrunkenem Zustand einen Mitarbeiter des britischen Konsulats erschoß und dessen Frau lebensgefährlich verletzte, war die Geduld des alten Königs erschöpft. Er verbot den Alkohol im Königreich Saudi-Arabien und verbannte ihn damit auf den Schwarzmarkt.

Saudis reagieren auf Verbote auch nicht anders als Menschen anderer Kulturen. Alles Verbotene hat besonderen Reiz. Die meisten saudischen Männer und Frauen, die ich kenne, trinken Alkohol bei geselligen Anlässen, und viele von ihnen sind ihm regelrecht verfallen. Ich war noch in keinem saudischen Haushalt zu Gast, in dem nicht eine große Auswahl der kostspieligsten und erlesensten alkoholischen Getränke angeboten worden wäre.

Seit 1952 ist der Preis für eine Flasche Scotch auf sechshundertfünfzig Rial gestiegen, das entspricht ungefähr zweihundert Dollar. Wer das illegale Getränk importiert und verkauft, verdient ein Vermögen. Munir und zwei Cousins, zwei hochrangige Prinzen, die für die Legalisierung von Alkohol eintraten, taten sich zusammen und wurden steinreich damit, das begehrte Getränk auf Lastwagen illegal aus Jordanien einzuführen.

Wenn Zollbeamte Verdacht schöpften, wurden sie bestochen. Einziges Hindernis für die illegale Einfuhr von Alkohol waren die allgegenwärtigen Vertreter des »Komitees für die Förderung der Tugend und die Verhütung des Lasters«. Diese Komitees werden von Mutawas gebildet, religiösen Gesetzeshütern, die sich besonders häufig über Angehörige der Königsfamilie ärgern müssen, weil sie die islamischen Gesetze mit Füßen treten. Gerade die Prinzen, die mit gutem Beispiel vorangehen müßten, setzen sich über die Lehre des Propheten immer wieder hinweg.

Die Mutawas ließen Munirs Schmuggelgeschäfte bald auffliegen und verhalfen mir ungewollt zu einem Sieg über meine nervtötende Schwiegermutter.

Es geschah an einem Samstag, also unserem ersten Wochentag. Keiner in Karims Familie wird diesen Tag je vergessen.

Karim kam nach einem heißen anstrengenden Tag im Büro erschöpft und verärgert nach Hause, als ich gerade mit seiner Mutter in einen handfesten Streit verwickelt war. Kaum hatte Nuhrah ihren Sohn erblickt, hielt sie ihm laut schluchzend vor, ich hätte keinen Respekt vor ihr und würde mich völlig grundlos mit ihr streiten.

Bevor sie aus dem Zimmer eilte, kniff sie mich in den

Unterarm. Ich rannte ihr wutentbrannt nach und hätte mich auf sie gestürzt, doch Karim trat zwischen uns. Nuhrah schaute mich scharf an und sprach mit Karim. Sie deutete an, ich sei keine passende Frau für ihn, und wenn er nachforsche, was ich so alles treiben würde, dann werde er mich bestimmt verstoßen.

An einem anderen Tag hätte Karim über den lächerlichen Auftritt gelacht, denn Frauen, die zuviel Zeit haben, geraten schnell in Streit. Aber an diesem Tag hatte er von seinem Londoner Makler erfahren, daß er in der vergangenen Woche an der Börse über eine Million Dollar verloren hatte. In seiner gereizten Laune verlor er die Beherrschung. Da kein Araber je ein Widerwort gegen seine Mutter wagt, wandte sich Karim gegen mich und schlug mich dreimal ins Gesicht.

Seit meinem fünften Lebensjahr gelte ich als starker Charakter. Wenn eine Gefahr im Anzug ist, werde ich nervös. Wenn sie näher kommt, werde ich ruhiger, und ist sie schließlich da, erfüllt mich wilde Kampfeslust. Solange der Krach dauert, habe ich keine Angst und kämpfe ohne Rücksicht auf Verluste bis zum bitteren Ende.

Der Kampf war eröffnet. Nach den Ohrfeigen packte ich den erstbesten Gegenstand, eine kostbare chinesische Vase, und warf sie nach Karim. Er sprang im letzten Moment zur Seite, die Vase verfehlte seinen Kopf knapp, traf gegen einen Monet und zersprang in tausend Stücke. Das Gemälde »Seerosen« im Wert von Hunderttausenden von Dollars, wurde zerstört. In meiner Raserei nahm ich eine orientalische Schnitzerei aus Elfenbein vom Tisch und schleuderte sie meinem Mann ins Gesicht.

Der Lärm, das Geklirr und Geschrei waren im ganzen Haus zu hören. Diener und Dienerinnen stürzten laut schreiend zu uns in den Raum. Karim wollte unter allen Umständen verhindern, daß ich die geliebten Schätze seines Vaters vernichtete. Er ballte die Faust, holte aus und versetzte mir einen Kinnhaken. Um mich herum wurde es Nacht.

Als ich die Augen wieder öffnete, beugte sich Marci über mich und träufelte aus einem nassen Tuch kaltes Wasser auf mein Gesicht. Im Hintergrund hörte ich laute Stimmen. Ich nahm an, Ursache der Aufregung sei noch immer mein Krach mit Karim.

Marci klärte mich auf, daß es um Munir gehe. Karims Vater war zu König Faisal zitiert worden, nachdem in Riad ein Lastwagen mit einem lecken Tank aufgefallen war, der eine Tropfspur von Alkohol hinterließ. Als der ägyptische Fahrer an einem Geschäft anhielt, um sich ein Sandwich zu kaufen, führte der durchdringende Alkoholgeruch sofort zu einem Volksauflauf. Der Fahrer wurde von einem Sittenwächter des »Komitees zur Verhütung des Lasters« festgenommen und verriet in seiner Angst die Namen Munirs und eines anderen Prinzen. Der rasch eingeschaltete Vorsitzende der Ulema verständigte sofort den König.

Faisal war außer sich vor Zorn.

Karim und sein Vater verließen das Haus und gingen wieder zum Königspalast. Die Chauffeure machten sich auf die Suche nach Munir. Ich drückte Eis auf meine geschwollene Wange und heckte einen Plan aus, wie ich mich an Nuhrah rächen könnte. Ich hörte sie laut klagen, nahm mich zusammen, stieg die Wendeltreppe hinunter und ging dem Schluchzen nach. Ich bin alles andere als eine Heilige und wollte mich an ihren Qualen weiden.

Die Klagelaute kamen aus dem Wohnzimmer. Ich hätte gelächelt, wenn die Wange nicht geschmerzt hätte. Nuhrah kauerte in einer Ecke des Raumes und rief Allah an, er solle ihren geliebten Munir vor dem Zorn des Königs und der religiösen Führer bewahren.

Nuhrah erblickte mich und verstummte sofort.

Nach langem Schweigen starrte sie mich verächtlich an

und sagte: »Karim hat mir versprochen, daß er dich verstößt. Er glaubt ebenso wie ich an das Sprichwort: Jung gewohnt, alt getan. Du bist aufgewachsen wie eine Wilde, und für eine wie dich ist in dieser Familie kein Platz.«

Nuhrah sah mich erwartungsvoll an: Sie rechnete offensichtlich damit, daß ich in Tränen ausbrechen und wie ein hilfloses Mädchen darum betteln würde, hierbleiben zu dürfen. Mit großen, hervorquellenden Augen blickte sie mir forschend ins Gesicht. Ich antwortete, ich selbst würde eine Scheidung beantragen. Marci packe schon die Koffer, ich würde ihr furchtbares Haus noch in dieser Stunde verlassen. Um sie zu erschrecken, rief ich ihr über die Schulter zu, ich würde mit meinem Vater sprechen und dafür sorgen, daß an Munir ein Exempel statuiert werde. Ich würde ihn lehren, die Gesetze der Religion mit Füßen zu treten. Ihr feiner Sohn werde wahrscheinlich ausgepeitscht oder ins Gefängnis geworfen, vielleicht sogar beides. Als ich mich zum Gehen wandte, sah ich noch wie Nuhrah mir entsetzt mit offenem Mund nachstarrte.

Das Blatt hatte sich gewendet. Ich war selbstbewußter aufgetreten, als ich eigentlich durfte. Aber Nuhrah konnte nicht herausbekommen, ob ich die Macht besaß, meine Drohungen wahr zu machen. Sie würde jubeln, falls ihr Sohn sich von mir trennen sollte, und Höllenqualen leiden, wenn ich selbst die Scheidung durchsetzte.

Für eine Frau in Saudi-Arabien ist es trotz großer Schwierigkeiten nicht unmöglich, sich scheiden zu lassen. Mein Vater, ein Prinz, war mit unserem ersten König enger verwandt als Karims Vater; deshalb fürchtete Nuhrah, ich könne für ihren Munir tatsächlich eine harte Strafe erwirken. Sie ahnte nicht, daß mich mein Vater wegen meines Ehekrachs eher vor die Tür setzen würde, als mir eine Bitte zu erfüllen. Doch dann hätte ich nicht gewußt, zu wem ich hätte gehen sollen.

Meine Kühnheit hatte mich in Zugzwang gebracht.

Ich mußte den Drohungen Taten folgen lassen. Marci und ich packten und standen schon mit schweren Koffern vor der Tür. Alle waren wie vom Donner gerührt.

Im gleichen Augenblick kam Munir zurück. Ein Chauffeur hatte ihn bei einem Freund aufgespürt. Munir begriff den Ernst der Lage nicht, und als ich ihm erklärte, seine Mutter habe die Frau seines ältesten Bruders eben zur Scheidung getrieben, fluchte er nur.

Dann stürzte Nuhrah auf mich zu. Verängstigt kreischte sie, ich möge doch bitte wieder ins Haus kommen. Voller Schadenfreude genoß ich meinen Sieg in vollen Zügen. Da gleich zwei ihrer Söhne in einer heiklen Situation steckten, hatte sie deutlich an Selbstbewußtsein verloren. Auf ihr langes Flehen hin kehrte ich schließlich, scheinbar widerstrebend, ins Haus zurück.

Ich schlief, als Karim nach einem Abend voller Ärger erschöpft nach Hause kam. Ich hörte, wie er an Munir appellierte, den Namen ihres Vaters nicht zu beschmutzen. Munir reagierte unverschämt: Er warf Karim vor, er gehöre auch zu den Wasserträgern der saudischen Korruption.

König Faisal wurde von den meisten Saudis als pflichtbewußter und frommer Herrscher verehrt, und die älteren Prinzen der Königsfamilie hatten vor ihm größten Respekt. Nach den finsteren Zeiten von König Sauds Herrschaft hatte er unserem Land wieder Geltung, ja in manchen Kreisen Bewunderung verschafft. Aber eine tiefe Kluft trennte diese älteren von den jüngeren Prinzen.

Die junge Generation des Königshauses wollte sich um jeden Preis bereichern, und diese Jüngeren haßten den König, weil er ihnen die Apanagen kürzte, ihre illegalen Geschäfte zu verhindern suchte und ihnen mit Strafpredigten auf die Nerven ging. Zwischen beiden Lagern war kein Kompromiß möglich, und immer wieder braute sich neuer Ärger zusammen.

In dieser Nacht schlief Karim möglichst weit entfernt von mir in unserem breiten Bett. Ich hörte, wie er sich ständig unruhig hin und her wälzte: Finstere Sorgen quälten ihn. Ich fühlte, was nicht oft vorkommt, irgendwie Mitschuld, und nahm mir fest vor, mein Temperament zu zügeln, falls meine Ehe die Zerreißprobe überstand.

Am nächsten Morgen lernte ich Karim von einer anderen Seite kennen. Er sprach kein Wort und nahm keine Notiz von mir. Alle guten Vorsätze der Nacht waren im fahlen Morgenlicht verflogen. Ich sagte ihm mit fester Stimme, ich hielte die Scheidung für das Beste. Aber im Herzen wünschte ich nichts sehnlicher, als daß er Frieden mit mir schloß.

Er schaute mich an und antwortete mit erschreckend ruhiger Stimme: »Wie du meinst. Aber wir klären diese Meinungsverschiedenheiten erst, wenn die Familienkrise überstanden ist.« Dann rasierte er sich weiter, als sei nichts geschehen.

Seine Gleichgültigkeit, diese neue Feindin, gab auch mir die Gelassenheit zurück. Auf der Bettkante summte ich eine Melodie, als gehe mich das alles nichts an. Nach dem Ankleiden öffnete Karim die Schlafzimmertür und sagte zum Abschied: »Sultana, du hast mich getäuscht mit dem Lächeln. Hinter ihm verbirgt sich der Geist eines Kriegers.«

Als er gegangen war, warf ich mich aufs Bett und weinte bis zur Erschöpfung.

Nuhrah schmeichelte mir, bis ich zu einer Aussöhnung bereit war, und mit kleinen liebevollen Gesten legten wir den Zank bei. Sie schickte einen Chauffeur zum Juwelen-Suk mit dem Auftrag, mir ein Kollier mit Diamanten zu kaufen. Ich ließ mich sofort zum Gold-Suk fahren und erstand den teuersten Halsschmuck, den ich fand: Er kostete über dreihunderttausend Rial, etwa achtzigtausend Dollar. Was Karim sagen würde, war mir ganz gleich. Ich suchte eine Gelegenheit, mich mit der Frau auszusöhnen, die mir das Leben für alle Zeit zur Hölle machen konnte, falls meine Ehe die Krise überstehen sollte.

Es dauerte Wochen, bis über Munirs Schicksal entschieden wurde. Erneut zeigte sich, daß die königliche Familie wenig Interesse hatte, die Schandtaten ihrer Mitglieder an die große Glocke zu hängen. Mein Vater und andere Prinzen besänftigten den erzürnten König und spielten den Vorfall herunter: ein törichter Streich eines jungen Mannes, den der böse Westen verführt hat.

Nuhrah dachte, ich hätte für ihren Munir bei meinem Vater ein gutes Wort eingelegt. Dankbar brachte sie ihre Freude mit Lobreden auf ihre Schwiegertochter zum Ausdruck. Die Wahrheit kam nie ans Tageslicht: Ich hatte meinem Vater kein Wort gesagt. Daß er sich für Munir eingesetzt hatte, entsprang der nüchternen Überlegung, daß ich in seine Familie eingeheiratet hatte und er seinen Namen nicht im Zusammenhang mit einem Skandal genannt wissen wollte. Es ging ihm nur um sich selbst und um Ali. Trotzdem frohlockte ich über den Ausgang der Affäre und war nun, zugegebenermaßen unverdient, in den Augen meiner Schwiegermutter eine Heldin.

Auch die Mutawas ließen sich wieder einmal vom König beschwichtigen. Die Ulema hielten auf Faisal so große Stücke, daß sie die Angelegenheit auf seinen Appell hin auf sich beruhen ließen.

Munir wurde in das Geschäft seines Vaters gesteckt und nach Dschidda geschickt, wo er neue Zweigstellen leiten sollte. Damit er nicht wieder auf dumme Gedanken kam, schanzte man ihm Großaufträge der Regierung zu. Nach wenigen Monaten teilte er seinem Vater mit, daß er heiraten wolle, und bald darauf wurde er mit einer Cousine glücklich. Er wurde in wenigen Monaten korpulent und gehörte bald zur Reihe jener Prinzen, die nur für die Mehrung ihres Reichtums leben: Ihre fetten Kapitalanlagen werfen so viele Zinsen ab, wie kleinen Ländern als Etat zur Verfügung steht.

Karim hatte am Tag unserer Aussprache ein eigenes Schlafzimmer bezogen. Weder seine Mutter noch sein Vater konnten ihn dazu bewegen, den Entschluß zur Scheidung zu überdenken.

Eine Woche nachdem er aus unserem Schlafzimmer ausgezogen war, stellte ich mit Schrecken fest, daß ich schwanger war. Nach langem Grübeln kam ich zu dem Schluß, daß ich keine andere Wahl hatte als die Abtreibung. Ich wußte, daß Karim niemals in die Scheidung einwilligen würde, wenn er herausbekommen sollte, daß ich ein Kind erwartete. Aber ich wollte keinen Mann, der nur aus Pflichtgefühl bei mir blieb.

Ich war in einer schwierigen Lage. Abtreibungen sind in meiner Heimat, wo fast alle möglichst viele Kinder wollen, sehr selten. Ich hatte nicht die leiseste Ahnung, an wen ich mich wenden konnte.

Nachforschungen anzustellen war eine heikle Sache. Schließlich vertraute ich mich einer Cousine aus dem Königshaus an, die mir erzählte, daß ihre jüngere Schwester ein Jahr zuvor im Urlaub in Nizza schwanger geworden war. Die Schwester hatte nichts bemerkt und war nach Riad zurückgekehrt. Als die Wahrheit ans Licht kam, hatte das Mädchen so große Angst vor seinem Vater, daß es sich das Leben zu nehmen versuchte. Die Mutter hielt zu ihrer Tochter und machte einen indischen Arzt ausfindig, der gegen ein horrendes Honorar Abtreibungen vornahm. Ich plante sorgfältig, wie ich unbemerkt aus dem Palast in seine Praxis gelangen konnte. Marci weihte ich ein.

Bedrückt saß ich im Wartezimmer des Arztes, als plötzlich die Tür aufgerissen wurde und Karim mit rotem Kopf hereinstürzte. Ich war verschleiert wie alle Frauen im Raum, aber er erkannte mich an der ungewöhnlichen Abahja aus

Seide und den roten italienischen Schuhen. Er packte mich, zerrte mich durch die Tür hinaus und schrie die Empfangsdame an, sie könne die Praxis schließen. Er werde den Arzt hinter Schloß und Riegel bringen.

Ich lächelte hinter meinem Schleier und geriet in Hochstimmung, denn Karim schwor mir abwechselnd Liebe und verfluchte mich. Er himmelte und funkelte mich an! Er wischte mit dem Geständnis, daß er nie ernsthaft an eine Scheidung gedacht hatte, alle meine Befürchtungen vom Tisch. Nur aus Stolz und im Zorn habe er das gesagt.

Karim hatte von meinem Plan erfahren, weil Marci mein Geheimnis einem Hausmädchen verraten hatte. Das Mädchen lief sofort zu Nuhrah und erzählte alles. Meine Schwiegermutter fand Karim nach fieberhafter Suche schließlich im Büro eines Kunden und schrie ihn hysterisch an, ich wolle ihr ungeborenes Enkelkind töten.

Unser Kind war gerettet. Ich mußte Marci belohnen.

Karim trieb mich fluchend ins Haus. Im gemeinsamen Schlafzimmer bedeckte er mich mit Küssen, dann weinten wir beide und schlossen Frieden. Eine ganze Reihe widriger Ereignisse war nötig gewesen, bevor wir den Gipfel des Glücks genießen durften, doch wie durch ein Wunder war alles gutgegangen.

14. KAPITEL

Geburt

Empfängnis und Niederkunft können geheimnisvoller und schöner sein als jedes Wunderwerk der Kunst. Das wurde mir in jener Zeit klar, in der ich stolz und glücklich auf die Geburt unseres ersten Kindes wartete.

Karim und ich hatten die Geburt bis ins kleinste vorbereitet. Wir buchten vier Wochen vor dem errechneten Termin einen Flug nach Europa. Ich wollte im Guy's Hospital in London entbinden.

Wie so oft, wenn man etwas genau durchdacht hat, vereitelten Kleinigkeiten alle vortrefflichen Pläne. Karims Mutter, die durch ihren neuen, besonders dichten Schleier kaum noch etwas sah, stolperte im Suk über eine alte Beduinenfrau und verstauchte sich den Knöchel. Dann wollte ein Cousin einen wichtigen Vertrag abschließen und bat Karim deshalb, seine Abreise zu verschieben, und meine Schwester Nura versetzte die Familie mit einer akuten Blinddarmentzündung in Aufregung.

Zu allem Überfluß setzten bei mir vorzeitig Wehen ein. Der Arzt verbot jede Reise. Karim und ich schickten uns ins Unvermeidliche und bereiteten alles für eine Niederkunft in Riad vor.

Die König-Faisal-Spezialklinik mit ihrem Forschungszentrum, in der die Königsfamilie mit modernsten Mitteln medizinisch versorgt wird, gab es damals leider noch nicht. Ich mußte also in einem der kleinen Riader Krankenhäuser entbinden, die vor allem wegen mangelnder Hygiene und nachlässigem Pflegepersonal berüchtigt waren.

Als Angehörige der Königsfamilie hatten wir mehr Möglichkeiten als andere Saudis. Karim reservierte drei Zimmer auf der Entbindungsstation und ließ sie zur königlichen Suite umgestalten. Zu diesem Zweck beauftragte er arabische Zimmerleute und Maler und ließ Innenarchitekten aus London einfliegen.

Stolz führte der Leiter der Klinik meine Schwestern und mich durch die Station. Die Suite mit den seidenen Vorhängen und der seidenen Tagesdecke auf dem Bett erstrahlte in himmelblauem Glanz. Das kunstvoll gearbeitete Kinderbettchen mit den farblich passenden Seidendecken war fest im Boden verschraubt: So konnte es nicht umkippen, wenn eine tollpatschige Krankenschwester daran stieß! Als Nura von dieser Vorsichtsmaßnahme erfuhr, lachte sie schallend und meinte, Karim mache noch die ganze Familie verrückt mit seiner Angst.

Sprachlos nahm ich zur Kenntnis, daß für meine Entbindung demnächst sechs Fachärzte aus London eintreffen würden. Außerdem hatte er einen bekannten Londoner Geburtshelfer und fünf erstklassige Krankenschwestern für eine atemberaubende Summe verpflichtet, sich drei Wochen vor dem voraussichtlichen Geburtstermin in Riad bereitzuhalten.

Da unsere Mutter nicht mehr lebte, zog gegen Ende der Schwangerschaft Sara zu mir. Ich beobachtete sie so genau, wie sie mich, und stellte fest, daß sie sich sehr zu ihrem Nachteil verändert hatte. Ich fürchtete, sie würde sich seelisch nie vom Schock ihrer Ehe erholen. Sie wirkte immer bedrückt, obwohl sie früher ein lebhaftes und fröhliches Wesen gehabt hatte.

Wie ungerecht war das Leben! Eine kämpferische Frau

wie ich wäre mit einem Ehemann, der mich mißbraucht, besser fertig geworden. Wenn man solchen Kerlen die Zähne zeigt, dann kneifen sie meistens. Aber bei Sara, dieser sanftmütigen Seele, hatte der arrogante und brutale Wüstling leichtes Spiel gehabt.

Allerdings war ich für ihre stille Gegenwart sehr dankbar, denn ich wurde nervös und launisch. Mein Bauch schwoll immer weiter an, und Karim verlor vor Aufregung fast den Verstand.

Karims Bruder Assad wohnte bei uns, und einige Cousins verkehrten häufig im Haus; deshalb achtete Sara sorgfältig darauf, daß sie unsere Wohnräume im zweiten Stock niemals unverschleiert verließ. Die unverheirateten Männer wohnten zwar im anderen Flügel des Hauses, aber man konnte ihnen jederzeit auf den Gängen begegnen. Drei Tage nach Saras Ankunft ließ Nuhrah ihr durch Karim ausrichten, sie brauche den Schleier im Haus und im Garten nicht anzulegen. Ich war dankbar für jede Lockerung der Anstandsregeln, die uns Frauen das Leben so schwer machten. Erst ängstlich, dann selbstsicher wandelte Sara bald ohne die lästigen schwarzen Gewänder im Haus umher.

In den meisten saudischen Palästen gibt es einen Garten für Frauen und einen für die ganze Familie, und als Sara und ich eines Abends, es war schon spät, in Korbstühlen im Gemeinschaftsgarten saßen und die frische Nachtluft genossen, kam unerwartet Assad mit vier Bekannten nach Hause.

Als Sara die Männer kommen hörte, drehte sie das Gesicht zur Wand: Sie wollte der Familie keine Schande machen. Ich hatte keine Lust, mein Gesicht zu verbergen, und rief Assad zu, im Garten säßen unverschleierte Frauen. Seine Begleiter eilten mit abgewandten Gesichtern an uns vorüber und verschwanden in einer Seitentür zum Wohnzimmer der Männer. Aus Höflichkeit kam Assad zu uns, um ein paar

Worte zu wechseln und sich nach Karim zu erkundigen. Dabei fiel sein Blick auf Saras Gesicht.

Er reagierte so unerwartet, daß ich einen Augenblick einen Herzanfall befürchtete. Er machte eine groteske Bewegung und blieb dann wie versteinert stehen. Ich stand, so rasch ich mit dem dicken Bauch konnte, auf, schüttelte ihn am Arm und versuchte ihn zu sich zu bringen. Ich war sehr besorgt. War ihm nicht gut? Er war puterrot im Gesicht und konnte sich alleine nicht vom Fleck rühren. Ich führte ihn zu einem Stuhl und rief einen Diener, er solle Wasser bringen.

Da keiner reagierte, sprang Sara auf und lief ins Haus, um selbst Wasser zu holen. Verlegen versuchte Assad aufzustehen, aber ich war überzeugt, daß er sich nicht auf den Beinen halten könnte, und bestand darauf, daß er sitzenblieb. Es sei nichts, meinte er, konnte uns aber nicht erklären, warum er plötzlich wie verstört war.

Sara kam mit einem Glas und einer Flasche kaltem Mineralwasser zurück. Ohne ihn anzusehen, schenkte sie ein und setzte ihm das Glas an die Lippen. Assads Hand streifte Saras Finger. Ihre Blicke trafen sich. Das Glas glitt zu Boden und zersprang. Sara rannte an mir vorbei ins Haus.

Ich überließ Assad seinen Freunden, die nun ungeduldig in den Garten drängten. Mein entblößtes Gesicht machte sie nervöser als mein praller, vorstehender Bauch. Ich watschelte an ihnen vorbei, grüßte und sah ihnen herausfordernd ins Gesicht. Verlegen grüßten sie leise zurück.

Um Mitternacht weckte mich Karim. Bei seiner Rückkehr hatte ihn Assad angesprochen. Karim wollte wissen, was im Garten passiert war. Schlaftrunken berichtete ich die Episode und erkundigte mich nach Assads Befinden.

Ich wachte schlagartig auf, als Karim mir eröffnete, Assad wolle Sara heiraten. Er habe ihm erklärt, er könne ohne Sara nicht glücklich werden. Und das von einem eingeschworenen

Junggesellen! Vor wenigen Wochen erst hatte Assad zur Betrübnis seiner Mutter hoch und heilig geschworen, er werde niemals heiraten!

Ich war wie vom Donner gerührt. Assads Reaktion im Garten hatte zwar darauf schließen lassen, daß er sich sehr von ihr angezogen fühlte, aber daß er sie unbedingt heiraten wollte, war unglaublich! Er hatte sie doch nur Augenblicke gesehen. Ich tat alles als Unsinn ab und rollte mich wieder auf meiner Seite des Bettes zusammen.

Während Karim duschte, ging mir die Sache noch einmal durch den Kopf. Ich kletterte aus dem Bett und klopfte an Saras Tür. Da sie nicht antwortete, öffnete ich langsam. Meine Schwester saß auf dem Balkon und blickte in den sternenübersäten Himmel hinauf.

Mit unsicheren Schritten ging ich in eine Ecke des Balkons und setzte mich wortlos hin. Ich war wie betäubt von der neuen Wendung der Dinge.

Ohne mich anzuschauen, sagte Sara mit sicherer Stimme: »Er möchte mich heiraten.«

»Ja«, erwiderte ich leise.

Mit feurigem Blick fuhr Sara fort: »Sultana, als ich in seine Seele blickte, sah ich mein ganzes Leben vor mir liegen. Das ist der Mann, den Huda sah, als sie sagte, ich würde die Liebe kennenlernen. Sie sagte außerdem, aus dieser Liebe würden sechs Kinder hervorgehen.«

Ich schloß die Augen und versuchte mich an die Weissagungen zu erinnern, die Huda vor langer Zeit in unserem Elternhaus gemacht hatte. Vage dämmerte mir, daß von Saras unerfülltem Ehrgeiz und einer Ehe die Rede gewesen war, aber sonst erinnerte ich mich an kaum etwas. Ein Schauder überkam mich: Fast alles, was Huda vorausgesagt hatte, war eingetroffen.

Ich hatte das Bedürfnis, etwas gegen die Liebe auf den ersten Blick zu sagen. Aber dann erinnerte ich mich wieder an die erste Begegnung mit Karim. Ich biß mir auf die Zunge und schwieg.

Sara tätschelte meinen Bauch. »Geh schlafen, Sultana. Dein Kind braucht Ruhe. Mein Schicksal wird sich erfüllen.« Sie blickte wieder zu den Sternen empor. »Sag Karim, Assad soll zu Vater gehen und mit ihm sprechen.«

Karim war noch wach, als ich wieder ins Bett schlüpfte. Ich berichtete ihm, was Sara gesagt hatte. Er schüttelte verwundert den Kopf, murmelte, das Leben sei doch merkwürdig, und legte die Arme um meinen Bauch. Wir schliefen sofort ein: Unser Leben war durchgeplant und verlief in geordneten Bahnen, und keiner von uns rechnete mit Überraschungen.

Am folgenden Morgen schleppte ich mich schwerfällig die Treppe hinunter. Bevor ich Nuhrah sah, hörte ich sie schon. Sie sagte – ihre Spezialität – ein Sprichwort auf. Ich fluchte im stillen, lauschte aber an der Tür.

»Der Mann, der eine Frau um ihrer Schönheit willen heiratet, wird enttäuscht; wer jedoch eine Frau ihrer Klugheit wegen heiratet, kann sich glücklich schätzen, daß er verheiratet ist.«

Meine Kampfeslust hatte nachgelassen, und ich wollte mich schon mit einem Husten bemerkbar machen, dann aber redete Nuhrah weiter, und ich überlegte es mir anders. Ich hielt den Atem an und spitzte die Ohren.

»Assad! Das Mädchen war schon einmal verheiratet. Und schnell geschieden. Wer weiß, warum? Überlege es dir noch einmal, mein Sohn. Du kannst heiraten, wen du willst. Aber am besten nimmst du erst einmal eine Frau, die noch unberührt ist, und keine aus zweiter Hand! Übrigens, mein Sohn, hast du auch das Teufelsweib Sultana vor Augen. Kann ihre Schwester im Wesen anders sein?«

Mit bebendem Herzen schob ich meinen dicken Bauch in den Raum. Ich hatte erwartet, daß sie Assad vor Sara warnen würde, und ich hatte mich geirrt. Nuhrah war noch immer eine Leopardin; sie haßte mich nach wie vor. Aber ich würde mich nicht kampflos geschlagen geben.

Da ich Assads Leichtsinn kannte, war ich über die Liebe zwischen ihm und Sara nicht erfreut gewesen. Jetzt aber wollte ich bedingungslos für die beiden Partei ergreifen. Mit einem Blick auf Assad stellte ich erleichtert fest, daß er seine Pläne auf keinen Fall ändern würde. Er war von Sara fasziniert.

Das Gespräch brach ab, als die beiden mein Gesicht sahen: Ich kann Wut nur schwer verbergen. Es erbitterte mich, daß Nuhrah eine Heirat ihres Sohnes mit meiner Schwester für ein Unglück hielt. Natürlich, ich selbst war aufrührerisch. Ich hatte diese Rolle schon sehr früh angenommen und war nicht geneigt, mich zu ändern. Daß mein Ruf aber Sara zum Nachteil gereichen sollte, erboste mich!

Als Mädchen hatte ich viele alte Frauen sagen hören: »In der Nähe einer Schmiede wird man vom Ruß bedeckt, doch in der Nähe eines Parfümverkäufers trägt man den Duft mit sich fort.« Nun schwärzte Nuhrah meine Schwester Sara mit dem Ruß meiner Schmiede an. Ich kochte vor Wut.

Die schöne Sara hatte bei den Frauen schon immer Neid erweckt. Weil sie so hübsch war, achtete niemand auf ihr sanftmütiges Wesen und ihren scharfen Verstand. Arme Sara!

Assad stand auf, nickte mir kurz zu und entschuldigte sich. Im Gehen wandte er sich noch einmal um und sagte: »Mein Entschluß steht fest. Wenn Sara und ihre Familie mich akzeptieren, hält mich keiner auf.« Nuhrah machte ein Gesicht, als hätte man ihr einen Dolch in den Leib gestoßen.

Sie rief ihm nach, die Jugend von heute sei völlig verdorben. Um ihm Schuldgefühle einzureden, jammerte sie, daß sie nicht mehr lange zu leben habe, ihr Herz werde mit jedem Tag schwächer, doch Assad ging ungerührt hinaus. Betrübt schüttelte sie den Kopf und ließ sich in ihren Sessel sinken. Völlig in Gedanken versunken schlürfte sie eine Tasse Kaffee. Ohne Zweifel führte sie gegen Sara Schlimmes im Schilde, wie früher gegen mich und die Libanesin.

Aufgewühlt läutete ich nach der Köchin und bestellte Joghurt und Obst zum Frühstück. Marci kam und linderte mit geübten Fingern die Schmerzen in meinen geschwollenen Füßen. Nuhrah versuchte ein Gespräch anzuknüpfen, aber ich war aufgebracht und reagierte nicht. Statt dessen machte ich mich über die frischen Erdbeeren her, die täglich aus Europa eingeflogen wurden. Plötzlich hatte ich eine so starke Wehe, daß ich zu Boden sackte. Ich bekam Angst und schrie vor Schmerz. Die Wehe kam viel zu früh und viel zu stark. Es hätte doch mit sanften Kontraktionen anfangen müssen, wie die vorzeitigen Wehen bisher.

Dann brach das Chaos aus. Nuhrah schrie, und Karim, Sara, die Krankenschwestern und Dienstboten liefen zusammen. Wenige Augenblicke später hob mich Karim hoch und trug mich zu der Limousine, die für den Notfall bereitstand. Er legte mich auf die Liege, die auf einer Seite statt der Sitze einmontiert war. Er, Sara und eine Krankenschwester nahmen auf den drei Sitzen gegenüber Platz. Der Londoner Arzt und die anderen fünf Krankenschwestern, die man eilends verständigt hatte, rasten uns in einem zweiten Wagen hinterher.

Ich bäumte mich auf, während die Schwester vergeblich versuchte, meinen Herzschlag abzuhören. Karim schrie den Fahrer an, er solle schneller fahren, dann brüllte er wieder, er bringe uns noch alle um mit seiner Raserei! Als der arme Mann einen Wagen vor uns einscheren ließ, verpaßte er ihm sogar eine Kopfnuß.

Karim verfluchte sich selbst, weil er keine Polizeieskorte organisiert hatte. Sara versuchte ihn mit allen Mitteln zu beruhigen, aber er war nicht zu bremsen. Schließlich schaltete sich die britische Krankenschwester ein. Mit seinem Geschrei schade er Frau und Kind, und wenn er sich nicht sofort beruhige, dann werde sie ihn rauswerfen und er könne zur Klinik laufen.

Karim, ein hochangesehener Prinz, war in seinem ganzen Leben noch nie von einer Frau kritisiert worden. Es verschlug ihm buchstäblich die Sprache, und wir alle atmeten auf.

Von der Familie verständigt, erwartete uns der Leiter der Klinik mit zahlreichen Pflegekräften am Nebeneingang. Er war sichtlich glücklich, daß ich unser Kind in seinem Haus zur Welt brachte. Damals reisten viele aus dem Königshaus zur Entbindung ins Ausland.

Es wurde eine langwierige und schwierige Geburt. Ich war jung und zierlich, das Baby war groß und ließ sich Zeit. Von der eigentlichen Entbindung weiß ich nur noch wenig: Ich war von Medikamenten benebelt. Im Kreißsaal herrschte eine nervöse und gespannte Atmosphäre, und der Arzt beschimpfte seine Leute immer wieder. Zweifellos beteten sie wie mein Mann und seine Familie zu Gott, daß es ein Junge würde. Bei einem Knaben erwartete sie eine großzügige Belohnung, bei einem Mädchen wären alle enttäuscht. Ich wünschte mir ein Mädchen. Mein Land mußte sich ändern, und ich lächelte still in mich hinein, wenn ich mir das angenehme Leben vorstellte, das mein Töchterchen erwartete.

Der Jubel des Arztes und der Helferinnen rißen mich aus dem dämmrigen Halbschlaf. Ich hatte einen Sohn! Dann hörte ich den Arzt der Oberschwester zuflüstern: »Für den Balg füllt mir der Schwachkopf im langen Hemd die Taschen.«

Innerlich protestierte ich gegen die Beleidigung meines Mannes, aber ich fiel in einen Tiefschlaf, und erst nach Wochen erinnerte ich mich wieder an die unverschämte Bemerkung. Bis dahin hatte Karim den Arzt mit einem neuen Jaguar und fünfzigtausend englischen Pfund belohnt. Seine Krankenschwestern bekamen Goldschmuck vom Suk und je fünftausend englische Pfund. Der Leiter der Klinik, ein Ägypter, strich frohlockend einen fetten Betrag für seine Entbindungsstation und für sich eine Sonderzulage von drei Monatsgehältern ein.

Alle Gedanken an eine Tochter waren verflogen, als man mir meinen gähnenden Sohn in den Arm legte. Eine Tochter würde später kommen! Dieser Bub würde anderes, Besseres lernen als die Generation vor ihm. Er würde fortschrittlich denken, würde seine Schwestern ehren und respektieren und seine Partnerin vor der Ehe kennen und lieben lernen. Seine Möglichkeiten und Leistungen standen funkelnd und glänzend wie ein neuer Stern vor meinem geistigen Auge. Ich sagte mir, daß in der Geschichte schon oft ein einzelner Veränderungen bewirkt hatte, die das Leben von Millionen verändert hatten! Voller Stolz malte ich mir aus, wieviel Gutes das winzige Menschlein in meinen Armen der Welt bringen würde. Die Geburt meines Buben war das Fanal für den Neubeginn des Lebens arabischer Frauen.

Karim dachte kaum über die Zukunft seines Sohnes nach. Er war mit Begeisterung Vater geworden und rechnete jetzt schon zusammen, wie viele Söhne wir haben würden.

Wir schwelgten im Glück!

15. KAPITEL

Düstere Geheimnisse

Auf Geburt folgt Tod. Ins Leben verläuft nur ein Weg, doch endlos viele hinaus. Der übliche und erhoffte verläuft über die gewundenen Pfade eines erfüllten Daseins. Beklagenswert, wen der Tod in der Blüte seiner Jahre voller Hoffnung holt; bejammernswert, wer in knospender Jugend durch fremde Hand zugrunde geht.

Kaum hatte ich glücklich meinen Sohn zur Welt gebracht, wurde ich mit dem sinnlosen Tod eines unschuldigen jungen Mädchens konfrontiert.

Karim und die Krankenschwestern versuchten, mich gegen die anderen Frauen, die nur wenige Schritte von meiner Suite entfernt lagen, abzuschotten. Während mein Sohn, von Pflegekräften beschützt, neben mir schlief, lagen ihre Kinder im Säuglingszimmer. Ich war, wie die meisten saudischen Prinzessinnen, vom gewöhnlichen Leben ferngehalten worden, und jetzt trieb mich die Neugierde hinaus: Ich wollte mit diesen Frauen sprechen, ihre Lebensgeschichte erfahren.

Bald mußte ich einsehen, daß das Leben der meisten saudischen Frauen noch trostloser verlief, als meine Kindheit gewesen war. Mein Leben wurde von Männern regiert, aber in meiner vornehmen Familie war ich vor allzu großer Willkür geschützt. Dagegen hatten die meisten Frauen, die am Fenster der Wöchnerinnenstation standen, überhaupt keinen Einfluß auf ihr Schicksal.

Ich war achtzehn, als mein erstes Kind geboren wurde, und ich lernte Dreizehnjährige kennen, die schon ein Kind an der Brust hatten. Andere Frauen, die nicht älter waren als ich, brachten bereits ihr viertes oder fünftes Kind zur Welt.

Mir fiel ein junges Mädchen auf, das mit schwarzen Augen leidend auf die endlose Reihe der schreienden Säuglinge starrte. Sie stand lange reglos da, ohne auf ihre Umgebung zu achten. Das Mädchen war noch immer mit seiner dramatischen Situation zu Hause beschäftigt.

Wie ich später erfuhr, kam sie aus einem Dörfchen nahe Riad. Die Frauen ihres Stammes entbinden normalerweise zu Hause, doch weil sie fünf Tage und Nächte in den Wehen gelegen hatte, hatte ihr Mann sie in die Stadt gebracht, wo sie ärztliche Hilfe erhielt. Ich freundete mich nach einigen Tagen mit ihr an und erfuhr, daß sie mit zwölf Jahren an einen Dreiundfünfzigjährigen verheiratet worden war. Sie war seine dritte Frau, wurde jedoch von ihm bevorzugt.

Unser verehrter Prophet Mohammed lehrt, daß Männer ihren Frauen gleich viel Zeit widmen sollen. Dieser Ehemann war von den Reizen seiner jüngsten Frau so hingerissen, daß seine beiden ersten, um ihm zu gefallen, oft auf ihre Ansprüche verzichteten. Das Mädchen sagte mir, ihr Mann habe »es« viele Male am Tag mit ihr gemacht. Um ihre Worte zu veranschaulichen, hob und senkte sie mit weit aufgerissenen Augen pumpend die Arme.

Jetzt hatte sie Angst: Es war ein Mädchen geworden, kein Sohn. Ihr Mann würde zornig werden, wenn er sie mit dem Kind abholte. Die ersten Kinder der beiden anderen Frauen waren Söhne gewesen. Sie hatte das bedrückende Gefühl, ihr Mann werde sie von jetzt an verachten.

Von ihrer Kindheit, die für sie lange zurücklag, wußte sie nur noch wenig. Sie war in Armut aufgewachsen, hatte hart arbeiten und vieles entbehren müssen. Sie schilderte, wie sie mit zahlreichen Geschwistern Ziegen und Kamele gehütet und das Gärtchen gepflegt hatte. Ich wollte unbedingt wissen, was sie über die Männer, die Frauen und das Leben dachte, aber sie war sehr unwissend und konnte mir über ihre Ansichten keine Auskunft geben.

Ehe ich mich verabschieden konnte, war sie verschwunden. Ich fröstelte beim Gedanken an ihr freudloses Dasein und kehrte niedergeschlagen in meine Suite zurück.

Karim, der sich übertrieben um die Sicherheit seines Sohnes sorgte, hatte an der Tür zu meiner Suite bewaffnete Wachposten aufgestellt. Beim morgendlichen Spaziergang durch die Station sah ich überrascht, daß auch vor einer anderen Tür Wachen standen. Offenbar lag auf der Station noch eine Prinzessin. Ich fragte die Krankenschwester neugierig nach dem Namen der erlauchten Patientin. Das Lächeln wich aus ihrem Gesicht. Ich sei die einzige Prinzessin im Krankenhaus, sagte sie böse.

Aufgebracht erklärte sie mir, sie sei Britin. Die Briten seien ein zivilisiertes Volk, so etwas wie auf Zimmer 212 gebe es bei ihnen nicht. Das sei barbarisch.

Ich begriff zuerst nicht, warum sie so empört war. Ich flehte sie an, mir zu erzählen, was dort los war, weil ich es unbedingt erfahren wollte, bevor Karim zum Nachmittagsbesuch erschien.

So berichtete sie, tags zuvor sei vor den Augen des entsetzten Klinikpersonals ein junges hochschwangeres Mädchen von bewaffneten Wächtern auf Station gebracht worden: in Handschellen und mit Ketten an den Füßen. Ihr folgten mehrere Mutawas mit wütenden Gesichtern, gefolgt vom verstörten Leiter der Klinik.

Den Arzt für das Mädchen bestimmten die Mutawas. Ein Gericht der Scharia, der religiösen islamischen Gesetze, hatte die Schwangere eines Verbrechens gegen Gott für schuldig befunden. Die Strafe fiel sehr hart aus. Selbstgerecht waren die Mutawas hergekommen, um dafür zu sorgen, daß niemand der Missetäterin zur Flucht verhalf.

Der Arzt, ein Muslim aus Indien, protestierte zwar nicht, war aber erbittert, daß die Mutawas gerade ihn für die Entbindung ausgewählt hatten. Er erklärte den Pflegekräften, Unzucht werde üblicherweise mit Auspeitschen bestraft, aber der Vater des Mädchens habe auf die Todesstrafe bestanden. Es solle nach der Entbindung gesteinigt werden.

Der Krankenschwester zitterte vor Empörung das Kinn. Das Mädchen sei doch ein Kind! Gerade vierzehn oder fünfzehn Jahre alt! Näheres wußte sie nicht. Dann ging sie weiter und redete aufgeregt mit den anderen Krankenschwestern auf dem Flur.

Ich bat Karim darum, der Sache auf den Grund zu gehen. Er zögerte und meinte, das gehe uns nichts an. Erst auf meine inständigen Bitten und Tränen hin versprach er, Erkundigungen einzuziehen.

Sara heiterte mich etwas auf, denn sie kam mit froher Kunde zu mir. Assad hatte mit Vater gesprochen und die erhoffte positive Antwort bekommen. In drei Monaten sollte die Hochzeit sein. Ich freute mich sehr für meine Schwester, die bisher im Leben so wenig Glück gehabt hatte.

Dann überbrachte sie mir weitere Neuigkeiten und vor Angst krampfte sich mir der Magen zusammen. Sie und Assad planten für das kommende Wochenende ein heimliches Treffen in Bahrein. Als ich protestierte, erklärte mir Sara, sie werde sich mit Assad treffen, mit oder ohne meine Hilfe. Vater würde sie sagen, sie sei noch immer bei Karim und mir und helfe mir, mich mit meiner neuen Rolle als Mutter zurechtzufinden. Nuhrah wollte sie weismachen, sie gehe nach Hause zu Vater. Niemand werde etwas merken.

Ich fragte sie, wie sie ohne Erlaubnis von Vater reisen wolle. Alle Pässe der Familie seien im Safe in seinem Büro, und sie brauche doch den Brief mit seiner Erlaubnis, sonst komme sie nicht ins Flugzeug. Mir wurde angst und bange, denn Sara antwortete, sie habe sich den Paß und die Erlaubnis einer Freundin ausgeliehen, die Verwandte in Bahrein hatte besuchen wollen. Die Reise war wegen der Erkrankung eines Verwandten abgesagt worden.

Da es die Sicherheitskräfte am Flughafen niemals wagten, von einer Frau zu verlangen, den Schleier zu lüften, leihen sich saudische Frauen bei Bedarf gegenseitig Pässe aus. Auch der Erlaubnisbrief wird einfach zusammen mit dem Paß getauscht. Als Gegenleistung sollte Sara ihrer Freundin bei Bedarf den gleichen Gefallen tun. Wenn es soweit wäre, müßte sie alles für eine Reise in ein nahes Land vorbereiten und sie dann im letzten Augenblick unter einem Vorwand absagen. Ein solcher Tauschhandel wurde in aller Sorgfalt und Heimlichkeit geplant, und kein Mann ahnte etwas. Es hatte mich immer amüsiert, wie leicht Frauen die Beamten am Flughafen täuschen konnten, aber jetzt, da es um meine Schwester ging, bekam ich Angst.

Um Sara vor Leichtsinn zu bewahren, berichtete ich von dem Mädchen in der Klinik, das auf seine Steinigung wartete. Sara war ebenso bestürzt wie ich, gab ihre Pläne aber nicht auf. Nur sehr widerwillig erklärte ich mich bereit, sie nicht zu verraten. Beim Gedanken, daß sie Assad ohne Aufsicht treffen würde, lachte sie laut los. Ein Freund überließ ihnen seine Wohnung in Manama, der Hauptstadt des Zwergstaates Bahrein.

Voller Vorfreude hob Sara meinen Sohn aus dem Seidenkokon seines Bettchens. Sie verschlang ihn mit Blicken und meinte, auch sie werde bald die Freuden der Mutterschaft genießen, sie und Assad könnten es nicht erwarten, bis die sechs Kinder da seien, die Huda ihnen fest versprochen habe.

Ich tat meiner Schwester den Gefallen und setzte eine fröhliche Miene auf, verspürte jedoch in der Magengrube eine nagende Angst.

Karim kehrte am frühen Abend mit Informationen über die zum Tode Verurteilte zurück: Sie sei erwiesenermaßen sittenlos und nach einer sexuellen Ausschweifung mit mehreren jungen Männern schwanger geworden. Karim war angewidert. Er sagte, sie habe die Gesetze mit Füßen getreten und den Namen ihrer Familie beschmutzt. Ihr Vater habe gar keine andere Wahl, als die Steinigung zu verlangen.

Wie die beteiligten jungen Männer bestraft wurden, konnte er mir nicht sagen. Vermutlich bekamen sie eine tüchtige Standpauke zu hören, mehr nicht. In der arabischen Welt sind an sexuellen Verfehlungen immer die Frauen schuld. Es verblüffte mich, daß Karim die Hinrichtung eines Kindes, egal was die Betreffende getan hatte, so einfach hinnahm. Ich beschwor ihn, den König einzuschalten, der schon so manchen Vater zur Milde bewogen hatte. Karim reagierte verärgert und meinte, wir sollten das Thema fallenlassen.

Ich war nachdenklich und mißmutig, als er sich verabschiedete. Stumm und teilnahmslos sah ich zu, wie er unseren Sohn mit Küssen bedeckte und ihm zuflüsterte, er habe ein wundervolles Leben vor sich.

Ich ließ gerade Koffer packen, als die britische Krankenschwester außer sich vor Wut in meine Suite kam. Sie hatte schlechte Nachrichten. Der indische Arzt habe ihr genauestens berichtet, wie die Sache mit der Missetäterin ausgegangen sei. In den frühen Morgenstunden hatte sie eine Tochter geboren. Drei Mutawas, über die empörten Reaktionen der Ausländer unterrichtet, hatten sich mit den bewaffneten Wächtern an der Tür zum Kreißsaal postiert, damit ihr keiner aus Mitleid die Flucht ermöglichte. Nach der Entbindung wurde sie in ihr Zimmer zurückgeschleppt. Die Mutawas teilten dem Arzt mit, sie würde noch am selben Tag abgeholt und wegen ihres Verbrechens gegen Gott gesteinigt. Das Schicksal des Neugeborenen war ungewiß; die Familie weigerte sich, das Kind großzuziehen.

Mit Entsetzen in den Augen berichtete die Schwester, das junge Mädchen habe dem Arzt unter Tränen geschildert, wie es in die tragische Situation geraten war. Die Unglückliche hieß Amal. Sie war die Tochter eines Kaufmanns aus Riad und gerade dreizehn, als ihre Welt zerbrach. Sie hatte eben den Schleier angelegt.

Es geschah an einem Donnerstagabend, am Tag vor dem geheiligten Freitag. Amals Eltern waren fürs Wochenende in die Vereinigten Arabischen Emirate gereist und wollten erst am Samstagnachmittag zurückkehren. Die drei philippinischen Hausdiener schliefen, und der Chauffeur döste in seinem Häuschen am Tor, weit abseits des Hauptgebäudes.

Amals ältere, verheiratete Geschwister wohnten in anderen Stadtteilen. Nur ihr siebzehnjähriger Bruder und sie selbst lebten noch zu Hause. Er und die drei Philipiner sollten auf die jüngere Schwester aufpassen. Der Bruder nutzte die Abwesenheit der Eltern und lud mehrere halbwüchsige Freunde ein. Amal hörte die laute Musik und die Stimmen bis spät in die Nacht, denn der Partyraum lag direkt unter ihrem Zimmer. Sie war ganz sicher, daß ihr Bruder und seine Freunde Marihuana rauchten, für das er seit einiger Zeit eine Vorliebe entwickelt hatte.

Die stampfenden Bässe aus den Lautsprechern ließen die Wände von Amals Schlafzimmer erzittern, Amal konnte nicht schlafen und ging hinunter, um den Bruder und die Gäste zu bitten, die Musik leiser zu drehen. In ihrem dünnen Nachthemd wagte sie nicht, den Raum zu betreten, und steckte statt dessen nur den Kopf durch die Tür. Da der Bruder auf die Rufe nicht reagierte und das Zimmer nur schwach erleuchtet war, ging sie dann doch hinein.

Amal fand ihren Bruder nicht. Einige der jungen Männer stürzten sich, berauscht von Drogen und Gesprächen über Frauen, auf sie und rissen sie zu Boden. Sie schrie nach dem Bruder, rief, sie sei die Tochter des Hauses. Es half nichts.

Wie eine rasende Meute Hunde fielen die jungen Männer über Amal her, rissen ihr brutal das Nachthemd vom Leib und vergewaltigten sie. Die laute Musik übertönte ihre Schreie. Als der dritte Junge sich an ihr verging, verlor Amal das Bewußtsein.

Ihr Bruder war zur Toilette gegangen, hatte sich, mit Drogen vollgepumpt, an eine Wand gelehnt, war zu Boden gerutscht und an Ort und Stelle eingeschlafen. Er blieb dort für den Rest der Nacht. Mit der Morgendämmerung kam die Ernüchterung. Als seine Freunde merkten, daß sie die Tochter des Hauses vergewaltigt hatten, machten sie sich schleunigst aus dem Staub.

Amal wurde vom Chauffeur und den Philipinern ins nächste Krankenhaus gebracht. Der Arzt an der Notaufnahme benachrichtigte die Polizei. Die Mutawas schalteten sich ein. Das Mädchen, dem jeder Kontakt zu Fremden im Haus verboten war, konnte die Peiniger, von denen es nur wußte, daß es Freunde ihres Bruders waren, nicht identifizieren. Der Bruder gab jedoch ihre Namen preis. Beim polizeilichen Verhör stritten sie ab, daß sie am fraglichen Abend Drogen genommen hätten. Man habe nur laut Musik gehört und sich harmlos vergnügt. Dann aber sei ein Mädchen im durchsichtigen Nachthemd aufgetaucht. Aufreizend habe sie sich neben sie gesetzt und erzählt, oben bei ihr liege ein Buch, eines über Sex, das lese sie gerade, und es mache sie sehr neugierig. Sie hätten sie abzuweisen versucht, aber sie habe sich ihnen auf den Schoß gesetzt, sie am ganzen Körper geküßt und gestreichelt. Da hätten sie sich nicht mehr beherrschen können. Sie habe sich mit Jungs vergnügen wollen, weil niemand im Haus war, der sie hätte beaufsichtigen können. Untersättlich sei sie gewesen, und alle habe sie zum Mitmachen angestachelt.

Dann kamen die Eltern aus den Emiraten zurück. Die Mutter glaubte Amal. Sie war bestürzt, aber sie konnte ihren

Mann nicht von der Unschuld der Tochter überzeugen. Amals Vater hatte zu seinen Töchtern schon immer ein schlechtes Verhältnis gehabt. Er war erschüttert und gab ihr die Schuld an dem Vorfall. Die Jungen hätten getan, was in der Situation alle getan hätten. Schweren Herzens rang er sich zur Bestrafung der Tochter durch, die seinen Namen besudelt hatte. Amals Bruder schwieg; er hatte Angst vor einer Strafe, weil er Marihuana geraucht hatte.

Die Mutawas unterstützten die harte Haltung des Vaters und lobpriesen seine religiöse Standhaftigkeit.

Noch heute werde das Mädchen hingerichtet, empörte sich die britische Krankenschwester. Ich hörte sie kaum noch. Ich war erfüllt von Trauer und Angst, und mein Glück schwand beim Gedanken an das unschuldige Mädchen und seine Mutter, die sich vergeblich bemüht hatte, die Tochter vor einem grausamen Tod zu bewahren. Ich hatte noch nie einer Steinigung beigewohnt, aber Omar hatte drei Mal zugesehen und uns genüßlich vom Schicksal jener Frauen berichtet, die ihre Ehre, das kostbare Gut der Männer, nicht sorgsam gehütet hatten. Mir fielen jetzt Omars anschauliche Schilderungen wieder ein. Sie hatten mir stets schwer auf der Seele gelastet.

Im Alter von zwölf Jahren hatte ich mitbekommen, wie eine Frau in einem kleinen Dorf nahe Riad des Ehebruchs für schuldig befunden und zur Steinigung verurteilt worden war. Omar und der Chauffeur unseres Nachbarn beschlossen, dem Schauspiel beizuwohnen.

Seit den frühen Morgenstunden waren Schaulustige herbeigeströmt und bald war eine große Menge versammelt. Sie warteten ungeduldig auf die Übeltäterin. Die Menge unter der glühenden Sonne wurde bereits wütend, als endlich eine ungefähr fünfundzwanzigjährige Frau aus einem Polizeiauto gezerrt wurde. Sie sei sehr hübsch gewesen, meinte Omar, der Typ Frau, der besonders gern gegen Gottes Gebote verstoße.

Ihre Hände waren gefesselt. Sie ließ den Kopf hängen. In amtlichem Tonfall verlas ein Mann vor der Menge laut ihre Verbrechen. Man stopfte ihr als Knebel einen schmutzigen Lappen in den Mund und stülpte ihr die schwarze Kapuze über den Kopf. Sie mußte sich niederknien. Dann gab ihr der Henker fünfzig Peitschenhiebe auf den Rücken.

Ein Lastwagen fuhr heran und lud Steine und Felsbrocken ab. Die Hinrichtung könne nun beginnen, verkündete der Mann, der das Urteil verlesen hatte. Vor allem Männer stürzten sich auf den Steinhaufen, griffen Brocken heraus und warfen sie auf die Verurteilte. Sie sank rasch zu Boden, wand sich und zuckte. Unablässig, so berichtete Omar, sei die Frau von Steinen getroffen worden. In den Pausen fühlte ein Arzt der Frau den Puls. Nach zwei Stunden ungefähr erklärte er sie für tot. Die Steinigung war zu Ende.

Die Britin stürzte erneut zu mir herein und riß mich aus meinen Gedanken: Polizei und Mutawas holten das Mädchen zur Hinrichtung ab. Die Schwester meinte, von der Tür aus könne ich das Gesicht der Unglücklichen sehen. Sie war nicht verschleiert! Als ich den Lärm auf dem Gang hörte, warf ich mir den Schleier über das Gesicht, und ehe ich überlegen konnte, stand ich schon draußen.

Die Verurteilte wirkte zerbrechlich und kindlich zwischen den großen, unerbittlichen Wächtern, die sie ihrem Schicksal zuführten. Ihr Kinn ruhte auf der Brust, so daß man den Ausdruck auf ihrem Gesicht kaum sah. Aber ich erkannte, daß dieses hübsche Kind zur Schönheit erblüht wäre, wenn es nur hätte leben dürfen. Sie sah ängstlich auf und starrte in die vielen neugierigen Gesichter. Sie hatte große Angst. Keine Verwandten begleiteten sie auf ihrem letzten Gang; Fremde führten sie in die Finsternis des Todes.

Ich kehrte in meine Suite zurück. Voller Zärtlichkeit nahm ich mein Söhnchen auf den Arm, erleichtert, daß er nicht dem schwachen Geschlecht angehörte. Forschend blickte ich in das winzige Gesicht. Würde auch er das System verteidigen und unterstützen, das seine Mutter und Schwestern so grausam behandelte? Ich überlegte mir, was geschähe, wenn man alle weiblichen Babys bei der Geburt tötete. Vielleicht würden sich die harten Männer erweichen lassen, wenn es keine Frauen mehr gäbe. Ich erschauderte, und eine Frage stieg in mir empor. Wie konnte eine Mutter ihre Töchter vor den Gesetzen unseres Landes schützen?

Tränen standen in den Augen der energischen britischen Krankenschwester. Mit erstickter Stimme fragte sie mich, warum ich als Prinzessin gegen diesen Wahnsinn nicht einschritte. Ich könne ihr nicht helfen, entschuldigte ich mich, Frauen hätten in meinem Land nichts zu sagen, nicht einmal Frauen aus der Königsfamilie. Ich war erschüttert: Nicht nur, daß die Unglückliche eine grausame Hinrichtung erwartete, ihr Leben und Sterben würde nicht einmal eine Spur hinterlassen. Ich dachte erbittert an die Schuldigen. Sie liefen frei herum und verschwendeten keinen Gedanken an den tragischen Tod eines Menschen, den sie auf dem Gewissen hatten.

Karim traf freudestrahlend in der Klinik ein. Er hatte unsere Rückkehr in den Palast so sorgfältig vorbereitet wie eine militärische Operation. Eine Polizeieskorte erleichterte uns die Fahrt durch Riad, durch den dichten Verkehr der wuchernden Großstadt. Als ich von dem Vorfall im Krankenhaus erzählte, sagte mir Karim, ich solle schweigen. Er wollte keine traurige Geschichte hören, während er seinen kleinen Sohn in den Armen hielt. Dieses Neugeborene hatte eine Zukunft als Prinz in einem Land vor sich, in dem man seinesgleichen verhätschelte und liebevoll umsorgte.

Die Liebe zu meinem Mann litt darunter, daß ihn das Schicksal eines einfachen Mädchens nicht rührte. Ich seufzte tief, fühlte mich einsam und fürchtete mich vor dem, was auf mich und meine künftigen Töchter zukommen konnte.

16. KAPITEL

Tod eines Königs

An das Jahr 1975 habe ich bittersüße Erinnerungen: Es war ein Jahr strahlenden Glücks und furchtbarsten Kummers für meine Familie und mein Land.

Mein vergötterter Sohn Abdullah feierte im Kreise liebevoller Menschen den zweiten Geburtstag. Zur Unterhaltung hatten wir mit den Privatflugzeugen einen kleinen Zirkus aus Frankreich einfliegen lassen. Die Artisten blieben eine Woche im Palast von Karims Vater.

Sara und Assad hatten das gefährliche Abenteuer der Brautzeit heil überstanden, waren glücklich verheiratet, und meine Schwester erwartete das erste Kind. Assad war vor lauter Vorfreude nach Paris geflogen und hatte in drei großen Geschäften das gesamte Sortiment an Babykleidung aufgekauft. Fassungslos erzählte seine Mutter Nuhrah jedem, der es hören wollte, ihr Sohn habe den Verstand verloren. In der liebevollen Atmosphäre sah ich meine leidgeprüfte Schwester Sara endlich vor Glück strahlen.

Ali studierte in den Vereinigten Staaten von Amerika und hatte auf das Leben seiner Schwestern keinen direkten Einfluß mehr. Er jagte Vater den Schrecken seines Lebens ein, als er erklärte, er habe sich in eine Amerikanerin aus der Arbeiterschicht verliebt. Zu Vaters Erleichterung war er jedoch unentschlossen und verkündete bald darauf, er wolle doch lieber eine saudische Frau. Später erfuhren wir, daß sie

Ali mit einem Kerzenleuchter auf den Kopf geschlagen hatte, weil er sie mit einer Tracht Prügel gefügig zu machen versucht hatte.

Wir jungen, fortschrittlichen saudischen Ehepaare begrüßten die zaghaften Lockerungen im Leben der Frauen, die, wie die Ausbildung für Mädchen, durch die jahrelangen Bemühungen König Faisals und seiner Frau Iffat möglich geworden waren. Mit dem erweiterten Horizont kam für uns Frauen auch der Entschluß, das Land zu verändern. Frauen aus der Mittelschicht legten den Schleier ab und hielten den boshaften Blicken religiöser Fanatiker stand. Obwohl sie ihr Haar weiter bedeckten und die Abahja trugen, war dieser Entschluß sehr mutig und machte uns Prinzessinnen, die wir diese Freizügigkeit selbst nie würden erreichen können, viel Hoffnung. Schulen für Frauen wurden eröffnet, ohne daß die Mutawas öffentlich protestierten. Wir waren sicher, daß Bildung für Frauen mit der Zeit zur Gleichstellung der Frau führen würde. Leider verurteilten ungebildete Fundamentalisten noch immer Frauen zum Tode. Mit verhaltenem Zorn machten wir uns gegenseitig Mut und meinten, man müsse einen Schritt nach dem anderen tun.

Innerhalb eines halben Jahres hatten Karim und ich plötzlich vier neue Häuser: Der neue Palast in Riad war endlich fertig geworden. Und da Karim der Ansicht war, sein Sohn würde in frischer Seeluft kräftiger werden, kauften wir in Dschidda eine Villa am Meer. Mein Vater wollte sein geräumiges Haus in London, das nur vier Straßen von Harrods entfernt lag, günstig einem seiner Kinder überlassen. Da meine Schwestern und ihre Männer in dieser lebenssprühenden Metropole, die bei Arabern so beliebt ist, schon Wohnungen hatten und Sara und Assad ein Haus in Venedig kaufen wollten, griffen Karim und ich zu. Und dann schenkte mir Karim noch zum dritten Hochzeitstag und als Dankeschön für den ersehnten Sohn eine wunderschöne Villa in Kairo.

Bei Abdullahs Geburt war unser Riader Juwelier nach Paris geflogen und hatte Diamanten, Rubine und Smaragde für sieben verschiedene Schmuckstücke gekauft: Halsketten, Armbänder und Ohrringe. So wurde ich überreich für etwas belohnt, für das ich eigentlich nichts konnte!

Karim und ich genossen so oft wie möglich die Seeluft in Dschidda. Zum Glück lag unsere Villa an einem Ort, der bei der Königsfamilie sehr beliebt war.

Wir spielten Backgammon und beobachteten unseren Sohn, wie er, von philippinischen Mädchen umgeben, im warmen, blauen Wasser paddelte, in dem es von exotischen Fischen wimmelte. Sogar wir Frauen wagten uns, die Abahjas fest um unsere Körper geschlungen, in die Fluten, und wenn uns das Wasser bis zum Hals reichte, legten wir sie ab, übergaben sie einer Dienerin und planschten und schwammen genüßlich. Ich war so frei, wie eine Frau in Saudi-Arabien nur sein kann.

Es war Ende März, noch vor der heißen Jahreszeit, und wir verweilten am Nachmittag noch kurz am Strand. Ich schickte Diener unseren Sohn holen und sah zu, wie er quietschend und mit den kurzen, dicken Beinchen stampfend unter der tragbaren Brause, die wir hatten machen lassen, warm abgeduscht wurde. Wir lächelten stolz, und Karim drückte mir die Hand und sagte, er habe fast ein schlechtes Gewissen, so glücklich sei er. Später sollte ich ihm das vorwerfen, denn wer sein Glück so laut hinausposaunt, beschwört nach unserem Aberglauben Unglück über sich und die Saudis herauf.

Die meisten Araber glauben an den bösen Blick und äußern ihre Lebensfreude oder den Stolz auf ihre hübschen Kinder nie laut. Ein böser Geist könnte es hören und ihnen aus Neid rauben, woran ihr Herz so sehr hängt. Zum Schutz gegen den bösen Blick nähen die Eltern den Kleinkindern blaue Perlen an die Kleider, und auch wir, so aufgeklärt wir waren, pflegten bei unserem Söhnchen diesen alten Brauch.

Abdullah war gerade trockengerieben, da stürzte plötzlich Assad auf uns zu und schrie: »König Faisal ist tot! Ermordet von einem Verwandten!« Starr vor Schreck, sprachlos und zitternd hingen wir an seinen Lippen. Aufgeregt teilte er uns die spärlichen Einzelheiten mit, die er soeben von einem Cousin, einem Mitglied des Königshauses, erfahren hatte.

Alles hatte damit angefangen, daß unser Onkel, der König, vor zehn Jahren einen Fernsehsender hatte einrichten lassen; daraufhin war im Land ein heftiger Streit entbrannt. Faisal wollte unser rückständiges Land unbedingt modernisieren, wenn auch Schritt für Schritt. Karim berichtete, er habe ihn einmal sagen hören, er werde uns Saudis, ob wir wollten oder nicht, ins 20. Jahrhundert befördern.

Vor ihm hatte schon unser erster Herrscher, Faisals Vater Abdul Asis, religiösen Fanatikern die Stirn bieten müssen. Sie kämpften erbittert gegen den ersten Radiosender, und erst, als Abdul Asis den Koran durch den Äther schickte, gaben sie den Widerstand auf. Was hatten sie schon vorzubringen gegen ein Medium, das Gottes Wort wirkungsvoll verbreitete? Als dann Jahre später König Faisal das Fernsehen einführen wollte, stieß er, wie früher sein Vater, auf den heftigen Protest der Ulema.

Tragischerweise schlossen sich den Protesten auch Mitglieder der Königsfamilie an. Im September 1965 – ich war damals noch ein Kind – führte ein Cousin einen Demonstrationszug gegen einen Fernsehsender einige Meilen vor Riad an. Die Demonstranten stürmten das Sendegebäude und die Polizei eröffnete das Feuer. Der rebellische Prinz wurde erschossen. Zehn Jahre lang schwelte der Haß in seinem jüngeren Bruder weiter, und nun hatte er Rache geübt und seinen Onkel, König Faisal, erschossen.

Karim und Assad flogen nach Riad. Sara, einige Cousinen und ich zogen uns hinter die dicken Außenmauern eines Palastes unserer Familie zurück. Gemeinsam bejammerten und beweinten wir König Faisal. Nur wenige Cousinen hatten ihn nicht gemocht; er war unsere einzige Hoffnung auf Veränderung und Befreiung gewesen.

Nur er hatte bei den Orthodoxen und den verschiedenen Zweigen der Familie so viel Ansehen, daß er unsere Interessen fördern konnte. Es war, als habe er unsere Ketten am eigenen Leib verspürt, denn er bat unsere Väter dringend, ihn in seinem Kampf um soziale Veränderungen zu unterstützen. Ich hörte einmal mit eigenen Ohren, wie er sagte, Gott weise Mann und Frau zwar unterschiedliche Rollen zu, aber daraus leite sich nicht ab, daß ein Geschlecht für immer über das andere herrschen solle. Mit ruhiger Stimme sagte er, er werde nicht glücklich sein, als bis alle Einwohner seines Landes, Männer wie Frauen, selbst über ihr Schicksal bestimmen könnten. Er vertraute dabei ganz auf die Bildung der Frauen, die noch immer in finsterer Ignoranz befangen seien. Seit Faisal ist kein König mehr für unsere Interessen eingetreten, hat uns keiner mehr aus unserer Not herauszuhelfen versucht. Im Rückblick läßt sich sagen, daß unser kurzer, berauschender Aufstieg zum Licht der Freiheit in einem jähen Sturz endete, als König Faisal durch die Schüsse eines Verräters aus der Familie tödlich getroffen wurde. Wir Frauen waren uns schmerzlich bewußt, daß mit Faisal unsere Hoffnung auf ein freies Leben zu Grabe getragen wurde.

Wir waren wütend und haßten die Familie des Cousins Faisal ibn Musaid, des Zerstörers unserer Hoffnungen und Träume. Eine Cousine schimpfte auf den Vater des Mörders: Als König Faisals Halbbruder war er ein ranghohes Mitglied der saudischen Königsfamilie, hatte sich aber von der Familie distanziert und jede Mitverantwortung für die Regierung abgelehnt. Sein einer Sohn, ein Fanatiker, hatte sein Leben riskiert und verloren, um zu verhindern, daß ein harmloser Fernsehsender seine Arbeit aufnahm, und sein anderer Sohn hatte jetzt unseren verehrten und geliebten König Faisal getötet.

Nichts schmerzte mehr als der Gedanke, daß Saudi-Arabien nun ohne seine besonnene Führung auskommen mußte. Weder zuvor noch danach habe ich so viel Leid gesehen. Trauer und Bestürzung ergiffen eine ganze Nation. Mit König Faisal war der beste Staatsmann unserer Familie ums Leben gekommen.

Drei Tage nach dem Attentat kam Sara mit einer Tochter nieder. Das kleine Mädchen, das in Steißlage geboren und nach unserer Mutter Fadihla getauft wurde, erblickte das Licht einer trauernden Welt. Obwohl der Kummer tief saß, munterte uns das kleine Mädchen etwas auf, und schon bald verhalf uns sein junges Leben zu Augenblicken des Glücks.

Sara fürchtete um die Zukunft ihrer Tochter und ließ Assad ein Papier unterzeichnen, das ihr für später die Wahl eines Gatten in völliger Freiheit und ohne Einmischung der Familie garantierte. Sie hatte einen Alptraum gehabt: Sie und Assad waren bei einem Flugzeugabsturz ums Leben gekommen, und ihre Tochter wurde so streng erzogen wie Frauen unserer Generation. Sara blinzelte Assad vielsagend an und meinte, sie werde eher einen Mord begehen, als ihre Tochter einem Tyrannen zu überlassen. Assad, noch immer bis über beide Ohren verliebt, setzte seine Unterschrift unter das Papier und zahlte für Fadihla eine Million Dollar auf ein Schweizer Bankkonto ein. Sara war beruhigt. Ihre Tochter hatte die rechtlichen und finanziellen Möglichkeiten, aus jeder häuslichen Zwangslage zu fliehen.

Ali kam die Sommerferien über aus den Vereinigten Staaten zurück. Er war noch abscheulicher, als ich ihn in Erinnerung hatte, und prahlte unablässig mit seinen Affären. Die Amerikanerinnen seien genau so, wie man sie ihm geschildert habe: alle wären sie Huren!

Karim mischte sich ein und sagte, in seiner Studienzeit in

Washington habe er viele moralisch einwandfreie Frauen kennengelernt. Doch da platzte Ali los: Seither habe sich einiges geändert. Die Frauen, die er in Bars kennengelernt habe, seien aufdringlich und würden ein Abenteuer anbieten, noch bevor man das Thema anschneide. Karim erwiderte, das liege am Ort. Wenn eine Frau allein in eine Bar gehe, halte sie höchstwahrscheinlich nach einem Mann für eine Nacht Ausschau. Frauen in Amerika seien ebenso frei wie Männer. Ali solle doch in einen Gottesdienst oder eine kulturelle Veranstaltung gehen, dann würde er sich wundern über die Frauen, die er dort kennenlernen würde. Ali ließ sich nicht beirren und blieb dabei: Er habe Frauen aus allen sozialen Schichten kennengelernt, und seiner Erfahrung nach seien alle Amerikanerinnen ausnahmslos Huren.

Wie die meisten Muslime machte sich Ali nie die Mühe, die Religion und die Sitten anderer Länder zu begreifen. Die meisten Araber kennen die westliche Gesellschaft nur aus amerikanischen Kitschfilmen und dümmlichen Fernsehshows. Und vor allem reisen Saudis meist ohne weibliche Begleitung. Da sie zu Hause nie mit fremden Frauen in Kontakt kommen, richtet sich im Ausland nahezu ihr ganzes Interesse auf sexuelle Abenteuer. Leider lernen sie dabei meist nur die Stripperinnen und Prostituierten der Bars kennen. Aus dieser Perspektive beurteilen sie dann die Moral in den Ländern des Westens. Die Frauen jedoch, die selbst nicht reisen, glauben den Berichten ihrer Männer und Brüder. So gehen fast alle Menschen in der arabischen Welt davon aus, daß die meisten Frauen im Westen mit dem Erstbesten ins Bett gehen.

Ich mußte zugeben, daß mein Bruder, ein exotischer Typ, gut aussah und auf viele Frauen bestimmt anziehend wirkte. Trotzdem wußte ich, daß nicht jede Amerikanerin ein Flittchen war! Ich sagte Karim, daß ich auf die passende Gelegenheit warten wollte, mit Ali zu reisen. Ich würde mir einen

Spaß daraus machen, mich mit einem Schild in der Hand hinter ihm zu postieren: »Dieser Mann verachtet dich im stillen und hält nichts von dir! Wenn du ja sagst, beschimpft er dich vor aller Welt als Hure!«

Ehe Ali in die Vereinigten Staaten zurückkehrte, teilte er Vater mit, er wolle sich jetzt die erste Frau nehmen. Ein Leben ohne Sex sei elend, und wenn er über die Ferien nach Riad komme, brauche er eine Frau. Vor allem aber sei es Zeit, daß er einen Sohn bekomme. Ohne Söhne gilt ein Mann in Saudi-Arabien nichts, und alle verachten ihn nur.

Natürlich konnte er sie nicht in die USA mitnehmen, sie sollte im Haus seines Vaters wohnen, wo Omar und die anderen Bediensteten sie mit Argusaugen bewachen konnten. Und einstweilen wollte Ali natürlich ungestört die lokkeren Sitten Amerikas genießen! Seine Frau mußte nur – außer Jungfrau natürlich – unter achtzehn, ungewöhnlich hübsch und gefügig sein. Zwei Wochen später war Ali mit einer Cousine aus dem Königshaus verlobt. Die Hochzeit wurde für Dezember anberaumt und fiel in Alis Semesterferien, die über einen Monat dauerten.

Wenn ich meinen Bruder sah, wußte ich mein Glück mit Karim wieder zu schätzen. Wenn er auch alles andere als ein vollkommener Ehemann war, so war er kein typischer Saudi. Wer einen Ali zum Herrn bekam, hatte ein trübsinniges Leben vor sich.

Vor Alis Rückkehr nach Amerika kam die ganze Familie in unserer Villa in Dschidda zusammen. Eines Abends tranken die Männer viel und wurden streitlustig. Nach dem Abendessen ging es um die heikle Frage, ob Frauen sich ans Steuer eines Autos setzen sollten. Von Karim und Assad unterstützt, verlangten Sara und ich die Abschaffung des Fahrverbots, für das es im Islam keinerlei Grundlage gibt.

Wir brachten Beispiele von Industrieländern, wo Frauen sogar Flugzeuge steuerten, und wir durften nicht einmal Auto fahren! Viele saudische Familien konnten sich nur einen Chauffeur leisten. Was war, wenn er krank oder unterwegs war und jemand im Haus dringend in eine Klinik gefahren werden mußte? Warum ließen die Saudis zwölf- und dreizehnjährige Jungs ihre Wagen steuern, aber keine erwachsene Frau?

Für Ali, Vater und Achmed war schon das Thema ein Ärgernis. Ali erklärte, wenn Frauen fahren dürften, würden sie sich heimlich mit Männern in der Wüste zu Sex-Abenteuern treffen! Achmed gab zu bedenken, der Schleier beeinträchtige sie in der Sicht! Vater beschwor die Gefahren herauf, die einer Frau drohten, wenn sie nach einem Unfall alleine auf der Straße auf die Polizei warten müsse. Er blickte Bestätigung heischend in die Runde der zahlreichen Schwiegersöhne. Einige füllten verlegen ihre Gläser nach, einer ging zur Toilette.

So selbstbewußt, als könne er den Streit entscheiden, brachte Ali vor, Frauen ließen sich leichter beeinflussen als Männer, und es sei verheerend, wenn sie sich ein Beispiel an den jungen Rasern in den Straßen nähmen. Dann würde die Unfallrate, die jetzt schon steil ansteige, weiter in die Höhe schnellen!

Ich hatte eine Stinkwut auf meinen Bruder! Immer noch! Wenn Ali glaubte, ich hätte meine jugendliche Impulsivität verloren, so täuschte er sich gewaltig. Angesichts seines selbstgefälligen Gehabes lief mir die Galle über. Ich stürzte mich auf ihn und riß ihn mit aller Gewalt an den Haaren. Alle waren entsetzt. Nur mit vereinten Kräften gelang es Karim und Vater, meinen Griff zu lösen. Das laute Gelächter meiner Schwestern erfüllte den Raum, während ihre Männer mich mit einer Mischung aus Respekt und Angst anstarrten.

Am folgenden Tag wollte Ali vor seiner Rückkehr in die Vereinigten Staaten noch Frieden mit mir schließen. Mein Haß war noch immer groß, und ich verwickelte ihn in ein

Gespräch über die Ehe und die Verlogenheit der Männer, die von ihren Bräuten Jungfräulichkeit erwarteten, selbst aber so viele Frauen wie möglich ausprobieren wollten. Ali nahm das Gespräch ernst und zitierte Stellen aus dem Koran, nach denen Frauen vor der Ehe unbedingt unberührt bleiben mußten.

Ich verwandelte mich wieder in die alte Sultana mit ihren pfiffigen Tricks: Ich schüttelte betrübt den Kopf und seufzte. Ali fragte mich, was ich denn hätte, und ich antwortete, diesmal habe er mich wirklich überzeugt, Frauen müßten wirklich unberührt in die Ehe gehen. Mit gespielter Betroffenheit fügte ich hinzu, die jungen Mädchen hätten sich leider sehr verändert, kaum eine sei noch Jungfrau. Auf Alis fragenden Blick hin sagte ich, die saudischen Frauen seien in der Heimat zwar anständig, denn wer möchte schon gesteinigt werden? Aber auf Reisen ins Ausland gingen sie mit Männern ins Bett und verschenkten ihr kostbarstes Gut an Fremde.

Ali packte beim Gedanken, ein anderer, ein Nicht-Saudi, könne eine saudische Jungfrau deflorieren, der heilige Zorn! Aufgeregt erkundigte er sich, woher ich diese Information hätte. Mit flehender Miene bat ich Ali, nichts über unser Gespräch verlauten zu lassen. Vater und Karim wären sicherlich entsetzt! Wir Frauen würden über solche Dinge sprechen, meinte ich, sie seien brandaktuell: Die Tage der Jungfrauen in unserem Land seien gezählt!

Ali schürzte die Lippen und versank in tiefes Grübeln. Er fragte mich, was diese jungen Mädchen in der Hochzeitsnacht täten. Wenn sie nicht bluteten, würden sie doch mit Schimpf und Schande zum Vater zurückgeschickt. In der arabischen Welt werden die blutigen Leintücher noch immer stolz der Mutter des Bräutigams überreicht, damit sie ihren Freunden und Verwandten zeigen kann, daß eine reine und ehrbare Frau in ihre Familie gekommen ist.

Ich näherte mich Alis Ohr und sagte ihm, die meisten jungen Frauen hätten Dutzende von Operationen hinter sich, bei denen ihnen das Hymen wieder zusammengenäht worden sei. Immer wieder würden sie Männern ihre Jungfräulichkeit schenken, es sei ein Kinderspiel, sie hinters Licht zu führen. Zahlreiche Ärzte in Europa glänzten in dieser Operation, und auch in Saudi-Arabien seien einige für diese Dienstleistung bekannt.

Alis Schrecken wuchs, als ich ihm zuflüsterte, ein Mädchen, das sich dem Eingriff nicht rechtzeitig unterziehen könne, führe sich vor dem Geschlechtsakt eben ein Stück Schafsleber ein. Der Bräutigam merke keinen Unterschied! Er defloriere eben ein Stück Leber, und nicht seine Braut!

Jetzt bekam Ali, der Egoist, noch mehr Angst. Er rief sofort einen befreundeten Arzt an, drückte aufgeregt den Hörer ans Ohr und wurde kreidebleich, als sein Freund einräumte, solche Operationen seien tatsächlich möglich. Von der Sache mit der Schafsleber habe er allerdings noch nie gehört, aber verdorbene Frauen könnten auf solche Ideen durchaus kommen.

Verstört kam Ali am selben Tag noch zweimal zu mir und fragte, wie er sich vor solchem Schwindel am besten schützen könne. Ich sagte, ich wisse es nicht, er müsse schon von Geburt an Tag und Nacht bei der Zukünftigen gewesen sein. Er solle sich einfach damit abfinden, daß seine Braut ein Mensch sei und Fehler in der Jugend gemacht haben könne.

Besorgt und niedergeschlagen flog Ali in die Vereinigten Staaten zurück.

Sara konnte ihre Schadenfreude nicht verbergen, als ich ihr, Karim und Assad von meinem Streich erzählte. Die beiden Männer tauschten betroffene Blicke aus und sahen uns Frauen in einem neuen Licht.

Alis Hochzeit fand zum geplanten Termin statt. Seine junge Braut war hinreißend schön. Sie tat mir so leid. Trotzdem lachten Sara und ich herzlich, als wir sahen, daß Ali weder aus noch ein wußte. Mein Mann tadelte mich später wegen des Unfugs: Ali war zu ihm gekommen und hatte ihm gestanden, er habe Angst vor der Hochzeitsnacht. Wenn man ihn hereingelegt hatte? Er würde es nie erfahren, und was seine jetzige und die künftigen Bräute anging, so mußte er auf immer in quälender Ungewißheit leben!

Ein Saudi kann sich nichts Schlimmeres vorstellen, als daß seine Frau mit einem anderen geschlafen hat. Bei einer Dirne braucht er sich nicht zu schämen, aber seine Frau trägt seinen Namen, repräsentiert seine Familie und gebiert seine Söhne. Meinen Bruder brachte der bloße Gedanke zur Verzweiflung, er könne getäuscht worden sein.

Ich gab meinem Mann gegenüber offen zu, daß ich manchmal boshaft war und mich beim Jüngsten Gericht für viele Sünden würde verantworten müssen. Und doch lächelte ich in Alis Hochzeitsnacht mit nie gekannter, diebischer Freude in mich hinein. Ich hatte Alis schlimmste Befürchtung entdeckt und ausgenutzt.

17. KAPITEL

Die Frauenkammer

Nuras Hand zitterte, als sie den Koran, unser heiliges Buch, herauszog. Sie zeigte auf einen Abschnitt, und ich las mit wachsender Erregung laut die folgende Passage vor:
»Und wenn eine eurer Frauen Unzucht begeht, so laßt vier von euch (Männern) gegen sie zeugen! Und wenn sie es bezeugen, so schließt sie ein in die Häuser, bis der Tod ihr naht.«

Ich schaute Nura und dann der Reihe nach meine anderen Schwestern an. An Tahanis angsterfülltem Gesicht blieb mein Blick haften. Für ihre Freundin Samira gab es keine Hoffnung.

Sara, die gewöhnlich still und zurückhaltend war, ergriff das Wort.

»Niemand kann ihr helfen. Der Prophet selbst hat diese Art der Bestrafung angeordnet.«

Mit aufflammendem Zorn erwiderte ich: »Samira hat keine Unzucht begangen! Wo sind die vier Zeugen? Sie hat sich doch nur in einen Amerikaner verliebt! Unsere Männer finden es doch auch in Ordnung, wenn sie eine Ausländerin oder eine Ungläubige heiraten! Nur uns Frauen ist das verboten! Das ist doch Wahnsinn! Das Gesetz – und seine Auslegung – ist von Männern und für Männer gemacht!«

Nura versuchte mich zu beruhigen, aber ich dachte überhaupt nicht daran, diese Rechtsprechung zu akzeptieren:

Diesmal war das Opfer der Tyrannei eine Frau, die wir alle mochten, Samira.

Samira war am Vortag von den Männern ihrer Familie und den Religionsgelehrten verurteilt worden: Sie sollte in einem abgedunkelten Raum eingesperrt werden, bis daß der Tod ihr nahte. Samira war zweiundzwanzig Jahre alt. Es würde lange dauern, bis der Tod sich eine so junge und kräftige Frau holte.

Ihr Verbrechen? Sie hatte sich beim Studium in London in einen Mann verliebt, der sich nicht zum Islam bekannte. Sobald saudische Mädchen in das entsprechende Alter kommen, bringt man ihnen bei, daß die Heirat mit einem Ungläubigen Sünde sei. In einer Ehe mit einem Christen oder Juden ist nicht gesichert, daß die Kinder im islamischen Glauben erzogen werden, weil in dieser Frage der Mann oft das letzte Wort hat.

Jeder Muslim lernt, daß der Islam die letztgültige Botschaft Gottes an die Menschen und allen anderen Religionen überlegen sei. Muslime dürfen sich nicht bewußt in Abhängigkeit von Ungläubigen bringen und sollten ein solches Verhältnis auch nie dulden. Nur wenn ein Mann eine Frau mit anderer Religion heiratet, bleibt das ohne Folgen. Wenn Frauen dasselbe tun, zahlen sie dafür den höchsten Preis. Die Gelehrten des Islam sagen, die Heirat eines Muslim mit Frauen anderer Religionen sei deshalb erlaubt, weil ihre Kinder nach dem Glauben des Vaters, dem islamischen und überlegenen Glauben erzogen würden.

Wenn ich nur an diese Ungerechtigkeit dachte, hätte ich vor Wut schreien mögen. Meine Schwestern und ich wußten, daß Samira von diesem Augenblick an ein langes schreckliches Martyrium bevorstand. Ihr war nicht mehr zu helfen. Wir, ihre Freundinnen aus der Kindheit, wollten sie retten und konnten es nicht.

Samira war seit ihrem achten Lebensjahr Tahanis beste

Freundin gewesen. Sie war Einzelkind. Ihre Mutter war an Gebärmutterkrebs erkrankt und konnte nach der Heilung keine Kinder mehr bekommen. Erstaunlicherweise hatte Samiras Vater sie nicht verstoßen, obwohl die meisten Saudis das in dieser Situation getan hätten.

Alle meine Schwestern und ich kannten Frauen, die von ihren Männern wegen schwerer Krankheiten verstoßen worden waren. Das ist ein schweres Stigma in der Gesellschaft, und die Frauen leiden sehr unter den Folgen finanzieller Not und des seelischen Schocks. Einer Geschiedenen werden sogar die Kinder weggenommen, wenn sie nicht mehr gestillt werden müssen. Mit viel Glück kommt sie bei den Eltern unter, oder ein erwachsener Sohn erbarmt sich ihrer. Ohne Familie ist sie allerdings verloren, denn ledige oder geschiedene Frauen dürfen bei uns nicht alleine leben. Die Regierung hat speziell für solche Frauen Häuser bauen lassen, aber dort erwartet sie ein armseliges Leben, und jeder Augenblick ist eine Qual. Nur selten bietet sich einer Geschiedenen, wenn sie nicht eine bekannte Schönheit ist oder Reichtümer besitzt, die Gelegenheit zu einer zweiten Heirat. Wie immer in der saudischen Gesellschaft lastet man das Scheitern einer Ehe und die Scheidung der Frau an.

Samiras Mutter hatte Glück gehabt. Ihr Mann liebte sie aufrichtig, und er dachte nicht daran, sich in dem Augenblick, in dem sie ihn am nötigsten brauchte, von ihr zu trennen. Er nahm nicht einmal eine zweite Frau, um doch noch Söhne zu bekommen. Ein Mann wie Samiras Vater gilt bei uns als Sonderling.

Samira und Tahani waren gute Freundinnen gewesen. Weil Sara und ich Tahani im Alter am nächsten standen, spielten auch wir mit Samira. Wir drei beneideten sie, denn ihr Vater behandelte sie, das einzige Kind, besonders liebevoll. Anders als die meisten Saudis seiner Generation hatte er eine moderne Einstellung und versprach seiner Tochter, sie solle nicht unter den veralteten Bräuchen unseres Landes leiden müssen.

Samira nahm an unserem Kummer mit Vater Anteil, und bei jeder Krise hatte sie Mitleid und hielt zu uns. Wenn ich an die Tränen dachte, die Samira bei Saras Hochzeit vergossen hatte, brannten mir die Augen. Sie hatte sich an meiner Schulter ausgeweint und gejammert, Sara müsse unter dem Joch der Sklaverei zugrunde gehen! Und jetzt sperrte man sie in einen stockdunklen Kerker, und nicht einmal die Bediensteten durften mit ihr sprechen, wenn sie ihr das Essen durch den schmalen Schlitz unter der Tür hindurchschoben. Sie würde nie wieder eine menschliche Stimme hören. Ihre gesamte Welt bestand fortan aus dem Geräusch des eigenen Atems.

Der Gedanke war unerträglich. Ich wandte mich an Sara und schlug vor, Karim und Assad könnten vielleicht helfen. Tahani blickte erwartungsvoll auf. Sara schüttelte langsam den Kopf: Assad habe sich schon erkundigt. Weder Samiras Onkel noch ihr früherer Mann wollten das harte Urteil zurücknehmen und Samira ein Leben in Finsternis und eisiger Stille bis zum Tode ersparen. Das war eine Sache zwischen der Familie und Gott.

Im Jahr meiner Hochzeit hatte Samira sorgfältig Pläne für die Zukunft geschmiedet. Schon früh hatte sie die ausgefallene Idee gehabt, Ingenieurin zu werden. Dieses Diplom hatte in Saudi-Arabien noch keine Frau, denn wir sollen die Berufe ergreifen, für die wir uns angeblich eignen: Kinderärztin, Lehrerin oder Sozialarbeiterin für Frauen und Kinder.

Da saudische Studentinnen zudem keinen direkten Kontakt zu männlichen Dozenten haben dürfen, stellte Samiras Vater eine Tutorin aus London ein. Samira hatte verbissen und konzentriert zu Hause gearbeitet, bis sie schließlich von einer technischen Hochschule in London angenommen wurde. Voller Stolz flogen der Vater und die Mutter mit der schönen und intelligenten Tochter nach London.

Die Eltern brachten Samira privat mit zwei indischen Dienerinnen und einer ägyptischen Sekretärin unter. Dann verabschiedeten sie sich und flogen nach Riad zurück. Sie ahnten nicht, daß sie sich nie wiedersehen würden. Samira war eine glänzende Studentin. Vier Monate nach der Ankunft in London lernte sie Larry kennen, einen Austauschstudenten aus Kalifornien. Gegensätze ziehen sich bekanntlich an: Der große, athletisch gebaute, blonde Larry war ein leichtsinniger Mensch, während Samira, die exotische, zierliche und schöne Samira, schüchtern und sittsam war.

Später schrieb sie Tahani, daß ihr die Liebe das Herz schwermache. Sie wußte, daß sie einen Christen nicht heiraten durfte. Larry war katholisch, und nie und nimmer wäre er bereit gewesen, ihr aus ihrer Not zu helfen und zum Islam überzutreten.

Noch im selben Monat bekam Tahani einen zweiten, noch verzweifelteren Brief: Samira und Larry konnten nicht mehr ohne einander leben. Sie würde bei ihm bleiben, solange sie in London waren, und später würde sie in die Vereinigten Staaten fliehen und ihn heiraten. Ihre Eltern, so schrieb Samira, könnten doch in den Vereinigten Staaten in der Nähe von ihr ein Haus kaufen. Sie war sicher, ihre Eltern würden sie wegen ihrer Liebe nicht verstoßen. Nur müsse sie die saudische Staatsangehörigkeit ablegen, und dann würden wir sie in der Heimat nie wiedersehen. Nach einer Heirat mit einem Ungläubigen konnte sie sich zu Hause nicht mehr blicken lassen.

Das Schicksal wollte, daß Samiras Eltern von der Liebe ihrer Tochter nie erfuhren: Als ihr Chauffeur eine stark befahrene Straße in Riad überquerte, rammte ein Wassertankwagen seitlich ihren Wagen. Der Chauffeur und Samiras Eltern waren auf der Stelle tot.

Wenn in der arabischen Welt das (stets männliche) Oberhaupt einer Familie stirbt, dann tritt sein ältester Bruder an seine Stelle und regelt die Angelegenheiten der Hinterbliebenen. Nach dem Tod des Vaters wurde der Onkel Samiras Vormund.

Selten waren sich zwei Männer aus ein und derselben Familie so unähnlich wie Samiras Vater und sein ältester Bruder. Wo der Vater großzügig und liebevoll gewesen war, war der Onkel streng und unbeugsam. Und oft hatte der Fanatiker gegen das unabhängige Leben der Nichte protestiert.

Er verabscheute Bildung für Frauen und meinte, man könne sie nicht früh genug an einen betagten Weisen verheiraten. Nachdem Samira sich in London an der Hochschule eingeschrieben hatte, hatte er aus Empörung mit ihrem Vater kein Wort mehr gewechselt. Er selbst hatte kürzlich eine Dreizehnjährige geheiratet, die Tochter eines Gleichgesinnten, die erst vor wenigen Monaten ihre Regel bekommen hatte.

Samiras Onkel hatte neben drei Söhnen vier Töchter, die er beim ersten Anzeichen der Geschlechtsreife sofort verheiratet hatte. Sie hatten außer den weiblichen Kunstfertigkeiten des Kochens und Nähens kaum etwas lernen dürfen. Nur gut lesen mußten sie können, damit sie die Suren des Korans zitieren konnten.

Am Tag nach dem Tod ihrer Eltern bekam Samira eine weitere Schreckensbotschaft: Der Onkel, jetzt das Oberhaupt der Familie, befahl ihr in einem Telegramm, ins nächste Flugzeug nach Riad zu steigen und alle Habe mitzubringen.

Bei der Aussicht auf ein demütigendes Leben unter der Obhut des Onkels nahm Samira ihren ganzen Mut zusammen und wählte den Weg ins Ungewisse. Sie floh mit Larry nach Kalifornien, was sich als verhängnisvoller Fehler erweisen sollte.

Der Onkel, der damals von ihrem ausländischen Geliebten

noch nichts wußte, war nie zuvor einer ungehorsamen Frau begegnet und hatte für dieses widerspenstige Geschöpf nicht das geringste Verständnis.

Als er am Ende des Monats von Samira noch immer keine Nachricht hatte, hielt er sie für tot und sah ihre Leiche schon in einem Land der Ungläubigen verwesen. Vergeblich bemühte er sich, sie aufzuspüren. Auf Drängen seines ältesten Sohnes beschloß er, eine Detektei zu beauftragen, den Verbleib des einzigen Kindes seines Bruders zu klären.

Früh morgens erschien er, schäumend vor Wut, in Tahanis Villa und hielt ihr den Bericht der Detektei unter die Nase. Er verlangte von meiner Schwester, Samiras Vertrauter, sie solle ihm, wie er sich ausdrückte, den Aufenthaltsort seiner gottlosen Nichte und ihres ungläubigen Liebhabers preisgeben.

Tahani, die den Zorn des Mannes einfach nicht begriff, schilderte mit weit aufgerissenen Augen die Szene. Der Onkel schlug seinen Kopf gegen die Wände und rief Allah an, er möge ihm helfen, die Nichte umzubringen. Immer wieder stieß er Schmähungen gegen ihren heidnischen Liebhaber aus und schwor Rache. Er verfluchte den Tag von Samiras Geburt und flehte den Allmächtigen an, er möge Unglück über das Haupt der schamlosen Nichte bringen, die die Familienehre auf Generationen hinaus besudelt habe.

Tahani, über das Gebrüll und die Gewalttätigkeit des Mannes erschreckt, floh ins Büro ihres Mannes Habib. Als sie nach Hause zurückkehrten, war Samiras Onkel verschwunden. Den Dienern hatte er gedroht, wer seine Nichte schütze, der ziehe sich seinen Zorn zu. Um Tahani etwas zu beruhigen, suchte Habib ihn auf und versicherte ihm, seine Frau habe zu seiner Nichte keinen Kontakt mehr.

Samira lebte von der Heimat abgeschnitten im Ausland und wußte nichts von den fieberhaften Nachforschungen des Onkels, der die gesamte Post der Familie überwachte. Er schüchterte alle Angehörigen ein und drohte mit schrecklichen Strafen, wenn sie ihm Kontakte zu dem Mädchen verschweigen sollten. Über kurz oder lang würde sie sich bestimmt nach ihren Lieben sehnen, und wenn die schreckliche Sünderin, wie er Samira nannte, schwach würde, dann schnappe die Falle zu. Er brauche nur zu warten.

In Kalifornien wurde Larry in seiner Liebe wankend. Samira, zutiefst verletzt angesichts der ungewohnten Gleichgültigkeit des Geliebten, wußte weder ein noch aus. In ihrer Angst und Unsicherheit rief.sie Tahani an. Was sollte sie tun? Sie hatte wenig Geld und in den Vereinigten Staaten kaum Freunde. Wenn Larry sie nicht heiratete, bekam sie keine Verlängerung der Aufenthaltsgenehmigung. Habib erlaubte Tahani zwar, die Freundschaft zu Samira aufrechtzuerhalten, aber als sie ihn bat, ihr Geld zu schicken, weigerte er sich.

Als Samira nur noch ein paar Tausend Dollar auf dem Bankkonto hatte, rief sie verzweifelt ihre Lieblingstante an, die jüngste Schwester ihres Vaters. Die Tante, die sich vor ihrem Bruder fürchtete, informierte ihn pflichtgemäß über den Anruf. Und als der Onkel von Samiras Schwierigkeiten in Amerika erfuhr, plante er sorgfältig, wie er sie in seine Gewalt bringen konnte.

Er ließ Samira durch Tanten ausrichten, sie könne in den Schoß der Familie zurückkehren, man werde ihr verzeihen, und wies ihr telegrafisch Geld für einen Flug nach Kairo an. Sie wußte zunächst nicht, was sie tun sollte, und rief Tahani an. Schluchzend berichtete sie ihre Lage: Larry liebte sie nicht mehr und wollte sie finanziell nicht unterstützen. Sie hatte das Studium nicht abgeschlossen, verdiente nichts und hatte kein Geld. Sie hatte mit der saudischen Botschaft in Washington und in London telefoniert. Die Angestellten, denen sie ihre Lage geschildert hatte, hatten ihr ohne Mitleid kurz mitgeteilt, sie solle zur Familie zurückkehren. Sie mußte sich der Wirklichkeit stellen und nach Saudi-Arabien fliegen.

Zu Tahani meinte sie noch, sie hoffe bangend, daß die Tanten die Wahrheit sagten. Hoch und heilig hätten sie versprochen, sie hätten dem Onkel die Erlaubnis abgerungen, daß sie das Studium in London fortsetzen dürfe. Vielleicht werde der Onkel sie, das einzige Kind des verstorbenen Bruders, doch mild und gütig behandeln. Tahani konnte sich nicht vorstellen, daß der Zorn des Onkels nachgelassen habe, aber da sie die Ausweglosigkeit von Samiras Lage einsah, widersprach sie nicht.

Am Flughafen von Kairo wurde Samira von zwei Tanten und zwei Cousins empfangen. Um ihre Befürchtungen zu zerstreuen, sprachen sie von der Rückkehr nach London, nachdem sie sich mit der Familie ausgesöhnt habe. So ließ sich Samira überzeugen, daß sich alles zum Besten wenden werde, und sie kehrte nach Riad zurück.

Tahani, die vergeblich auf Samiras versprochenen Anruf wartete, war zutiefst besorgt. Als sie schließlich bei Samiras Tanten anrief und sich nach ihr erkundigte, hieß es nur, sie habe etwas Fieber und fühle sich nicht wohl. Sie werde sie anrufen, sobald sie gesund sei.

In der zweiten Woche nach Samiras Rückkehr rief Tahani erneut bei den Verwandten an und bat dringend, Samira zu sprechen. Die Tante am Telefon teilte ihr mit, für Samira sei eine Ehe in die Wege geleitet, sie wolle den Kontakt zu ihr abbrechen, denn der Bräutigam habe für ihre Jugendfreundinnen nicht viel übrig.

Dann gelang es Samira, Tahani anzurufen. In dem Augenblick, berichtete sie, in dem sie den Onkel gesehen habe, habe sie alle Hoffnungen fahrenlassen. Je länger er auf sie gewartet hatte, desto wütender war er geworden. Als er die »Gottlose« schließlich sah, hatte sein Zorn den Gipfelpunkt erreicht.

Samira saß seit dem Abend der Rückkehr eingesperrt in ihrem Zimmer, wo sie das Urteil des Onkels erwartete. Kein

Mitglied der Familie wagte ein Widerwort gegen die üble Behandlung. Sie flüsterte, sie habe erfahren, daß man eine Ehe für sie arrangiert habe, die noch in diesem Monat geschlossen werde. Beim bloßen Gedanken an Heirat packte Samira panische Angst. Sie hatte Larry sehr geliebt, und sie war keine Jungfrau mehr.

Von der Hochzeit erfuhren wir nicht viel, da niemand außer den Mitgliedern der Familie zur Feier eingeladen wurde. Wir wußten aber mit Sicherheit, daß die Verbindung nicht glücklich war. Der Bräutigam war Mitte Fünfzig und Samira seine dritte Frau.

Später erst erfuhr Habib von einem Cousin Samiras Familienklatsch: Samira soll sich in der Hochzeitsnacht so heftig und erbittert gegen ihren Mann zur Wehr gesetzt haben, daß er sich sein Recht nachgerade unter Lebensgefahr erkämpfen mußte. Diesem kleinen, dicken und schwächlichen Mann blieb nicht genug Zeit, sich von der Jungfräulichkeit der Braut zu überzeugen: Aber es floß offenbar kein Blut außer seinem eigenen.

Tahani, tief beunruhigt über Samiras Schicksal, rief erneut die Tante an. Die Tante bereute offenbar, daß sie die Hand dazu gereicht hatte, die Nichte in die Falle zu locken. Sie berichtete, daß Samiras Mann an der Tigerin, die er geheiratet hatte, anfangs Gefallen gefunden habe. Trotz ihrer Beleidigungen und ihrer tapferen Gegenwehr blieb er entschlossen, sie mit Gewalt zu erobern. Mit der Zeit aber bekam er die heftigen Beschimpfungen satt.

Bei der Tante brüstete sich Samira damit, daß sie die Verzweiflung so kühn gemacht habe, ihrem Mann ins runde Gesicht zu schleudern, einen Waschlappen wie ihn könne sie nicht lieben. Sie habe die Liebkosungen eines richtigen, eines starken Mannes kennengelernt. Samira habe ihren Mann verhöhnt, ihm gesagt, er sei kein rechter Liebhaber, und habe ihn mit dem stattlichen, gutaussehenden Amerikaner verglichen.

Der Ehemann machte kein Aufhebens, verstieß Samira und schickte sie zum Onkel zurück. Wütend erklärte er ihm, seine Familie sei ehrlos, sie habe ihm wissentlich eine Braut untergeschoben, die nicht unberührt gewesen sei. Eine Schande sei es, wie Samira sich mit Erinnerungen an einen anderen im Kopf in sein Ehebett gelegt habe.

In seinem namenlosen, schrecklichen Zorn suchte der Onkel Rat bei den Suren des Korans. Bald fand er Verse, die ihn im Entschluß bestärkten, die Schamlose, die den Namen der Familie beschmutzt hatte, für immer einzusperren. Auch der frühere Ehemann, der sich in seiner männlichen Ehre noch immer tief verletzt fühlte, bestand auf einer harten Strafe. Sonst, so drohte er, werde er überall herausposaunen, wie ehrlos das Haus seiner früheren Gattin sei.

Habib brachte Tahani die traurige Kunde, Samira sei zur sogenannten »Frauenkammer« verurteilt, einer besonders grausamen Strafe. Ihr Onkel hatte im obersten Stockwerk seiner Villa eine Zelle für sie eingerichtet. Dazu hatte er die Fenster eines Raumes mit Zementblöcken vermauern und die Wände mit Isoliermaterial abdämmen lassen, damit man sie nicht schreien hörte. Um ihr das Essen in die Zelle schieben zu können, wurde unten ein Stück aus der Tür herausgesägt und für die Exkremente ein Loch in den Boden gemeißelt.

Wenn die ausländischen Handwerker neugierige Fragen stellten, hieß es, der Raum sei für eine Tochter bestimmt, die bei einem Autounfall eine Hirnverletzung erlitten habe; man müsse fürchten, sie könne sich oder anderen etwas antun.

Meine Schwestern und ich trafen uns bei Tahani, um sie zu trösten. Tahani litt unsäglich, daß ihre liebe gute Freundin auf so schreckliche Weise eingekerkert wurde. Wir alle teilten ihren Schmerz, denn Samira war eine von uns, eine saudische Frau, und schutzlos der Ungerechtigkeit preisgegeben.

Während ich endlos Rettungspläne ersann, sahen meine

älteren Schwestern die Situation realistischer. Sie hatten schon öfter ähnliche Geschichten gehört und wußten, daß es keine Hoffnung gab, Samira aus der alptraumhaften Isolation zu erretten.

Nächtelang fand ich keinen Schlaf. Gefühle der Verzweiflung und Ohnmacht verzehrten mich. Auch ich hatte Gerüchte von Frauen gehört, die zur Strafe in die Frauenkammer mußten, aber nie hatte ich beim Gedanken an sie das Bild einer wirklichen Frau vor Augen gehabt, nie ihren langen gellenden Schrei gehört. Eine Frau, die das Leben und die Hoffnung unseres Landes verkörpert hatte und die jetzt in völliger Nacht lebte, ohne die Farben und Töne, die den Menschen am Leben halten, mußte schreckliche Qualen leiden.

Ich fuhr auf beim Gedanken, daß ich schlecht geträumt hatte. Ich wollte den Alptraum abschütteln, bis ich bemerkte, daß er Wirklichkeit war. Alle, die Samira gekannt hatten, warteten vergeblich auf ein Erwachen. Sie war und blieb Gefangene in einem Kerker, aus dem es kein Entrinnen gab. Endlos ging mir die immer gleiche Frage durch den Kopf: Welche Macht auf Erden konnte sie befreien? Ich starrte in den Nachthimmel, in die funkelnden Sterne über der Wüste, und ich wußte, daß es keine Rettung für sie gab.

18. KAPITEL

Eine zweite Frau

Dienstag, den 28. August 1980 werde ich nie vergessen. Karim und ich waren damals aus Taif, dem kühlen Urlaubsort in den Bergen, nach Riad zurückgekehrt, und ich lag auf dem Sofa und ließ mir von einem philippinischen Dienstmädchen die schmerzenden Füße massieren. Unsere drei Kinder waren im Ferienlager in Dubai in den Vereinigten Arabischen Emiraten, und ich langweilte mich.

Ich ging den Stapel Zeitungen durch, die sich in den zwei Monaten unserer Abwesenheit angesammelt hatten. In der letzten Ausgabe stieß ich auf einen interessanten Artikel. Der Gouverneur von Asir, Prinz Khaled Al Faisal, hatte Maßnahmen gegen die steigenden Heiratskosten in seiner Provinz ergriffen und auf Bräute aus der Region einen Höchstbetrag festgesetzt.

Die Eltern der Braut durften nicht mehr als fünfundzwanzigtausend saudische Dollar, also siebentausend US-Dollar, für ihre Tochter verlangen. In diesem Artikel hieß es, die neue Regelung sei von Junggesellen im heiratsfähigen Alter begeistert aufgenommen worden. Im Jahr 1980 kostete eine Braut immerhin durchschnittlich hunderttausend saudische Dollar, umgerechnet siebenundzwanzigtausend US-Dollar, so daß viele junge Saudis sich keine Frau leisten konnten.

Als ich der philippinischen Dienerin den Artikel vorlas, hörte sie nur zerstreut zu. Sie interessierte sich nicht besonders für das Los der saudischen Frau, die wie ein Stück Vieh verkauft wurde: Die meisten Philipiner kämpften ums nackte Überleben und gingen davon aus, daß es uns saudischen Frauen sehr gut gehe: Wir hatten unendlich viel Zeit und Geld und konnten uns alles leisten, worauf wir gerade Lust hatten.

Ich hatte zwar selbst zwei Töchter, aber der aktuelle Brautpreis konnte mir gleich sein. Er würde keine Bedeutung haben, wenn unsere Kinder einmal heirateten. Karim und ich waren steinreich, und Geld spielte keine Rolle. Andererseits mußte ich feststellen, daß viele Männer unserer Familie rückschrittlicher geworden waren. In den eigenen vier Wänden redeten sie viel von der Freiheit der Frau, aber wenn sie Gesetze machten, sorgten sich sich sehr um den Status quo und wollten unsere Rechte möglichst beschneiden.

Meine Sehnsüchte galten einer völligen Abschaffung des Brautpreises. Wie viele Jahre würde es noch dauern, bis wir Frauen nicht mehr als Eigentum betrachtet und verschachert werden würden?

Ich war unruhig und gereizt: Meine Schwestern waren alle noch im Ausland außer meinem Liebling Sara, und sie erwartete in wenigen Wochen das vierte Kind und schlief fast den ganzen Tag.

Mein Leben, das ich in der Jugend so gut geplant hatte, war nicht wie erhofft verlaufen. Meine Tage verflossen eintönig wie die meiner Schwestern und anderer Prinzessinnen, mit denen ich befreundet war.

Da die Bediensteten den Kindern Frühstück machten und sie den Tag über versorgten, schlief ich gewöhnlich bis Mittag. Nach einem Imbiß aus frischen Früchten legte ich mich träge in die Badewanne. Nach dem Ankleiden nahm ich mit Karim oder, wenn er zu tun hatte, mit meinen Schwestern einen späten Lunch ein, danach räkelten wir uns auf Sofas und blätterten in Zeitschriften. Karim und ich hielten einen kurzen Mittagsschlaf. Anschließend ging er ins Büro oder besuchte Cousins, während ich ein paar Stunden mit den Kindern verbrachte.

Am Spätnachmittag traf ich mich meist mit anderen Frauen. Spätestens um acht oder neun Uhr kam ich nach Hause, da mein Mann und ich Wert darauf legten, daß wir mit den Kindern zu Abend aßen. Wir wollten doch wissen, was sie den Tag über getrieben hatten. Nach dem Abendessen gingen wir fast immer aus, denn in unserem exklusiven Kreis nahmen Frauen an den Gesellschaften der Männer teil. Meist stammten alle Gäste aus der königlichen Familie, aber gelegentlich begrüßten wir auch Ausländer von Rang und Namen, Außenminister oder reiche saudische Geschäftsleute und ihre Familien in unserem intimen Kreis. Da man uns die gewünschten persönlichen Freiheiten noch immer nicht gab, nahmen wir Vertreterinnen der jüngeren Generation sie uns eben mit Gewalt. Die religiösen Fanatiker waren über unsere gemischt-geschlechtlichen Zusammenkünfte zwar empört, aber sie übten auf unseren frommen König Khalid keinen Druck aus.

Wir Frauen waren auf solchen Gesellschaften immer sehr prunkvoll gekleidet, denn selten hatten wir Gelegenheit, unseren Schmuck und unsere Kleider zu zeigen. Karim und ich waren oft bis zwei oder drei Uhr morgens aus. Wenn wir uns nicht gerade im Ausland aufhielten, verliefen unsere Tage kaum einmal anders.

Immer wieder quälte mich die Frage: Sollte das alles gewesen sein?

Ich konnte mich der Wahrheit nicht länger verschließen: Ich, die temperamentvolle Sultana, war eine gewöhnliche, langweilige und träge saudische Frau ohne erfüllende Aufgabe geworden. Ich hatte das faule Luxusleben satt, wußte aber nicht, wie ich aus dem täglichen Trott ausbrechen sollte!

Nach der entspannenden Fußmassage wollte ich ein wenig im Garten spazierengehen. Als ich ihn angelegt hatte, hatte ich mich an Nuras wunderschönem Garten orientiert. Nichts beruhigte mich mehr als ein Spaziergang im kühlen Schatten des kleinen Wäldchens. Zwölf Männer aus Sri Lanka wässerten und beschnitten die Bäume und Sträucher. Wir reichen Saudis lebten in der trockensten Wüste der Welt, und doch waren unsere Paläste in üppiges Grün gebettet, das wir für Unsummen viermal am Tag mit Wasser, das vom Meer herangeschafft werden mußte, gießen ließen. Nur so konnten wir verhindern, daß die grellroten Sandmassen der Wüste unsere Städte und Gärten unter sich begruben und alle Spuren unserer Existenz verwischten. Irgendwann einmal würde die Wüste triumphieren, aber gegenwärtig waren noch immer wir die Herren des Landes.

Ich machte eine Rast an der Laube, die wir für Maha, unsere Älteste, hatten bauen lassen. Sie wurde bald fünf Jahre alt. Maha, dieses verträumte Kind, spielte mit ihren imaginären Freunden stundenlang in dieser von Wein umrankten Höhle. Sie erinnerte mich so sehr an mich selbst als Kind, hatte aber zum Glück mein aufbrausendes, rebellisches Temperament nicht geerbt. Aber Maha wurde von ihrem Vater auch geliebt und hatte gar keine Veranlassung aufzubegehren.

Ich zupfte an den Blüten der Ranken, die Mahas Lieblingsplatz überwucherten. Ihre Spielsachen lagen in wildem Durcheinander auf einem Haufen, und ich dachte lächelnd daran, wie sehr sie sich von Amani, ihrer jüngsten Schwester, unterschied, die mit ihren drei Jahren jetzt schon, ähnlich ihrer Tante Sara, ein ausgesprochen ordnungsliebendes Kind war.

Beim Gedanken an die Kinder überkam mich erneut heftig und stark die Depression. Ich mußte Gott für den gesunden Sohn und die Töchter danken, und doch stiegen mir Tränen in die Augen, als ich daran dachte, daß ich nie wieder ein Kind bekommen konnte.

Vor einem Jahr hatte ich in der Riader König-Faisal-Spezialklinik eine Routineuntersuchung durchführen lassen, und der Arzt hatte Brustkrebs festgestellt. Karim und ich waren wie vor den Kopf geschlagen. Krank waren doch nur die Alten, ich war ein Leben lang gesund gewesen und hatte ohne Komplikationen meine beiden letzten Kinder zur Welt gebracht. Inzwischen galt ich als geheilt, aber ich hatte eine Brust verloren, und die Ärzte hatten von weiteren Schwangerschaften dringend abgeraten.

Um sicherzustellen, daß der Wunsch nach weiteren Kindern nicht doch einmal über die Vernunft siegen würde, hatten Karim und ich beschlossen, daß ich mich sterilisieren ließ. Damals hatte ich so große Angst, nicht mehr miterleben zu können, wie meine Kinder heranwuchsen, daß ich lieber Mutter einer Kleinfamilie bleiben wollte. In Saudi-Arabien bekommt eine Frau gewöhnlich so lange Kinder, bis sie durch das Alter unfruchtbar wird.

Der Klang von Karims Stimme riß mich aus meinen bitteren Gedanken. Er ging mit raschen Schritten über den Rasen. Wir hatten viel gestritten im letzten Jahr, denn die Krankheit lag wie eine schwere Last auf unserer beider Leben. Ich wollte wieder die alte Sultana sein, wollte das Mädchen sein, das früher seinen Mann freudig und hingebungsvoll zum Lachen brachte. Ich lächelte, als ich sah, wie die enge Thobe den Schritt seiner langen, kräftigen Beine beeinträchtigte. Noch immer erfreute sein Anblick mein Herz.

Als Karim näher kam, sah ich seine sorgenvolle Miene. Was mochte ihn bedrücken? Ich kannte die verschiedenen Stimmungen meines Mannes: Es würde eine Weile dauern, bis er offen von seinem Kummer sprechen würde. Ich winkte ihn neben mich. Er sollte sich so dicht neben mich setzen, wie in der Öffentlichkeit erlaubt war. Solange keiner zu uns hersah, durften sich unsere Arme und Beine durch die Kleidung sogar berühren.

Karim enttäuschte mich und setzte sich ans andere Ende der Laube. Nicht einmal das Lächeln, mit dem ich ihn begrüßte, erwiderte er. Die Kinder! Es mußte etwas passiert sein! Ich sprang auf und fragte, was los sei. Er schien überrascht, daß ich mit schlechten Nachrichten rechnete. Dann aber sagte Karim etwas, das ich niemals, nicht in den schlimmsten Augenblicken, von ihm erwartet hätte.

»Sultana, ich habe vor ein paar Monaten eine Entscheidung getroffen, eine sehr schwere Entscheidung. Ich habe bis jetzt nicht mit dir darüber gesprochen, weil du so krank warst.«

Ich nickte, ohne zu wissen, was mich erwartete, erschrak aber über seine Worte.

»Sultana, du bist für mich die wichtigste Frau, die wichtigste Ehefrau, und das bleibst du auch immer.«

Ich hatte keine Ahnung, was mein Mann mir sagen wollte, aber ich wußte, daß er mir schonend etwas beibringen wollte. Ich spürte, wie ich blaß wurde. Über eines war ich mir ganz sicher: Ich ahnte und ahnte doch nicht, was er sagen wollte, und ich wollte es auch nicht hören.

»Sultana, ein Mann wie ich kann sich viele Kinder leisten. Ich hätte gerne zehn, zwanzig Kinder, so viele, wie Gott mir schenken möchte.«

Er schwieg einen Augenblick, der wie eine Ewigkeit erschien. Ich hielt den Atem an.

»Sultana, ich werde noch einmal heiraten. Diese zweite Frau soll mir nur Kinder gebären. Mehr will ich nicht, nur Kinder. Meine Liebe gehört immer dir.«

Das Hämmern in meinem Kopf übertönte alles. Ich war befangen in einer düsteren Wirklichkeit, die ich einfach nicht begriff. Nie, niemals hätte ich daran gedacht, daß diese Möglichkeit jemals Wirklichkeit werden könnte.

Karim wartete auf eine Reaktion. Zuerst konnte ich mich nicht rühren, dann aber begann ich keuchend wieder zu atmen. Langsam ging mir die ganze Bedeutung seiner Worte auf, und meine Kräfte kehrten zurück. Ich konnte nicht anders, ich stürzte mich wütend auf ihn und riß uns beide zu Boden.

Ich konnte meinen Schmerz nicht in Worte fassen. Ich zerkratzte Karim das Gesicht und trat ihn in den Unterleib. Ich wollte ihn winseln, um Gnade winseln hören und versuchte ihn in meiner Verzweiflung mit bloßen Händen zu erwürgen.

Im meiner rasenden Wut entwickelte ich ungeahnte Kräfte, und Karim gelang es nur mit äußerster Mühe, sich aus meinem Griff zu befreien, aufzustehen und mich zu überwältigen. Er mußte mich auf den Boden drücken und konnte mich nur dadurch in Schach halten, daß er sich rittlings auf mich setzte.

Meine Schreie zerrissen die Stille. Ich schrie meinem Mann solche Beschimpfungen ins Gesicht, daß die herbeieilenden Diener schreckensbleich wurden. Ich spuckte ihm wie ein wildes Tier ins Gesicht, während er mir überrascht über die Wut, die er entfesselt hatte, in die Augen starrte. Die Diener, erschreckt von der grauenvollen Szene, machten sich wieder davon und verkrochen sich im Haus und hinter den Büschen.

Dann hatte ich mich ausgetobt. Totenstille breitete sich in meiner Seele aus. Mein Entschluß stand fest. Ich sagte Karim, ich wolle die Scheidung. Ich würde die Demütigung nicht hinnehmen, würde mich mit einer zweiten Frau nicht abfinden. Karim entgegnete, eine Scheidung komme nicht in Frage. Sonst müsse seine zweite Frau unsere Kinder großziehen. Er werde es nicht zulassen, daß seine Kinder aus dem Haus gingen.

In einem Lichtblitz sah ich mein Leben vor mir: Karim, der alle Würde und allen Anstand eines zivilisierten Menschen hatte fallenlassen, nahm sich eine Frau nach der anderen. Die meisten Männer und Frauen haben ein Gespür für die Grenzen des Erträglichen. Ich hatte nicht die Gelassenheit, um mich mit dieser unerträglichen Situation abzufinden.

Karim konnte sagen, was er wollte, mich täuschte er nicht. Daß er weitere Kinder wollte, war nicht der wahre Grund, warum es ihn nach einer anderen verlangte. Die Sache war viel einfacher. Wir waren acht Jahre verheiratet, und jetzt wollte er freizügig seine sexuellen Bedürfnisse befriedigen. Offenbar hatte er die immer gleiche Kost satt, es verlangte ihn nach neuen, pikanteren Happen.

Noch wütender machte mich der Gedanke, daß Karim mich für so dumm hielt, daß ich auf die fadenscheinige Erklärung hereinfiel. Ich war bereit, mich in das Schicksal zu fügen, das Gott mir auferlegte. Aber mein Mann war nicht Gott! Ich sagte Karim, er solle mich allein lassen. Ich könne sonst für nichts garantieren.

Zum ersten Mal empfand ich Abscheu vor meinem Mann. Seine Besonnenheit und Freundlichkeit waren nur Fassade. Im Innersten war er ein berechnender Egoist. Acht Jahre hatte ich sein Bett geteilt, und jetzt war er plötzlich ein Unbekannter, ein Fremder. Ich sagte ihm, er solle mir aus den Augen gehen. Mit Ekel hatte ich entdeckt, daß hinter der Maske der Menschlichkeit in Wahrheit nur das Tier steckte.

Ich blickte Karim nach. Er schlich mit gesenktem Kopf und hängenden Schultern davon. Wie war es möglich, daß ich diesen Mann noch vor einer Stunde geliebt hatte? Alle Liebe war versiegt. Ich hatte von Karims Charakter immer eine hohe Meinung gehabt und ihn mehr geschätzt als alle Männer unserer Gesellschaft. Und doch unterschied er sich im tiefsten Inneren durch nichts von ihnen.

Natürlich, wir hatten ein schweres Jahr hinter uns. Natürlich, eine Ehe ist auch beengend und man geht sich bisweilen auf die Nerven. Aber wir hatten sieben besonders glückliche und frohe Jahre hinter uns, und nur eines war schwierig gewesen und hatte Veränderungen gebracht. Und wegen dieses einen Jahres träumte mein Mann jetzt von frischen Freuden, von einer neuen, unkomplizierten Frau.

Das Schlimmste war, daß er die Mutter seiner Kinder erpreßte. Schamlos und grausam hatte er damit gedroht, das Glück meiner heißgeliebten Kinder in die Hände einer anderen zu geben. Damit hatte ich wieder die Realität einer von Männern beherrschten Welt vor Augen.

Während in mir ein Plan heranreifte, dachte ich an meinen Mann nur noch mit Mitleid. Er hatte offenbar vergessen, wie temperamentvoll die Frau war, die er geheiratet hatte. Ich würde ihm schon zeigen, daß ich mir die Kinder nicht so einfach wegnehmen ließ.

19. KAPITEL

Flucht

Im Gegensatz zu anderen saudischen Männern bewahrte Karim die Pässe und Papiere seiner Familie so auf, daß auch seine Frau leicht an sie herankam. Seine Unterschrift konnte ich inzwischen meisterhaft fälschen, und sein Stempel stand auf dem Schreibtisch in seinem Arbeitszimmer.

Bis ich meine Gedanken geordnet hatte und ins Haus zurückgekehrt war, war Karim fort. Feige war er also auch. Bestimmt verbrachte er ein oder zwei Nächte im Palast seines Vaters.

Plötzlich mußte ich an Nuhrah denken. Vor Wut kochend stellte ich mir die Schadenfreude meiner Schwiegermutter über meine Zwangslage vor. Höchstwahrscheinlich hatte sie die zweite Frau ihres Ältesten schon ausgewählt. Bisher hatte ich mir noch keine Gedanken gemacht, wer die Neue sein könnte. Vielleicht eine junge Cousine aus der Königsfamilie? Angehörige der königlichen Familie heirateten gerne innerhalb des Hauses.

Gelassen packte ich Koffer und räumte den Geheimsafe mit Hunderttausenden von Dollars leer. Wie die meisten Angehörigen des Königshauses hatte Karim Vorsorge getroffen, denn oft brechen für Monarchien unruhige Zeiten an. Wir hatten von seinem Plan gesprochen, daß wir uns freikaufen würden, wenn die zahlreichen Schwachen die Starken jemals stürzen sollten. Ich schickte ein blutrünstiges Gebet zum

Himmel: Die schiitische Minderheit in der östlichen Provinz unseres Landes möge die sunnitische Führungsschicht stürzen. Die Vision von Karims Kopf auf einem Spieß zauberte ein Lächeln auf mein böses Gesicht.

Ich verstaute meinen kostbaren Schmuck in einer kleinen Reisetasche und bereitete in aller Ruhe die Reisepapiere vor. Schließlich war ich fertig.

Nicht einmal meinen Schwestern konnte ich mich anvertrauen, denn möglicherweise würden sie mich bei ihren Männern verraten. Und die hielten zusammen: Sie würden sofort Karim unterrichten.

Ich rief also mein zuverlässigstes Dienstmädchen zu mir, denn ich ging davon aus, daß Karim sich bei ihm als erstes nach mir erkundigen würde. Ich sagte, ich wolle für ein paar Tage nach Dschidda. Wenn mein Mann nach mir frage, solle sie ihm bitte Bescheid sagen.

Dann rief ich einen unserer Privatpiloten an, mit dem ich besonders gerne flog, und teilte ihm mit, er solle mich am Flughafen erwarten, ich wolle in der nächsten Stunde nach Dschidda. Ich rief auch in der Villa in Dschidda an und sagte den Dienstboten, ich wolle in der Stadt eine Freundin besuchen und anschließend kurz vorbeikommen. Wenn Karim anrufe und mich sprechen wolle, sollten sie sagen, ich sei bei einer Freundin. Ich würde bei erster Gelegenheit zurückrufen.

Diese Manöver sollten dazu dienen, daß Karim meine wirklichen Reisepläne möglichst lange verborgen blieben.

Auf der Fahrt zum Flughafen blickte ich erstaunt auf das dichte Verkehrsgewühl am Donnerstagabend in Riad. In unserer Stadt wimmelte es von ausländischen Arbeitern, die all die niedrigen Tätigkeiten versahen, für die sich Saudis zu schade waren. Irgendwann würden diese Unterprivilegierten genug haben von der üblen Behandlung; dann würden sie unsere Leichen den streunenden Hunden in den Straßen zum Fraß vorwerfen.

Als der amerikanische Pilot eine schwarze Gestalt auf sich zukommen sah, grinste er und winkte. Ich hatte mit ihm schon so viele Flüge hinter mir, und immer erinnerte er mich an einen der offenen, freundlichen Piloten, die Mutter und mich vor vielen Jahren zu Sara geflogen hatten. Bei der Erinnerung klopfte mein Herz, und ich sehnte mich nach der tröstenden Umarmung meiner Mutter.

Beim Einsteigen in das Flugzeug teilte ich dem Piloten mit, unsere Pläne hätten sich geändert. Unsere Tochter in Dubai sei erkrankt. Karim hätte mich gerade angerufen und gebeten, statt nach Dschidda nach Dubai zu fliegen. Er werde am nächsten Tag nachkommen, wenn es etwas Ernstes sei.

Ohne rot zu werden, log ich dem Piloten vor, wir seien überzeugt, unsere Jüngste habe nur Heimweh, und meine Gegenwart werde sie beruhigen. Lachend sagte ich, die Kinder seien schon drei Wochen weg, das sei eben zu lange für die Kleine.

Der Pilot stellte keine weiteren Fragen. Seit Jahren flog er für unsere Familie und kannte uns als glückliches Ehepaar. Er hatte keinen Grund, mißtrauisch zu werden.

Nach der Ankunft in Dubai wies ich ihn an, sich wie üblich im *Dubai Sheraton* einzuquartieren. Ich würde ihn morgen oder übermorgen anrufen und über alles Weitere informieren. Er solle sich als beurlaubt betrachten, Karim brauche ihn und das Flugzeug für einige Tage nicht. Wir besaßen drei Lear-Jets, von denen für Karim immer einer in Bereitschaft war.

Die Kinder waren begeistert vom unerwarteten Besuch der Mutter. Der Leiter des britischen Sommerlagers schüttelte mitfühlend den Kopf, als ich berichtete, die Großmutter der Kinder sei schwer erkrankt. Ich würde die Kleinen noch am selben Abend mit zurück nach Riad nehmen. Diensteifrig eilte er in sein Büro und suchte die Pässe heraus.

Beim Abschied log ich, ich hätte die Dienstboten, die mit

den Kindern nach Dubai gekommen waren, nicht erreicht. In ihrem Zimmer hätte keiner abgenommen, sie seien wohl beim Essen gewesen. Ich bat den Mann, ihnen am nächsten Morgen telefonisch mitzuteilen, daß sie vom Piloten Joel im *Dubai Sheraton* erwartet würden. Sie sollten sofort zu ihm gehen und einen Brief überbringen. Ich überreichte dem Leiter einen Brief, der an den Piloten adressiert war.

In dem kurzen Schreiben entschuldigte ich mich bei ihm persönlich für meine Notlüge. Für Karim fügte ich ein Postscriptum an. Damit er nicht auf den Piloten wütend würde, erklärte ich ihm, daß er kein Helfershelfer meiner Flucht war. So würde Joel, den auch Karim als Piloten sehr schätzte, seinen Posten bestimmt nicht verlieren.

Ich stieg mit den Kindern in die wartende Limousine, dann fuhren wir eilig zum Flughafen. Eine Stunde später ging der nächste Direktflug nach London. Ich war entschlossen zu lügen, bis sich die Balken bogen, nur um vier Plätze in der Maschine zu ergattern.

Aber ich mußte meiner Seele vor Gott keinen weiteren Schaden zufügen. Das Flugzeug war fast leer. Am Ende der heißen Sommerzeit kehren die meisten Menschen an den Golf zurück und nur wenige fliegen nach Norden. Die Kinder waren müde und stellten kaum Fragen. Ich hatte ihnen gesagt, das Ziel sei eine Überraschung.

Sie schliefen sofort ein, und ich blätterte nervös in einer Zeitschrift. Was auf den Seiten stand, nahm ich nicht auf, denn ich überlegte mir sorgfältig meinen nächsten Schritt. Mein ganzes weiteres Leben hing von den Ereignissen der folgenden Wochen ab. Dann beschlich mich das Gefühl, daß mich jemand anstarrte. War meine Flucht schon entdeckt?

Ich sah auf und blickte auf die andere Seite des Gangs. Eine arabische Frau um die Dreißig sah mich aus kalten Augen an. Sie hielt ein Mädchen von drei oder vier Jahren im Arm. Ich war erleichtert, daß mich eine Frau, und noch dazu eine Mutter beobachtet hatte, denn ihre Dienste würden Saudis nie in Anspruch nehmen. Aber ihr durchdringender finsterer Blick war rätselhaft. Ich stand auf und zwängte mich am Servierwagen vorbei. Da der Platz neben ihr frei war, setzte ich mich. Ich fragte sie, warum sie mich so anstarre, ob ich sie etwa beleidigt habe.

In ihr versteinertes Gesicht kehrte Leben ein, und fast spuckte sie mir die Worte ins Gesicht: »Ich war am Flughafen, als Sie kamen, Sie und ihre Brut.« Sie warf einen verächtlichen Blick auf meine Kinder. »Beim Einchecken haben Sie mich und mein Kind fast umgerannt!« Bitterer Haß funkelte aus ihren Augen. Dann beschimpfte sie meine Nation: »Ihr Saudis glaubt, die Welt gehöre euch!«

Der aufregende Tag hatte an meinen Nerven gezehrt. Ich war selbst überraschter als die Frau, daß ich plötzlich in Tränen ausbrach. Ich hätte einen schweren Schicksalsschlag erlitten, entschuldigte ich mich. Es sei für mich von größter Bedeutung gewesen, diesen Flug noch zu bekommen. Mit tränenüberströmtem Gesicht kehrte ich an meinen Platz zurück.

Die Frau hatte ein mitfühlendes Wesen und konnte mich nach dem Gefühlsausbruch nicht allein lassen. Behutsam legte sie ihr Töchterchen auf den Sitz und kniete sich im Gang neben mir nieder.

Ich erstarrte und drehte mich weg, aber sie näherte sich meinem Gesicht und sagte: »Bitte verzeihen Sie. Ich habe auch eine Tragödie hinter mir. Wenn ich Ihnen sage, was meiner Tochter in Ihrem Land, höchstwahrscheinlich durch einen Ihrer Landsleute, passiert ist, verstehen Sie meine Verbitterung.«

Da ich mit mehr Schrecknissen konfrontiert worden war, als die meisten in ihrem ganzen Leben, wollte ich mit keinem weiteren Unrecht belastet werden. Damit mir die Stimme nicht versagte, formte ich mit den Lippen die Worte: »Tut mir leid.« Die Frau spürte, daß ich am Rande eines Nervenzusammenbruchs stand, und ließ mich allein.

Trotzdem ließ sie nicht locker. Sie mußte ihre schlimme Erfahrung loswerden, und bevor wir in London ankamen, kannte ich den Grund ihrer Verbitterung. Ihre Geschichte vergrößerte meinen Abscheu vor der saudischen Gesellschaft, in der Frauen, ja Mädchen, ganz gleich welcher Nationalität, so mißbraucht wurden.

Widad, so hieß die Frau, kam aus dem Libanon. Viele Libanesen flohen vor dem endlosen Bürgerkrieg aus ihrem einst blühenden kleinen Land. In Saudi-Arabien und den Golfstaaten wimmelte es von arbeitssuchenden Flüchtlingen. Widads Mann gehörte zu den Glücklichen, die eine Stelle als leitende Angestellte in einer der vielen aufstrebenden Firmen Riads gefunden hatten. Nach einem glücklichen Start fühlte er sich bald so sicher, daß er seine Frau und seine kleine Tochter in die Wüstenhauptstadt nachholte.

Widad war mit ihrem Leben in Riad zufrieden. Im Libanon tobte noch immer der Bürgerkrieg, und sie hatte nicht die geringste Lust, in den Granathagel und das sinnlose Sterben in der Heimat zurückzukehren. Mit Mann und Tochter mietete sie in diesem fremden Land eine geräumige Villa, kaufte Möbel und begann ein neues Leben. Besonders beeindruckte Widad, daß es in Saudi-Arabien kaum Kriminalität gab, denn Verbrecher erwarten hohe Strafen. Ein verurteilter Dieb verliert eine Hand, ein Mörder oder Vergewaltiger den Kopf. Widad, die sich in Sicherheit wiegte, versäumte es, ihr Töchterchen vor bösen Fremden zu warnen.

Zwei Monate vor meinem Flug nach London hatte Widad nachmittags Freundinnen zu Gast. Sie freute sich, da Ausländerinnen wie saudische Frauen in meinem Land sonst wenig unternehmen können. Widad reichte Erfrischungen, und die Gäste spielten Karten. Zwei Frauen hatten Kinder dabei, mit denen Widads Tochter im Garten spielte.

Nachdem die letzte Freundin gegangen war, half Widad den beiden indischen Hausangestellten aufzuräumen. Dann klingelte das Telefon, und Widad klatschte und tratschte und merkte nicht, wie die Zeit verging. Als sie zum Fenster hinaussah, war es dunkel. Sie bat ein Dienstmädchen, das Kind hereinzuholen.

Widads Tochter war unauffindbar. Die Freundin, die als letzte gegangen war, erinnerte sich, sie habe das Kind mit einer Puppe im Arm auf dem Zaun sitzen sehen. Dann kam Widads Mann nach Hause, und die Suche in der Nachbarschaft begann. Keiner hatte das Kind gesehen.

Nach wochenlanger erfolgloser Suche konnten Widad und ihr Mann nur vermuten, daß ihr einziges Kind entführt und wahrscheinlich getötet worden war. Als Widad keine Hoffnung mehr hatte, die Tochter lebend wiederzusehen, mußte sie fort aus ihrer Villa, aus Riad, ja aus Saudi-Arabien. Sie kehrte zu ihrer Familie in den vom Bürgerkrieg erschütterten Libanon zurück. Um den Lebensunterhalt der Familie zu sichern, blieb ihr Mann in seiner Stellung in Saudi-Arabien und wohnte weiter in ihrer Villa.

Zehn Tage nach der Ankunft in Beirut hörte Widad in ihrer Wohnung lautes Klopfen an der Tür. Von den jüngsten Kämpfen der Miliz in der Nachbarschaft verängstigt, reagierte sie zunächst nicht, bis sie die Stimme des Nachbarn erkannte. Er habe Neuigkeiten von ihrem Mann aus Riad, brüllte er.

Der Nachbar hatte einen Anruf von Widads Mann bekommen. Bevor die Verbindung abriß, erfuhr er gerade noch die unglaubliche Neuigkeit: Widad solle das Schiff nach Zypern nehmen und dort sofort zur saudischen Botschaft gehen, wo ein Visum für eine weitere Einreise nach Saudi-Arabien bereitliege. Sie solle so schnell wie möglich nach Riad zurückkehren. Ihre Tochter sei am Leben! Sie sei nach Hause zurückgekehrt!

Drei lange Tage dauerte es, bis Widad per Schiff von Juneau nach Lárnax auf Zypern gelangte, die Stempel für ihr Visum erhielt und das Flugzeug nach Riad bestieg. Als sie in der saudischen Hauptstadt ankam, war die erschreckende Wahrheit, wo ihr Kind so lange gesteckt hatte, bereits ans Tageslicht gekommen.

Als Widads Mann eines Abends nach Hause gekommen war, stand seine totgeglaubte Tochter neben dem Eingangstor der Villa. Sobald er sich von seinem Schrecken erholt hatte, brachte er das Mädchen in eine Klinik. Seine größte Sorge war, es könne vergewaltigt worden sein. Nach gründlicher Untersuchung teilte der Arzt mit, das Kind sei, was die Jungfräulichkeit angehe, intakt, aber es habe eine schwere Operation hinter sich: Jemand habe dem Mädchen eine Niere entnommen.

Die Operationswunde war stümperhaft vernäht, die Ränder der Narbe wegen mangelnder Hygiene entzündet. Die Ärzte, die das Kind untersucht hatten, stellten wilde Spekulationen an, wer das Organ entnommen haben könnte. Der Eingriff war höchstwahrscheinlich nicht in Saudi-Arabien vorgenommen worden. Solche Operationen waren damals nicht üblich.

Die Polizei vermutete, ein reicher Saudi, dessen Kind dringend eine Niere benötigt hatte, habe Widads Tochter nach Indien entführen lassen. Vielleicht waren mit ihr weitere Kinder verschleppt worden, aus denen der geeignetste Spender ausgewählt worden war. Niemand konnte genau sagen, was vor der Operation passiert war. Widads Tochter erinnerte sich nur, daß aus einer schwarzen Limousine ein großer Mann ausgestiegen sei und ihr ein übelriechendes Taschentuch auf Mund und Nase gepreßt habe. Als sie erwachte, hatte sie starke Schmerzen. Sie war allein in einem Zimmer mit einer Schwester, die kein Wort Englisch sprach. Gesehen hatte sie niemanden. Bei der Entlassung wurden ihr die Augen verbunden. Nach einer langer Autofahrt fand sie sich unerwartet an der Tür zum Elternhaus wieder.

Wer das Kind auch entführt hatte, er mußte steinreich sein: Nachdem ihr Vater seine Tochter in die Arme geschlossen hatte, entdeckte er ein Beutelchen in der Hand des Kindes: Es hatte über zwanzigtausend US-Dollar und kostbaren Schmuck enthalten.

Ich verstand, daß Widad meine Landsleute verachtete, die in Luxus und Reichtum schwammen und glaubten, sie könnten mit Geld einfach alles kaufen. Sie hatten ein Kind als menschliches Ersatzteillager mißbraucht und versucht, sich das Stillschweigen der Eltern zu erkaufen! Ich starrte Widad ungläubig an, doch sie hob wortlos ihr schlafendes Kind vom Sitz und entblößte die lange rote Narbe. Widad führte mir plastisch vor Augen, wie tief Reiche moralisch sinken können.

Liebevoll sah Widad auf ihre schlafende Tochter hinab. Daß sie ihr Kind wiederhatte, grenzte an ein Wunder. Sie verabschiedete sich mit Worten, die mir den letzten Rest Stolz auf meine Heimat raubten: »Als saudische Frau haben Sie mein Mitgefühl. Ich habe kurze Zeit in Ihrem Land verbracht und gesehen, wie Ihr lebt. Sicher, Geld ebnet viele Wege, aber ein Volk wie die Saudis hat keinen Bestand.« Sie dachte einen Augenblick nach und fuhr dann fort. »Die finanzielle Not führt zwar viele Fremde nach Saudi-Arabien, aber alle, die euch kennengelernt haben, verabscheuen euch.«

Auf dem Londoner Flughafen sah ich Widad zum letzten Mal. Mit böser Miene hielt sie die Hand ihrer Tochter, die sie zur ärztlichen Behandlung hierher gebracht hatte. Diese Frau riskierte lieber ihr Leben zwischen den Autobomben Beiruts, als wieder nach Saudi-Arabien zurückzukehren, das sie als ein Land der Heuchelei und Barbarei kennengelernt hatte.

Ich verbrachte mit den Kindern die Nacht in London und nahm am nächsten Tag die Fähre über den Kanal nach Frankreich. Mit der Eisenbahn ging es weiter nach Zürich. Ich ließ die Kinder im Hotel warten, während ich das gesamte Geld vom dem Schweizer Bankkonto meines Sohnes abhob. Mit dem Wechsel über mehr als sechs Millionen Dollar in Händen wußte ich, unsere Existenz war gesichert.

Ich mietete mir einen Wagen mit Chauffeur, der uns nach Genf brachte. Von Genf aus flogen wir nach London zurück und weiter auf die Kanalinseln. Dort zahlte ich das Geld unter meinem Namen auf ein Konto ein. Das Bargeld aus dem Safe in Riad behielt ich für unsere laufenden Ausgaben. Wir flogen nach Rom weiter und ließen uns von einem Chauffeur nach Paris fahren.

Am Pariser Stadtrand mietete ich unter falschem Namen eine Villa und stellte eine Haushälterin, einen Fahrer und einen Leibwächter ein. Nach dieser Odyssee würde Karim uns sicher nicht finden.

Einen Monat später überließ ich die Kinder der Obhut der Haushälterin und flog nach Frankfurt. In einer Bank sagte ich, ich sei aus Dubai und wolle eine hohe Summe anlegen. Ich wurde bevorzugt behandelt und sofort ins Büro des Bankdirektors geführt. Ich zog bündelweise Banknoten aus der Handtasche und stapelte das Geld auf dem Schreibtisch des entgeisterten Direktors.

Während er das Geld anstarrte, sagte ich, ich müsse meinen Mann anrufen, er sei auf einer Geschäftsreise in Saudi-Arabien, selbstverständlich würde ich für das Telefonat zahlen. Ich legte fünfhundert US-Dollar auf den Tisch. Der Bankdirektor stand rasch auf, schlug fast die Hacken zusammen und sagte, ich solle mir so viel Zeit lassen, wie ich benötige. Er sei vom Gang aus drei Türen weiter, falls ich ihn brauchte; dann schloß er die Tür.

Ich rief Sara an. Das Baby mußte inzwischen da sein, und

höchstwahrscheinlich war meine Schwester zu Hause. Ich atmete auf, als ein Dienstbote den Hörer abnahm: Gewiß, die Herrin des Hauses sei da.

Sara schrie vor Erleichterung auf, als sie meine Stimme hörte. Ich fragte rasch, ob ihr Telefon abgehört werde, und sie meinte, das sei durchaus möglich. Karim sei außer sich vor Sorge, sprudelte sie hervor. Er habe mir von Dubai bis nach London nachgespürt, dort aber meine Spur verloren. Er habe die Familie über alles informiert und sei völlig zerknirscht. Er wünsche sich nichts mehr, als daß ich mit den Kindern nach Hause komme, und er wolle sich mit mir aussprechen!

Ich bat Sara, meinem Mann eine kurze Nachricht zu überbringen. Er solle wissen, daß ich ihn verachte. Er würde uns nie wiedersehen! Ich sei in einem anderen Land und hätte für mich und die Kinder die Staatsbürgerschaft beantragt. Wenn ich unter dem Schutz des fremden Staates stünde, würde ich meine Schwestern unterrichten, wo ich sei. Er aber würde es nie erfahren. Um Karim noch mehr weh zu tun, bat ich Sara, ihm auszurichten, Abdullah, sein Ältester, wünsche zu ihm keinen Kontakt mehr.

Das Thema Karim war damit beendet. Erfreut erfuhr ich, daß Sara einen Sohn bekommen hatte. Allen gehe es gut, nur Vater und Ali seien bitterböse und verlangten, daß ich nach Riad zurückkehre und mich den Wünschen meines Mannes beuge. Ich hatte von den Männer meiner Familie nichts anderes erwartet.

Sara versuchte mich zu besänftigen und fragte, ob ich mich nicht lieber mit einer zweiten Frau abfinden wolle, statt ein Leben im Exil zu führen. Ob sie selbst Assad dieses Zugeständnis machen würde, wollte ich wissen. Ihr Schweigen war Antwort genug.

Nach dem Anruf packte ich das ganze Geld wieder in die Tasche und verließ unbehelligt das Bankgebäude. Ein wenig schämte ich mich schon wegen der Betrügerei, aber einen

Anruf von einem Münzfernsprecher hätte ich nicht riskieren können. Karim hatte in der Telefonzentrale in Riad vielleicht Fangschaltungen einrichten lassen und hätte so herausbekommen, aus welchem Land ich angerufen hatte.

Während mir Saras Worte noch in den Ohren klangen, mußte ich lächeln. Mein Plan funktionierte. Aber Karim sollte noch mehr Qualen leiden. Er würde einige Zeit brauchen, bis ihm wirklich klarwerden würde, daß ein Leben als eine Frau neben anderen für mich niemals in Frage kam, egal um welchen Preis.

Die Kinder bekamen von unserem Ehedrama nichts mit. Ich hatte ihnen eine glaubwürdige Geschichte erzählt: Ihr Vater sei für mehrere Monate auf einer Geschäftsreise im Orient. Wir bräuchten uns nicht in Riad zu langweilen und sollten das Landleben in Frankreich genießen. Abdullah wollte wissen, warum sein Vater nie anrief, aber ich lenkte ihn mit Unterricht und allerlei geselligen Aktivitäten ab. Kinder sind anpassungsfähiger, als wir uns vorstellen können. Die beiden Mädchen waren noch zu klein, um sich vorstellen zu können, daß etwas Schreckliches passiert war. Das viele Reisen waren sie gewohnt, nur der Vater fehlte ihnen, aber ich bemühte mich nach Kräften, den Verlust auszugleichen.

Um mich selbst zu trösten, führte ich mir die Alternativen vor Augen. Ein Leben in Riad mit Eltern, die dauernd zankten, kam für sie nicht in Frage. Ein Leben ohne die Mutter wäre wider die Gesetze der Natur. Wenn Karim tatsächlich eine andere heiratete, wäre ich durchaus fähig, ihn umzubringen. Und was nutzte ich meinen Kindern, wenn man mir den Kopf abschlug! Einen Augenblick lang stellte ich mir die scharfe Klinge des Richtschwerts vor und erschauerte beim Gedanken, ich könnte den kühlen Stahl eines Tages zu spüren bekommen. Ich war mir des Glücks, dem Königshaus anzugehören, durchaus bewußt. Wie Ali vor vielen Jahren konnte auch ich mich aus rechtlich und moralisch bedenklichen Situationen herauswinden, ohne daß die Religionsgelehrten eingriffen. Wäre in meinen Adern kein königliches Blut geflossen, hätte mein Leben nach allem, was ich getan hatte, in einem Hagel von Steinen enden können. Doch Angehörige des Königshauses tragen Skandale nicht an die Öffentlichkeit; niemand außer den Familienangehörigen würde von meiner Flucht erfahren. Nur Karim konnte meinen Tod fordern, und dazu, da war ich mir sicher, hätte er bestimmt nicht den Mut.

Einmal im Monat rief ich Sara an. Unruhig verbrachte ich die Tage und Nächte der langen Trennung von Familie und Heimat. Aber all die Mühsal würde sich auszahlen. Mit Entschlossenheit und Ausdauer wollte ich Karim dazu zwingen, seine Pläne zu ändern und unser Leben nicht durch andere Ehefrauen zu zerstören.

Fünf Monate nach der Flucht erklärte ich mich zu einem Telefonat mit Karim bereit. Ich flog eigens nach London, um dieses Gespräch zu führen. Anschließend war ich überzeugt, daß er vor Sehnsucht nach mir und den Kindern verging. Jetzt trat mein Plan in die zweite Phase. Er würde mir in die Falle gehen.

Wir vereinbarten für kommendes Wochenende ein Treffen in Venedig. Er war bestürzt, als ich mit vier bulligen deutschen Leibwächtern am Treffpunkt erschien. Ich erklärte ihm, daß ich auf sein Wort nichts mehr gäbe. Er hätte ja Kidnapper anheuern und mich nach Riad verschleppen können, um mich unserem Unrechtssystem zu überantworten! Karim wurde rot. Er beteuerte, er schäme sich; ich dachte, er sei wütend, weil er mit seiner Frau nicht fertig wurde.

Wir beendeten die verfahrene Situation mit einem Kompromiß. Ich würde nach Riad zurückkehren, wenn Karim ein rechtsgültiges Papier unterzeichnete: Er verpflichte sich, während unserer Ehe keine weitere Frau zu heiraten. Sollte er sein Wort brechen, seien wir geschieden. Ich bekäme das Sorgerecht für die Kinder und die Hälfte seines Vermögens. Außerdem würde ich über das Geld verfügen, das ich vom Schweizer Bankkonto unseres Sohnes abgehoben hatte. Karim würde für Abdullah wieder die gleiche Summe anlegen und zudem je eine Million Dollar auf Schweizer Konten für unsere Töchter einzahlen. Ich würde unsere Pässe und Papiere behalten, damit wir jederzeit uneingeschränkt reisen konnten.

Ich teilte Karim mit, ich würde mit den Kindern noch einen Monat in Europa bleiben, bis die Papiere unterzeichnet seien. Er wisse jetzt, wie entschlossen ich sei. Bei genauerer Überlegung sei die Sehnsucht nach mir vielleicht doch nicht so groß. Jedenfalls sei das mein letztes Wort. Karim zuckte zusammen. So hart hatte er mich selten erlebt.

Ich begleitete ihn noch zum Flughafen. Mein Mann flog bedrückt ab, und ich war weniger zufrieden, als ich nach dem überwältigenden Sieg des größten Spiels in meinem Leben erwartet hatte. Ich mußte feststellen, daß es wenig Freude macht, einen Menschen zum richtigen Verhalten zu zwingen.

Nach einem Monat rief ich Karim an, um seine Entscheidung zu hören. Ich sei seine Kraft, sein Leben, bettelte er. Er brauche seine Familie, alles solle so werden wie früher. Ich sagte ihm unverblümt, er könne nicht gedankenlos eine Liebe zerschneiden und meinen, die Wunde heile ohne Narbe ab. Wir waren so glücklich gewesen, hatten uns geliebt, hatten eine Familie und unendlich viel Geld. *Er* hatte das zerstört, nicht ich.

Ich kehrte nach Riad zurück. Mein Mann erwartete mich mit zitternden Lippen und zaghaftem Lächeln. Abdullah und seine Schwestern sahen jubelnd ihren Vater wieder. Das Glück meiner Kinder rief auch in mir langsam Freude wach.

Doch dann fühlte ich mich fremd in meinem Zuhause,

lustlos und unglücklich. Zu viel war geschehen, als daß ich wieder die Sultana von vor einem Jahr sein konnte. Ich brauchte ein echtes Ziel, eine Aufgabe. So beschloß ich, wieder zur Schule zu gehen. Es gab in meinem Land nämlich inzwischen Hochschulen für Frauen. Ich wollte die Normalität des Lebens entdecken und den sinnlosen Alltag der Prinzessin vergessen.

Was Karim betraf, so konnte ich nur hoffen, daß ich mit der Zeit vergessen würde, was er mir angetan hatte. Ich hatte mich verändert in der Zeit, in der ich erbittert gegen eine Rivalin in meiner Ehe gekämpft hatte. Karim war der wichtigste Mensch in meinem Leben gewesen, doch dann hatte er mit dem Gedanken an eine zweite Frau das innige Band zwischen uns fast durchschnitten. In unserer Liebe fehlte ein wichtiger Teil. Jetzt war er nur noch der Vater meiner Kinder, kaum mehr.

Karim und ich versuchten, das Nest wieder herzurichten und den Kindern die Geborgenheit zu geben, die so wichtig war. Er sagte, der Verlust unserer Liebe schmerze ihn, und er bemühe sich redlich, meine Achtung zurückzugewinnen. Wenn ich ihm aber nie verzeihe, dann setze ich unser und der Kinder Glück aufs Spiel. Ich sagte etwas darauf, aber ich wußte, daß er recht hatte.

Der Schock des Krieges war überwunden, aber der Frieden schmeckte bitter. Oft dachte ich über die Wunden nach, die ich mir in meinem kurzen Leben geholt hatte. Da sie mir alle von Männern geschlagen worden waren, konnte ich keinem von ihnen mehr Hochachtung entgegenbringen.

20. Kapitel

Die große weiße Hoffnung

Dann kam der August 1990.

Karim und ich gaben eine glanzvolle Abendgesellschaft in unserer Villa in Dschidda und amüsierten uns mit zwanzig Gästen, als oben auf der Treppe zum ersten Stock unser Sohn Abdullah erschien: Saddam Hussein sei in Kuwait einmarschiert! Er habe die BBC in seinem Kurzwellenempfänger. Nach langem, bestürztem Schweigen lief ein ungläubiges Raunen durch die Menge.

Ein arabisches Bruderland war dabei, das andere zu annektieren. Kaum ein Saudi hätte mit Saddams Einmarsch in das Emirat gerechnet, auch nicht die Angehörigen des Königshauses, die wie Karim an den Verhandlungen zwischen dem Irak und Kuwait teilgenommen hatten. Die Gespräche waren am gleichen Tag, dem 1. August 1990, in Dschidda ohne Ergebnis zu Ende gegangen. Der kuwaitische Kronprinz Scheich Saud Al Abdullah Al Salem Al Sabah war soeben voller Hoffnung, daß ein Krieg doch noch abgewendet werden könnte, wieder in die Heimat zurückgekehrt.

Unser Sohn rief, irakische Truppen rückten auf Kuwait-Stadt vor, und dadurch wurde uns der Ernst der Lage voll bewußt. Ich fragte mich, ob die Al Sabahs, die Mitglieder dieses riesigen Herrscherhauses, wohl mit dem Leben davonkämen. Als Mutter dachte ich vor allem an ihre Kinder.

Ich beobachtete Karims Gesicht am anderen Ende des überfüllten Raumes. Hinter seiner ruhigen Fassade bebte er vor Zorn. Die Iraker hatten ihr Wort gebrochen, und unsere Regierung hatte die Gefahr heruntergespielt. Der Haß, der in Karims braunen Augen glomm, jagte mir einen Schauer den Rücken hinab. Sicher würden er und die anderen Al Sauds unsere Gesellschaft bald verlassen und zu einer hastig einberufenen Familienkonferenz eilen.

Karim hatte häufig vom barbarischen Baath-Regime im Irak gesprochen. Oft hatte er gesagt, die Iraker seien von Natur aus aggressiv und neigten auch im Privatleben zur Gewalt. Das erkläre vielleicht auch, warum sich eine ganze Nation dieser brutalen Herrschaft unterwerfe.

Ich selbst hatte wenig Ahnung von der aktuellen politischen Lage in unserem Teil der Welt. Die saudischen Nachrichten werden zensiert, und die Männer erzählen ihren Frauen nur wenig von ihrem politischen Tun. Allerdings erinnerte ich mich an eine Begebenheit, die Karims Meinung bestätigte: Vor Jahren saßen er, Assad, Sara und ich mit einem Iraker, den wir zufällig kennengelernt hatten, beim Abendessen in einem Londoner Restaurant und hörten ihm fassungslos zu: Er prahlte damit, er habe seinen Vater im Streit um Geld umgebracht.

Er hatte ihm den Gewinn aus einem Geschäft in Paris geschickt. Der Vater, ein Witwer, hatte sich in eine Frau aus einem Dorf verliebt und verschwendete das Geld für teure Geschenke. Als der Sohn zu Besuch in den Irak zurückkehrte, hatte der Vater alles durchgebracht. Der Sohn wußte, was zu tun war: Er erschoß seinen Vater.

Karim schrie im Restaurant vor Empörung laut auf. Der Iraker wunderte sich über die bestürzte Reaktion: »Er hat schließlich mein Geld verpraßt! Mein Geld!« Seiner Ansicht nach war das Grund genug, seinen Vater zu erschießen.

Für Karim war die Tat so unglaublich und abstoßend, daß er ganz gegen seine sanftmütige Art aufsprang und den Iraker von unserem Tisch wies. Der Mann verschwand sofort. Karim zischte, eine solche Haltung sei nicht ungewöhnlich im Irak, aber ich mochte nicht so recht glauben, daß ein Volk den Vatermord toleriert.

Wie alle Saudis verehrte Karim seinen Vater und hatte vor ihm größte Achtung. Nie wäre er auf den Gedanken gekommen, etwas gegen ihn zu sagen oder ihm auch nur den Rükken zuzukehren. Oft sah ich, wie Karim das Zimmer seines Vaters rückwärts verließ.

Mir war beispielsweise, obwohl ich – wie die meisten Menschen im arabischen Kulturkreis – sehr stark rauche, das Rauchen in seiner Gegenwart verboten.

Als Mitglied des Herrscherhauses, das mit einem anachronistischen Recht unser Land regierte, interessierte sich Karim brennend für alle politischen Bewegungen, die im Nahen Osten zum Sturz eines Monarchen geführt hatten. In der arabischen Geschichte waren viele Könige ohne großes Aufhebens gestürzt und zahlreiche von Kugeln durchsiebt worden. Karim befürchtete auch für unser Land Unruhen.

Wie die meisten Araber schämte er sich zutiefst über die Kriege, die zwischen Muslimen immer wieder geführt wurden. Die Saudis hatten ihre Waffen größtenteils niedergelegt, nachdem sich die einzelnen Stämme zum Vereinigten Königreich zusammengeschlossen hatten. Unsere Männer vergießen nicht mehr das Blut der Feinde; sie siegen auf zivilisiertere Art, indem sie sich die Macht kaufen.

An diesem Abend im August aber brach der Wahnsinn eines wirklichen Krieges in unser Leben ein. Während unsere Männer davoneilten, um wichtige diplomatische Entscheidungen zu treffen, riefen wir Frauen, Abdullah solle seinen Kurzwellenempfänger ins Wohnzimmer stellen. Obwohl Informationen nur spärlich flossen, bekamen wir mit, daß sich die Lage für die unglücklichen Kuwaiter dramatisch zugespitzt hatte. Das Land sei besetzt, erfuhren wir noch in der

Nacht. Unser Land würde von Tausenden von Flüchtlingen überschwemmt werden. Aber wir Saudis schienen außerhalb der Gefahrenzone. Wir sorgten uns nicht um unsere persönliche Sicherheit und hatten keine Angst. Dann aber rückten Saddams Soldaten näher an unsere Grenzen heran, und in unserem Land kursierten Gerüchte, er wolle zwei Nachbarn auf einmal schlucken!

Saudische Staatsbürger aus dem Osten des Landes schlossen sich dem Flüchtlingszug der Kuwaiter an. Alarmierte Verwandte riefen uns an und berichteten aufgeregt, Riad sei überschwemmt von Tausenden verzweifelter Menschen. Bald fühlten sich viele Saudis in Riad nicht mehr sicher. Die Flüge nach Dschidda waren ausgebucht, die Straßen überfüllt. Unser verschlafenes Königreich stand Kopf!

Sara und ich erfuhren begeistert, daß kuwaitische Frauen, die sich in ihrer Heimat hinters Steuer setzen und unverschleiert ausgehen durften, mit nackten Gesichtern durch die Straßen der Hauptstadt fuhren! Keine Frau aus dem Westen kann sich unsere zwiespältigen Gefühle vorstellen. Wir waren hin und her gerissen. Wir freuten uns, wir staunten und waren zugleich schockiert! Waren die wesentlichen Bestandteile unseres Lebens, der Schleier und saudische Bräuche, nur eitler Tand, den man in der Hitze eines Gefechtes einfach beiseite warf? Diese kuwaitischen Frauen hatten es so leicht gehabt im Leben, und so schwer trugen wir am Joch der Männerherrschaft. Wir spürten den giftigen Stachel des Neides! Wir bedauerten diese Frauen, die ihre Heimat, ihr Zuhause und ihre Lieben verloren hatten, und doch waren wir empört über die Arroganz, mit der sie uns die Lächerlichkeit unseres Puritanismus vor Augen führten. Wie hungerten wir nach den Rechten, die ihnen in den Schoß gefallen waren!

In diesen schwarzen Tagen im August kam jede Minute ein neues Gerücht in Umlauf. Dann bestätigte Karim das letzte Gerücht und ich wußte, daß in unserem Land nichts mehr sein würde wie früher: Der König hatte der Stationierung fremder Truppen auf saudischem Territorium zugestimmt!

Das Eintreffen amerikanischer Truppen gab den kühnsten Träumen saudischer Feministinnen Auftrieb. Kein Saudi hätte sich je eine Frau in Uniform vorstellen können, und jetzt schützten uniformierte Frauen Saudi-Arabien, die letzte Bastion der männlichen Tyrannei. Das war unvorstellbar! Die Religionsgelehrten waren außer sich und prophezeiten unserem Land den Untergang.

Das Chaos in unserem Leben war ungeheuer. Kein Erdbeben hätte das Königreich stärker erschüttern können.

Während ich mich über die Wendung der Ereignisse freute und an positive Veränderungen glaubte, empfanden viele saudische Frauen nur Empörung und Abscheu. Einige, ich lachte über sie, hatten Angst, sie würden ihre Männer an diese fremden Frauen verlieren! Ihre Ängste waren nicht ganz aus der Luft gegriffen: Die meisten saudischen Frauen müssen fürchten, daß ihre Männer, wenn sie in den Westen reisen, den Lockungen des Lasters erliegen. Viele meiner Freundinnen trösteten sich mit dem Gedanken, daß nur eine Prostituierte oder eine Frau ohne Vorzüge sich so weit erniedrigen könne, das Quartier mit fremden Männern zu teilen. Es wurde gemunkelt, die Amerikanerinnen seien nur deshalb in der Armee geduldet, weil sie die Soldaten vor dem sexuellen Notstand bewahrten.

Wir brachten diesen Amazonen, die sich uniformiert und bewaffnet in ein fremdes Land wagten, sehr gemischte Gefühle entgegen. Wir hatten nicht gewußt, daß es in den amerikanischen Streitkräften überhaupt Frauen gab. Die Zensur enthält den Bürgern unseres Landes Nachrichten über Frauen vor, die über ihr Leben selbst bestimmen können. Und wenn wir gelegentlich ins Ausland reisen, besuchen wir Einkaufsviertel und nicht Militärbasen. Assad brachte Sara unzensierte Ausgaben amerikanischer und europäischer Zeitschriften und Zeitungen mit, und wir waren erstaunt, daß die weiblichen Soldaten meist sehr attraktiv waren. Viele hatten sogar Kinder! So viel Freiheit übertraf unser Vorstellungsvermögen. Zu unseren bescheidenen Zielen gehörte nur, den Schleier ablegen, Auto fahren und arbeiten zu dürfen.

Wir Frauen Arabiens machten eine seelische Berg- und Talfahrt durch. Wir haßten diese Ausländerinnen, ob Kuwaitinnen oder Amerikanerinnen, in unserem Land, und zugleich hätten wir die kuwaitischen Frauen dafür umarmen können, daß sie unsere Tradition, seit Jahrhunderten durch das Patriarchat bestimmt, offen mißachteten. Auch sie waren konservativ, aber sie hatten sich dem Wahnsinn der Männerherrschaft nicht völlig unterworfen. Immer wieder wich unser Neid der Bewunderung, daß diese Frauen allein durch ihre Haltung den Status aller muslimischem Frauen gehoben hatten. Dagegen hatten wir in Saudi-Arabien nur geklagt und für die Verbesserung unserer Lebensqualität kaum gekämpft. Was hatten wir falsch gemacht? Wie hatten sie ihre Schleier abgelegt und sich die Freiheit, ein Auto zu steuern, genommen?

Wir erlitten die Qualen des Neides und erlebten zugleich die Ekstase. Völlig verwirrt über die äußeren Ereignisse, trafen wir uns täglich und diskutierten über den plötzlichen Wandel und das erwachende Interesse an der Misere saudischer Frauen. In der Vergangenheit wagten nur wenige von uns, ihren Wunsch nach Reformen laut zu äußern. Für eine Revolte waren die Aussichten auf Erfolg zu gering und die Strafen zu hart. Denn unser Land war die Wiege des Islam, wir Saudis waren die »Bewahrer des Glaubens«. Um unsere Scham über unsere Unterdrückung zu überspielen, verwiesen wir gegenüber unseren kuwaitischen Schwestern oft stolz auf unser einzigartiges Erbe: Wir saudischen Frauen hielten vor aller Augen die Symbole des muslimischen

Glaubens hoch! Dann aber warfen saudische Frauen aus der Mittelschicht plötzlich die Ketten ab. Sie forderten die Fundamentalisten heraus und riefen die Welt auf, zusammen mit den bedrängten Kuwaitern auch sie zu befreien!

Dann rannte Sara schreiend zu mir in den Palast, und ich begann am ganzen Leib zu zittern. Giftgas, schoß es mir durch den Kopf, Giftgas verseuchte die Luft, die meine Kinder atmeten! Hatten die Truppen, die unser Land beschützten, ein feindliches Flugzeug mit Giftgasbomben übersehen? Ich hielt den Atem an und rührte mich nicht, wußte nicht, wohin oder was tun. Ich rechnete damit, daß ich mich im nächsten Augenblick am Boden winden und den letzten Gedanken denken würde. Ich fluchte über meinen Leichtsinn! Hätte ich nur auf Karim gehört und die Kinder nach London gebracht, weit fort von der Gefahr eines langsamen qualvollen Todes.

Endlich drangen Saras Worte durch die Mauer der Angst, und was ich hörte, klang wie eine festliche Hymne in meinen Ohren. Assad habe gerade angerufen, saudische, richtige saudische Frauen paradierten hinter dem Steuer von Autos durch die Straßen von Riad!

Ich jauchzte auf, umarmte Sara und tanzte mit ihr im Zimmer herum. Meine Jüngste kam herein und weinte ängstlich, weil die Mutter sich mit der Tante schreiend auf dem Boden wälzte. Ich nahm sie tröstend in die Arme, versicherte, wir benähmen uns nur aus Freude so albern. Meine Gebete waren erhört worden. Durch die Amerikaner in unserem Land würde das Leben für uns auf wunderbare Weise anders!

Karim stürzte betroffen zur Tür herein. Was passiert sei, er habe bis in den Garten unsere Schreie gehört.

Wußte er es noch nicht? Die Frauen hatten ein erstes Tabu gebrochen: Sie verlangten das Recht, Auto zu fahren! Karims Reaktion dämpfte unsere Freude. Ich kannte seine Ansicht in dieser Frage. Unsere Religion, pflegte er zu sagen, mache zu diesem Punkt keine Aussage. Wie viele andere Saudis hatte er das Fahrverbot für saudische Frauen schon immer für unsinnig gehalten.

Mit matter Stimme entgegnete mein Mann völlig überraschend: »Genau solche Aktionen von euch Frauen wollten wir vermeiden! Wir mußten den Fanatikern jedes Zugeständnis abringen! Sie fürchten sich vor allem davor, daß unsere Entscheidungen zu mehr Rechten für Frauen führen.« Er hielt inne. »Was ist dir wichtiger, Sultana«, rief er, »Soldaten, die unser Leben vor dem Irak schützen, oder in solchen Zeiten ein bißchen Auto fahren!«

Ich war wütend auf Karim. So oft hatte er gegen die alberne Sitte gewettert, durch die wir Frauen ans Haus gefesselt sind. Und jetzt hatte er Angst vor den Religionsgelehrten, diese feige Seele. Wie sehnte ich mich nach einem Kämpfer als Mann! Nach einem Mann, der beseelt war vom glühenden Wunsch nach Gerechtigkeit.

Wütend zischte ich ihn an, Bettler könnten sich nicht aufs Warten verlegen. Welcher Luxus, Zeit und Ort zu wählen! Wir mußten jede Gelegenheit beim Schopf packen. Jetzt war unsere Zeit da. Karim solle zu uns halten. Der König werde nicht stürzen, nur weil auch Frauen auf unseren Straßen Autos lenkten!

Karim war in diesem Augenblick wütend auf alle Frauen, und er meinte nur barsch, der Vorfall werfe die Sache der Frauen um Jahrzehnte zurück. Unsere Freude werde in Trauer umschlagen, wenn wir sähen, welche Strafen diese Närrinnen erwarteten. Irgendwann dürften auch Frauen Auto fahren, meinte er, aber jetzt sei nicht der rechte Augenblick für diesen Aufstand.

Karim hatte uns diesen kleinen Augenblick der Freude genommen. Ich fauchte ihm wie eine Katze nach, und jäh erstarb das Lächeln auf Saras Lippen. Sie tat Karims Worte verächtlich ab: Die Männer in unserer Familie schwatzten doch immer von den Rechten der Frau, aber in Wahrheit seien sie nicht anders als die Fanatiker. Sie hätten ihre Frauen doch alle gern unter Kuratel. Wenn sie es ehrlich meinten, hätten sie unser schweres Los schon längst etwas erleichtert. Unsere Männer und Väter gehörten der Königsfamilie an, die das Land beherrschte. Wenn sie uns nicht helfen konnten, wer dann?

»Die Amerikaner«, sagte ich lächelnd. »Die Amerikaner.«

Karims Worte stellten sich als richtig heraus. Die siebenundvierzig mutigen jungen Frauen, die gegen das inoffizielle Fahrverbot für Frauen demonstriert hatten, hielten als Sündenböcke für alle Klagen her, die an die Mutawas herangetragen wurden. Diese Frauen aus der Mittelschicht, Lehrerinnen und Studentinnen, Vordenkerinnen und Frauen der Tat, bezahlten die mutige Aktion mit ihrem Lebensglück: Man nahm ihnen die Pässe ab, warf sie aus den Arbeitsstellen und schikanierte ihre Familien.

Beim Bummel durch ein Einkaufszentrum hörten Sara und ich, wie junge strenggläubige Studenten Passanten gegen sie aufhetzten. Verkommene Weiber seien das, die ihr Geld als Huren verdienten. Männer, die es wissen mußten, hatten sie in der Moschee angezeigt! Meine Schwester und ich standen vor dem Schaufenster und hörten den jungen Fanatikern zu, die laut gegen den Westen hetzten, der die Saudis noch alle ins Verderben stürzen werde!

Ich wollte diese Frauen kennenlernen, wollte mit ihnen den Triumph genießen. Als ich Karim meine Absicht äußerte, reagierte er sehr verärgert. Er werde mich einsperren, wenn ich versuche, diesen hirnverbrannten Blödsinn in die Tat umzusetzen. In dem Augenblick haßte ich meinen Mann, denn ich wußte, daß er die Drohung wahrmachen würde. Er hatte rasende Angst um unser Land und fürchtete, wir Frauen könnten dem Königshaus schwer schaden.

Nach wenigen Tagen faßte ich Mut und versuchte, diese tapferen Frauen ausfindig zu machen. Ich fuhr noch einmal ins Einkaufszentrum. Dort entdeckte ich eine Gruppe von Männern, die im Kreis herumstanden. Ich schickte meinen philippinischen Chauffeur vor. Er sollte sagen, er sei Muslim (es gibt viele muslimische Philipiner in Saudi-Arabien) und wolle die Liste mit den Telefonnummern der »gefallenen Frauen«, um bei ihren Vätern oder Ehemännern gegen ihr Verhalten zu protestieren.

Der Fahrer kam mit der Liste zurück. Ich verbot ihm, Karim etwas zu sagen. Im Gegensatz zu arabischen Bediensteten halten sich Philipiner aus Familienstreitigkeiten lieber heraus und verraten Frauen nicht, wenn sie sich kleine Freiheiten nehmen.

Auf dem Blatt standen dreißig Namen und Telefonnummern. Mir zitterte die Hand, als ich die erste Nummer wählte. Ich versuchte es mehrere Wochen immer wieder und hatte nur drei Mal Erfolg. Was ich auch sagte, es hieß sofort, ich hätte mich verwählt. Die Familien waren so lange schikaniert worden, bis sie sich verleugnen ließen oder gar nicht erst abnahmen.

Ali kam kurz bei uns vorbei. Er war mit seinen vier Frauen und neun Kindern auf dem Weg ins Ausland. Sie wollten für ein paar Wochen nach Paris. Mein Bruder behauptete, er hätte gern gegen die Iraker gekämpft, habe aber zu viele geschäftliche Verpflichtungen. Daß er ihnen nachkomme, sei für unser Land wichtiger als ein einzelner Soldat. Er müsse seine Pflicht tun und Saudi-Arabien verlassen.

Mein Bruder wollte nur das Ende des Krieges im sicheren Ausland abwarten, aber ich hatte an diesem Tag keine Lust, mich auf eine Diskussion mit dem Feigling einzulassen. So lächelte ich nur und wünschte gute Reise.

Auf die Autofahrerinnen kamen wir nur deshalb zu sprechen, weil Ali provozierend andeutete, eine Demonstrantin sei von ihrem Vater getötet worden, weil sie Schande über die Familie gebracht habe. Der Vater hatte geglaubt, er und die übrige Familie werde von den religiösen Fanatikern in Ruhe gelassen, wenn er seine Tochter hinrichte. Ali lächelte. Wie ich ihn haßte. Er paßte gut in ein Land, in dem Frauen vor ihm im Staub liegen. Bis zum Schluß würde er darum kämpfen, daß Frauen unterdrückt blieben, denn eine starke Frau mit Charakter jagte ihm fürchterliche Angst ein.

Als ich Karim nach dem Vorfall fragte, behauptete er, er wisse nichts davon und ich solle das alles vergessen. Die Sache gehe uns nichts an. Überraschen würde ihn eine solche Tat allerdings nicht: Die Familien hätten unter den Unruhestifterinnen ganz schön gelitten. »Ich habe es dir ja gesagt«, erinnerte er selbstgefällig an seine Prophezeiung am Tag der Proteste. Gab es in diesem Land nicht einen Mann, der die Fesseln der Frauen lockern wollte?

Das Gerücht vom Tod der jungen Demonstrantin hielt sich hartnäckig und wurde bis heute weder dementiert noch bestätigt; es hängt über uns Frauen als unverhohlene Drohung der schlimmsten Strafe, mit der die Mutigen unter uns rechnen müssen.

Der Krieg, vor dem wir so große Angst hatten, kam und ging. Unsere Soldaten kämpften und starben, aber von Karim erfuhr ich, daß sie sich nicht sehr tapfer schlugen. Die Alliierten hielten es sogar für notwendig, den Saudis die Wahrheit über ihre Soldaten vorzuenthalten, um sie nicht zu kränken. Schamrot erzählte mir mein Mann, wie sie vor dem Feind davongelaufen seien. Nur auf einige tapfere Piloten konnten wir stolz sein.

Assad meinte, wir bräuchten uns deshalb nicht zu schämen, wir müßten vielmehr erleichtert sein. Eine starke Armee bedeute für uns ein persönliches Risiko. Der Thron könne ins Wanken geraten, wenn die Militärmaschinerie wirklich funktioniere. Eine tüchtige Armee könne jeden König in der arabischen Welt stürzen, denn die Menschen wünschten die Demokratie als Staatsform. Unsere Familie hätte das schon am eigenen Leib verspürt; deshalb züchte sie eine Armee von Feiglingen heran. Das Königshaus, die Herrscher über das Land, sorge klugerweise dafür, daß die saudischen Soldaten undiszipliniert und schlecht organisiert seien.

Letztlich nahm uns der Krieg jede Hoffnung auf eine tiefgreifende Veränderung der Stellung der Frau in Saudi-Arabien. Der Konflikt, der viele Beobachter aus der ganzen westlichen Welt veranlaßte, sich eingehend mit den Problemen unserer Gesellschaft auseinanderzusetzen, war viel zu schnell vorbei. Mit der Macht unseres Feindes Saddam schwand auch das Interesse an unserer Misere. Jetzt galten die halbherzig vorgebrachten Versprechungen um Hilfe den verzweifelten Kurden, die in den verschneiten Bergen dem Tod durch Hunger und Erfrieren preisgegeben waren.

Nach dem Krieg erfüllten unsere Männer sehr sorgfältig ihre religiösen Pflichten, denn die Bedrohung eines Einmarschs durch feindliche Truppen war abgewendet; ebenso wie die Revolte von Frauen, die nach Freiheit schrien.

Wer weiß, was ihnen mehr Kopfzerbrechen bereitet hat?

Epilog

Der eindringliche Ruf, der das Herz jedes Muslim mit Freude erfüllt, hallte durch die Luft. Der Muezzin rief die Gläubigen zum Gebet. »Gott ist groß, es gibt keine Götter außer Gott; und Mohammed war sein Prophet. Kommt zum Gebet, kommt zum Gebet. Gott ist groß; es gibt keine Götter außer Gott.«

Es dämmerte, und langsam versank die große goldene Scheibe der Sonne am Horizont. Für gläubige Muslime war es Zeit, das vierte Gebet des Tages zu sprechen.

Ich stand auf dem Balkon des Schlafzimmers und sah meinen Mann und meinen Sohn Hand in Hand aus dem Park unseres Palastes hinaus zur Moschee gehen. Viele Männer versammelten sich und begrüßten sich in brüderlichem Geist.

Erinnerungen an eine stürmische Kindheit wurden wach, und ich war wieder das kleine Mädchen, ausgeschlossen von Vaters Liebe, die allein seinem Liebling Ali gehört hatte. Fast dreißig Jahre waren vergangen, und fast nichts hatte sich geändert. Mein Leben war zum Ausgangspunkt zurückgekehrt.

Vater und Ali, Karim und Abdullah: gestern, heute und morgen Ungerechtigkeit, sie blieb und wurde vom Vater an den Sohn weitergegeben. Ob ich die Männer liebte oder verachtete, wie sie uns Frauen behandelten, hatte doch immer etwas Schändliches an sich.

Mit den Augen folgte ich den Bewegungen meines Sohnes, dem Glück meines Lebens. Hand in Hand traten er und mein Mann in die Moschee, ohne mich.

Ich fühlte mich wie der einsamste Mensch auf Erden.

Anhang

Nachwort

Am Ende des Golfkrieges im Jahre 1991 wünschte sich die ganze Welt Frieden für die Krisenregion des Nahen Ostens. Die Politiker vieler Staaten machten den Mächtigen immer wieder Vorschläge, wie der Teufelskreis der Gewalt in der Region durchbrochen werden könnte.

Nach Frieden sehnten sich viele Menschen, die den Nahen Osten und seine Bewohner lieben, aber auch nach einer Abkehr von der alten Tradition, nach der Frauen der Willkür ihrer Väter und Ehemänner preisgegeben sind. Während der Gedanke an einen dauerhaften Frieden im Vorderen Orient in der Diplomatie des amerikanischen Präsidenten George Bush langsam an Boden gewinnt, zerrinnt für die arabischen Frauen der Traum von der Freiheit. Die westlichen Machthaber haben wenig Interesse daran, das Banner der Gerechtigkeit für Menschen ohne politisches Gewicht hochzuhalten.

Der Golfkrieg, der zur Befreiung Kuwaits diente, wurde auch zum Krieg zwischen Mann und Frau in der arabischen Welt. Wo die Frauen auf gesellschaftliche Veränderung hofften, sahen die Männer eine Gesellschaft bedroht, die sich seit zweihundert Jahren kaum verändert hatte. Ehemänner, Väter und Söhne waren nicht bereit, die radikalen religiösen Kräfte herauszufordern und für die Rechte der Frau einzutreten. Ein schwerer Rückschlag für die Sache der Frauen war die Stationierung ausländischer Streitkräfte in der Region, weil sie letztlich den Einfluß der religiösen Fanatiker noch vergrößert hat. Ihre düsteren Prophezeiungen verbreiteten im ganzen Land Angst und Schrecken und zwangen Sultana und andere Frauen 1992 in die Finsternis der Vergangenheit zurück.

Erstaunlicherweise richten sich die Razzien und Verhaftungen der fanatischen Sittenwächter jetzt erstmals auch gegen die Reichen und

Mächtigen. Statt den allgemeinen Verlust an Freiheiten zu beklagen, nahmen einfache Bürger frohlockend zur Kenntnis, daß jetzt auch Mitglieder des Königshauses und Reiche den Schikanen der Muṭawas preisgegeben waren. Doch müssen Freiheiten wie die, ein Auto zu fahren, den Schleier nicht anlegen zu müssen oder ohne Erlaubnis der Patriarchen zu reisen, als unbedeutend zurückstehen angesichts der wachsenden Gefahr durch den religiösen Extremismus. Wer weiß, wann saudische Frauen je wieder eine so gute Chance zur Veränderung ihrer sozialen Lage bekommen wie durch die potentiellen Umwälzungen eines Krieges?

Während moderne Gesellschaften bestrebt sind, die Lebensbedingungen aller Völker zu verbessern, sind noch im 20. Jahrhundert auf der ganzen Welt Frauen von Folter und Tod bedroht, weil traditionsgemäß Männer über ihr Leben herrschen. Ihre Entschlossenheit, die angestammte Macht nicht aus den Händen zu lassen, ist die Grundlage der Knechtschaft der Frauen.

Im Frühjahr 1983 lernte ich eine saudische Frau kennen, die mein Leben verändert hat. Der Leser kennt sie als Sultana. Wir fühlten uns zueinander hingezogen, schlossen sofort Freundschaft und harmonierten vom ersten Augenblick an. Sultanas leidenschaftlicher Lebenswille und ihr gewitzter, scharfer Verstand korrigierten meine falschen westlichen Vorstellungen von den »Frauen in Schwarz«, die ich damals noch als rätselhafte Wesen einer anderen Art betrachtet hatte.

Als Amerikanerin, die seit 1978 in einem saudischen Viertel gelebt hatte, hatte ich schon mit vielen saudischen Frauen Kontakt gehabt. Aber für meine westlichen Augen trugen sie alle das Stigma der Resignation. Als Angehörige der reichen Oberschicht oder als Mitglieder der Königsfamilie aus den Städten war ihr Leben zu bequem, als daß sein fragiles Gleichgewicht von innen heraus hätte ins Wanken kommen können. Dagegen hatten die Beduinenfrauen in den Dörfern ein schweres Schicksal, das sie mit erstaunlicher Würde trugen. Bei Begegnungen zeigten sie Mitgefühl für mich als Frau, die gezwungen sei, sich allein, ohne Schutz und Führung eines Mannes in die grausame Welt hinauszuwagen. »Haram«, meinten sie dann, »wie schlimm«, und klopften mir mitleidig auf die Schulter. Doch hinter der Fassade von Zufriedenheit und Mitleid steckte etwas ganz anderes.

Sultana verriet mir, wieviel Wut sich in den Köpfen der saudischen Frauen hinter dem Schleier angestaut hat. Diese neue Perspektive führte mich zu der Einsicht, daß saudische Frauen zur Ausgestaltung der saudischen Kultur nicht viel beigetragen haben, sondern von dieser Kultur völlig geprägt worden sind.

Im Herbst 1988 wandte sich Sultana mit der Bitte an mich als ihre Freundin, ich solle ihre Lebensgeschichte aufschreiben. In ihrem kurzen Leben und dem vieler saudischer Freundinnen war so vieles geschehen, das Wiedergutmachung forderte. Der gesunde Menschenverstand behielt bei mir die Oberhand. Ich äußerte Zweifel am Nutzen eines solchen Unternehmens, das für sie gefährliche Folgen haben konnte. Eigene Interessen kamen ins Spiel, und ich war rasch damit bei der Hand, mich mit meiner Friedfertigkeit zu entschuldigen: Ich liebte den Nahen Osten, meine besten Freunde lebten hier, und ich kannte zahlreiche glückliche saudische Frauen.

Zweifel und Ablehnung hielten sich bei mir hartnäckig, denn ich hatte genug von der ständigen Kritik westlicher Journalisten an diesem Land, das mir zur Heimat geworden war. Die Isolation der Muslime erwuchs unbestreitbar aus der ewig negativen Berichterstattung der Weltpresse. Eine Unzahl von Büchern und Artikeln, in denen die Mißstände in der arabischen Welt gegeißelt wurden, überschwemmte den Markt. Ich wollte nicht auch noch auf dem Klischee vom »bösen« Araber herumreiten, wie so viele, die im Ölreichtum des Landes ihre Erwerbsquelle gefunden hatten.

Ich sagte zu Sultana: »Nein, ich will niemanden verurteilen.« Ich wollte die Araber in einem positiven Licht zeigen, Verständnis wecken, ihre Freundlichkeit, Gastfreundschaft und Großzügigkeit hervorheben.

Aber Sultana, eine Feministin von königlichem Geblüt, stieß mich auf die nackten Tatsachen. Sicher, viel Positives gebe es auch in Saudi-Arabien, aber Lebensfreude werde in dieser Gesellschaft erst dann aufkommen, wenn auch Frauen frei und ohne Angst leben könnten. Sultana brachte es auf den Punkt: »Jean, als Frau ist deine Loyalität fehl am Platz!« Sie gab sich nicht geschlagen: Sie prangerte die Korruption an, die sich unter ihren Geschlechtsgenossinnen breit mache. Sie besaß die Kühnheit und schreckte nicht davor zurück, Kopf und Kragen für die Sache der Frauen zu riskieren.

Wie in ihrem ganzen bisherigen Leben überwand Sultana alle Hindernisse, auch meinen hartnäckigen Widerstand gegen ihr Vorhaben. Kaum hatte ich die schwere Entscheidung getroffen, mit ihr gemeinsam ihre Lebensgeschichte zu schreiben, wußte ich im Innersten, daß ich nicht anders hätte handeln können. Der christliche Westen und der islamische Osten waren durch so feste Bande miteinander verknüpft, daß ich nicht zu fürchten brauchte, unser Vorhaben könne sie entzweien. Dieses Buch mußte geschrieben werden.

Vielen Menschen verlangte es große Opfer ab: Da ist die Sorge um die Sicherheit Sultanas und ihrer Familie; die Angst um Freunde, die noch in Saudi-Arabien sind und von der Existenz dieses Buches nichts wissen; vor allem aber verlor ich die Liebe, Unterstützung und Freundschaft Sultanas, die mich mit ihrem feurigen Temperament mitgerissen und inspiriert hat. Betrüblicherweise dürfen sich unsere Wege nicht mehr kreuzen, sobald dieses Buch publiziert ist. Dann verschwindet meine liebste Freundin hinter einer Mauer des Schweigens. So haben wir es einvernehmlich beschlossen, wie ich hinzufügen muß. Wenn unsere Zusammenarbeit bekannt würde, dann drohten vielen Menschen, vor allem Sultana selbst, harte Strafen.

Bei unserer letzten Begegnung im August 1991 empfand ich bei aller Freude auch ein Gefühl der Sinnlosigkeit über unser Unternehmen. Ich staunte über Sultanas Optimismus. Sie war von freudiger Hoffnung erfüllt und erklärte, sie sterbe lieber, als das Leben einer Besiegten zu führen. Ihre Worte gaben mir Kraft für den kommenden Sturm: »Bevor diese empörenden Fakten nicht bekannt sind, gibt es keine Hilfe. Das Buch ist wie der erste Schritt eines kleinen Kindes: Ohne den mutigen Versuch, auf eigenen Füßen zu stehen, wird es niemals laufen lernen. Jean, du und ich, wir blasen in die Asche und fachen die Glut wieder an. Wie soll uns die Welt helfen, wenn niemand unsere Schreie hört? Ich fühle es tief in meiner Seele; das ist ein Neubeginn für unsere Frauen.«

Ich habe viele Jahre meines Erwachsenenlebens im Nahen Osten verbracht. Drei Jahre lang las ich immer wieder in Sultanas Aufzeichnungen und Tagebüchern. Ich traf mich mit ihr heimlich in vielen Großstädten der Welt. Als ich ihr schließlich die endgültige Version des Manuskripts zeigte, las sie es mit Begeisterung und Kummer. Beim letzten Satz brach sie in Tränen aus. Nach einer Weile faßte sie sich und sagte, ich hätte ihr Denken so vollkommen durchdrungen, ihre Lebenserfahrung so authentisch wiedergegeben, als sei ich immer bei ihr gewesen, was für einige Jahre auch stimmte. Dann bat sie mich, ich solle die Lücken in ihrem Lebenslauf schließen, die durch die Tagebücher nicht abgedeckt waren. Folgendes möchte Sultana dem Leser noch mitteilen:

Ihr Vater lebt noch. Er unterhält vier Frauen und vier Paläste in seinen sechs Lieblingsstädten auf der ganzen Welt. Seine jungen Frauen haben ihm viele Kinder beschert. Leider hat sich seine Beziehung zu Sultana auch im Alter nicht gebessert. Er besucht seine Töchter sehr selten, ist aber sehr stolz auf seine Söhne und Enkel.

Ali ist nicht reifer geworden, und seine Haltung ist noch immer die eines verwöhnten Kindes. Seine grausamen Anwandlungen richten sich vor allem gegen seine Töchter. Er behandelt sie so, wie sein Vater seine Schwestern behandelt hatte. Heute hat Ali vier Frauen und zahllose Geliebte. Kürzlich erhielt er vom König einen Verweis wegen Korruption, allerdings wurde nichts Handfestes gegen ihn unternommen.

Sara und Assad führen weiterhin eine glückliche Ehe. Bislang haben sie fünf aufgeweckte Kinder. Ob Hudas Prophezeiung, daß sie sechs haben würden, sich erfüllt? Sara weiß als einzige von Sultanas Schwestern von diesem Buch.

Sultanas anderen Schwestern und ihren Familien geht es gut.

Omar kam bei einem Autounfall auf der Straße nach Dammam ums Leben. Seine Familie in Ägypten wird von Sultanas Vater unterstützt.

Randas Vater kaufte eine Villa in Südfrankreich. Dort verbringt sie den größten Teil des Jahres. Sie hat nach der Scheidung von Sultanas Vater nicht wieder geheiratet. In der Familie kursiert das Gerücht, sie habe einen französischen Liebhaber, aber das ist nicht bewiesen.

Von Wafa hat Sultana nie wieder gehört. Vermutlich lebt sie, umringt von einer großen Schar Kinder, in einem Dorf und führt das Leben, vor dem sich die gebildeten jungen Frauen in Saudi-Arabien so sehr fürchten.

Marci kehrte auf die Philippinen zurück und verwirklichte den Plan ihres Lebens, woran Sultana nie gezweifelt hatte. Sie arbeitete eine Weile als Krankenschwester in Riad, schrieb Sultana aber von ihren Plänen, eine Stelle in Kuwait anzunehmen. Das beengende Leben in Saudi-Arabien sei ihr unerträglich, sagte sie. Sultana hat nie wieder von Marci gehört. Sie hofft inständig, daß sie beim irakischen Einmarsch nicht wie viele hübsche Mädchen vergewaltigt oder getötet worden ist.

Huda starb schon vor vielen Jahren. Sie wurde im arabischen Sand, weit abseits ihrer sudanesischen Heimat begraben.

Am traurigsten ist das Schicksal Samiras, die noch immer in der

»Frauenkammer« eingekerkert ist. Tahani hörte vor zwei Jahren, sie sei wahnsinnig geworden. Die Bediensteten berichteten, sie habe tagelang ununterbrochen geschrien und schließlich in einem Kauderwelsch gesprochen, das niemand verstand. Gelegentlich hörten sie sie schluchzen, aber das Tablett mit ihrem Essen sei immer leer, also sei sie wohl noch am Leben. Die Familie ist fest entschlossen, das Mädchen freizulassen, sobald das Familienoberhaupt tot ist; aber Samiras Onkel erfreut sich auch im hohen Alter bester Gesundheit. Ohnehin dürfte ihr die Befreiung nichts mehr nützen.

Sultana machte vor zwei Jahren den Magisterabschluß in Philosophie. Sie setzt ihre Kenntnisse nicht in einem Beruf um, meint aber, sie hätten ihr inneren Frieden und das Gefühl gebracht, mit der Welt in Einklang zu sein. Im Studium lernte sie, daß viele Völker schweres Unrecht erlitten und dennoch überlebt hatten. Der menschliche Fortschritt vollziehe sich eben langsam, aber immer trieben ihn Mutige voran; sie sei stolz, zu ihnen zu gehören.

Zwischen Karim und Sultana hat sich eine Beziehung entwickelt, die auf Konvention und ihrer Liebe zu den Kindern beruht. Sultana bedauert es, daß sich ihre Liebe von dem Vorfall mit der »zweiten Frau« nicht wieder ganz erholt hat.

Vor sechs Jahren litt Sultana an einer Geschlechtskrankheit. Nach bohrenden Fragen gab Karim schließlich zu, daß er jede Woche einmal an einer Orgie mit Frauen teilnahm. Mehrere hochrangige Prinzen ließen einmal in der Woche eine Gruppe Liebesdienerinnen aus Paris nach Saudi-Arabien einfliegen. Sie werden von einer Bordellbesitzerin unter den schönsten Frauen der Welt ausgesucht und in Frankreich gesammelt. Jeden Dienstag steigen sie in eine Maschine nach Saudi-Arabien, werden am nächsten Montag erschöpft zurückgeflogen und am folgenden Dienstag durch eine neue Gruppe ersetzt. Karim berichtete, daß es in den großen Städten des Königreichs Paläste gebe, in denen bis zu hundert dieser Mädchen untergebracht seien. Die meisten Prinzen würden zu den Orgien eingeladen und dürften sich nach Belieben Mädchen aussuchen. Für sie sind Frauen nach wie vor Lustobjekte oder Gebärmaschinen für Söhne.

Auf den Schrecken der Krankheit hin versprach Karim, sich von der wöchentlichen Orgie fernzuhalten, aber Sultana bezweifelt, daß er der großen Versuchung wirklich widerstehen kann. Die große Liebe ist nur noch Erinnerung, aber wenigstens sind ihr die Kinder geblieben. Sie möchte trotz allem bei ihrem Mann bleiben und den Kampf für ihre Töchter fortsetzen.

Sultana meint, der traurigste Anblick ihres Lebens seien noch immer die schwarzen vermummten Gestalten ihrer beiden Töchterchen, die bereits Abahja und Schleier tragen müßten; man sei sie nicht losgeworden, trotz der jahrelangen Rebellion.

Seit der Stationierung amerikanischer Soldaten im Golfkrieg, in die Sultana so große Hoffnung gesetzt hatte, ist die Macht der fundamentalistischen Mutawas noch größer. Sie können sich jetzt damit brüsten, auch über den König zu gebieten.

Sultana bat mich, dem Leser folgendes mitzuteilen: Ihr aufrührerischer Geist weht durch die Seiten dieses Buches. Doch muß ihre Rebellion ein Geheimnis bleiben, denn wenn sie selbst auch den Mut hat, allen Prüfungen des Lebens ins Auge zu blicken, so wäre es ihr doch unerträglich, wenn man ihr die Kinder wegnähme. Wer kann schon sagen, welche Strafe eine Frau erwartet, die das verborgene Leben der Frauen im Land der zwei heiligsten Stätten des Islam enthüllt?

Sultanas Schicksal entschied sich im Januar 1902, als ihr Großvater Abdul Asis das Land Saudi-Arabien zurückeroberte. Eine Dynastie war geboren. Prinzessin Sultana Al Saud wird neben ihrem Mann Karim Al Saud aus dem Königshaus Al Saud im Königreich Saudi-Arabien bleiben.

Die Frau im Koran

Der Koran ist das heilige Buch des Islam. Er besteht aus 114 Suren oder Kapiteln und enthält Verhaltensregeln für alle gläubigen Muslime. Er ist das Wort Gottes, das dem Propheten Mohammed durch den Erzengel Gabriel offenbart wurde. Der Prophet hatte Visionen in den Städten Mekka und Medina, die heute in Saudi-Arabien liegen. Mekka, sein Geburtsort, und Medina, seine Grabstätte, sind die beiden heiligsten Zentren des Islam, zu denen Ungläubige keinen Zutritt haben. Im Abendland begreift kaum einer die herausragende, unanfechtbare Autorität der Worte des Propheten Mohammed für die Muslime. Alle Bereiche ihres Lebens sind durch den Koran geregelt. Während in der westlichen Welt viele, die christlich erzogen worden sind, den Glauben an ein höheres Wesen belächeln, gibt es kaum einen Muslim, der nicht fest an Allah, den Gott Mohammeds, glaubt.

Im islamisch geprägten Saudi-Arabien gibt es, anders als in der westlichen Welt, keine Trennung von Religion und Staat. Der Islam ist oberstes Gesetz.

In den zehn Jahren, die ich in Riad lebte, bat ich eine enge saudische Freundin, mir bestimmte Verse aus dem Koran zu übersetzen und zu erklären. Angesichts der rigiden Geschlechtertrennung im Islam interessierten mich besonders die Verse, die das Verhalten der Frauen betreffen.

Da sie mir mündlich übersetzt wurden, sind geringfügige Unterschiede zwischen meiner Auslegung und wissenschaftlichen Interpretationen des Korans möglich. Weil der Koran aber ohnehin als unübersetzbar gilt und die Übertragungen in andere Sprachen Streit ausgelöst haben, glaube ich folgende Verse zum Thema Frau veröffentlichen zu können.

Thema: Sexuelle Beziehungen im Monat Ramadan, wenn jeder gläubige Muslim fastet und tagsüber auf sinnliche Genüsse verzichtet.

Sure II, 187
Beendet euer Fasten,
wenn die Nacht hereinbricht,
aber berührt
eure Frauen nicht,
wenn ihr bei der Andacht seid
oder in den Moscheen.
Diese Gebote hat Gott den Menschen
als Zeichen gesetzt,
damit sie Selbstbeherrschung lernen.
Es ist euch erlaubt,
euch in der Fastenzeit bei Nacht
euren Frauen zu nähern.
Sie sind eure Gewänder.

Thema: Ehe zwischen Muslimen und Ungläubigen. Im Koran gelten für Männer *und* Frauen dieselben Regeln. Angewandt wird das Gesetz aber nur bei Frauen. Viele Saudis heiraten christliche Frauen. Dagegen ist saudischen Frauen eine Heirat mit einem Mann, der nicht Muslim ist, *strengstens verboten.*

Sure II, 221
Und heirate
keine heidnische Frau,
bis sie gläubig geworden ist.
Eine gläubige Sklavin
ist besser als eine Frau, die nicht glaubt.
Und verheiratet eure Töchter
nicht an heidnische Männer,
bis sie gläubig geworden sind.

Ein gläubiger Sklave
ist besser als ein Mann, der nicht glaubt.

Thema: Sexuelle Beziehungen während der Menstruation sind streng verboten.

Sure II, 222
Sie fragen
nach der Zeit der Menstruation.
Antworte: Sie ist
eine Plage.
Haltet euch fern von Frauen
während der Menstruation
und berührt sie erst,
wenn sie rein sind.
Aber wenn sie
sich gereinigt haben,
dürft ihr euch ihnen nähern,
wie, wo und wann es euch beliebt,
wie euch von Gott befohlen.

Thema: Nach einer Scheidung muß der Mann sich vergewissern, daß die Frau nicht von ihm schwanger ist; andernfalls muß er für sie sorgen.

Sure II, 228
Geschiedene Frauen
sollen sich selbst beobachten
und drei Perioden abwarten.
Es ist gegen das Gesetz,
zu verheimlichen, was Gott
in ihrem Schoß geschaffen hat.
Ihre Männer haben das Recht,
sie in dieser Zeit der Versöhnung
zurückzunehmen.
Und Frauen haben das Recht,

ähnliches zu beanspruchen,
was ihnen gegenüber beansprucht wurde,
so wie es recht und billig ist.
Aber Männer haben mehr Rechte
und Macht über sie,
denn Gott ist sehr mächtig
und weise.

Thema: Ein Mann kann seine geschiedene Frau wieder heiraten, vorausgesetzt, sie hat einen anderen geheiratet und ist von ihm geschieden. Läßt er sich ein zweites Mal von ihr scheiden, ist eine weitere Heirat nicht möglich.

Sure II, 229
Eine Scheidung ist
nur zweimal erlaubt. Danach
sollten die Partner entweder
einvernehmlich zusammenbleiben
oder sich freundlich trennen.

Sure II, 230
Wenn ein Mann sich
von seiner Frau scheiden läßt,
darf er sie erst dann
wieder heiraten, wenn sie
einen anderen geheiratet hat
und von ihm geschieden ist.

Sure II, 241
Für geschiedene Frauen
sollte angemessener Unterhalt
bereitgestellt werden.

Thema: Die Zahl der Frauen, die ein Mann ehelichen darf und Anweisungen zur Mitgift.

Sure IV, 3
Heiratet die Frauen eurer Wahl,
zwei oder drei oder vier;
wenn ihr aber fürchtet, daß ihr sie
nicht gerecht behandelt,
dann nehmt nur eine Frau,
oder eine Sklavin,
die eure Rechte besitzt.
Das ist eher dazu angetan,
euch davon abzuhalten,
unrecht zu tun.
Bei der Hochzeit gebt den Frauen
die Morgengabe als Geschenk freiwillig;
wenn sie euch aber
aus freien Stücken
etwas zurückgeben,
dann nehmt es und genießt es
mit gutem Mut.

Thema: Das Erbe der Söhne ist doppelt so hoch wie das der Töchter.

Sure IV, 11
Gott verordnet euch hinsichtlich
eurer Kinder: Der Sohn
soll den doppelten Anteil
der Töchter erhalten.

Thema: Besondere Anweisungen, wie mit einer Frau zu verfahren ist, die Unzucht begeht. Ein zweiter Vers handelt von dem Vorgehen gegen Männer in einer ähnlichen Situation.

Sure IV, 15
Und wenn eine eurer Frauen

Unzucht begeht,
so laßt vier von euch
gegen sie zeugen;
und wenn sie es bezeugen
so schließt sie ein in die Häuser,
bis ihnen der Tod naht.

Sure IV, 16
Wenn zwei Männer
dasselbe getan haben,
so straft sie beide.
Wenn sie bereuen und sich bessern,
wendet euch von ihnen ab.

Thema: Einschränkungen für den Mann bei der Heirat.

Sure IV, 22
Heiratet keine Frauen,
die vormals eure Väter geheiratet haben.

Sure IV, 23
Verboten sind euch
eure Mütter, Töchter,
Schwestern, Schwestern des Vaters,
Schwestern der Mutter, Töchter von Brüdern,
Töchter von Schwestern,
Stieftöchter, alle Frauen,
die mit euren Söhnen
verheiratet waren, und zwei Schwestern
zur gleichen Zeit. (Wenn ihr
euch von einer Schwester trennt, könnt ihr
die andere heiraten.)

Sure IV, 24
Verboten sind euch auch Frauen,
die bereits verheiratet sind.

Thema: Ein Muslim, der eine Frau berührt hat, darf nicht zu Gott beten. Ein Vers gibt Anweisungen, was zu tun ist, wenn er eine Frau berührt hat, aber kein Wasser zur Reinigung zur Verfügung steht.

Sure C, 43
Oder wenn du
Frauen berührt hast
und kein Wasser findest,
dann nimm
Sand von der Erde
und reibe mit ihm
dein Gesicht und deine Hände ab.

Thema: Unzucht ist ein Verbrechen gegen Gott. Schuldige erwarten schwere Strafen.

Sure XXIV, 2
Die Frau und der Mann,
die Ehebruch oder Unzucht begangen haben,
erhalten hundert Peitschenhiebe.
Laßt euch nicht von Mitgefühl bewegen
in ihrem Fall, denn die Strafe
wurde von Gott so festgesetzt.

Sure XXIV, 3
Ein Mann, der Ehebruch oder Unzucht
begangen hat,
darf nur eine Frau mit ähnlicher Schuld
oder eine Ungläubige heiraten.
Und auch die Frau
darf nur einen Mann
mit ähnlicher Schuld heiraten
oder einen Ungläubigen.

Thema: Die Anschuldigung, jemand habe Unzucht oder Ehebruch begangen, ist so schwer, daß sie durch vier Zeugen belegt werden muß.

Sure XXIV, 4
Und wer eine Klage
gegen ehrbare Frauen vorbringt
und nicht vier Zeugen hat
(die diese Behauptung bestätigen),
erhält achtzig Peitschenhiebe.
Und nehmt von da an
nie wieder Zeugenaussagen von solchen Männern,
denn sie sind verruchte Frevler.

Thema: Wenn ein Mann seine Frau des Ehebruchs oder der Unzucht beschuldigt und keine Zeugen beibringen kann, muß er im Namen Gottes schwören, daß er die Wahrheit spricht.

Sure XXIV, 6
Und wenn jemand Anklage erhebt
gegen die eigene Ehefrau
und nur sich selbst als Zeugen hat,
dann kann sein Zeugnis (angenommen werden),
wenn er viermal
(mit einem Eid) bei Gott bezeugt,
daß er feierlich
die Wahrheit spricht

Sure XXIV, 7
und ein fünftes Mal (bezeugt)
daß der Fluch Gottes
über ihn kommen soll,
wenn er lügt.

Thema: Muslimische Frauen in Saudi-Arabien müssen ihr Gesicht bedecken, sonst müssen sie mit den Schikanen der Religionsgelehrten rechnen. In allen Lebensbereichen sind die Geschlechter streng getrennt.

Sure XXIV, 31
Und sage den gläubigen Frauen
sie sollen ihren Blick senken
und ihre Sittsamkeit bewahren;
sie sollen ihre Schönheit
und ihren Schmuck nicht zeigen,
soweit er nicht in gewöhnlicher Weise sichtbar ist.
Aus diesem Grund sollten sie ihre Schleier
über ihre Brust ziehen und
ihre Schönheit keinem zeigen außer ihrem Mann,
ihren Vätern, den Vätern ihres Mannes,
ihren Brüdern oder den Söhnen ihrer Brüder
oder den Söhnen ihrer Schwestern oder ihren Frauen
oder den Sklaven, die sie besitzen,
oder den männlichen Dienern,
die keine körperlichen Bedürfnisse haben,
oder kleinen Kindern,
die noch kein Schamgefühl besitzen.

Thema: Der Koran erlaubt älteren Frauen, die Obergewänder, den Schleier und die Abahja, abzulegen. Tatsächlich aber nutzen arabische Frauen diese Regelung auch im Alter nicht.

Sure XXIV, 60
Bei älteren Frauen
ohne Aussicht auf Heirat
ist es keine Schande,
die äußeren Gewänder abzulegen,
wenn sie nur nicht schamlos
ihre Schönheit zur Schau stellen;
doch tun sie besser daran, sich dessen zu enthalten.

Die saudi-arabische Gesetzgebung

Das Strafrecht Saudi-Arabiens basiert auf streng islamischen Grundsätzen. Das Wort »Islam« bedeutet: »Unterwirf dich dem Willen Gottes.« Das gedankliche Kernstück des islamischen Glaubens, die Scharia oder der »Weg«, umfaßt die gesamte, von Gott bestimmte Lebensweise. Alle islamischen Völker sind an die traditionellen Werte gebunden, die Gottes Prophet Mohammed (570 – 632 n. Chr.) verkündet hat.

Nur schwer versteht man im christlichen Abendland, daß sich der Muslim in jedem Bereich seines Alltagslebens ganz und vollständig den Geboten des Korans unterwirft. Der Koran und die von Mohammed begründete Tradition sind in Saudi-Arabien Gesetz.

Als ich in Saudi-Arabien lebte, bat ich einen Islam-Forscher, einen praktizierenden Rechtsanwalt, mir die islamische Rechtsprechung zu erläutern. Ich mußte so manche falsche Vorstellung korrigieren.

Ein Auszug aus seinen schriftlichen Erläuterungen mag den Leser interessieren.

1. Es gibt vier Hauptquellen der Scharia: den Koran, das Wort Gottes, das dem Propheten Mohammed offenbart und in Tausenden von Versen niedergeschrieben wurde. Die Sunna, die überlieferten Aussprüche des Propheten, die nicht im Koran niedergelegt sind. Den Idschma, den Konsens der Ulema oder Religionsgelehrten. Den Kijas, den Analogieschluß; bei dem sich anerkannte Juristen auf neue Rechtsprinzipien einigen.
2. Den Vorschriften der Scharia ist selbst der saudische König unterworfen.
3. Das Verfahrensrecht ist kompliziert; Einspruch ist vor einem Beru-

fungsgericht möglich. Es besteht gewöhnlich aus drei Mitgliedern, zu denen zwei weitere hinzukommen, wenn der Verurteilte hingerichtet oder körperlich verstümmelt werden soll. Oberster Richter ist der König; als höchste Berufungsinstanz kann er Begnadigungen aussprechen.

4. Verbrechen werden in drei Kategorien eingeteilt: Hudud, Tasir und Kisas. Unter die Kategorie Hudud fallen Verbrechen, für die der Koran, Gottes Wort, eine Strafe vorsieht. Die Verbrechen der Kategorie Tasir werden an entsprechende Behörden weitergeleitet, die das Strafmaß festlegen. Verbechen der Kategorie Kisas geben dem Opfer das Recht, Vergeltung zu üben.

Verbrechen der Kategorie Hudud

Zu den Verbrechen der Kategorie Hudud gehören Diebstahl, Alkoholgenuß, Verunglimpfung des Islam, Unzucht und Ehebruch.

Verurteilte Diebe zahlen entweder eine Strafe, kommen ins Gefängnis oder verlieren durch Amputation die rechte oder, falls schon amputiert, die linke Hand.

Wer Alkohol trinkt, kauft oder verkauft, Drogen schnupft, spritzt oder in Teig einmischt, wird mit acht Peitschenhieben bestraft.

Wer den Islam verunglimpft, wird je nach Schwere seines Verbrechens und je nachdem, ob er Muslim ist oder nicht, unterschiedlich bestraft. Üblich ist unter anderem Auspeitschen.

Wer erwiesenermaßen Unzucht begangen hat, wird ausgepeitscht, Männer stehend, Frauen sitzend. Gesicht, Kopf und lebenswichtige Organe der Delinquenten werden geschützt. Üblich sind vierzig Hiebe, aber die Zahl variiert je nach der Schwere des Falls.

Ehebruch ist das schwerste Verbrechen. Verheiratete werden zum Tod verurteilt und gesteinigt, enthauptet oder erschossen. Am häufigsten ist Steinigung. Die Schuld muß durch Geständnis oder vier Augenzeugen nachgewiesen werden.

Verbrechen der Kategorie Tasir

Die Verbrechen der Kategorie Tasir entsprechen etwa den Vergehen des im Abendland üblichen Rechtssystems. Die Strafen sind nicht durch den Koran vorgegeben. Jeder Angeklagte wird individuell abgeurteilt, und die Strafe bemißt sich nach der Schwere des Deliktes und der Reue des Angeklagten.

Verbrechen der Kategorie Kisas

Verbrechen gegen eine Person werden durch das Opfer selbst oder durch die betroffene Familie vergolten. Das Urteil wird von den Angehörigen privat gefällt und vollstreckt. Sie können den Mörder auf die gleiche oder jede andere Art töten wie der Mörder sein Opfer.

Ist das Opfer versehentlich, zum Beispiel bei einem Autounfall, getötet worden, können die Hinterbliebenen das sogenannte Blutgeld verlangen. Früher wurde in Kamelen bezahlt, heute zahlt man in landesüblicher Währung. Die Höhe der Zahlung richtet sich nach den äußeren Umständen; sie liegt zwischen hundertzwanzig- und dreihunderttausend Rial. Der Schadensersatz für einen getöteten Mann ist doppelt so hoch wie für eine Frau.

Wer einem anderen einen Körperteil abhackt, dem droht das gleiche von der Familie des Geschädigten oder von diesem selbst.

Wer im Strafprozeß aussagen darf

Ein Zeuge muß im Vollbesitz seiner geistigen Kräfte, erwachsen und Muslim sein. Ungläubige dürfen nicht vor Gericht aussagen; ebensowenig Frauen, außer bei privaten Streitsachen, wenn es keinen männlichen Zeugen gibt. Das Zeugnis einer Frau gilt eher als Vermutung, denn als sachbezogene Aussage. Ob es in Betracht gezogen wird, entscheidet das Gericht.

Warum Frauen beim Strafprozeß nicht aussagen dürfen

Aussagen von Frauen vor einem saudischen Gericht sind aus vier Gründen nicht gültig:

1. Da Frauen ihren Gefühlen stärker unterworfen sind als Männer, geben sie Tatsachen verzerrt wieder.
2. Da Frauen am öffentlichen Leben nicht teilhaben, können sie Beobachtungen nicht richtig einordnen.
3. Da Frauen von Männern – durch Gottes Gnade ihnen überlegen – völlig abhängig sind, reden sie bei Aussagen dem Mann, mit dem sie zuletzt gesprochen haben, nach dem Mund.
4. Da Frauen vergeßlich sind, können sich die Richter auf ihre Aussagen nicht verlassen.

Glossar

Viele der folgenden arabischen Begriffe und Ortsnamen wurden im Text bereits erläutert.

Abahja	Langer, schwarzer Umhang, den saudische Frauen über dem Kleid tragen.
Abu Dhabi	Stadt in den Vereinigten Arabischen Emiraten.
Al Saud	Die augenblicklich regierende Dynastie des Königreichs Saudi-Arabien.
Asir	Traditionelle Bezeichnung für den Südwesten Saudi-Arabiens.
Baath	Politische Bewegung, die ihren Ausgangspunkt in Syrien hatte und zur bestimmenden politischen Kraft des Irak wurde. Kernstück ihrer Doktrin ist die arabische Einheit.
Bahrain	Inselstaat, der mit Saudi-Arabien durch einen Damm verbunden ist.
Beduine	Angehöriger eines nomadischen Wüstenvolkes.
Dammam	Stadt in Saudi-Arabien. 1938 wurde dort erstmals Öl gefunden.

Darija	Das alte Riad.
Dschidda	Saudische Stadt am Roten Meer, beliebt vor allem bei Ausländern, die dort gerne im klaren Wasser schwimmen und tauchen.
Dubai	Stadt in den Vereinigten Arabischen Emiraten.
Ghutra	Kopftuch arabischer Männer.
Große Arabische Wüste	Ausgedehntes Wüstengebiet im Südosten Saudi-Arabiens, arabisch Rub el-Ch'ali.
Haddsch	Die Pilgerreise nach Mekka, eine der fünf Pfeiler des Islam. Sie ist ein Lebensziel der meisten Muslime und sollte von jedem Gläubigen, sofern er es sich leisten kann, einmal im Leben unternommen werden.
Halawa	Zeremonielle Entfernung der Körperbehaarung.
Haram	Ausdruck für »Mitleid«, »Mitgefühl«.
Harrods	Großes Warenhaus in London, bei reichen Arabern sehr beliebt.
Hedschas	Traditionelle Bezeichnung für den Westen der arabischen Halbinsel mit Dschidda am Roten Meer.
Hoummus	Arabischer Brei aus Kichererbsen, in den meist Pita-Brot eingestippt wird.
Hudud	Schwere Verbrechen, von Gott im Koran verurteilt.
Ibn	»Sohn von«. Z. Bsp. Khalid ibn Faisal, Sohn Faisals.

Idschma	Auslegung des Korans durch islamische Religionsgelehrte.
Igahl	Schwarze Kordel, mit der das Kopftuch der arabischen Männer befestigt wird.
Jemen	Land im Südwesten der arabischen Halbinsel. Jemeniten stellten früher einen Großteil der Arbeiterschaft in Saudi-Arabien. Nachdem sich die Regierung des Landes im Golfkrieg für Saddam Hussein erklärt hatte, wurden die meisten Jemeniten ausgewiesen.
Jerusalem	Die dritte heilige Stadt des Islam, heute israelisch besetzt.
Kijas	Analogieschluß, auf dessen Grundlage islamische Rechtsgelehrte gemeinsam neue Rechtsgrundsätze erstellen.
Kisas	Kategorie von Verbrechen gegen Menschen. Das Opfer oder Angehörige können am verurteilten Täter Vergeltung üben.
Konstantinopel	Ehemalige Hauptstadt der Türkei und des Osmanischen Reiches, heute Istanbul.
Koran	Die heilige Schrift des Islam. Das Wort Gottes, wie es dem Propheten Mohammed offenbart wurde.
Kurden	Eigenständiges Volk mit eigener Sprache, stellt 18 Prozent der irakischen Bevölkerung. Die Kurden, deren Verbreitungsgebiet mehrere Länder umfaßt, kämpfen für einen autonomen Nationalstaat Kurdistan.
Kutab	Methode des Gruppenunterrichts für Mädchen vor Einführung der Schulausbildung für Frauen.

Laban	Erfrischendes Buttermilchgetränk, sehr beliebt im Vorderen Orient.
Malas	Reiches Viertel in Riad.
Manama	Hauptstadt des Inselstaats Bahrain, der durch einen Damm mit Saudi-Arabien verbunden ist.
Medina	Stadt mit dem zweitwichtigsten Heiligtum des Islam, »Stadt des Propheten«, in der Mohammed beigesetzt wurde.
Mekka	Stadt mit dem wichtigsten Heiligtum des Islam. Jedes Jahr reisen Millionen muslimischer Pilger nach Mekka, wo Gott dem Propheten seinen Willen offenbarte.
Mena House	Bekanntes Touristenhotel in Kairo.
Mismahk	Festung in Riad, in der sich die Sippe Raschid in der Schlacht von 1902 bei der Rückeroberung des Landes durch die Al Sauds verschanzte.
Mutawa	Angehöriger der islamischen Sittenpolizei.
Nasrijah	Riader Wohnviertel der Angehörigen des Königshauses und besonders reicher Saudis.
Nedschd	Zentrales Hochland auf der arabischen Halbinsel mit Riad. Seine Bewohner gelten als konservativ. Aus Nedschd stammt auch das Herrscherhaus der Al Saud.
Ramadan	Islamischer Fastenmonat, mit dem die Muslime weltweit den Koran als Geschenk Gottes an den Menschen feiern.
Riad	Hauptstadt Saudi-Arabiens.
Rial	Währung in Saudi-Arabien.

Scharia	Das Gesetz Gottes für alle gläubigen Muslime.
Schiiten	Eine der beiden Hauptkonfessionen des Islam, die sich im Streit um Mohammeds Nachfolger von der sunnitischen Konfession abgespalten hat.
Suk	Markt oder Basar in Saudi-Arabien.
Sunna	Die Überlieferung vom Leben, dem Wirken und den Äußerungen des Propheten Mohammed.
Sunniten	Die Hauptkonfession des Islam. Die saudische Bevölkerung ist zu 95 Prozent sunnitisch.
Sure	Abschnitt des Korans. Es gibt 114 Suren.
Taif	Saudischer Ferienort in den Bergen nahe Mekka.
Tasir	Nach islamischem Recht minderschwere Delikte.
Thobe	Langes, hemdartiges Gewand der Saudis, traditionell aus weißem Baumwollstoff, in den kühleren Wintermonaten aus dichterem Material mit kräftigeren Farben. Sobald Jungen laufen können, tragen sie dieses Gewand und die typische Kopfbedeckung.
Ulema	Islamische Religionsgelehrte, die das religiöse Leben in Saudi-Arabien regeln.

Chronologie

570 n. Chr.	Mohammed wird in Mekka, im heutigen Saudi-Arabien, geboren.
610 n. Chr.	Mohammed hat eine Vision und wird von Gott zum Verkünder seines Willens bestimmt. Der Islam ist geboren.
622 n. Chr.	Der Prophet entkommt einer aufgebrachten Menge und flieht nach Medina. Die Flucht wird bekannt als »Hegira«, die große Krise der Mission Mohammeds auf Erden. Sie gibt dem muslimischen Kalender, der mit jenem Datum beginnt, seinen Namen.
632 n. Chr.	Der Prophet stirbt in Medina.
650 n. Chr.	Die Äußerungen des Propheten werden gesammelt und niedergeschrieben. Das Buch mit den vom Propheten Mohammed verkündeten göttlichen Offenbarungen, »der Koran«, wird zum heiligen Buch der Muslime.
1446	Erster Beleg dafür, daß Al Saud, der Vorfahre Sultanas, das Nomadenleben aufgibt und sich in Darija, dem heutigen Riad, niederläßt.

1744	Mohammed Al Saud verbündet sich mit Mohammed Al Wahhab, der für eine sehr strenge Auslegung des Korans eintritt. Aus dem Bündnis zwischen dem Krieger und dem Lehrer entsteht ein Rechtssystem, in dem strenge Strafen vorgesehen sind.
1802–1806	Die Söhne Mohammed Al Sauds und Mohammed Al Wahhabs erobern, beeinflußt von der Botschaft des Korans, Mekka und Medina. Die gesamte männliche Bevölkerung Taifs, einer Siedlung oberhalb Mekkas, wird niedergemetzelt. Damit ist der größte Teil der Region unter einer Herrschaft vereinigt.
1843–1865	Die Al Saud dehnen ihre Macht weiter nach Süden bis nach Oman aus.
1876	Sultanas Großvater Abdul Asis ibn Saud, der Begründer des Königreiches, wird geboren.
1887	Riad wird von der Sippe Raschid eingenommen.
1891	Die Sippe Al Saud flieht aus Riad in die Große Arabische Wüste, Rub al-Ch'ali.
1893–1894	Die Sippe Al Saud zieht durch die Wüste nach Kuwait.
September 1901	Der fünfundzwanzigjährige Abdul Asis marschiert mit Gefolgsleuten von Kuwait nach Riad.
Januar 1902	Abdul Asis erobert Riad und begründet die neue Dynastie Al Saud.
1915	Abdul Asis Al Saud erhält auf ein Abkommen mit der britischen Regierung hin monatlich fünftausend Pfund für den Kampf gegen die Türken.

1926	Sultanas Vater wird geboren.
1932	Vereinigung der Königreiche Hedschas und Nedschd zum Königreich Saudi-Arabien, dem zwölftgrößten Land der Erde.
1933	Sultanas Mutter wird geboren.
Mai 1933	Amerika erhält statt der Briten die Konzession, in Saudi-Arabien nach Öl zu suchen.
1934	Saudi-Arabien führt Krieg gegen den Jemen. Nach einmonatigen Kampfhandlungen wird Frieden geschlossen.
15. Mai 1934	Aus Rache wegen des Krieges verüben drei Jemeniten in der heiligen Moschee in Mekka mit Messern einen Anschlag auf König Abdul Asis. Sein ältester Sohn Saud wirft sich schützend vor ihn und wird verletzt.
20. März 1938	Im saudischen Dammam wird Öl entdeckt.
1939	Mit Ausbruch des Zweiten Weltkrieges kommt die Ölförderung zum Erliegen.
14. Februar 1945	Präsident Roosevelt trifft sich mit König Abdul Asis an Bord der USS Quincy.
17. Februar 1945	Winston Churchill, britischer Premierminister, trifft sich mit König Abdul Asis an Bord der USS Quincy.
1946	Die Ölförderung steigt auf sechzig Millionen Barrels pro Jahr.
Dezember 1946	Sultanas Eltern heiraten in Riad.

14. Mai 1948	Der Staat Israel wird gegründet.
14. Mai 1948	Der erste arabisch-israelische Krieg beginnt.
1948	Radio Mekka, die erste Rundfunkstation im Königreich, wird gegen den heftigen Protest der Ulema eingerichtet.
1952	König Abdul Asis verbietet den Ungläubigen die Einfuhr von Alkohol.
9. November 1953	König Abdul Asis, Sultanas Großvater, stirbt im Alter von siebenundsiebzig Jahren. Nachfolger wird sein ältester Sohn, der einundfünfzigjährige Saud, Kronprinz sein Halbbruder Faisal.
1956	Sultana wird als zehnte Tochter der Familie Al Saud geboren.
März 1958	Im Königreich herrscht finanzielles Chaos; Kronprinz Faisal übernimmt die Regierungsgewalt.
Dezember 1960	König Saud enthebt seinen Bruder seiner politischen Ämter und übernimmt die Regierungsgewalt.
1962	Im Königreich Saudi-Arabien wird die Sklaverei abgeschafft. Die meisten Sklaven bleiben bei ihren früheren Besitzern.
1963	Die Eröffnung der ersten Mädchenschule löst bei religiösen Gruppen heftige Proteste aus.
3. November 1964	König Saud dankt ab und geht nach Beirut. Faisal wird zum König, sein Halbbruder Khalid zum Kronprinzen ernannt.

1965	Trotz der Proteste wird in Riad der erste TV-Sender in Betrieb genommen.
September 1965	Prinz Khalid ibn Musaid, ein Neffe König Faisals, wird bei dem bewaffneten Protest gegen den TV-Sender getötet.
Juni 1967	Sechs-Tage-Krieg zwischen Israel und den arabischen Nachbarn. Saudi-Arabien schickt Truppen.
Februar 1969	Ex-König Saud ibn Abdul Asis stirbt im griechischen Athen. Sein Hof im Exil kostete jährlich rund fünfzehn Millionen Dollar.
6. Oktober 1973	Jom-Kippur-Krieg zwischen Israel und den arabischen Nachbarn. Saudi-Arabien schickt Truppen.
20. Oktober 1973	Erzürnt über die militärische Unterstützung Israels durch die Vereinigten Staaten kündigt König Faisal den heiligen Krieg und ein Ölembargo gegen die USA an.
25. März 1975	König Faisal wird von seinem Neffen Prinz Faisal ibn Musaid ermordet. Der Attentäter ist ein Bruder des Prinzen, der 1965 während der Unruhen um die Eröffnung des TV-Senders erschossen worden war.
	Kronprinz Khalid wird zum König ausgerufen, sein Halbbruder Fahd zum Kronprinzen ernannt.
1977	König Khalid verbietet Frauen per Verordnung, sich ohne Begleitung eines männlichen Familienmitglieds außerhalb des Hauses zu zeigen. Eine zweite Verordnung nimmt ihnen die Möglichkeit zum Auslandsstudium. Beide Verordnungen

sind eine Reaktion auf das internationale Aufsehen, das der Fall der Prinzessin Mischail ausgelöst hat. Die Prinzessin hatte sich an der amerikanischen Universität im Libanon in einen saudischen Studenten verliebt. Sie wurde öffentlich hingerichtet, ihr Geliebter enthauptet.

November 1979	Die Große Moschee in Mekka wird gestürmt. Die Demonstranten protestieren gegen die Arbeit von Frauen außerhalb des Hauses. In den folgenden Monaten wird die Freiheit der Frauen weiter beschnitten. Die Regierung reagiert damit auf die zunehmenden Unruhen durch Fundamentalisten.
Juni 1982	König Khalid erliegt einem Herzanfall. Fahd, sein Halbbruder, wird zum König ausgerufen, sein Halbbruder Abdullah zum Kronprinzen ernannt.
5. August 1990	Der Irak marschiert in Kuwait ein. Alliierte Streitkräfte aus dem Westen sammeln sich in Saudi-Arabien und vertreiben mit Unterstützung arabischer Truppen Saddams Soldaten aus Kuwait.
1991	Die Anwesenheit ausländischer weiblicher Soldaten löst bei den Mutawas einen Sturm der Entrüstung aus. Unter dem Druck der Fanatiker muß die saudische Regierung die Bewegungsfreiheit von Ausländerinnen einschränken. Religiöse Gruppen bestehen bei der Gesetzgebung auf der strengen Auslegung des Korans.

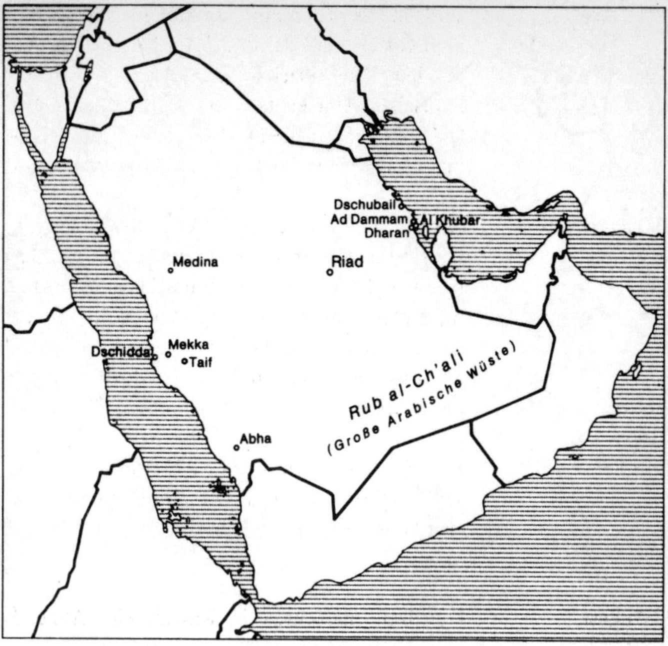

Über das Land

Offizieller Name:	Königreich von Saudi-Arabien
Größe:	2,1 Mill. qkm
Einwohner:	ca. 14 Mill.
Regierungsform:	Absolute Monarchie, die von der Familie Saud dominiert wird. Der König ernennt einen Ministerrat, der ihn bei der Formulierung seiner Politik unterstützt.
Religion:	Islam. 95% der Bevölkerung sind sunnitische Muslime. Die 5% schiitischen Muslime konzentrieren sich im Osten des Landes.
Sprache:	Arabisch. Englisch ist in der Wirtschaft weit verbreitet.
Klima:	Heiß und sehr trocken. In den heißen Sommermonaten klettern die Temperaturen bis auf über 50°C. Im Winter variiert die Temperatur zwischen 10°C und 25°C.
Wirtschaft:	Der Reichtum des Landes basiert auf den Erdölexporten. Saudi-Arabien ist der größte Erdölförderer der OPEC. Ein Sechstel des weltweit verbrauchten Erdöls stammt aus Saudi-Arabien.

Über die Nachbarländer Saudi-Arabiens

Ägypten:	Bevölkerung: 54 Mill.; Religion: Sunniten (90%), Koptische Christen (10%)
Israel:	Bevölkerung: 4,7 Mill.; Religion: Juden (82%), Sunniten (14%), Christen (2,5%), Sonstige (1,5%)
Jordanien:	Bevölkerung: 3,2 Mill.; (nur East Bank); Religion: Sunniten (93%), Christen (5%)
Irak:	Bevölkerung: 17,9 Mill.; Religion: Schiiten (54%), Sunniten (43%), Christen (3%)
Kuwait:	Bevölkerung: 2 Mill.; Religion: Sunniten (63%), Schiiten (28%), Christen (7%), Hindu (2%)
Bahrain:	Bevölkerung: 510.000; Religion: Schiiten (48%), Sunniten (38%), Christen (7%), Sonstige (7%)
Katar:	Bevölkerung: 450.000; Religion: Sunniten (93%), Christen (5%), Sonstige (2%)
V.A.E.:	Bevölkerung: 1,9 Mill.; Religion: Sunniten (74%), Schiiten (21%), Christen (5%)
Iran:	Bevölkerung: 56,7 Mill.; Religion: Schiiten (92%), Sunniten (7%), Sonstige (1%)
Oman:	Bevölkerung: 1,5 Mill.; Religion: Ibaditen (69%), Sunniten (18%), Hindu (13%)
Jemen:	Bevölkerung: 11,8 Mill.; Religion: Sunniten (53%), Schiiten (47%)
Äthiopien:	Bevölkerung: 51 Mill.; Religion: Äthiopische Orthodoxe (53%), Muslime (32%), Traditionalisten (15%)
Sudan:	Bevölkerung: 28,6 Mill.; Religion: Sunniten (74%), Traditionalisten (16%), Christen (8%), Sonstige (2%)

Danksagung

Als feststand, daß ich dieses Buch schreiben würde, las ich immer wieder in den Notizen und Tagebüchern, die Sultana mir anvertraut hatte. Bei der Auswahl der Episoden aus ihrem faszinierenden Leben erfaßte mich eine detektivische Leidenschaft. Aber ich war mir der großen Verantwortung stets bewußt: Ich mußte alles, was sie in Schwierigkeiten bringen könnte, unbedingt weglassen. Dieses Buch ist Sultanas nacherzählte Lebensgeschichte. Ich habe sie nur niedergeschrieben.

Ich danke Sultana, daß sie mit ihrer Lebensgeschichte an die Öffentlichkeit geht. Ihr mutiger Schritt trägt dazu bei, uns die Araber, die im Westen so oft falsch verstanden werden, als Menschen näherzubringen. Ich hoffe, daß die intimen Einzelheiten aus ihrem Leben als arabische Frau mit all seinen Licht- und Schattenseiten einen Beitrag leisten können, die vielen Vorurteile gegen ihr Volk abzubauen. Wer ihre Geschichte liest, wird einsehen, daß es in jedem Land der Welt Positives und Negatives gibt. Wir im Westen haben nur von den schlechten Seiten Saudi-Arabiens gehört. Sultana und ich wissen, daß es trotz grausamer frauenfeindlicher Sitten in ihrem Land viele Menschen wie sie gibt, die für ihren Kampf gegen die jahrhundertealte Unterdrückung Respekt und Anerkennung verdienen.

Ich danke auch Liza Dawson, meiner Lektorin bei William Morrow. Als sie das Manuskript dieser authentischen Lebensgeschichte las, war sie auf Anhieb begeistert und hat mich tatkräftig mit Kritik und Anregungen unterstützt.

Außerdem danke ich Peter Miller, meinem Agenten. Er hat sich stets begeistert für dieses Buch engagiert.

Besonderer Dank geht an Pat L. Creech, Ph. D., der mir von Anfang an mit seinen Hinweisen und seiner redaktionellen Betreuung zur Seite gestanden hat. Seine scharfsinnigen Beobachtungen haben dieses Buch entscheidend mit geprägt.

Ohne die Liebe und den Rückhalt meiner Familie hätte dieses Buch kaum entstehen können. Ganz besonderen Dank schulde ich meinen Eltern Neatwood und Mary Parks, deren fürsorgliche Unterstützung für diese sehr persönliche Arbeit besonders fruchtbar gewesen ist.

Ich, Prinzessin Sultana, und meine Töchter

Ein Leben hinter tausend Schleiern

Aufgeschrieben von Jean P. Sasson

Aus dem Amerikanischen von
Birgit Kaiser, Doris Kornau und Martina Reitz

Die amerikanische Originalausgabe erschien unter dem Titel
»Princess Sultana's Daughter«
im Verlag William Morrow, New York

Dieses Buch ist meinen Eltern,
Neatwood Jones Parks
und Mary Harden Parks,
gewidmet.

Dies ist eine wahre Geschichte.
Namen und Schilderungen einiger Ereignisse
wurden leicht verändert,
um zu verhindern,
daß einzelne Personen erkannt
werden können.
Weder die Autorin noch Prinzessin Sultana
beabsichtigen, mit der Veröffentlichung
dieses Buches den islamischen
Glauben herabzusetzen.

Inhaltsverzeichnis

Vorwort

Ich, Prinzessin Sultana, und meine Töchter ist eine wahre Geschichte und berichtet, wie Frauen in Saudi-Arabien leben. Das Buch schließt an das 1992 erschienene Werk *Ich, Prinzessin aus dem Hause Al Saud* an, in dem das Leben der Prinzessin Sultana von ihrer Kindheit bis zum Ausbruch des Golfkrieges 1991 beschrieben wurde. Es setzt die Biographie der Prinzessin fort und bezieht die Lebensgeschichten ihrer beiden Töchter ein.

Ich hoffe, daß möglichst viele Leser die Zeit finden werden, beide Bücher zu lesen. Doch *Ich, Prinzessin Sultana, und meine Töchter* ist eine abgeschlossene Geschichte und kann auch unabhängig vom ersten Werk gelesen werden.

In beiden Büchern erfährt der Leser viel Wissenswertes über ein Land, das in der westlichen Welt nur wenig bekannt ist. Jedoch werden weder die Geschichte Saudi-Arabiens noch das Leben aller saudischen Frauen repräsentativ dargestellt, sondern es wird die Geschichte einer saudischen Prinzessin und ihrer Familie erzählt.

Beide Bücher kommen zu derselben Schlußfolgerung: Die Unterdrückung und Erniedrigung der Frau ist eine überkommene Tradition, und es ist an der Zeit, daß der Herrschaft der Männer über die Frauen ein Ende bereitet wird.

Die in dieser wahren Geschichte erzählten Erlebnisse einer saudischen Prinzessin sollen zeigen, daß die Unterdrückung der Frauen durch die Männer mit Wissen, Einsicht und Tatkraft beendet werden kann.

Jean P. Sasson

Prolog

Einen großen Stein kümmert der Wind nicht;
eines weisen Menschen Geist kümmern weder Ehrbezeugungen noch Beleidigungen.

Buddha

Vor Jahren habe ich gelesen, daß eine spitze Feder jeden König töten kann. Ich betrachte die Fotografie meines Onkels, des saudischen Königs Fahd Ibn Abdul Asis, und merke, daß ich nicht das geringste Verlangen habe, ihn zu erstechen oder auch nur seinen Zorn zu erregen, denn ich kenne ihn als gütigen Menschen.

Ich fahre mit den Fingern über sein Gesicht und denke an den Mann Fahd, den ich noch aus Kindertagen kenne. Die Fotografie zeigt einen gereiften König, und nichts erinnert mehr an den jugendlichen Mann von damals. Seine strengen Augenbrauen und sein energisches Kinn wollen nicht so recht zu dem charmanten Mann passen, den ich mir wehmütig in Erinnerung rufe. Meine Gedanken schweifen in die Zeit zurück, als er noch nicht gekrönt war. Hochaufgerichtet, mit breiten Schultern und ausgestreckter Hand hatte er einem verängstigten Kind eine süße Dattel angeboten. Dieses Kind war ich gewesen. Fahd, der von seinem Vater die kräftige Statur geerbt hatte, wirkte auf mich eher wie ein kriegerischer Beduine als wie ein künftiger Staatsmann. Von Natur aus nicht schüchtern, war ich doch verängstigt, nahm nur zögernd die Wüstenfrucht aus seinen Händen an und flüchtete mich dann in die Arme meiner Mutter. Ich kostete die süße Dattel und verschloß mich Fahds freundlichem Lachen.

Nach saudischer Sitte bin ich seit Beginn meiner Pubertät nicht mehr unverschleiert vor den König getreten. Inzwischen ist er ein alter Mann. Er wirkt jetzt sehr ernst, und ich bin der Ansicht, daß er in all den Jahren als Oberhaupt eines Staates entschiedener und durch die Verantwortung als Führer auch nachdenklicher geworden ist. Unser König ist eine eindrucksvolle Erscheinung, aber ein gutaussehender Mann ist er nicht. Die Lider lasten schwer auf den hervorquellenden Augen, und die Nase überschattet die Oberlippe seines schmalen Mundes. Auf dem allen Saudis und Besuchern des Landes vertrauten Foto, das deutlich sichtbar überall hängt, sieht der König so aus, wie er meiner Meinung nach nicht ist: unnahbar, streng und unsensibel.

Um seine Position ist er trotz der unbeschränkten Macht und des gewaltigen Reichtums nicht zu beneiden. König Fahd führt als unumschränkter Herrscher in einem der reichsten Länder der Erde einen ständigen Kampf zwischen alt und neu.

Die meisten Nationen lösen sich vom Althergebrachten und beschreiten vorsichtig neue Wege zur Entwicklung besserer Formen des sozialen Lebens. Unser König hat diese Möglichkeit nicht. Er muß vier vollkommen verschiedene Bevölkerungsgruppen unter einen Hut bringen:

1. Die religiösen Fundamentalisten, jene starrköpfigen und mächtigen Männer, die zu den alten Werten zurückkehren wollen.
2. Die gebildete Mittelklasse, die eben diese alten und für sie hinderlichen Traditionen abschaffen will.
3. Die Beduinenstämme, die es gelüstet, ihr Nomadenleben aufzugeben und in die Städte mit all ihren Verlockungen zu ziehen.

4. Die Mitglieder der großen königlichen Familie, die alle nur immer noch mehr Reichtümer anhäufen wollen.

Neben diesen vier Fraktionen gibt es noch eine Gruppe, die vergessen wurde: die Frauen Saudi-Arabiens, die ebensoviele Wünsche und Ziele haben wie die Männer, die über unser Leben bestimmen.

Seltsamerweise zürne ich trotz aller Enttäuschungen angesichts der Lage der Frauen dem König nicht. Ich weiß, daß er die Unterstützung ganz normaler Ehemänner, Väter und Brüder braucht, bevor er gegen die religiösen Fanatiker vorgehen kann. Diese Fundamentalisten meinen, sie allein würden die islamischen Gesetze richtig interpretieren, und daher dürften die Männer unumschränkt über ihre Frauen herrschen. Es gibt einfach noch zu viele Männer in Saudi-Arabien, die mit den gegebenen Verhältnissen zufrieden sind. Sie ertragen lieber die Klagen ihrer Frauen, statt ihrem König zu folgen und Veränderung herbeizuführen.

Trotz aller Schwierigkeiten steht die Mehrzahl der saudischen Bürger hinter König Fahd, und nur die religiösen Fundamentalisten fordern seine Absetzung. Alle anderen Saudis halten ihn für einen großzügigen Mann, der das Land mit milderer Hand regiert als sein Vater und seine drei Brüder.

Die Frauen meiner Familie wissen, daß der König bei seinen Frauen beliebt ist. Und wer kennt einen Mann besser als seine Frauen?

In diesem Buch erzähle ich aus meinem Leben. Man muß kein Prophet sein, um vorherzusagen, daß die Veröffentlichung von *Ich, Prinzessin Sultana, und meine Töchter* als Schlag ins Gesicht unseres Königs angesehen werden wird.

Das, und nur das, bedaure ich.

Ich selbst habe mich aus freien Stücken dazu entschlossen, mit den Ehrenkodizes früherer Generationen zu brechen und Familiengeheimnisse an die Öffentlichkeit zu tragen. Jetzt frage ich mich zum erstenmal, ob ich mich mehr von meinen Gefühlen als von meinem Verstand habe leiten lassen.

Um mein Gewissen zu beruhigen und meine Ängste zu beschwichtigen, rufe ich mir alle meine Nöte und Leiden noch einmal in Erinnerung: Soll unsere Gesellschaft bis in alle Zukunft von unseren Männern regiert werden, während wir Frauen weiterhin unterdrückt werden?

Es war die Wut über die Gleichgültigkeit der Männer, die mich zur Rebellion anstachelte.

1. Kapitel

Der Schleier fällt

Verzweiflung trübt unser Auge und verschließt unser Ohr. Wir sehen dann nur noch die Geister des Verhängnis und hören nur noch das Schlagen unserer beklommenen Herzen.

Kahlil Gibran

Oktober 1992. Niedergeschlagen und gleichzeitig in fieberhafter Aufregung warte ich, Sultana Al Saud, Autorin eines Enthüllungsbuches, was die kommenden Tage für mich bringen werden. Das Buch über das Leben der Frauen in Saudi-Arabien ist in den Vereinigten Staaten im September 1992 erschienen. Seither plagen mich böse Vorahnungen. Ich fühle, daß ich in großer Gefahr schwebe, denn keine Tat, mag sie nun bedeutend oder unbedeutend, gut oder schlecht sein, bleibt ohne Folgen.

Während ich tief Luft hole, sage ich mir hoffnungsvoll, daß mich vielleicht die Anonymität der großen Al Saud-Familie schützt. Trotzdem fühle ich instinktiv, daß ich entlarvt worden bin.

Gerade als ich meine Schuldgefühle abgelegt und meine Furcht überwunden zu haben glaube, stürmt mein Mann Karim in unser Haus und brüllt, mein Bruder Ali sei früher von seiner Europareise zurückgekehrt und mein Vater habe ein dringliches Familientreffen in seinem Palast anberaumt. Seine schwarzen Augen funkeln in dem blassen, mit feuerroten Flecken überzogenen Gesicht.

Mir kommt ein entsetzlicher Gedanke: Karim hat von dem Buch erfahren!

Bei der Vorstellung, getrennt von meinen geliebten Kindern in einem Kerker gefangengehalten zu werden, kann ich meine Nervosität nicht mehr länger unterdrücken, und ich frage mit dünner, hoher Stimme, die in meinen Ohren ganz fremd klingt: »Was ist denn passiert?«

Karim zuckt die Schultern und antwortet: »Woher soll ich das wissen?« Seine Nasenflügel beben. »Ich habe deinem Vater gesagt, daß ich morgen einen wichtigen Termin in Zürich habe und daß wir ihn nach meiner Rückkehr treffen könnten«, berichtet er irritiert, »aber er bestand darauf, daß ich meine Pläne ändere und dich heute abend zu ihm begleite.«

Aufgeregt stürmt Karim in sein Büro: »Drei Termine muß ich deshalb absagen!«

Mit weichen Knien sinke ich auf das Sofa, erleichtert, daß all meine Schlußfolgerungen wohl verfrüht gewesen waren. Karims Zorn gilt nicht mir! Ich fasse neuen Mut.

Doch noch immer besteht die Gefahr, entlarvt zu werden, und mir bleiben noch viele bange Stunden bis zu dem überraschenden Familientreffen.

Obwohl mir gar nicht danach zumute ist, lächle und plaudere ich, während ich zusammen mit Karim über dicke persische Teppiche durch die große Eingangshalle des neu erbauten Palasts meines Vaters gehe. Wir betreten ein großes, prächtiges Wohnzimmer. Mein Vater ist noch nicht da, aber ich stelle fest, daß Karim und ich als letzte eintreffen. Die anderen zehn lebenden Kinder meiner Mutter, ohne Gatten und Gattinnen, sind in das Haus meines Vaters zitiert worden. Drei meiner Schwestern sind von Dschidda hierher nach Riad geflogen, und zwei weitere Schwestern sind aus Taif gekommen. Als ich mich im Zimmer umsehe, stelle ich fest, daß Karim der einzige Anwesende ist, der nicht unmittelbar zur Familie gehört. Selbst Vaters Hauptfrau und ihre Kinder sind nirgendwo zu sehen; vermutlich sind sie weggeschickt worden.

Die Dringlichkeit des Treffens ruft mir wieder das Buch ins Gedächtnis, und Angst schnürt mir die Kehle zu. Meine Schwester Sara und ich tauschen besorgte Blicke. Sie weiß als einzige aus der Familie von dem Buch, und ihr gehen offenbar die gleichen Gedanken wie mir durch den Kopf. Alle meine Geschwister begrüßen mich freundlich, mit Ausnahme meines Bruders Ali. Ich bemerke, wie seine Blicke mir folgen.

Kurz nach unserem Eintreffen betritt mein Vater den Raum. Wir, seine zehn Töchter, stehen respektvoll auf und begrüßen den Mann, der uns zwar das Leben geschenkt hat, aber niemals Liebe.

Ich habe meinen Vater seit einigen Monaten nicht gesehen, und er wirkt erschöpft und vorzeitig gealtert. Als ich ihm einen Kuß auf die Wange geben möchte, wendet er sich ungeduldig ab und erwidert meinen Gruß nicht. Nun wird mir richtig bange. Plötzlich erkenne ich, wie naiv der Glaube war, die Al Sauds seien viel zu sehr mit der Anhäufung von Reichtümern beschäftigt, um sich um Bücher zu kümmern.

Mit ernster Stimme fordert Vater uns auf, uns zu setzen. Er habe uns einige beunruhigende Neuigkeiten mitzuteilen.

Ich bemerke, daß Ali, der eine krankhafte Freude am Leiden anderer hat, mich hämisch und schadenfroh anstarrt. Zweifellos weiß er, was heute abend besprochen werden soll.

Mein Vater greift in seine große schwarze Aktentasche und holt ein Buch heraus, das in einer fremden Sprache verfaßt ist und das niemand von uns lesen kann. Ich weiß nicht so recht, was ich davon halten soll. Was hat dieses spezielle Buch mit unserer Familie zu tun?

Mit wutverzerrter Stimme berichtet Vater, daß Ali dieses Buch kürzlich in Deutschland gekauft habe. Es handle vom Leben einer Prinzessin, einer dummen und törichten Frau, die sich der mit den königlichen Privilegien verbundenen Pflichten nicht bewußt sei. Während er im Raum auf und ab schreitet, hält er das Buch in den Händen. Auf dem Umschlagfoto ist eindeutig eine Muslimin zu sehen, denn sie ist verschleiert und steht vor türkischen Minaretten. Mich durchzuckt der Gedanke, daß eine alternde ägyptische oder türkische Prinzessin im Exil ein Enthüllungsbuch geschrieben hat, aber sofort erkenne ich, daß eine solche Geschichte in unserem Land keinerlei Interesse wecken würde.

Als Vater näher tritt, lese ich den Titel: *Ich, Prinzessin aus dem Hause Al Saud.*

Es ist meine Geschichte!

Da ich mit der Autorin des Buches keinen Kontakt mehr habe, seit ich vom Verkauf des Buches an einen renommierten amerikanischen Verlag erfahren habe, weiß ich zu diesem Zeitpunkt noch nicht, daß mein Buch ein großer Erfolg ist und die Übersetzungsrechte in viele Länder verkauft worden sind. Bei diesem Exemplar handelt es sich ganz offensichtlich um die deutsche Ausgabe.

Einen kurzen Augenblick lang bin ich stolz, doch dann packt mich die nackte Angst. Ich fühle, wie mir das Blut ins Gesicht schießt. Ich bin wie gelähmt und höre die Stimme meines Vaters wie aus weiter Ferne. Er erklärt, Ali sei neugierig geworden, als er das Buch auf dem Flughafen in Frankfurt entdeckt habe. Als er bemerkte, daß der Familienname auf dem Umschlag stand, habe er weder Mühen noch Kosten gescheut und eine Übersetzung des Buches machen lassen.

Zu der Zeit glaubte Ali noch, daß eine unbedeutende, verärgerte Prinzessin aus dem Hause Al Saud Geheimnisse aus ihrem Leben ausgeplaudert habe. Beim Lesen des Buches habe er sich jedoch bei den Schilderungen unserer kindlichen Streitigkeiten selbst erkannt. Daraufhin habe er seinen Urlaub abgebrochen und sei wutentbrannt nach Riad zurückgekehrt.

Für das Familientreffen hat Vater Kopien von der Übersetzung anfertigen lassen. Nun nickt er Ali zu und gibt ihm ein kurzes Zeichen. Mein Bruder greift nach einem großen Packen Papier neben ihm und übergibt jedem einen Stapel, der von einem großen Gummi zusammengehalten wird.

Verwirrt stößt Karim mich in die Seite, zieht die Augenbrauen hoch und verdreht die Augen.

Ich tue so, als ob ich nicht wüßte, worum es geht, zucke die Schultern und starre mit unbewegter Miene auf die Blätter in meiner Hand.

Mit lauter Stimme brüllt Vater meinen Namen: »Sultana!«

Sofort springe ich auf.

Vater stößt schnell und abgehackt Worte hervor. »Sultana, erinnerst du dich noch an die Heirat und die Scheidung deiner Schwester Sara? An die Schlechtigkeit deiner früheren Freundinnen? An den Tod deiner Mutter? An deine Reise nach Ägypten? An deine Heirat mit Karim und die Geburt deines Sohnes? Sultana?«

Mir stockt der Atem.

Unbarmherzig fährt mein Vater mit seiner Anklage fort. »Sultana, wenn du dich nicht recht an diese bedeutsamen Ereignisse erinnern kannst, dann empfehle ich dir, dieses Buch zu lesen!«

Vater wirft mir das Buch vor die Füße.

Unfähig mich zu bewegen, starre ich auf das Buch vor mir auf dem Boden. Dann befiehlt mein Vater: »Heb es auf!«

Karim ergreift das Buch und starrt auf den Schutzumschlag. Er keucht, dann atmet er tief durch und wendet sich mir zu. »Was hat das zu bedeuten, Sultana?«

Vor Schreck bin ich wie gelähmt. Mein Herzschlag setzt

für einen Moment aus, und ich möchte am liebsten im Erdboden versinken.

Karim verliert die Beherrschung und läßt das Buch auf den Boden fallen. Dann packt er mich an den Schultern und schüttelt mich heftig.

Mein Vater brüllt: »Sultana! Antworte deinem Ehemann!«

Die Jahre verflüchtigen sich. Ich bin wieder ein Kind, auf Gedeih und Verderb meinem Vater ausgeliefert. Plötzlich sehne ich mich nach meiner toten Mutter, denn nichts außer Mutterliebe kann mir in dieser heiklen Angelegenheit helfen.

Meiner Kehle entringt sich ein Seufzer.

In der Vergangenheit hatte ich mir viele Male gesagt, daß es ohne Mut keine Freiheit geben kann, und doch verläßt mich mein Mut gerade in dem Moment, als ich ihn am meisten benötige. Ich hatte gewußt, daß mein Geheimnis entdeckt werden würde, falls enge Familienangehörige das Buch in die Hände bekommen sollten; schließlich sind sie Schlüsselfiguren in meinem Leben und in dem Buch. Törichterweise hatte ich mich dadurch geschützt gefühlt, daß Sara als einzige in der Familie Bücher liest. Ich hatte gehofft, daß meine Angehörigen nur wenig Notiz von dem Buch nehmen würden, selbst wenn hier in der Stadt darüber gesprochen werden sollte. Vorausgesetzt es wäre nicht gerade von einem Ereignis die Rede, an das sie sich von früher her erinnerten.

Nun hatte aber gerade mein Bruder, der schon bei der bloßen Erwähnung der Frauenrechte in Hohngelächter ausbricht, das Buch über die Mißhandlungen von Frauen in meinem Land gelesen. Mein teuflischer Bruder Ali hatte mich meiner kostbaren Anonymität beraubt.

Ängstlich blicke ich auf meinen Vater, meine Schwestern und meinen Bruder, sehe, wie ihr anfänglich erstaunter und ärgerlicher Blick langsam hart wird.

Nach nur einem Monat sind sie mir auf die Schliche gekommen!

Schließlich finde ich meine Sprache wieder, gebe die Schuld an meiner Tat der höchsten Autorität und sage das, was alle guten Muslime sagen, wenn sie bei etwas erwischt werden, was Bestrafung nach sich zieht. »Gott hat es so gewollt. Er hat dieses Buch gewollt!«

Ali entgegnet höhnisch: »Gott? Unsinn! Der Teufel hat es gewollt!« Er wendet sich an meinen Vater und sagt ernst: »Seit ihrer Geburt lebt ein kleiner Teufel in Sultana. Der Teufel hat dieses Buch gewollt!«

Meine Schwestern beginnen schnell in ihren Stapeln in ihren Händen zu blättern, um mit eigenen Augen zu sehen, ob unsere Familiengeheimnisse preisgegeben worden sind.

Nur Sara unterstützt mich, steht stumm auf, stellt sich hinter mich und legt die Hände auf meine Schultern. Ihre sanfte Berührung wirkt beruhigend auf mich.

Nach seinem anfänglichen Gefühlsausbruch ist Karim still. Ich sehe, daß er in der Übersetzung des Buches liest, stelle fest, daß er das Kapitel entdeckt hat, das von unserer ersten Begegnung und der Hochzeit berichtet. Reglos liest mein Ehemann zum erstenmal diese Bekenntnisse.

Vater schreit mich verärgert an, und haßerfüllt stimmt Ali ein. Beide beschimpfen mich wegen meiner Dummheit. In der allgemeinen Verwirrung höre ich, wie Ali mich des Verrats bezichtigt.

Verrat? Ich liebe meinen Gott, mein Land und den König – in dieser Reihenfolge. Ich brülle zurück: »Nein! Ich bin keine Verräterin! Nur Kleingeister können zu einem so ungerechten Urteil gelangen!«

Je größer mein Zorn wird, desto mehr verschwindet meine Angst.

Sind nicht die Männer in meiner Familie der beste Beweis dafür, daß Männer und Frauen nur dann in Frieden und

Eintracht miteinander leben können, wenn das eine Geschlecht stark genug ist, um das andere vollkommen zu beherrschen? Nun, da wir saudischen Frauen über bessere Bildungsmöglichkeiten verfügen und das Denken nicht mehr anderen überlassen, wird es zusätzliche Auseinandersetzungen in unserem Leben geben. Dennoch trete ich für den Kampf um mehr Rechte für die Frau ein, denn ein fauler Friede setzt nur die Unterdrückung der Frau fort.

Erbittert streiten wir weiter, und ich verliere mich in Details. Meine anfängliche Furcht hat meine Erinnerung daran getrübt, weshalb ich Jean Sasson ursprünglich bat, meine Geschichte aufzuschreiben. Nun verschließe ich meine Ohren gegenüber den Anklagen und zwinge mich, an Nada zu denken, die ertränkt wurde, und an die Einkerkerung Samiras. Ob ihre tragischen Lebensgeschichten wohl die Herzen der Leser gerührt haben? Noch vor Veröffentlichung des Buches war mir bewußt, daß diese Geschichten unglaubwürdig wirken mußten, wenn die Leser des Buches sich nicht all die Grausamkeiten vor Augen führten, die Männer Frauen zufügen können. Trotzdem war ich überzeugt, daß alle Menschen, die mein Land wirklich kannten – seine Sitten und seine Tradition –, wissen mußten, daß ich die Wahrheit sagte.

Die Erinnerung an meine unglücklichen Freundinnen und ihr trauriges Schicksal gibt mir neue Kraft, und mein Mut kehrt zurück. Ich stehe auf und stelle mich meinen Widersachern. Ich fühle das Kämpferblut meines Großvaters Abdul Asis in meinen Adern. Schon in meiner Kindheit war ich am gefährlichsten, wenn ich in wirklicher Gefahr war.

Plötzlich erinnere ich mich an das Gesicht eines gütigen Mannes, der einem kleinen Mädchen saftige Datteln angeboten hat. Mir kommt eine verrückte Idee. Entschlossen übertöne ich das aufgebrachte Stimmengewirr: »Bringt mich zum König!«

Die anderen sind augenblicklich ruhig. Ungläubig wiederholt mein Vater meine Worte: »Zum König?«

Ali schnalzt ungeduldig mit der Zunge und sagt: »Der König wird dich nicht empfangen wollen!«

»Doch! Bringt mich zu ihm. Ich will dem König die Gründe mitteilen, die mich zu diesem Buch bewogen haben. Ich will ihm die tragische Lebensgeschichte der von ihm regierten Frauen erzählen. Ich werde ein Geständnis ablegen, aber nur vor dem König.«

Mißtrauisch schaut Vater Ali an. Die Miene der beiden Männer verrät, wie schockiert sie sind. Es ist, als könne ich ihre Gedanken lesen. *»Man muß ehrenhaft sein, aber nicht zu ehrenhaft!«*

»Ich bestehe darauf, alles dem König zu gestehen«, wiederhole ich.

Ich kenne diesen König gut. Er haßt zwar Auseinandersetzungen, aber er wird mich trotzdem für das, was ich getan habe, bestrafen. Im stillen sage ich mir, daß ich – um nicht in Vergessenheit zu geraten – mit einem Nicht-Saudi sprechen muß. Mein Entschluß steht fest. »Aber bevor ich zum König gehe, muß ich mit einem ausländischen Journalisten sprechen und meine Identität enthüllen. Die Welt soll ruhig erfahren, wie in unserem Land Menschen behandelt werden, die die Wahrheit sagen.«

Ich gehe zum Telefon, das auf einem kleinen Tisch neben der Tür zur Eingangshalle steht. Verzweifelt versuche ich mich an die Telefonnummer einer internationalen Zeitung zu erinnern, die ich mir für einen solchen Notfall eingeprägt habe.

Meine Schwestern jammern laut und flehen meinen Vater an, mich aufzuhalten.

Karim springt auf und versperrt mir gewaltsam den Weg. Mit ernstem Gesicht streckt er den Arm aus und zeigt auf meinen Sessel, ganz so, als handele es sich um einen Richtblock.

Trotz der Gefahr, in der ich schwebe, belustigt mich Karims Gesichtsausdruck. Ich lache laut los. Mein Gatte ist ein törichter Mann, denn er hat immer noch nicht begriffen, daß er mich erst töten muß, um mich zum Schweigen zu bringen. Ich weiß aber, daß er dies niemals tun würde. Schon immer habe ich Kraft aus dem Wissen geschöpft, daß Karim niemals gewalttätig werden könnte.

Drohend schreie ich ihm zu: »Wenn das Tier in die Enge getrieben ist, wird es für den Jäger gefährlich.« Dann kommt mir der Gedanke, Karim meinen Kopf in den Magen zu rammen. Doch bevor ich den Gedanken in die Tat umsetzen kann, verschafft sich meine älteste Schwester Nura Gehör und ruft uns alle mit ruhiger Stimme zur Vernunft.

»Genug! Auf diese Weise kann man kein Problem lösen.« Sie hält inne und blickt meinen Vater und Ali an. »Was soll dieses Geschrei! Die Bediensteten können jedes Wort verstehen. Wenn sie von der Sache erfahren, sitzen wir wirklich in der Tinte.«

Nura ist die einzige Tochter meines Vaters, die seine Liebe gewonnen hat. Vater bedeutet uns allen, daß wir uns beruhigen und wieder setzen sollen. Karim ergreift meinen Arm und führt mich zu meinem Sessel zurück.

Seit der Publikation des Buches war ich vor Angst wie gelähmt. Nun, zum erstenmal seit Wochen, bin ich wütend, denn ich muß erstaunt feststellen, daß die Männer meiner Familie gar nicht daran denken, mich den Behörden zu übergeben.

Der Familienrat wird ruhiger fortgesetzt, und wir sprechen darüber, wie meine Identität geheimgehalten werden könnte. Uns ist bewußt, daß im ganzen Königreich darüber spekuliert werden wird, wer die Prinzessin in dem Buch wohl sein könnte. Mein Vater vertritt die Ansicht, daß es für einen einfachen Saudi, der nicht zur Familie gehört, unmöglich sei, die Wahrheit herauszufinden. Keine wirkliche Gefahr drohe auch von den Männern der Al Saud-Großfamilie, da wir stets peinlich darauf achten, daß sie wenig über die Frauen und ihre Aktivitäten erfahren. Wirkliche Gefahr gehe nur von nahen weiblichen Verwandten aus, weil diese zuweilen an unseren intimen Zusammenkünften teilnehmen.

Panik kommt auf, als Tahani eine alte Tante einfällt, die genau über die Umstände von Saras unglückseliger Vermählung und Scheidung Bescheid weiß. Nura beschwichtigt Tahanis Ängste und teilt den Versammelten mit, daß diese Tante an einer altersbedingten schweren Gehirnerkrankung leide und nur sehr selten bei klarem Verstand sei. Wenn sie – was sehr unwahrscheinlich sei – von dem Buch höre, würde nichts, was sie sagen oder tun könnte, von ihrer Familie ernst genommen werden.

Alle atmen erleichtert auf.

Ich selbst fürchte mich nicht vor der alten Frau. Sie war schon in jungen Jahren ein wenig wunderlich gewesen, und ich kenne sie besser als die anderen. Früher hatte sie mir öfters ins Ohr geflüstert, sie würde mich bei der Durchsetzung kleiner Freiheiten für die Frauen unterstützen, und damit geprahlt, sie sei die erste Feministin der Welt gewesen, lange bevor die Europäerinnen überhaupt an diese Dinge gedacht hätten. Gerne erzählte sie, wie sie in der Hochzeitsnacht ihren verdatterten Ehemann dazu gebracht hatte, ihr die Verfügungsgewalt über das Geld aus dem Verkauf der Schafe zu überlassen, denn sie sei gut im Kopfrechnen gewesen, während er zum Rechnen die Zahlen mit einem Stock in den Sand habe schreiben müssen. Ihr Ehemann habe aber nie daran gedacht, eine andere Frau zu nehmen; meine Tante habe ihm vollauf genügt.

Mit einem zahnlosen Lachen hatte meine Tante mir das Geheimnis verraten, wie eine Frau ihren Mann unter ihrer Fuchtel halten könne: Sie müsse den »Lederstab« ihres Gatten steif und allzeit bereit halten. Ich war damals noch ein junges Mädchen und wußte nicht, was sie mit »Lederstab« meinte, aber als erwachsene Frau mußte ich oft lächeln, wenn ich an die leidenschaftlichen Aktivitäten dachte, die einst ihr Zelt haben erbeben lassen. Nach dem frühen Tod ihres Ehemannes gestand meine Tante mir, sie vermisse die sanften Zärtlichkeiten ihres Mannes und die Erinnerung an ihn halte sie von einer neuen Heirat ab.

Mehrere Stunden lang vertieft sich meine Familie in die Übersetzung und vergewissert sich, daß kein Außenstehender die in dem Buch beschriebenen Familiendramen und -streitigkeiten kennen kann.

Ich spüre förmlich, wie erleichtert meine Angehörigen schließlich sind. Außerdem bemerke ich so etwas wie Bewunderung, weil ich die entscheidenden Informationen, die die Behörden direkt an meine Tür geführt hätten, so geschickt verschleiert habe.

Am Ende des Abends warnen mein Vater und Ali meine Schwestern noch davor, ihre Ehemänner über die Angelegenheit in Kenntnis zu setzen. Wer kann schon vorhersehen, ob nicht ein Ehemann meint, sich einer Schwester oder seiner Mutter anvertrauen zu müssen? Meine Schwestern werden instruiert, ihren Ehemännern zu sagen, daß bei dem Familientreffen ausschließlich weibliche Belange besprochen worden seien.

Vater verbietet mir strikt, mein »Verbrechen« publik zu machen. Daß es sich bei dem Buch um meine Lebensgeschichte handelt, muß ein wohlgehütetes Familiengeheimnis bleiben. Mein Vater ermahnt mich, daß nicht nur ich die schlimmen Folgen zu tragen hätte – Hausarrest, vielleicht auch Gefangenschaft –, sondern auch die Männer der Familie, darunter auch mein eigener Sohn Abdullah. Sie müßten mit der Verachtung und dem Ausschluß aus der patriarchalischen Gesellschaft Saudi-Arabiens rechnen, in der nichts höher geschätzt wird als ein Mann, der imstande ist, mit seinen Frauen fertig zu werden.

Als Zeichen der Unterwerfung senke ich die Augen und gelobe Gehorsam. Innerlich aber triumphiere ich, denn an diesem Abend habe ich eine großartige Entdeckung gemacht: Die Männer in meiner Familie sind ebenso abhängig von mir wie ich von ihnen, und ihre Herrschaft hält sie ebenso gefangen wie mich.

Ali, der heute nicht auf seine Kosten gekommen ist, verabschiedet sich unwirsch und verärgert von mir. Ihm hätte es sehr gut gefallen, wenn ich Hausarrest bekommen hätte, aber er kann nicht riskieren, daß sein männlicher Stolz durch die Blutsverwandtschaft mit mir gekränkt wird.

Ich nehme überfreundlich Abschied von ihm und flüstere ihm dabei ins Ohr: »Ali, du mußt wissen, daß nicht jeder, dem Ketten angelegt wurden, unterjocht ist.«

Ich habe einen großen Sieg errungen!

Auf dem Heimweg ist Karim ernst und schweigsam. Er raucht eine Zigarette nach der anderen und verflucht bei drei Gelegenheiten den Fahrstil des philippinischen Chauffeurs.

Ich lehne mit dem Gesicht gegen das Autofenster, während wir durch die Straßen Riads fahren, nehme aber nichts von dem wahr, was um mich herum vorgeht. Ich rüste mich für einen zweiten Kampf, denn ich weiß, daß ich Karims großem Zorn nicht entgehen kann.

Als wir uns in unserem Schlafzimmer befinden, greift Karim nach dem Buch. Er beginnt mir die Passagen vorzulesen, die ihn am meisten verletzen: »*Zum erstenmal empfand ich Abscheu vor meinem Mann. Seine Besonnenheit und Freundlichkeit waren nur Fassade. Im Innersten war er ein berechnender Egoist.*«

Insgeheim habe ich Mitleid mit ihm, denn wer wäre nicht verletzt oder zornig, wenn seine größten Schwächen der Öffentlichkeit preisgegeben würden. Ich kämpfe gegen das Gefühl an und zwinge mich, an das zu denken, was er mir angetan hat sowie an den großen Kummer und den Schmerz, der so lebhaft in dem Buch geschildert wird.

Meine Gefühle sind zwiespältig, und ich weiß nicht, ob ich weinen oder lachen soll, aber Karims übertriebene Reaktion löst das Problem für mich. Mein Ehemann fuchtelt mit den Armen in der Luft herum und stampft mit den Füßen. Ich muß an das ägyptische Marionettenspiel denken, das ich in der vorangegangenen Woche im Palast meiner Schwester Sara gesehen habe, ein vergnügliches Stück mit Puppen in saudischer Kleidung. Je genauer ich hinsehe, desto mehr gleicht Karim der Puppe Goha, einer liebenswerten, aber exzentrischen Phantasiegestalt der arabischen Welt. In dem Spiel legte die Marionette Goha wie üblich ein närrisches Verhalten an den Tag, tänzelte über die Bühne und mußte mit den unterschiedlichsten Mißgeschicken fertig werden.

Meine Lippen beben, und ich verbeiße mir das Lachen. Ich erwarte jeden Moment, daß sich mein Ehemann auf den Boden wirft und einen kindischen Wutanfall bekommt.

»Karim wurde rot. Er beteuerte, er schäme sich; ich dachte, er sei wütend, weil er mit seiner Frau nicht fertig wurde.«

Karim starrt mich haßerfüllt an. »Sultana, wage es ja nicht zu lachen! Ich bin wirklich zornig.«

Ich kämpfe immer noch gegen die widersprüchlichen Gefühle an, aber dann zucke ich die Schultern. »Leugnest du etwa, daß das, was du da liest, der Wahrheit entspricht?«

Karim ignoriert meine Worte und fährt fort, Passagen zu suchen, in denen sein Charakter schlecht wegkommt. Dabei führt er mir noch einmal genau die Eigenschaften vor Augen, die mich vor Jahren dazu bewogen haben, ihn zu verlassen.

Mit kreischender Stimme liest er vor: *»Wie sehnte ich mich nach einem Kämpfer als Mann! Nach einem Mann, der beseelt war vom glühenden Wunsch nach Gerechtigkeit.«*

Karims Wut wächst mit jedem Wort. Er hält mir das Buch unter die Nase und zeigt mit dem Finger auf die Worte, die ihn am meisten verletzen: »*Vor sechs Jahren litt Sultana an einer Geschlechtskrankheit. Nach bohrenden Fragen gab Karim schließlich zu, daß er jede Woche einmal an einer Orgie mit Frauen teilnahm ... Auf den Schrecken der Krankheit hin versprach Karim, sich von der wöchentlichen Orgie fernzuhalten, aber Sultana bezweifelt, daß er der großen Versuchung wirklich widerstehen kann. Die große Liebe ist nur noch Erinnerung, aber wenigstens sind ihr noch die Kinder geblieben. Sie möchte trotz allem bei ihrem Mann bleiben und den Kampf für ihre Töchter fortsetzen.*«

Karim ist über diese Enthüllung so zornig, daß er fast in Tränen ausbricht. Er klagt mich an, ich hätte unser »Paradies vergiftet«, und behauptet, unser Zusammenleben sei »absolut harmonisch« gewesen.

Tatsächlich ist bei mir in den letzten Jahren ein Teil meines Vertrauens und meiner Liebe zurückgekehrt, aber in Momenten wie diesen ist mein Entsetzen über die Feigheit der Männer in unserer Familie groß. Ich erkenne an Karims Verhalten, daß er nicht einen einzigen Gedanken an die Gründe verschwendet, weshalb ich meine Sicherheit und unser Glück aufs Spiel gesetzt habe und weshalb ich die Ereignisse meines Lebens sowie die wahren und tragischen Ereignisse, die unschuldige junge Frauen in unserem Land das Leben gekostet haben, hatte schildern wollen. Karims einzige Sorge gilt seiner Rolle in dem Buch und seinem schlechten Abschneiden in vielen Passagen.

Ich erkläre meinem Mann, daß er und die anderen Männer aus dem Hause Al Saud über die Macht verfügen, unser Land zu verändern. Langsam, still und unauffällig könnten sie Veränderungen herbeiführen. Als er nicht auf meinen Einwand reagiert, verstehe ich mit einem Mal, daß die Männer aus dem Hause Al Saud ihre Macht nicht für ihre Frauen aufs Spiel setzen können. Sie wissen ihre Privilegien zu schätzen.

Karim beruhigt sich wieder, als ich ihn daran erinnere, daß kein Außenstehender – mit Ausnahme der Autorin – weiß, wer er ist. Alle anderen Personen würden ihn sowieso so gut kennen, daß sie auch ohne das Buch mit seinen guten und schlechten Charaktereigenschaften vertraut wären.

Karim setzt sich neben mich und hebt mit dem Finger mein Kinn an. Er schaut mich beinahe flehentlich an und fragt: »Du hast Jean Sasson von der ansteckenden Krankheit erzählt, die ich mir zugezogen habe?«

Ich winde mich vor Scham, als Karim langsam den Kopf schüttelt, sichtbar enttäuscht von seiner Frau. »Ist dir denn gar nichts heilig, Sultana?«

Viele Schlachten enden damit, daß sich die Gegner gegenseitig ihren guten Willen bekunden. Der Abend endet mit unerwarteten Zärtlichkeitsbekundungen. Eigenartigerweise sagt Karim, daß er mich niemals mehr geliebt habe als heute.

Mein Ehemann umwirbt mich, und meine Liebe zu ihm wächst. Er vermag das Verlangen, das ich einmal für immer verloren zu haben glaubte, wieder zu erwecken. Ich wundere mich darüber, daß ich denselben Mann gleichzeitig lieben und hassen kann.

Später, als Karim bereits schläft, liege ich wach neben ihm und gehe noch einmal im Kopf jedes einzelne Ereignis des Tages durch. Ich weiß, daß meine Familie mir nur deshalb ihren Schutz gewährt hat, weil sie sich vor einem königlichen Bann und einer möglichen Bestrafung fürchtet. Trotz des harmonischen Ausklangs, den der Abend für Karim und mich genommen hat, kann ich erst zufrieden sein, wenn die Frauen in meinem geliebten Land, deren Last ich teile, wirklich gleichberechtigt sind. Muß ich nicht meine Bemühungen um mehr persönliche Freiheiten für die Frauen in Saudi-Arabien fortsetzen? Bin ich nicht selbst die Mutter zweier Töchter? Bin ich es nicht meinen Töchtern und ihren Töchtern nach ihnen schuldig, daß ich mich für Veränderungen einsetze?

Ich lächle, als ich wieder an das Marionettenspiel denke, das ich zusammen mit Saras jüngsten Kindern gesehen habe, und erinnere mich an die Worte der lustigen, aber dennoch weisen Marionette Goha. »*Hört ein treuer Saluki (Wüstenhund) zu bellen auf, wenn er sein Herrchen verteidigt, nur weil ihm ein einzelner Knochen hingeworfen wird?*«

Ich schreie: »Nein!«

Karim bewegt sich, und ich streiche über seinen Kopf und murmle süße Worte, um ihn wieder in den Schlaf zu lullen.

Ich weiß in dem Moment, daß ich ein unter Zwang gegebenes Versprechen nicht halten werde. Ich werde die Welt entscheiden lassen, wann ich schweigen soll. Solange es die Menschen vorziehen, die Augen angesichts der Not von Frauen zu verschließen, werde ich weiterhin enthüllen, was in Wahrheit hinter dem schwarzen Schleier vorgeht. Das ist meine Bestimmung.

Ich treffe eine Entscheidung. Trotz der Versprechen gegenüber meinem Vater werde ich bei meiner nächsten Reise außerhalb des Königreichs versuchen, Kontakt mit meiner Freundin Jean Sasson aufzunehmen. Noch gibt es viel zu tun.

Dann schließe ich die Augen. Ich bin nun eine entschlossenere, aber auch eine sehr viel traurigere Frau als noch am Morgen dieses Tages, denn ich weiß, daß ich mich wieder in Gefahr begeben werde. Selbst wenn meine Bestrafung – und vielleicht auch mein Tod – grausam sein sollten, wäre Resignation noch bitterer, denn sie lastet für immer auf uns.

2. Kapitel

Maha

Je mehr Verbote es gibt, desto weniger
Tugenden haben die Menschen.

Taoteking

Die Menschen, die Karim und ich am meisten lieben, machen uns auch die größten Schwierigkeiten. Abdullah, unser Sohn, gibt Anlaß zur Sorge. Maha, unsere älteste Tochter, macht uns Angst. Und unsere jüngste Tochter Amani ist uns oft ein Rätsel.

Ich hatte keine schlimmen Vorahnungen, während unser einziger Sohn Abdullah mir mit kindlicher Freude von seinem großartigen Erfolg auf dem Fußballfeld erzählte. Karim und ich waren hingerissen von den Erfolgen unseres geliebten Kindes, so wie die meisten Eltern es in dieser Situation auch wären. Von klein auf war Abdullah auf sportlichem Gebiet selten von jemandem übertroffen worden, und diese Tatsache bereitete seinem Vater eine närrische Freude. Wir hingen also gebannt an Abdullahs Lippen, während seine jüngeren Schwestern Maha und Amani sich unbeaufsichtigt mit einem Videospiel beschäftigten.

Plötzlich schrie Amani vor Schreck laut auf. Erst jetzt bemerkten auch Karim und ich voller Entsetzen, daß an Abdullahs Kleidern Flammen emporzüngelten. Abdullahs Thobe brannte! Karim handelte instinktiv richtig, warf Abdullah hastig zu Boden und erstickte die Flammen mit einem Perserteppich.

Erleichtert stellten wir fest, daß unser Sohn unverletzt war. Danach versuchte Karim herauszufinden, was dieses unerklärliche Feuer verursacht hatte. Ich bemerkte, ein böser Blick sei wohl schuld an diesem Unglück. Wir hätten zu sehr mit unserem wundervollen Sohn geprahlt!

Ich unterdrückte meine Tränen und versuchte, meine Töchter zu trösten. Arme Amani. Sie schluchzte, und ihre schmalen Schultern bebten. Ich hielt meine Kleine im Arm und winkte dabei mit der freien Hand ihre Schwester Maha zu mir. Doch ich schrak zurück, denn Mahas Gesicht war zu einer schrecklichen Fratze voller Mißgunst und Hass verzerrt. Wir stellten sie zur Rede und erfuhren die fürchterliche Wahrheit: Maha hatte die Thobe ihres Bruders in Brand gesteckt.

Maha, das bedeutet »die Gazelle«, wird ihrem sanften Namen nicht gerecht. Schon im Alter von zehn Jahren war nicht zu übersehen, daß sie die unbändige Energie ihrer Mutter geerbt hat. Ich habe schon oft gedacht, daß sich in ihrer Seele gute und böse Geister Schlachten liefern, aus denen leider meist die bösen Geister als Sieger hervorgehen. Weder Mahas Leben im Glanz der Mächtigen unseres Landes noch die bedingungslose Liebe ihrer Familie konnten ihr Temperament mäßigen. Schon immer hat sie ihre Geschwister grundlos gequält. Wenige Kinder haben so viele Krisen in ihrer Familie heraufbeschworen wie Maha.

Maha sieht hinreißend aus und ist gefährlich verführerisch. Sie wirkt wie eine Flamencotänzerin mit ihren dunklen Augen und den dichten lockigen Haaren. Und sie ist nicht nur schön, sondern auch begabt. Schon als sie noch sehr klein war, hatte ich das Gefühl, daß sie mit allzu vielen Gaben gesegnet ist. Maha ist so vielseitig, daß sie sich kaum jemals auf nur ein Ziel konzentrieren kann. Ohne dieses übergeordnete Ziel aber fehlt ihr der Anreiz, ihre Talente geordnet zu entfalten. Über die Jahre hinweg habe ich sie hundert erfolgversprechende Projekte anfangen sehen, von denen sie nicht eines zu Ende brachte. Karim hat einmal gesagt, er befürchte, unsere Tochter bestehe nur aus brillanten Bruchstücken und werde es in ihrem ganzen Leben nicht schaffen, auch nur einen einzigen ihrer Pläne auszuführen.

Maha ist eine Revolutionärin auf der Suche nach einer Sache, für die es sich zu kämpfen lohnt. Das ist mein größter Kummer, denn ich weiß aus eigener Erfahrung, welche Verwirrung der Gefühle in einem so rebellischen Charakter herrscht.

Als sie noch klein war, schien die Sache einfach: Maha liebte ihren Vater abgöttisch. Und ihre Gefühle steigerten sich im Lauf der Jahre noch. Karim selbst vergötterte seine Töchter nicht weniger als seinen Sohn und versuchte die Zurücksetzung der Töchter zu vermeiden, unter der ich selbst als Kind so gelitten hatte. Allerdings verbanden die Sitten und Traditionen unserer Welt Abdullah außerhalb des Hauses viel enger mit dem Leben seines Vaters. Diese Grundgegebenheit muslimischen Lebens stellte den ersten Schock in Mahas jungem Leben dar.

Mahas Eifersucht auf ihren Bruder erinnerte mich an meine eigene unglückliche Kindheit – doch ich war ein junges Mädchen gewesen, das trotz des problematischen Gesellschaftssystems, in das es hineingeboren wurde, sich des Lebens freuen konnte. Deshalb schätzte ich das Ausmaß der Unzufriedenheit meiner Tochter nicht richtig ein.

Erst nachdem Maha Abdullahs Thobe in Brand gesteckt hatte, erkannten wir, daß ihre Besitzansprüche an Karim das normale Maß der Liebe einer Tochter zu ihrem Vater überstiegen. Maha war zehn Jahre alt und Abdullah zwölf. Amani war erst sieben, aber sie hatte beobachtet, wie ihre Schwester sich unbemerkt von ihrem Spiel entfernte, das goldene Feuerzeug ihres Vaters nahm und den Saum von Abdullahs Thobe anzündete. Hätte Amani nicht warnend aufgeschrien, wäre Abdullah vielleicht ernsthaft verletzt worden.

Der zweite schockierende Vorfall ereignete sich, als Maha gerade elf Jahre alt war. Es war im Monat August. Unsere Familie war aus der drückend heißen Wüstenstadt Riad in den Sommerpalast meiner Schwester Nura in der kühlen Bergstadt Taif geflüchtet. Zum erstenmal seit Jahren war Vater wieder bei einem Treffen der Familien der Kinder seiner ersten Frau dabei, und er widmete dabei seine Aufmerksamkeit vor allem seinen männlichen Enkeln. Er bewunderte Abdullahs Größe und seine Statur und ignorierte Maha, obwohl sie ihn immer wieder am Ärmel zupfte. Sie wollte ihm voller Stolz die »Stadt« zeigen, die die Kinder den Ameisen gebaut hatten. Ich sah, wie mein Vater sie zur Seite stieß und damit fortfuhr, Abdullahs Bizeps zu befühlen. Maha traf es hart, daß der Großvater ihren Bruder vorzog und sich ihr gegenüber so gleichgültig zeigte. Auch ich war sehr betrübt, denn ich kannte den Schmerz, den Maha fühlen mußte.

Maha war sehr wohl imstande, eine heftige Szene zu machen. Deshalb ging ich hinüber, um meine Tochter zu trösten. Doch da baute sie sich schon ganz wie ein Mann vor meinem Vater auf und warf ihm hitzig die gröbsten Beleidigungen an den Kopf.

Damit war die Harmonie des Familientreffens zerstört. Obwohl ich mich schrecklich schämte, dachte ich kurz bei mir, daß Maha meinem Vater gegenüber nur ausgesprochen hatte, was kein Mensch leugnen konnte.

Mein Vater hatte vom weiblichen Geschlecht nie viel gehalten, und er machte keinen Hehl aus seinen Gefühlen. Voller Verachtung gab er den Befehl: »Schafft mir dieses schreckliche Geschöpf aus den Augen!« Mir war klar, daß Maha meinen Vater in seiner Geringschätzigkeit mir gegenüber wieder einmal bestärkt hatte. Sein Blick war stechend und seine Lippen verächtlich hochgezogen, als er von seiner Tochter zu seiner Enkelin blickte. Ich hörte, wie er vor sich hinmurmelte: »*Eine Maus kann nur eine Maus gebären.*« Blitzschnell packte Karim die zeternde Maha und schaffte sie aus der Sichtweite meines Vaters ins Haus. Sie drehte und wand sich vergeblich in seinem Griff. Dann spülte ihr Karim im Badezimmer den Mund mit Seife aus. Ihr ersticktes Protestgeschrei konnte man bis in den Garten hören.

Kurz danach brach Vater auf, nachdem er zuvor noch der versammelten Familie verkündet hatte, meine Töchter seien durch mein Blut zum Untergang verdammt. Das veranlaßte die sensible Amani zu hysterischem Schluchzen.

Mein Vater hat meine Töchter nie wieder auch nur erwähnt.

Mahas Streitlust und Feindseligkeit bedeuteten nicht, daß sie nicht auch manchmal freundlich sein konnte, und nach dem Vorfall in Taif wurde sie etwas ruhiger. Die innere Wut meiner Tochter schwand allmählich. Zusätzlich verdoppelten Karim und ich unsere Anstrengungen, unsere Töchter davon zu überzeugen, daß sie genauso geliebt und geachtet wurden wie unser Sohn. Obwohl das bei uns zu Hause funktionierte, konnte Maha die Tatsache nicht übersehen, daß sie außerhalb unserer Mauern als geringerwertig angesehen wurde. Es ist eine erschreckende Gewohnheit aller Saudis, Aufmerksamkeit und Zuneigung allein den Jungen zu schenken und die Mädchen links liegen zu lassen.

Maha war ein aufgewecktes Mädchen; es war schwer, ihr etwas vorzumachen, und so brannten sich die harten Tatsachen des Lebens in der arabischen Welt in ihr Bewußtsein ein. Ich hatte manchmal Vorahnungen, daß Maha eines Tages wie ein Vulkan ausbrechen könnte. Aber wie viele Eltern wußte ich nicht, wie ich dem Kind helfen sollte, das es am nötigsten hatte.

Während des Golfkrieges, den wahrscheinlich kein Saudi jemals wieder vergessen wird, war Maha erst fünfzehn Jahre alt. Damals lagen Veränderungen in der Luft, und niemandem erschien die Aussicht auf eine Befreiung der Frau verführerischer als meiner ältesten Tochter. Schließlich fand unser verschleiertes Elend das verstärkte Interesse zahlreicher ausländischer Journalisten, und viele gebildete Frauen meines Landes begannen von dem Tag zu träumen, an dem sie ihre Schleier verbrennen und die schweren schwarzen Abahjas ablegen würden. Ich war damals von all der Aufregung so in Anspruch genommen, daß ich kaum bemerkte, wie meine älteste Tochter sich mit einem jungen Mädchen anfreundete. Diese neue Freundin versuchte auf extreme Weise ihre Vorstellung von der Befreiung der Frau durchzusetzen.

Als ich Aisha zum erstenmal traf, fühlte ich mich ein wenig unsicher – keineswegs jedoch, weil sie nicht zur königlichen Familie gehörte. Ich hatte schon damals eine Reihe von geschätzten Freunden außerhalb dieser Kreise gewonnen. Aisha stammte aus einer bekannten saudiarabischen Familie, die ihr Vermögen mit dem Import von Möbeln gemacht hatte, mit denen zahlreiche internationale Firmen die Villen ihrer ins Land strömenden Arbeitnehmer einrichteten. Aisha war erst siebzehn, doch auf mich wirkte sie älter. Sie sah erwachsener aus und hatte eine widerspenstige Haltung, die nichts Gutes verhieß.

Die beiden Mädchen waren unzertrennlich, und Aisha verbrachte viele Stunden in unserem Haus. Für ein saudiarabisches Mädchen genoß sie sehr viel Freiheit. Später fand ich heraus, daß Aisha von ihren Eltern tatsächlich völlig sich selbst überlassen wurde. Es schien den Eltern egal zu sein, wo sich ihre Tochter herumtrieb.

Aisha war das älteste von elf Kindern. Ihre Mutter, die einzige legitime Frau ihres Vaters, war mit ihm in einen ständigen häuslichen Streit verwickelt, denn Aishas Vater praktizierte einen seltenen arabischen Brauch, genannt *mut'a*, was «Ehe der Freuden« oder auch «Ehe auf Zeit« bedeutet. Eine solche Ehe kann von nur einer Stunde bis zu 99 Jahren dauern. Wenn der Mann der Frau mitteilt, das zeitlich begrenzte Arrangement sei beendet, trennen sich die Beteiligten ohne Scheidungszeremonie von Tisch und Bett. Die Sunniten, die in Saudi-Arabien die Mehrheit der Gläubigen stellen, sehen diese Praxis als unmoralisch an und verurteilen sie als legalisierte Prostitution. Dennoch verbietet keine gesetzliche Autorität einem Mann ein solches Arrangement.

Natürlich protestierte Aishas Mutter gegen die Störung durch die »Bräute« für eine Nacht oder eine Woche, die ihr sittenloser Ehemann in das gemeinsame Haus brachte, aber ihr Mann ging auf ihre Vorwürfe nicht ein und behauptete, sein Handeln sei durch einen Vers des Koran gerechtfertigt, in dem geschrieben steht: *»Es ist dir erlaubt, mit deinem Vermögen Ehefrauen auszuwählen für unziemliches Verhalten, aber nicht zur Unzucht, doch du mußt ihnen eine Entschädigung dafür geben, was du von ihnen genossen hast, gemäß deines Versprechens.«* Während dieser Vers von den muslimischen Schiiten als Genehmigung jener Praxis verstanden wird, sind diese zeitlich begrenzten Vereinigungen bei den sunnitischen Muslimen nicht üblich. Aishas Vater aber nahm sich die Freiheit, junge Frauen nur des Sexes wegen zu »heiraten«. Er war in unserem Land allerdings eher eine Ausnahmeerscheinung.

Da mich das Schicksal der hilflosen Frauen und Mädchen beschäftigte, befragte ich Aisha genauer zu dieser unwürdigen Praxis. Ich hatte davon schon von einer schiitischen Frau aus Bahrain gehört, die Sara vor einigen Jahren in London getroffen hatte.

Anscheinend hatte Aishas Vater keine Lust auf die Verantwortung für den Unterhalt von vier Frauen und deren Kindern. Also schickte er einen Mann seines Vertrauens allmonatlich in die schiitischen Regionen inner- und außerhalb Saudi-Arabiens. Dort verhandelte dieser Brautwerber mit diversen verarmten Familien über die Schließung einer Ehe auf Zeit mit ihren jungfräulichen Töchtern. So ein Handel konnte mit einem Mann, der vier Frauen, viele Töchter, aber wenig sonst sein eigen nannte, leicht abgeschlossen werden.

Aisha freundete sich mit manchen dieser jungen Mädchen an, die für einige Schreckensnächte nach Riad gebracht wurden. Wenn Aishas Vater das Interesse an den jungen Bräuten verlor, schickte er sie wieder zu ihren Familien zurück, ausgestattet mit Goldschmuck und kleinen Taschen, die mit Bargeld gefüllt waren. Aisha erzählte mir, daß die meisten dieser jugendlichen Bräute nicht mehr als elf oder zwölf Jahre alt waren und nicht verstünden, was mit ihnen geschah. Sie wußten nur, daß sie schreckliche Angst hatten und daß dieser Mann, den Aisha Vater nannte, gräßliche Dinge mit ihnen tat.

Aisha war ein Mädchen mit ausgesprochen harten Augen, aber sie weinte, als sie mir Reemas Geschichte erzählte. Reema war mit dreizehn Jahren aus dem Jemen – einem armen Land, in dem es viele schiitische Muslime gibt – nach Saudi-Arabien gebracht worden. Reemas Name bedeutete Reh, und Aisha zufolge war sie so anmutig gewesen wie diese schönen Tiere, ohne Zweifel sei sie das reizendste Mädchen, das sie jemals gekannt hatte.

Reema gehörte zu einem Nomadenstamm. Ihr Vater hatte nur eine Frau, dafür aber dreiundzwanzig Kinder, von denen siebzehn Mädchen waren. Reemas Mutter war jetzt freilich krumm und faltig nach all den Jahren harter Arbeit und nach den vielen Geburten, doch sie war in ihrer Jugend bildhübsch gewesen und hatte schönen Töchtern das Leben geschenkt. Reema erzählte stolz, daß ihre Familie selbst in Sanaa, der weit entfernten Hauptstadt des Landes, für die Schönheit ihrer Töchter berühmt war.

Ihre Familie war sehr arm, besaß nur drei Kamele und zweiundzwanzig Schafe. Zwei der Söhne hatten Geburtsschäden erlitten und waren behindert: Die Beine des einen waren verkrüppelt, der andere litt unter unkontrollierbaren Muskelzuckungen. Deshalb versuchte Reemas Vater, seine begehrten Töchter an den Meistbietenden zu verkaufen. Während der Sommermonate reiste die Familie für gewöhnlich über hohe Gebirgspässe in die Stadt, in der ein Handel über die Tochter abgeschlossen wurde, die nach den Regeln des Islam das heiratsfähige Alter erreicht hatte.

Im Jahr zuvor, mit zwölf Jahren, war Reema geschlechtsreif geworden. Sie war das Lieblingskind ihrer Mutter und kümmerte sich um ihre behinderten Brüder. Die Familie bat ihren Vater, Reema doch noch ein paar Jahre länger bei der Familie zu lassen, aber er mußte betrübt eingestehen, daß ihm das unmöglich war. Auf Reema folgten zwei Söhne, und die nächste Schwester war erst neun Jahre alt. Diese Schwester war allerdings so klein und schmächtig, daß ihr Vater befürchtete, es würde noch drei oder vier Jahre dauern, bis sie in die Pubertät kam. Die Familie konnte nicht so lange ohne das Geld für Reema überleben.

Also wurde Reema nach Sanaa gebracht, um dort verheiratet zu werden. Während der Vater die Stadt nach einem passenden Bräutigam absuchte, harrte Reema mit ihren Geschwistern in einer kleinen Lehmhütte der kommenden Dinge. Am dritten Tag kam der Vater aufgeregt mit einem saudiarabischen Staatsbürger zurück, der einen wohlhabenden Mann aus Saudi-Arabien vertrat, einen Mann, der bereit war, für ein schönes Mädchen viel Geld zu bezahlen.

Allerdings bestand der Vermittler darauf, Reema zu sehen, bevor er das Geld bezahlte – ein Ansinnen, auf das ein muslimischer Vater üblicherweise mit dem Dolch und nicht mit demütiger Zustimmung reagiert. In diesem Fall aber wog das Gold in den Händen des Brautwerbers schwerer als die religiösen Überzeugungen der Familie. Reema berichtete später, der Mann habe sie gemustert wie ihr Vater auf dem Markt Kamele oder Schafe, aber sie wehrte sich nicht gegen die Schande dieser Prozedur, denn ihr sei immer klar gewesen, daß sie einmal zu einer anderen Familie gehören würde, als der rechtmäßig erworbene Besitz eines Fremden. Als der Brautwerber allerdings unbedingt ihre Zähne sehen wollte, habe sie sich gewehrt und den Mann weggestoßen.

Der Brautwerber erklärte, Reema genüge den Ansprüchen, und zahlte einen Teil der vereinbarten Summe. Die Familie feierte, ein fettes Schaf wurde geschlachtet, und der Brautwerber ließ die Papiere der Braut für den Flug nach Saudi-Arabien fertig machen. Reemas Vater erklärte glücklich, daß die Familie jetzt über genügend Mittel verfüge, um die vier Jahre zu überbrücken, bis man eine jüngere Tochter verheiraten konnte, denn der Mann aus Saudi-Arabien hatte für Reema eine hohe Summe bezahlt.

Reema überwand ihre Ängste, nachdem ihr Vater ihr versichert hatte, sie könne sich als das glücklichste aller Mädchen betrachten. Sie begann sich sogar zu freuen, denn er erzählte ihr, daß sie künftig ein sorgloses Leben im Überfluß führen würde, ohne arbeiten zu müssen. Sie würde Diener haben, die ihr jeden Wunsch von den Augen ablesen würden, würde jeden Tag Fleisch essen, und ihre Kinder würden zur Schule gehen und gut versorgt werden.

Reema fragte ihren Vater, ob ihr der Mann wohl eine Puppe kaufen würde, denn sie hatte eine in einem Katalog aus Europa entdeckt, den die Kinder in einer Mülltonne in Sanaa gefunden hatten, und ihr Vater versprach, er würde dem Mann erklären, wie sehr sich Reema so eine Puppe wünschte.

Erst als der Vermittler eine Woche später zurückkam, erfuhr Reema die schreckliche Wahrheit. Die Heirat würde unehrenhaft sein, eine Ehe nach dem *mut'a,* nur eine zeitweilige Verbindung. Daraufhin wurde ihr Vater sehr wütend, denn schließlich stand seine Ehre auf dem Spiel. Er verhandelte mit dem Mann aus Arabien und erklärte ihm, daß es sehr schwierig sein würde, später seine Tochter nochmals zu verheiraten. Möglicherweise müßte er sie jahrelang ernähren, während er einen Mann suchte, der sie als zweite, weniger geachtete Frau akzeptieren würde.

Aber wieder brachte der Mann den Protest mit einem Bündel Banknoten zum Schweigen. Und er erklärte, daß die Anzahlung zurückbezahlt werden müßte, falls Reemas Vater die Abmachung nicht einhalten würde. Zögernd gab Reemas Vater nach, denn er mußte zugeben, daß er schon einen Teil der Summe ausgegeben hatte. Beschämt erklärte er Reema, daß sie mit dem Mann mitgehen müsse, es sei Gottes Wille. Immerhin bat er den Saudi, Reema unter den jemenitischen Gastarbeitern in Saudi-Arabien einen richtigen Ehemann zu suchen. Der Mann sicherte ihm zu, daß er sich darum bemühen würde, und falls er keinen Mann für Reema finden sollte, könnte sie Dienstmädchen in seinem eigenen Haushalt werden.

Auf der Reise versprach der Mann Reema, er werde ihr eine Puppe kaufen, obwohl derartiges Spielzeug gläubigen Muslimen ausdrücklich verboten ist.

Reema war krank vor Heimweh. Wie die meisten arabischen Mädchen kannte sie die Aufgaben einer Ehefrau bereits, denn sie hatte seit dem Tag ihrer Geburt mit ihren Eltern im gleichen Raum geschlafen. Sie wußte, daß sich eine Ehefrau jedem Wunsch ihres Mannes zu fügen hatte.

Aisha erzählte, daß es gerade dieses stumme Sichfügen in

ein Leben der Sklaverei war, das sie so erschreckte. Das Mädchen erklärte zwar, sie sei zufrieden mit ihrem Los, aber ihre Tränen straften sie Lügen. Reema weinte die ganzen sechs Tage, die sie in Aishas Haus verbrachte, aber verteidigte zugleich das Recht des Hausherrn, mit ihr zu machen, was er wollte.

Aisha erzählte uns weiter, daß der Angestellte seines Vaters tatsächlich einen jemenitischen Mann fand, der bereit war, Reema als Zweitfrau zu nehmen, einen kleinen Dienstboten, dessen erste Frau im Jemen geblieben war und der meinte, er könnte eine Frau gebrauchen, die für ihn kochte und ihn bediente.

Als Aisha Reema zum letztenmal sah, hielt das junge Mädchen eine Puppe an sich gedrückt und folgte gehorsam einem fremden Mann, der sie zur Vermählung mit einem anderen Mann brachte, den sie nie zuvor gesehen hatte.

Aishas Mutter, eine gläubige Sunnitin, geriet über Reemas Schicksal so außer sich, daß sie sich bei der Familie ihres Mannes über ihn beschwerte. Dieser verzweifelte Schritt einer Ehefrau verursachte zwar gewaltigen Aufruhr innerhalb der Familie, aber es gelang den Eltern ihres Mannes nicht, ihren Sohn von seinem gottlosen Tun abzubringen. Seine Eltern rieten Aishas Mutter lediglich, für die Seele ihres Sohnes zu beten.

Ich habe mich oft gefragt, was wohl aus diesen Kindern, den Bräuten des *mut'a,* geworden ist. In der muslimischen Welt ist es außerordentlich schwierig, für ein Mädchen, das nicht mehr jungfräulich ist, eine gute Heirat zu arrangieren. Als Töchter mittelloser Familien wurden sie wohl letztendlich mit einen Mann ohne Einfluß und Vermögen verheiratet, genau wie es Reema oder meiner Kindheitsfreundin Wafa ergangen war.

Daß Aisha in solch einem Haus leben mußte, war für ein so selbständig denkendes Mädchen eine fortgesetzte Tortur, und die Unmoral ihres Vaters förderte natürlich den Ausbruch dieses Teenagers aus unserer Gesellschaftsordnung. Meine Tochter Maha war von Aishas Eskapaden begeistert. Ich erinnerte mich an meine eigene rebellische Jugend und wußte, daß es zwecklos sein würde, Maha den Kontakt mit Aisha zu verbieten. Mädchen und Jungen lieben bekanntlich überall auf der Welt ganz besonders die verbotenen Früchte.

Im Golfkrieg zügelte unser König besonders fanatische Gruppen der religiösen Polizei und untersagte ihnen, westliche Besucher unseres Landes zu schikanieren. Die Männer unserer Familie waren einigermaßen vernünftig und sahen ein, daß es Probleme mit westlichen Journalisten geben würde, wenn diese das Leben in unserem Land so sehen würden, wie es wirklich ist. Die Frauen in Saudi-Arabien waren über diesen königlichen Befehl sehr glücklich und genossen es, daß sich die religiöse Polizei nun in unseren Städten rar machte. Normalerweise hielten ja überall Patrouillen nach Frauen Ausschau, die nicht vorschriftsmäßig verhüllt waren, und kaum wurde eine entdeckt, setzte es Stockhiebe, oder die Ärmste wurde mit roter Farbe besprüht. Leider wurde diese liberale Politik nach dem Krieg nicht fortgesetzt, aber wenigstens einige Monate blieben wir saudiarabischen Frauen unbehelligt. In dieser kurzen euphorischen Phase hörte man von allen Seiten den Ruf, die Frauen Saudi-Arabiens sollten sich den gebührenden Platz in der Gesellschaft erobern. Einige unserer Frauen konnten aber mit der rasch gewonnenen Freiheit nicht umgehen und nahmen sich zu viel heraus, was verheerende Folgen für sie hatte. Folgerichtig waren unsere Männer enttäuscht, weil nicht alle Frauen sich wie Heilige benahmen. Sie konnten einfach nicht verstehen, welche Verwirrung die Widersprüche in unserem Leben hervorrufen können.

Heute weiß ich, daß Aisha und Maha als saudiarabische

Mädchen auf diese ungewohnten Freiheiten nicht genügend vorbereitet waren.

In den Wirren des Krieges hatte Aisha es geschafft, als freiwillige Helferin in einem Krankenhaus in der Stadt angenommen zu werden. Natürlich setzte Maha unverzüglich alles daran, in demselben Krankenhaus arbeiten zu dürfen. Schließlich tat sie zweimal die Woche nach der Schule dort Dienst. Die Arbeit war für Maha eine wunderbare Erfahrung; obwohl sie ihre Abahja und das Kopftuch tragen mußte, durfte sie im Krankenhaus den verhaßten Schleier ablegen.

Nach dem Ende des Krieges weigerte sich Maha, auf die einmal errungene Freiheit wieder zu verzichten. Sie flehte ihren Vater um die Erlaubnis an, weiter im Krankenhaus arbeiten zu dürfen, womit wir uns schließlich zögernd einverstanden erklärten.

Eines Nachmittags wollte Maha wieder ins Hospital, und unser Fahrer wartete bereits auf sie. Ich wollte ihr sagen, sie solle sich beeilen, und trat durch einen dummen Zufall genau in dem Moment in ihr Zimmer, als sie eine kleinkalibrige Pistole in ein braunes Lederhalfter an ihrem Oberschenkel schob. Ich war sprachlos – eine Waffe!

Karim war zufällig gerade daheim, um sich in der Mittagspause ein wenig auszuruhen, hörte unseren lauten Wortwechsel und kam in Mahas Zimmer. Nach heftigen Vorwürfen unsrerseits gestand Maha, daß sie und Aisha während des Krieges begonnen hatten, Waffen zu tragen. Sie wollten für den Fall gerüstet sein, daß die irakische Armee nach Riad durchbrechen würde! Nach dem Krieg wollte sie sich mit der Waffe vor der religiösen Polizei schützen. Die fanatischen Gruppen hatten nach dem Krieg wieder verstärkt Frauen auf offener Straße belästigt.

Die »Sittenstrengen«, manchmal auch Mutawa genannt, waren Teil des »Komitees zur Stärkung des Guten und zur

Verhütung des Bösen« und waren nun, nach dem Golfkrieg, aktiver als jemals zuvor. Zahlreiche Verhaftungen und Verfolgungen von Frauen waren an der Tagesordnung. Maha und Aisha hatten beschlossen, daß sie die Übergriffe dieser religiösen Eiferer gegenüber unschuldigen Frauen nicht hinnehmen würden. Ich sah meine Tochter ungläubig an. Hatte sie tatsächlich vor, auf einen religiösen Mann zu schießen?

Karim fand heraus, daß die Waffe Aishas Vater gehörte, der, wie viele arabischen Männer, eine große Sammlung von Feuerwaffen besaß. Er hatte es überhaupt nicht bemerkt, daß ihm seine Tochter und Maha zwei Pistolen gestohlen hatten. Zu unserem Entsetzen war die Waffe geladen. Unter Tränen gestand uns Maha, daß sie und Aisha mit den Pistolen Schießübungen auf einem freien Gelände auf der Rückseite von Aishas Haus gemacht hatten.

Zu Mahas Bestürzung nahm Karim ihr die Pistole ab, stieg mit ihr in seinen Mercedes und raste wie ein Wahnsinniger quer durch Riad zum Haus Aishas, um die Waffe zurückzugeben und die Eltern Aishas über die gefährlichen Aktivitäten unserer Kinder zu informieren.

Auf unsere erschreckende Entdeckung hin trafen Karim und ich uns mit Aishas Eltern. Unsere Töchter schickten wir solange auf Aishas Zimmer.

Aishas Mutter und ich saßen in unsere schwarzen Schleier gehüllt im Wohnzimmer und redeten über die Kinder, die wir zur Welt gebracht hatten. Es war merkwürdig, aber dieses eine Mal war ich dankbar für den Schleier, denn durch ihn hindurch konnte ich Aishas Vater mit offener Verachtung anstarren. Ich wußte, daß dieser Mann junge Mädchen mißbrauchte, aber er besaß eine würdevolle Ausstrahlung. Was für ein Wolf im Schafspelz! Allerdings hatte ich wenig Zeit, über die düsteren Geheimnisse des Hauses nachzudenken, in dem wir zu Besuch waren, denn es ging an diesem Abend ja vor allem um unsere Töchter.

Was Karim und ich an diesem Abend über unsere älteste Tochter erfuhren, wird uns unser ganzes Leben lang keine Ruhe mehr lassen.

Ich verurteile die Ungerechtigkeiten und die grausamen Bräuche, unter denen die Frauen Saudi-Arabiens zu leiden haben. Die Ursache dieser Mißstände ist eine zu enge – und dadurch oft falsche – Auslegung der Gesetze des Propheten. Ich zweifle jedoch nicht im geringsten an der Existenz Gottes, wie sein Prophet Mohammed sie predigt. Unsere drei Kinder wurden dazu erzogen, die Gesetze des Propheten und des Koran zu achten, die uns von Gott gegeben worden sind. Bei dem Gedanken, daß eines meiner Kinder Gott lästern und sein Wort nicht befolgen könnte, fröstelt mich.

Am selben Abend teilten wir Eltern Aisha und Maha unseren gemeinsamen Beschluß mit: Die beiden Mädchen sollten sich ab sofort nicht mehr treffen dürfen, sollten sich neue Freunde und Interessen suchen. Daraufhin riß sich Maha wütend den Schleier vom Gesicht, hob herausfordernd den Kopf und schaute so böse, daß ihre eigene Mutter, die sie unter dem Herzen getragen und gestillt hatte, richtig vor ihr erschrak. Mahas Lippen waren schmal vor Anspannung. »Nein, das werde ich nicht tun!« schrie sie. »Aisha und ich gehen fort, wir hassen dieses Land und werden woanders eine neue Heimat finden. Wir hassen alles hier! Wir hassen es! Als Frau in diesem schrecklichen Land mußt du dich dein ganzes Leben lang mit den ungeheuerlichsten Ungerechtigkeiten abfinden.«

Speichel glänzte auf ihren Lippen, und ihr Körper zuckte in unkontrollierter Wut. Ihre Augen suchten die meinen. «Wenn ein Mädchen gemäß den Regeln lebt, ist sie verrückt. Lebt sie auf normale Weise, so ist sie eine Heuchlerin. Und wenn sie an die Existenz eines Gottes glaubt, muß sie blöde sein.«

Karim war wie gelähmt und stieß nur mit Mühe hervor: »Maha! Das ist Blasphemie!«

»Blasphemie? Welchen Gott könnte ich denn lästern? Es gibt keinen Gott!«

Karim sprang auf und hielt Maha den Mund zu. Aishas Mutter rief, wir sollten unsere ungläubige Tochter aus ihrem Haus schaffen. Karim und ich versuchten, Maha zu ergreifen, aber sie wehrte sich mit erstaunlicher Kraft. Sie mußte den Verstand verloren haben. Bekanntlich können Geisteskranke gewaltige Kräfte entwickeln. Nach einigem Hin und Her gelang es Karim und mir schließlich, unsere Tochter auf den Rücksitz unseres Wagens zu packen, und wir rasten zu unserem Haus zurück, während ich versuchte, unsere Tochter zu beruhigen. Sie war so außer sich, daß sie anscheinend ihre eigene Mutter nicht mehr erkannte. Schließlich lag sie apathisch und wie ohnmächtig da.

Ein ägyptischer Arzt wurde gerufen, der das Vertrauen der Familie besaß. Vergeblich versuchte er, uns zu beruhigen. Er erzählte uns, daß es zahlreiche solcher Fälle bei Teenagern in der ganzen Welt gäbe und zitierte aus Statistiken zu dieser sonderbaren Krankheit, die angeblich nur Frauen befiel. Der Arzt hatte zu dem Krankheitsbild eine eigene Theorie. Seiner Ansicht nach würden während der Pubertät manchmal zu große Mengen an Hormonen ausgeschüttet, was die Mädchen für kurze Zeit völlig durcheinander bringe. Er berichtete auch, er habe viele solcher Fälle in der königlichen Familie behandelt, die alle ohne Komplikationen oder dauerhafte Folgen geblieben wären. Vergnügt lächelnd fügte er hinzu, daß er noch keine Patientin verloren hätte.

Nach Meinung des Arztes sollte Maha für ein paar Tage ruhiggestellt werden; dann würde sie sich von dem hysterischen Anfall erholen. Er ließ uns eine ausreichende Menge Beruhigungsmittel da und kündigte an, er werde morgen noch einmal nach der Patientin sehen. Schließlich brachte Karim den Arzt zur Tür. Als er zurückkam, schauten wir uns nur wortlos an.

Während Karim den Auftrag gab, unser Privatflugzeug startklar zu machen, rief ich meine Schwester Sara an und bat sie, während unserer Abwesenheit Abdullah und Amani bei sich unterzubringen. Karim und ich brachten Maha nach London, denn sie brauchte dringend die beste psychiatrische Hilfe, die wir bekommen konnten. Sara sollte niemandem von Mahas Zustand erzählen. Falls man sich nach uns erkundigte, sollte sie unseren Angehörigen sagen, Maha habe zu einer Zahnbehandlung nach London reisen müssen. Viele Mitglieder der königlichen Familie fuhren regelmäßig ins Ausland, um sich behandeln zu lassen, also würde ein solcher Ausflug wenig Neugierde erwecken.

Ich packte Mahas Kleider in einen Koffer und fand zwischen ihrer Unterwäsche höchst beunruhigende Schriften zu astrologischen Themen, schwarzer Magie und Hexerei. Maha hatte viele Passagen angestrichen, in denen es um Offenbarungen und Prophezeiungen ging. Besonders eine Reihe von Gegenständen, die ich entdeckte, ängstigten mich. Manche sollten Menschen, die ihren Besitzer beleidigt hatten, böse Geister auf den Hals hetzen, andere durch einen Fluch zum Tod führen, wieder andere Liebe auf den ersten Blick erzeugen.

Doch dann fand ich etwas, das mir den Atem stocken ließ. Es war ein Kleidungsstück von Abdullah, das um einen schwarzen Stein und ein paar Stückchen einer lockeren grauen Substanz gewickelt war, die ich nicht identifizieren konnte. Konnte es tatsächlich sein, daß Maha versuchte, ihrem eigenen Bruder Schaden zuzufügen? Wenn ja, hatte ich als Mutter völlig versagt.

Völlig aufgelöst suchte ich nach weiteren Beweisen für die teuflischen Pläne meiner Tochter und überlegte fieberhaft, von wem sie von solchen Dingen erfahren hatte? Wer hatte ihr all diese magischen Utensilien beschafft?

Mir fiel Huda ein, eine Sklavin meines Vaters, die schon lange tot war und die offensichtlich die Fähigkeit gehabt hatte, die Zukunft vorherzusagen. Aber Huda war gestorben, bevor meine Tochter zur Welt kam, und soweit ich wußte, gab es keine anderen befreiten Sklaven oder Bediensteten aus Afrika in unseren Häusern, die Hudas übersinnliche Kräfte besaßen.

In diesem Augenblick schrak ich zusammen, als ob ich einen Schlag erhalten hätte. Meine Schwiegermutter Nura! Natürlich, sie mußte es gewesen sein! Sie war enttäuscht, daß ihr Sohn sich weder von mir hatte scheiden lassen, noch sich eine zweite Frau genommen hatte. Nie hatte sie aufgehört, mich zu hassen, obwohl sie ihre Abneigung sorgfältig hinter falscher Freundlichkeit verbarg.

Aus Karims Berichten über mich hatte sie geschlossen, daß Maha mein schwächster Punkt war. Von klein auf war Mahas Psyche schmerzlich konfliktbeladen gewesen, und die Zuwendung der Großmutter wurde von dem verwirrten Kind dankbar angenommen. Nura glaubte an okkulte Phänomene und hatte meine Tochter offenbar in ihren zweifelhaften Glauben eingeweiht. Und ich Närrin war überzeugt gewesen, Nura habe nur mein Bestes im Sinn!

Wie leichtgläubig ich gewesen war! Nuras offensichtliche Zuneigung für Maha hatte mich weich gestimmt. Wie oft hatte ich ihr für ihre liebevolle Aufmerksamkeit gegenüber unserem Sorgenkind gedankt. Dabei hatte Nura meine leicht beeinflußbare Tochter immer tiefer ins Verhängnis geführt!

Ich wußte, ich würde meine Entdeckungen Karim mitteilen müssen. Das mußte ich allerdings sehr vorsichtig tun, denn Karim würde vermutlich nicht glauben wollen, daß seine Mutter zu einer solchen Gemeinheit fähig war. Die

Wahrheit könnte entstellt werden, und am Ende würde womöglich ich zur Zielscheibe seines Zorns werden, während Nura zufrieden in ihrem Palast saß, voller Schadenfreude darüber, daß ihre meistgehaßte Schwiegertochter als Mutter und Ehefrau versagt hatte.

3. KAPITEL

London

Es können nicht immer Ruhe und Frieden herrschen. Doch Unglück und Widrigkeiten währen nicht ewig. Das vom Steppenbrand versengte Gras wächst nach im nächsten Sommer.

Weisheit aus der mongolischen Steppe

Auf dem Flug nach London saß Karim blaß und wie versteinert da, während er die abstoßenden Kultgegenstände, die ich in Mahas Zimmer entdeckt hatte, durch die Finger gleiten ließ. Genau wie ich war er entsetzt angesichts der Faszination seiner Tochter für übernatürliche Erscheinungen.

Nach einigen Minuten des Schweigens stellte Karim die Frage, die ich gefürchtet hatte. »Sultana, wer hat Maha zu solchen Verrücktheiten angestiftet?« Er runzelte die Stirn und überlegte laut: »Hältst du es für möglich, daß diese alberne Aisha dahinter steckt?«

Ich wand mich in meinem Sitz und wußte nicht, was ich meinem Mann antworten sollte. Eine arabische Weisheit, die meine Mutter oft im Munde geführt hatte, fiel mir ein: »*Nie wird sich eine Fliege in einen Mund verirren, der weiß, wann seine Lippen versiegelt bleiben müssen.*« Ich fühlte, daß dies nicht der richtige Zeitpunkt war, die Mutter meines Mannes zu beschuldigen. Karim hatte für einen Tag schon genug durchgemacht.

Ich nagte an meiner Unterlippe und entgegnete kopfschüttelnd: »Ich weiß es nicht. Wir werden dem Arzt mitteilen, was wir gefunden haben. Vielleicht vertraut Maha sich ihm an, dann werden wir wissen, wer oder was hinter ihrem Wissen über diese Dinge steckt.«

Karim nickte zustimmend.

Auf dem ganzen Flug hielten wir abwechselnd bei unserem Kind Wache. Unsere Tochter sah in ihrem durch Medikamente herbeigeführten Schlaf wie ein Engel aus. Aus unerfindlichen Gründen kam mir Prinzessin Mishail, ein anderes königliches Mitglied der Al Saud-Dynastie, in den Sinn, eine junge Frau, die versucht hatte, ihre verbotene Liebe geheimzuhalten. Ihr Geheimnis wurde entdeckt, und sie wurde erschossen.

Während Karim schlief, beobachtete ich Maha und hing Erinnerungen an Prinzessin Mishail nach.

Mishail war die Enkelin von Prinz Mohammed Ibn Abdul Asis, der als Anwärter für die Regentschaft übergangen worden war, denn sein Vater hatte verfügt, das grimmige Gebaren eines Kriegers stehe einem König schlecht an.

Obwohl ich mit Mishail nicht eng befreundet gewesen war, war ich ihr doch bei verschiedenen offiziellen Anlässen begegnet. Sie war in der Familie als ziemlich ungebärdiges Mädchen bekannt, und ich hatte vermutet, daß ihr schwieriges Naturell auf ihre Ehe mit einem alten Mann zurückzuführen war, bei dem sie nicht zu innerer Ruhe finden konnte. Auf jeden Fall war sie unglücklich und ließ sich auf eine Liebesaffäre mit Khalid Muhalhal ein, der zufällig der Neffe des saudiarabischen Sonderbotschafters im Libanon war.

Ihre Affäre war leidenschaftlich, aber wegen der Umstände sehr spannungsgeladen, und viele Mitglieder der königlichen Familie hatten von dieser verbotenen Beziehung gehört. Als das junge Paar kurz vor der Entdeckung stand, traf es die verhängnisvolle Entscheidung, gemeinsam zu fliehen.

Meine älteste Schwester Nura hielt sich damals gerade in Dschidda auf und erfuhr die Geschichte aus erster Hand von einem nahen Angehörigen Mishails. Aus Furcht vor dem Zorn ihrer Familie versuchte Mishail, ihren eigenen Tod zu inszenieren, und teilte allen mit, sie wolle am familieneigenen Privatstrand am Roten Meer baden. Dort ließ sie ihre Kleider am Strand zurück, verkleidete sich als saudiarabischer Mann und versuchte, aus dem Land zu fliehen.

Unglücklicherweise war ihr Großvater, Prinz Mohammed, sehr scharfsinnig und glaubte nicht an einen Tod durch Ertrinken. Beamte an allen Grenzposten des Landes wurden in besondere Alarmbereitschaft versetzt, um seine Enkelin aufzuspüren. Schließlich wurde Mischail festgenommen, als sie gerade auf dem Flughafen von Dschidda ein Flugzeug besteigen wollte.

Im ganzen Königreich standen die Telefone nicht mehr still, und die Mitglieder der königlichen Familie suchten sich gegenseitig mit Neuigkeiten zu übertrumpfen. Ständig machte ein neues Gerücht die Runde. Ich hörte, Mishail sei freigelassen worden und habe mit ihrem Liebhaber das Königreich verlassen dürfen. Dann erfuhr ich, man habe einer Scheidung zugestimmt. Wenig später rief eine hysterische Cousine an und behauptete, Mishail sei enthauptet worden. Es seien drei Hiebe nötig gewesen, um ihren Kopf vom Körper zu trennen. Damit nicht genug, Mishails Lippen hätten sich bewegt und den Namen ihres Liebhabers geflüstert, worauf der Henker in wildem Entsetzen vom Richtplatz gerannt sei! »Kannst du dir das vorstellen«, fragte meine aufgewühlte Kusine, »Worte aus einem Kopf ohne Körper!«

Schließlich kam die sehr nüchterne und häßliche Wahrheit ans Licht. Prinz Mohammed hatte in einem Wutanfall ausgerufen, seine Enkelin sei eine Ehebrecherin und müsse nach den Gesetzen des Islam bestraft werden. Mishail und ihr Liebhaber sollten hingerichtet werden.

König Khalid, der unser Land zur Zeit der Tragödie regierte, war für seine Nachsicht bekannt. Er legte Prinz Mohammed nahe, Mitleid walten zu lassen, aber dies war ein Fremdwort für den unerbittlichen Beduinen.

Am Tag der Hinrichtung wartete ich mit meinen Geschwistern auf eine Nachricht von dem Ereignis. Meine Schwestern und ich hofften auf eine Begnadigung in letzter Minute, Ali hingegen verkündete erwartungsgemäß, ehebrecherische Frauen sollten sich den Gesetzen des Islam beugen und sich auf den Tod vorbereiten.

An jenem heißen Julitag im Jahre 1977 wurde meine Kusine Mishail mit verbundenen Augen zu einem Kothaufen geführt, vor dem sie niederknien mußte. Ein Erschießungskommando vollstreckte das Urteil. Ihr Liebhaber mußte mit ansehen, wie sie starb. Anschließend wurde er mit einem Schwert enthauptet.

Wieder einmal hatte eine unerlaubte Liebe zwei junge Leute das Leben gekostet.

Die Angelegenheit wurde vertuscht, und die Familie Al Saud hoffte, das Gerede über das gräßliche Ende dieser jungen Liebe würde bald aufhören. Diese Hoffnung sollte sich jedoch nicht erfüllen. Obwohl Mishail in einem namenlosen Grab im Wüstensand verscharrt worden war, wurde sie nicht vergessen. Viele Menschen im Westen werden sich an die Dokumentation zu ihrem Tod erinnern, die passenderweise den Titel *Tod einer Prinzessin* hatte. So sehr die Meinungen in unserer Familie über Mishails Bestrafung auch auseinandergingen, alle Kontroversen waren nichts im Vergleich zu den Streitgesprächen und Feindseligkeiten, die dieser Film provozierte.

Die Männer unserer Familie waren gewohnt, daß ihren Befehlen widerspruchslos gehorcht wird, und sie gerieten außer sich, weil sie die Verbreitung von im Westen gesendeten Nachrichten und Filmen in unserem Land nicht verhindern konnten. Bis an den Rand des Wahnsinns gekränkt, befahl König Khalid dem Botschafter Großbritanniens, unser Land zu verlassen.

Später erfuhr ich von Karim und Saras Mann Assad, daß Vertreter des Königshauses allen Ernstes erwogen hatten, sämtliche britischen Staatsbürger aus unserem Land auszuweisen!

So hatten der Ehebruch und die Hinrichtung einer einzelnen saudiarabischen Prinzessin zu erheblichen internationalen Spannungen geführt.

Die Erinnerung an das Ereignis stürzte mich in tiefe Verzweiflung. Ich bedeckte mein Gesicht mit den Händen. Nun war ich, Sultana, die Mutter eines Kindes, das den Verstand verloren hatte. Was mochte Maha in ihrer geistigen Umnachtung noch alles anrichten? Mußte ich mit Taten rechnen, die unsere Familie für immer verändern würden? Drohte uns der Schmerz, den der frühe Tod eines Kindes bedeutet? Mein hartherziger Vater würde zweifellos auf der härtest möglichen Strafe für mein Kind bestehen, allein weil Maha ihn so unmißverständlich auf seine Mängel als Großvater hingewiesen hatte.

Maha bewegte sich im Schlaf. Karim wachte auf, und wir teilten erneut die quälende Angst um unsere Tochter.

Während wir nach London reisten, hatte Sara bereits telefonisch die nötigen Vorkehrungen getroffen. Wir riefen meine Schwester vom Flughafen Gatwick aus an, und Sara berichtete, Maha werde in einem führenden psychiatrischen Institut in London erwartet, wo ein Bett für sie bereit stehe. In weiser Voraussicht hatte sie dafür gesorgt, daß uns ein Krankenwagen für die Fahrt zum Institut erwartete.

Nach den lästigen Aufnahmeformalitäten erfuhren Karim und ich vom Klinikpersonal, Mahas Arzt wolle uns am nächsten Morgen nach einer ersten Untersuchung und Begutachtung unseres Kindes sprechen. Eine der jüngeren Krankenschwestern war besonders freundlich. Sie nahm meine Hand und flüsterte mir zu, meine Schwester habe sich für einen der angesehensten Ärzte der Stadt entschieden, der auf jahrelange Erfahrung mit arabischen Frauen und ihren besonderen sozialen und seelischen Problemen zurückblicken könne.

In diesem Moment beneidete ich die Briten. In meinem Land würde die Scham angesichts der psychischen Krankheit eines Kindes die Lippen meiner Landsleute versiegeln. Daß jemand öffentlich Mitgefühl zeigte, wäre undenkbar.

Widerstrebend überließen Karim und ich unser geliebtes Kind der Obhut von Fremden, auch wenn deren Ruf ausgezeichnet war. Bedrückt gingen wir zu dem wartenden Wagen, der uns zu unserem Apartment in der Innenstadt bringen sollte.

Das aus dem Schlaf gerissene Personal, das unsere Londoner Wohnung das ganze Jahr über in Ordnung hielt, hatte uns offensichtlich nicht erwartet. Karim reagierte gereizt, doch ich beruhigte ihn mit dem Hinweis, Sara habe sich nicht auch noch um unseren persönlichen Komfort kümmern können. Wir konnten ihr wahrhaftig nicht übelnehmen, daß sie es versäumt hatte, unser Personal von unserer bevorstehenden Ankunft telefonisch in Kenntnis zu setzen.

Die Invasion Kuwaits durch den Irak und der gerade beendete Golfkrieg hatten uns fast ein Jahr daran gehindert, London, einen unserer Lieblingsorte in der westlichen Welt, zu besuchen. Während unserer langen Abwesenheit waren unsere drei Dienstboten nachlässig geworden. Sie hatten strikte Anweisungen, das Apartment, gleichgültig ob wir gerade in London oder Riad waren, so zu pflegen, als ob wir uns in der Stadt aufhielten. Wir waren jedoch zu deprimiert wegen Mahas Zustand, um uns zu beklagen. Karim und ich saßen auf den mit Stofflaken abgedeckten Möbeln im Wohnzimmer und ließen uns starken Kaffee bringen. Die Dienstboten versuchten beflissen, so gut wie möglich unseren Wünschen zu entsprechen. Immerhin waren sie um drei Uhr morgens aus dem Schlaf gerissen worden.

Ich hörte mich Entschuldigungen murmeln, daß wir sie im Schlaf gestört hätten, worauf Karim mich wütend anfuhr: »Sultana! Entschuldige dich niemals bei Leuten, die von uns bezahlt werden. Das wirkt sich verheerend auf ihre Arbeitsmoral aus!«

Ich fühlte mich gekränkt und wollte ihm antworten, daß uns Saudis ein bißchen weniger Arroganz nicht schaden könne, doch ich besann mich eines Besseren, wechselte das Thema und begann wieder von unserer Tochter zu sprechen.

Ich dachte im stillen, daß auch bei mir Anzeichen einer Art Geisteskrankheit zu beobachten waren. Zweimal an einem Tag hatte ich es vorgezogen, einem Streit mit meinem Mann aus dem Weg zu gehen!

Nachdem alles für unsere Nachtruhe vorbereitet worden war, ruhten Karim und ich, ohne Schlaf zu finden. Niemals zuvor war uns eine Nacht so lang vorgekommen.

Der britische Psychiater war ein seltsam aussehender kleiner Mann, dessen Kopf groß und unförmig auf seinem zierlichen Körper ruhte. Er hatte buschige Augenbrauen und eine leicht gekrümmte Nase, und der Anblick des weißen Haares, das ihm büschelweise aus Ohren und Nase wucherte, war so seltsam, daß ich nur fassungslos starren konnte. Im Gegensatz zu seinem skurrilen Äußeren flößte sein Verhalten jedoch Vertrauen ein. Dem durchdringenden Blick seiner kleinen blauen Augen entnahm ich, daß ich einen Mann vor mir hatte, der die Probleme seiner Patienten sehr ernst nahm. Meine Tochter war in guten Händen.

Karim und ich stellten schnell fest, daß dieser Mann offen aussprach, was er dachte. Ohne Rücksicht auf unseren Reichtum oder auf Karims Stellung als Prinz der königlichen

Familie von Riad sprach er furchtlos über das System unseres Landes, das den freien Willen der Frauen so massiv unterdrückte.

Er war gut unterrichtet über die Traditionen und Gebräuche arabischer Staaten und erzählte uns: »Als Kind war ich fasziniert von den Forschungsreisenden, die sich für die arabische Welt interessiert hatten – Philby, Thesiger, Burton, Doughty, Thomas und natürlich Lawrence –, und verschlang ihre abenteuerlichen Werke förmlich. Ich war wild entschlossen, die Schauplätze meiner Lektüre mit eigenen Augen zu sehen. Deshalb überredete ich meine Eltern, mich nach Ägypten reisen zu lassen. Das war zwar nicht der ganze Orient, aber immerhin ein Anfang. Fatalerweise hielt ich mich ausgerechnet zur Zeit des Suez-Konflikts dort auf. Trotzdem war ich Feuer und Flamme.«

Seine Augen nahmen einen entrückten Ausdruck an. »Jahre später kehrte ich wieder nach Kairo zurück ... eröffnete dort eine kleine Praxis ... lernte ein wenig Arabisch.« Hier hielt er inne und sah Karim an: »Und erfuhr mehr als mir lieb war über die Art und Weise, wie die islamischen Männer ihre Frauen behandeln.«

Karims Liebe zu seiner Tochter erwies sich als stärker als sein Ehrgefühl. Zu meiner Erleichterung blieb er ruhig und verzog keine Miene, und die Sorge, die in Karims Stimme mitschwang, verriet dem Arzt, wie sehr er Maha liebte. »Wird unsere Tochter wieder gesund werden? Ganz gesund?«

Unruhig rutschte ich auf meinem Stuhl nach vorn. Das Herz schlug mir bis zum Hals.

Der Arzt rieb sich langsam die Hände, als wolle er sie geschmeidiger machen, und sah Karim und mich nachdenklich an, was die spannungsgeladene Situation noch dramatischer wirken ließ. Mit ausdrucksloser Miene wiederholte er: »Wird Ihre Tochter wieder gesund werden? *Ganz* gesund? Ich habe bis jetzt nur eine Stunde mit ihr gesprochen. Deshalb ist es schwierig, ihren Fall genauer zu beurteilen.« Als er meinen verzweifelten Blick sah, fügte er hinzu: »Es scheint sich bei ihr jedoch um einen ganz typischen Fall zu handeln. Ich habe schon viele arabische Damen behandelt, die an Hysterie litten, Frauen, die sich in unserer Stadt aufhielten. Im großen und ganzen meine ich, daß die Prognose für den Krankheitsverlauf Ihrer Tochter günstig ist, vorausgesetzt, wir haben genügend Zeit und sie wird richtig betreut.«

Weinend sank ich meinem Mann in die Arme.

Mahas Arzt ließ uns in seinem Zimmer allein.

Ich blieb drei Monate lang in London. Sobald wir begriffen hatten, daß unsere Tochter sich einer längeren Behandlung unterziehen mußte und daß die richtige Therapie nicht in wenigen Tagen gefunden werden konnte, reiste Karim zwischen London und Riad hin und her und richtete es so ein, daß er sich immer dienstags und donnerstags in London aufhielt. An diesen Tagen durften wir unsere Tochter besuchen.

Bei unseren Besuchen versuchten wir, mit Maha Frieden zu schließen, sie jedoch suchte die Auseinandersetzung. Es war, als werde sie von unzähligen Schreckgespenstern gepeinigt, die ihr die Fähigkeit raubten, ruhig und vernünftig zu sprechen. Nichts, was wir sagten oder taten, fand ihre Zustimmung. Karim und ich hielten uns strikt an die Anweisungen des Arztes und vermieden Streitgespräche mit unserem Kind. In Augenblicken großer Erregung stritt Maha dann mit sich selbst und sprach sogar mit zwei verschiedenen Stimmen! Mahas Arzt beruhigte uns und versicherte, der Zeitpunkt werde kommen, an dem sich Mahas seelischer Zustand bessern würde. Wie beteten wir, daß dieser Zeitpunkt bald eintreten möge!

Die aufwühlenden Besuche zehrten an Karims Kräften. Ich sah meinen Mann vor meinen Augen altern. Eines Abends sagte ich zu ihm: »Wenn ich eines gelernt habe, dann daß Altern nichts mit dem Verstreichen der Jahre zu tun hat. Altern ist eine Folge der unvermeidlichen Schläge, die den Eltern durch ihre Kinder zugefügt werden.«

Karim begann zu schmunzeln, das erste Zeichen von Heiterkeit seit vielen Tagen, und gab zu bedenken, daß dies unmöglich zutreffen könne. »Wenn das stimmte, Sultana, dann würde dein leidgeprüfter Vater wie der älteste Mensch auf diesem Planeten aussehen.«

Froh, daß bei meinem Mann wieder etwas Lebensfreude keimte, ignorierte ich die Anspielung auf meine Schandtaten und schmiegte mich zärtlich an ihn. Ich war erleichtert, daß unsere Familientragödie unsere Beziehung vertieft hatte, statt uns zu entfremden. In diesem Moment gestand ich mir ein, daß niemand ein untadeliges Leben führt, und ich verzieh meinem Mann die schreckliche Zeit, die ich bei seiner vergeblichen Suche nach einer zweiten Frau hatte durchmachen müssen. In einem Überschwang von Gefühlen, die ich für immer verschüttet geglaubt hatte, beglückwünschte ich mich zu dem bemerkenswerten Mann an meiner Seite.

Im Lauf der Zeit wurden Karim und ich Zeugen eines Wunders.

Mahas Arzt war ein genialer Mann, der beharrlich sein Ziel verfolgte. Der begnadete Mediziner vermochte der Macht der schrecklichen Dämonen, die meine Tochter heimsuchten, nach und nach Einhalt zu gebieten. Ohne den Wunsch nach weltlichem Ruhm, in der Abgeschiedenheit seines düsteren kleinen Arztzimmers auf einer denkbar öden Krankenhausstation, brachte er sein medizinisches Wissen zusammen mit der reichhaltigen Erfahrung, die er im Umgang mit arabischen Frauen gewonnen hatte, zum Einsatz.

Mit der Zeit gelang es ihm, das Vertrauen meiner Tochter zu gewinnen, was es ihm wiederum ermöglichte, ihre seelischen Blockaden zu durchbrechen. Eifersucht, Haß und Zorn entluden sich, während Maha mit zitternden Händen Seite um Seite eines einfachen Notizblocks füllte und ein denkwürdiges Dokument schuf.

Wochen später lasen Karim und ich im Beisein des Arztes eine dieser kurzen, erschütternden Episoden. Maha hatte uns ihre Aufzeichnungen aus freien Stücken überlassen. Wir stellten fest, wie tief unser Kind sich in eine Gefühlswelt verstrickt hatte, die unheimlicher war, als wir es uns je hätten vorstellen können.

Ein Leben in der wundersamen Welt Saudi-Arabiens
oder
Der Harem der Träume
von
Prinzessin Maha Al Saud

In der düstersten Epoche der Geschichte Saudi-Arabiens konnten anspruchsvolle Töchter der Wüste von Harems, in denen Männer mit stählernen Muskeln und wohl versehen mit Instrumenten der Lust den Frauen zu Diensten standen, nur träumen. Im Jahr zweitausendzehn, dem Jahr der Erleuchtung, als die matriarchale Familie an die Macht gelangte und die intelligenteste Frau dieser Familie zur Königin gekrönt wurde, eroberten die Frauen die politische, wirtschaftliche und legislative Macht im Land.
Der im Ölboom des Jahres 2000 angesammelte Reichtum, der die Vereinigten Staaten, Europa und Japan auf das Niveau von Ländern der Dritten Welt hatte zurückfallen lassen, sicherte dem arabischen Staat Wohlstand

für viele künftige Generationen. Tatkräftig nahmen die Frauen den Abbau sozialer Mißstände in Angriff, an denen das Land seit Menschengedenken krankte.
Eine kleine Minderheit der Frauen trat für die Abschaffung der Polyandrie ein. Der Brauch, sich vier Ehemänner zu nehmen, erschien ihnen unsittlich. Doch in der Mehrheit war die Erinnerung an die Greuel der Polygamie noch sehr lebendig. Sie hatte die Zeiten nicht vergessen, als im Königreich das Patriarchat geherrscht hatte. Deshalb kamen sie zu dem Schluß, daß die Polyandrie vielleicht nicht das beste, aber doch das einzige soziale System war, das die verbitterten Frauen akzeptieren würden. Die ihnen bislang versagten Freuden der Liebe erschienen nun jeder Frau sehr verlockend, selbst einem so vernachlässigten Kind wie Malaak, der Tochter der Königin Saudi-Arabiens.
Mit einem verführerischen Liebestanz und aufreizenden Blicken forderte Malaak ihren bevorzugten Liebhaber Schadi auf, mit den Zähnen einen goldenen Sovereign zu erbeuten, den sie zwischen den Lippen hielt.
Malaak war klein, gebräunt und hatte feine Gesichtszüge. Ihr Liebhaber war groß und stark mit stahlharten Muskeln. In dem verzweifelten Wunsch, der einflußreichste Mann des Harems zu werden, ließ Schadi seine Zunge über jeden Zentimeter von Malaaks Körper gleiten und entfachte in ihr das Feuer der Leidenschaft.
Mit einer blitzschnellen Bewegung entfernte Schadi die Münze mit den Zähnen, hob Malaak hoch und trug sie hinter die hauchdünnen Vorhänge, wo im Harem sein Bett stand. Dort preßten die beiden Liebenden ihre Körper aneinander, die von der Wärme ihres Atems durchdrungen wurden. Sie vergaßen alles um sich herum und küßten sich gierig.

Malaak öffnete die Augen, um die rhythmischen Bewegungen ihres Liebhabers zu beobachten. Sie erstarrte, als sie gewahr wurde, daß Schadi sich plötzlich in eine zarte Frau verwandelt hatte!
Doch Malaak war keine Kostverächterin und paßte sich sogleich der neuen Situation an. Sie erfreute sich an dem lieblichen Körper der Frau, die sich an sie schmiegte. Vor die Wahl gestellt, gefürchtet zu werden und der Liebe zu entsagen oder geliebt, aber nicht gefürchtet zu werden, wählte Malaak entschlossen die Liebe.
Mit machiavellistischer Spitzfindigkeit beschloß Malaak, das zu werden, was sie in ihrer Zeit und Welt werden mußte.

Blaß und mit angewidertem Gesicht legte Karim Mahas Bericht auf den Schreibtisch des Arztes. Verwirrt fragte er: »Was hat das zu bedeuten?« Er wies auf den Notizblock und sagte vorwurfsvoll: »Sie gaben uns zu verstehen, daß sich Mahas Zustand erheblich gebessert habe. Diese Epistel erinnert mich an die verworrenen Wahnvorstellungen einer Irren.«

Ich könnte nicht erklären, warum ich schon vorher intuitiv wußte, was der Arzt sagen würde. Mir stockte der Atem, mein Hals war wie zugeschnürt, und der Raum verschwamm vor meinen Augen. Wie aus weiter Ferne vernahm ich die Stimme des Arztes:

»Es gibt eine ganz einfache Erklärung«, sagte er freundlich. »Ihre Tochter will hier ihre Entdeckung mitteilen, daß Männer ihre Feinde und Frauen ihre Freunde sind.«

Karim, der immer noch nicht verstand, was der Arzt ihm begreiflich machen wollte, reagierte ungeduldig: »Tatsächlich? Und das heißt?«

Jetzt war es wichtig, die Dinge ohne Umschweife beim Namen zu nennen. Der Arzt faßte in Worte, was ich bereits wußte. »Prinz Karim, Maha und ihre Freundin Aisha haben ein Liebesverhältnis.«

Karim sagte mehrere Minuten kein einziges Wort. Als er den Schock überwunden hatte, begann er zu toben und mußte gewaltsam gebändigt werden. Drei Tage durfte er Maha nicht besuchen.

Muslimen wird beigebracht, daß gleichgeschlechtliche Liebe und Erotik Sünde sind. Der Koran verbietet jegliche Experimente in dieser Richtung. In Saudi-Arabien gelten Liebe und Erotik als anstößig, sogar die Liebe zwischen Mann und Frau. Unsere Gesellschaft leugnet die Existenz von Beziehungen, die auf Erotik basieren. In dieser verklemmten Atmosphäre reagieren saudiarabische Bürger völlig im Einklang mit den sozialen und religiösen Bräuchen. Sie *sagen* genau das, was man von ihnen erwartet; was sie tatsächlich *tun*, steht auf einem ganz anderen Blatt.

Araber sind von Natur aus sinnlich, leben jedoch in einer puritanischen Gesellschaft. Das Thema Erotik ist für alle außerordentlich interessant, sogar für unsere saudische Regierung, die Unsummen für zahllose Zensoren ausgibt. Diese Männer sitzen in staatlichen Büros und überprüfen alle Veröffentlichungen, die im Königreich zugelassen sind, auf Anzüglichkeiten und Passagen über Frauen und Erotik. Es kommt selten vor, daß eine Zeitung oder Zeitschrift die Hürde der saudischen Zensoren passiert, ohne um einige Seiten gekürzt oder durch Streichung von Sätzen oder Absätzen redigiert zu werden.

Diese rigorose Zensur zieht alle Aspekte unseres Lebens in Mitleidenschaft und hat auch Auswirkungen auf die Menschen, die geschäftliche Beziehungen zu uns unterhalten. Beispielsweise schloß eine von Assads Firmen einen Vertrag mit einer ausländischen Filmgesellschaft über die Produktion eines simplen Werbespots für Lebensmittel. Er sollte im saudiarabischen Fernsehen gesendet werden. Die dem Vertrag beigefügte Liste der Restriktionen könnte Anlaß zur Heiterkeit bieten. Leider ist diese Liste authentisch:

1. In dem Werbespot dürfen keine attraktiven Frauen auftreten.
2. Wirkt eine Frau bei dem Werbespot mit, ist ihr das Tragen aufreizender Kleidung (kurze Röcke, Hosen oder Badeanzüge) untersagt. Mit Ausnahme von Gesicht und Händen darf keine unbedeckte Haut zu sehen sein.
3. Zwei Darsteller dürfen nicht von demselben Gericht kosten oder aus derselben Tasse trinken.
4. Rasche Bewegungen der Frau sind nicht gestattet. (Im Vertrag wird nahegelegt, daß im Fall der Mitwirkung einer Frau diese sitzen oder stehen muß, ohne sich im geringsten zu bewegen.)
5. Augenzwinkern ist unzulässig.
6. Kußszenen sind tabu.
7. Rülpsen ist unzulässig.
8. Falls für den Absatz des Produkts nicht zwingend nötig, ist Lachen untersagt.

Wenn die Normalität verboten wird, tendieren die Menschen zur Abnormität. Das geschah meiner Meinung nach mit meiner Tochter.

In meinem Land ist es unverheirateten Männern und Frauen kraft religiösen Gesetzes verboten, sich zu treffen. Innerhalb des Landes pflegen Männer gesellschaftlichen Umgang mit Männern, während Frauen gesellschaftliche Kontakte zu Frauen haben. Da uns natürliches Verhalten verboten wird, ist eine sexuelle Spannung zwischen Gleichgeschlechtlichen allgegenwärtig. Jeder Ausländer, der einige Zeit in Saudi-Arabien gelebt hat, muß bemerken, daß homosexuelle Beziehungen sehr verbreitet sind.

Ich habe an vielen Konzerten und gesellschaftlichen Ereignissen mit ausschließlich weiblichem Publikum teilgenommen, in deren Verlauf zarte Schönheit und verführerisches Verhalten über schwere Schleier und schwarze Abahjas triumphierten. Eine sittsame Zusammenkunft stark parfümierter und liebeshungriger saudischer Frauen artet meist in eine zügellose Party aus, bei der zu sinnlichen Tänzen Lieder von verbotener Liebe gesungen werden. Ich habe beobachtet, wie scheue Frauen Wange an Wange mit anderen Frauen tanzten und sich lüstern aneinander rieben. Ich habe Frauen Liebesgeständnisse flüstern und heimliche Rendezvous vereinbaren gehört, während ihre Chauffeure geduldig auf dem Parkplatz auf sie warteten. Später werden diese Frauen dann wieder bei ihren Männern abgeliefert, die am selben Abend von anderen Männern umbuhlt wurden.

Über unziemliches Betragen von Männern wird hinweggesehen, das Verhalten der Frauen jedoch wird, sogar im Hinblick auf andere Frauen, argwöhnisch überwacht. Das zeigt sich an den verschiedenen Regeln und Reglementierungen, denen Frauen unterworfen sind.

Vor ein paar Jahren schnitt ich eine kleine Notiz aus einer unserer saudiarabischen Zeitungen, um sie meinen Schwestern zu zeigen. Ich ärgerte mich sehr über diese weitere sinnlose Beschränkung, die Frauen auferlegt wurde. In einer Mädchenschule waren Kosmetika verboten worden. Kürzlich fiel mir diese Notiz beim Aussortieren einiger Papiere wieder in die Hände.

Der Artikel lautete:

Verbot von Kosmetika an Schulen

Der Direktor der Mädchenschule in Al Ras, Abdullah Muhammad Al Raschid, fordert alle Schülerinnen und Lehrkräfte der Schule eindringlich auf, keine Kosmeti-

ka, Schminkutensilien, Schmuck und dergleichen innerhalb der Schule zu verwenden oder zu tragen.
In letzter Zeit ist beobachtet worden, daß einige Schülerinnen und Lehrkräfte durchscheinende Kleidung und Schuhe mit hohen Absätzen getragen und Kosmetika benutzt haben. Ab sofort ist solch schmückender Tand verboten. Die Schülerinnen sind zum Tragen von Einheitskleidung verpflichtet. Die Lehrkräfte sollen den Mädchen ein gutes Vorbild geben. Die Behörde wird nicht zögern, bei Verstößen gegen die Schulordnung Strafmaßnahmen zu ergreifen.

Ich erinnere mich noch gut, was ich damals zu meinen Schwestern gesagt habe. Aufgebracht hielt ich ihnen den Zeitungsartikel vor die Nase und tobte: »Schaut her! Seht euch das genau an! Die Männer in diesem Land wollen uns vorschreiben, welche Schuhe wir tragen, mit welchen Bändern wir unser Haar schmücken und welche Farbe unsere Lippen haben sollen!«

Obwohl meine Schwestern der Artikel nicht so in Rage versetzt hatte wie mich, hatten sie sich doch sehr darüber beklagt, daß unsere Männer unbedingt alle Bereiche unseres Lebens kontrollieren wollten, selbst in unserem angeblich privaten Alltagsleben.

Meiner Ansicht nach hatten just jene Fanatiker, die unser von Traditionen geprägtes Leben überwachen und beherrschen, Maha in die Arme einer Frau getrieben! Obwohl ich das Verhältnis meiner Tochter mit einer anderen Frau nicht billigte und sehr unglücklich darüber war, konnte ich verstehen, daß sie bei einer anderen Frau Trost suchte. Ich brauchte nur an all die rigiden Beschränkungen zu denken, denen sie sich widerspruchslos unterwerfen sollte, weil sie als Frau geboren wurde. Ich kannte jetzt das Problem und fühlte mich besser gerüstet, nach einer Lösung zu suchen.

Karim befürchtete, Mahas Charakter habe durch diese Erfahrung Schaden genommen. Als Mutter konnte ich diese Befürchtung nicht teilen. Ich sagte Karim, die Tatsache, daß Maha den Wunsch habe, ihr intimstes Geheimnis mit denen zu teilen, die sie am meisten liebten, deute auf eine Besserung ihres Zustandes.

Ich sollte mit meiner Einschätzung recht behalten.

Nach monatelanger Behandlung durch Fachärzte war Maha dann bereit, sich der mütterlichen Fürsorge anzuvertrauen. Zum erstenmal in ihrem jungen Leben schloß sie sich eng an ihre Mutter an, wollte sich ihr mitteilen und gestand unter Tränen, sie habe schon immer alle Männer außer ihrem Vater gehaßt. Die Ursachen für ihre Abneigung konnte sie sich nicht recht erklären.

Schließlich bekannte Maha, das frühe Trauma, das sie durch die lange Trennung ihrer Eltern erlitten hätte, habe ihr Vertrauen in die Männer noch mehr untergraben. Sie fragte mich: »Was hat Vater so Schreckliches getan, daß wir vor ihm fliehen mußten?«

Vor vielen Jahren hatte ich meine Kinder vorzeitig aus ihrem Ferienort in Dubai abgeholt und war mit ihnen in ein ländliches Gebiet Frankreichs geflohen, wo ich uns sicher glaubte. Ich war nicht bereit gewesen, meinen Status als Ehefrau mit einer anderen Frau zu teilen. Frankreich mit seiner liebenswürdigen Bevölkerung, die leidgeprüften Menschen Schutz gewährt, war mir als der ideale Zufluchtsort für mich und meine Kinder erschienen. Dort hatte ich während der monatelangen Verhandlungen mit meinem Mann wegen seines Wunsches nach einer Nebenfrau gelebt. Und ich hatte mit allen Mitteln versucht, meine Kinder vor den bösen Folgen einer gescheiterten Ehe und der Trennung von ihrem Vater zu bewahren!

Welche Torheit! Als Mutter weiß ich jetzt, daß sogar relativ harmlose Konflikte zwischen den Eltern die emotionale Stabilität eines Kindes beeinträchtigen. Maha gestand, meine Entscheidung, ihren Vater zu verlassen, habe ihre seelische Qual noch verstärkt. Erst danach hätten sich abnorme Gedanken in ihr Bewußtsein eingeschlichen. Dieses Geständnis bereitete mir mehr Pein als alle seelischen Konflikte zuvor.

Maha berichtete weiter, der anhaltende Streit zwischen Karim und mir habe den Kokon, in dem meine Kinder bis dahin gelebt hatten, beschädigt. Dieser Schaden sei nicht wiedergutzumachen gewesen, nachdem Karim und ich unsere Differenzen beigelegt hatten.

Als ich Maha zu ihrem Verhältnis mit Aisha befragte, vertraute sie mir an, sie habe nicht gewußt, daß Frauen Frauen und Männer Männer lieben könnten. Eine solche Möglichkeit wäre ihr nie in den Sinn gekommen. Doch eines Tages habe ihr Aisha Zeitschriften gezeigt, die sie aus dem Arbeitszimmer ihres Vaters entwendet hatte. In diesen Zeitschriften habe sie viele Aufnahmen von Frauen beim Liebesspiel gesehen. Zuerst habe Maha diese Fotos als irritierend, später jedoch als schön empfunden, weil sie spürte, daß die Liebe zwischen Frauen zärtlicher und behutsamer war als die aggressive, besitzergreifende Liebe zwischen Mann und Frau.

Es kamen auch noch andere Dinge ans Licht.

Aisha, ein Mädchen, das schon viele gesellschaftliche Tabus gebrochen hatte, fand nichts dabei, die sexuellen Eskapaden ihres Vaters auszuspionieren, und hatte zu diesem Zwecke in dem neben dem Schlafzimmer ihres Vaters gelegenen Arbeitszimmer ein kleines Loch in die Wand gebohrt. Durch dieses Loch hatten sie und Maha mehrfach beobachtet, wie Aishas Vater junge Mädchen deflorierte. Maha sagte, die Schreie dieser jungen Mädchen hätten ihr den Wunsch nach der Beziehung zu einem Mann verleidet.

Sie berichtete mir von einem unglaublichen Vorfall, den

ich als frei erfunden abtun würde, wenn ihn nicht meine eigene Tochter beobachtet hätte.

Maha erzählte, daß Aisha sie an einem Donnerstagabend angerufen und sie gedrängt habe, schnell zu ihr zu kommen. Karim und ich seien aus gewesen; deshalb habe sie sich von einem unserer Chauffeure zu Aishas Haus bringen lassen.

Aishas Vater habe sieben junge Mädchen in seiner Wohnung gehabt. Maha wußte nicht, ob er diese Mädchen wieder einmal auf Zeit geheiratet hatte oder ob sie Prostituierte waren.

Meine Tochter sah durch das Guckloch, wie diese jungen Mädchen mit einer großen Pfauenfeder im Hinterteil nackt durch den Raum stolzieren mußten. Die Mädchen wurden dann gezwungen, mit diesen Federn Aishas Vater Luft zuzufächeln und ihn damit im Gesicht zu kitzeln. Im Laufe einer langen Nacht hatte er dann mit fünf von den sieben Mädchen Geschlechtsverkehr.

Maha und Aisha hatten später eine Feder gestohlen und sich unter viel Gekicher auf Aishas Bett abwechselnd damit gekitzelt. Dabei war es dann dazu gekommen, daß Aisha Maha zeigte, wieviel Spaß Frauen miteinander haben konnten.

Voller Scham wegen ihrer Liebe zu Aisha weinte Maha in meinen Armen und schluchzte, sie wolle ein normales Mädchen sein und ein tätiges Leben führen. Verzweifelt stieß sie hervor: »Warum bin ich anders als Amani? Wir entstammen demselben Saatgut und sind doch zu verschiedenen Pflanzen herangereift! Amani ist eine schöne Rose! Ich bin ein stachliger Kaktus.«

Da ich Gottes Absichten nicht zu deuten vermochte, mußte ich meinem Kind die Antwort schuldig bleiben. Ich hielt sie in den Armen und tröstete sie mit dem Gedanken, daß sie von nun an das Leben einer schönen Blume führen würde.

Dann stellte mir meine verstörte Tochter die schwierigste Frage meines Lebens. »Mutter, wie soll ich jemals einen Mann lieben, nachdem ich erfahren habe, wie die Männer sind?«

Ich wußte nicht, was ich ihr darauf antworten sollte, doch ich verstand sie sofort und war überglücklich, daß Karim und mir noch eine Chance mit unserer Tochter gewährt wurde.

Es war Zeit, nach Riad zurückzukehren.

Karim versäumte es nicht, vor unserer Abreise Mahas britischem Arzt eine Stelle in Riad als Privatarzt unserer Familie anzubieten, aber zu unserer großen Überraschung schlug der Arzt dieses Angebot aus. »Danke«, sagte er. »Ich fühle mich sehr geehrt. Glücklicherweise, oder vielleicht unglücklicherweise, bin ich zu empfindsam für Saudi-Arabien.«

Unbeirrt bestand Karim darauf, den Mann mit einer bedeutenden Summe Bargeld zu belohnen. Er versuchte sogar, ihm das Geld in die Hand zu drücken.

Der Arzt lehnte das Angebot entschieden ab und gebrauchte dabei Worte, die einer groben Beleidigung gleichgekommen wären, aber er sprach sie sehr sanft aus. »Mein Herr, bitte lassen Sie das. Reichtum und Macht haben keinen Reiz für mich.«

Ich schaute diesen eher häßlichen Menschen ehrfurchtsvoll an, und dabei fiel mir plötzlich eine Antwort auf Mahas frühere Frage ein, der ich ratlos gegenübergestanden hatte! Später sagte ich Maha, eines Tages würde sie einen Mann treffen, der ihrer aufrichtigen Liebe würdig sein würde, denn solche Männer gab es tatsächlich. Sie und ich hatten einen solchen Mann in London kennengelernt.

Als wir schließlich wieder zurück in Riad waren, entdeckten wir auch die Quelle von Mahas Wissen über schwarze Magie. Meine Vermutungen bestätigten sich. Nura war die Schuldige.

Maha erzählte ihrem Vater in meiner Gegenwart, ihre Großmutter habe sie in die düstere Welt des Okkultismus eingeführt. Als wir Maha Kleidungsstücke von Abdullah zeigten, in die ein Amulett eingewickelt war, bestritt sie jedoch, daß sie ihren Bruder mit einem Fluch hatte belegen wollen.

In der Hoffnung, daß Maha geheilt war, verfolgten wir die Angelegenheit nicht weiter.

Ich hatte keinen sehnlicheren Wunsch, als meine Schwiegermutter sofort zur Rede zu stellen, aber Karim übernahm diese Aufgabe.

In weiser Voraussicht weigerte er sich, mich mitzunehmen, da er die gefährlichen Folgen meines angestauten Zorns fürchtete. Aber ich überredete meine Schwester Sara, unsere gemeinsame Schwiegermutter zum Zeitpunkt von Karims Erscheinen zu besuchen.

Sara betrat Nuras Villa kurz nach meinem Mann, und Sara wartete im Garten, bis Karim gegangen war. Nachher berichtete sie, sie habe gehört, wie Karim seine Mutter angeschrien und wie Nura ihn angefleht habe, Mitleid mit ihr zu haben. Karim gestattete seiner Mutter den Umgang mit ihren Enkeln künftig nur noch unter Aufsicht. Noch lange nachdem mein Mann gegangen war, sei Nuras verzweifeltes Klagen im Garten zu hören gewesen. »Karim, mein über alles Geliebter, du kamst aus meinem Leib! Komme zurück zu deiner Mutter, die nicht ohne deine kostbare Liebe leben kann.«

Sara warf mir vor, Nura an Bösartigkeit in nichts nachzustehen. Ich strahlte nämlich vor Freude, als sie mir von den wohlverdienten Qualen meiner heimtückischen Schwiegermutter berichtete.

4. KAPITEL

Mekka

Im Namen Allahs, des Allbarmherzigen:
Verordne den Menschen die Wallfahrt:
Sie kommen zu Fuß oder auf abgemagerten
Kamelen, aus weiter Ferne,
über Berg und Tal.

Al-Hadsch (22,27)

Niemand weiß, wie viele fromme Muslime seit der Zeit des Propheten Mohammed und der ersten Pilgerfahrt auf ihrer beschwerlichen Reise durch die saudiarabischen Wüsten den Tod fanden. Doch unzweifelhaft waren es Tausende. Ich bin froh, daß sich gottesfürchtige Muslime heute nicht mehr mit Beduinenbanden herumschlagen müssen. Auch reisen sie nicht mehr zu Fuß oder auf abgemagerten Kamelen durch Saudi-Arabien, um eine Grundpflicht des Islam zu erfüllen. Doch auch in unserer Zeit ist die alljährliche Pilgerfahrt zur heiligen Stadt Mekka noch immer eine chaotische Angelegenheit. Jedes Jahr treffen sich Hunderttausende von Pilgern in den Städten, auf den Flughäfen und Straßen Saudi-Arabiens, um während der *Hadsch* zur heiligen Pilgerfahrt aufzubrechen. (Die *Hadsch* beginnt im Dhu l-Qa'da, dem elften Monat des Hidschra-Kalenders und endet im Dhu l-Hidscha, dem zwölften Monat des Hidschra-Kalenders.)

In meiner Jugend habe ich die traditionelle Wallfahrt viele Male miterlebt, zuerst als kleines Kind auf dem Arm meiner Mutter, später als rebellisches Mädchen auf der Suche nach

Zwiesprache mit meinem Gott. Damals flehte ich zu Allah im Gebet um Seelenfrieden.

Ich bedauerte es sehr, daß ich seit meiner Heirat mit Karim nicht mehr in den Wochen der *Hadsch* in Mekka gebetet hatte.

Karim und ich hatten zwar schon öfter mit unseren Kindern die Umra, die weniger bedeutende Pilgerfahrt, gemacht. Zur Umra dürfen Muslime jederzeit nach Mekka reisen. Aber bei der feierlichen Begehung der *Hadsch* besinnen sich die Muslime mit besonderer Andacht auf die islamischen Gebote der Opferbereitschaft, des Gehorsams, der Barmherzigkeit und der Redlichkeit.

In den vergangenen Jahren hatte ich meinem Mann wiederholt vorgeschlagen, mit unseren Kindern die beeindrukkende Wallfahrt in der vorgeschriebenen Zeit zu machen. Meiner Meinung nach durften wir ihnen diese Erfahrung nicht vorenthalten. Zu meinem großen Kummer bestand Karim darauf, mit seiner Familie dem Inferno der Pilgermassen fern zu bleiben. Während der Wallfahrt wird unser Land nämlich von gläubigen Muslimen aus allen Erdteilen förmlich überschwemmt.

Wenn ich Karim nach seinen Gründen fragte, speiste er mich regelmäßig mit fadenscheinigen Ausreden und völlig widersprüchlichen Erklärungen ab.

Ich war von seinem Verhalten verwirrt und beschloß daher, der Sache auf den Grund zu gehen. Eines Tages brachte ich Karim so weit, daß er sich mit seinen Ausflüchten immer mehr in Widersprüche verstrickte. Er suchte verzweifelt nach einem Ausweg aus meiner Falle. Nun teilte ich ihm – einem tiefgläubigen Mann – mit, nach meinem Eindruck verabscheue er das für alle Muslime so beglückende Ritual. Anders könne ich mir sein absonderliches Verhalten nicht erklären.

Ich verschränkte die Arme vor der Brust und wartete auf

seine Reaktion auf diesen unerhörten Angriff. Jetzt mußte Karim klarstellen, warum er sich so beharrlich weigerte, mit mir und den Kindern nach Mekka zu pilgern.

Sein Gesicht lief vor Wut rot an. Die für einen Muslimen ungeheuerliche Anschuldigung hatte ihn zutiefst schockiert. Sogleich beschwor er, er würde die Pilgerfahrt keineswegs verabscheuen!

Wie alle Männer, die im Unrecht sind, brüllte er einfach: »Sultana, verschwinde, ich kann deinen Anblick nicht mehr ertragen.« Damit wandte er mir den Rücken zu und wollte wutentbrannt das Zimmer verlassen. Ich eilte jedoch an ihm vorbei, stellte mich in die Tür, breitete die Arme aus und verlangte eine genauere Erklärung.

Ich schrie, das sei keine Antwort und ich würde ihn nicht eher gehen lassen, bis er mir eine befriedigende Erklärung gegeben habe, warum er jedes Jahr zu Beginn der *Hadsch* fluchtartig das Land verlasse. Weil ich spürte, daß Karim in der schwächeren Position war, griff ich zu einer kleinen Notlüge: »Auch anderen ist deine seltsame Abneigung gegen die *Hadsch* schon aufgefallen. Es kursieren sogar schon Gerüchte über dich.«

Karim begriff, daß ich nur der Gewalt weichen würde, starrte mich wütend an und zögerte lange. Ich merkte ihm an, daß er das Für und Wider einer Antwort abwog. Schließlich packte er mich am Arm, zog mich zum Bett und drückte mich auf die Bettkante. Er durchmaß noch einige Male mit schnellen Schritten das Zimmer, ging zu den Balkontüren und wieder zurück und gab dann seine Abwehrhaltung auf.

Zu meiner Überraschung bekannte Karim, er habe als junger Mann einmal einen sehr realistischen Alptraum gehabt, in dem er an der Pilgerfahrt teilgenommen habe und von einer Menge von Hadschis (Menschen muslimischen Glaubens, die an der *Hadsch* teilnehmen) zu Tode getrampelt worden sei.

Ich konnte einen Ausruf des Erstaunens nicht unterdrücken. Viele Situationen in der Vergangenheit, bei denen mir das Verhalten meines Mannes unbegreiflich geblieben war, wurden mir nun klar. Seitdem ich Karim kannte, hatte er sich immer wieder über das Gedränge in Menschenmengen beklagt und schon kleine Gruppen von Leuten als Menschenmassen bezeichnet. Ich schüttelte verblüfft den Kopf über das verwirrende Innenleben meines Mannes, von dem ich erst jetzt erfuhr. Das war es also! Karim fürchtete sich vor den Tausenden von Pilgern!

Ich glaube fest daran, daß wir in Träumen wichtige Botschaften empfangen. Deshalb hörte ich Karim sehr aufmerksam zu; erschüttert lauschte ich seiner anschaulichen Beschreibung des imaginären und doch furchterregenden Unheils, das er im Traum erlebt hatte.

Mein Mann wurde kreidebleich, als er beschrieb, wie er unter den Füßen ekstatischer Pilger zerstampft wurde. Er erzählte mir, er habe diesen Traum als Dreiundzwanzigjähriger gehabt und danach habe er bewußt das Gedränge gemieden, das die Gläubigen bei ihrer alljährlichen Wallfahrt nach Mekka ertragen müssen.

Karim war so fest davon überzeugt, daß sein Alptraum Wirklichkeit werden würde, wenn er an der *Hadsch* teilnähme, daß ich mich nicht mit ihm wegen seiner schrecklichen Visionen herumstreiten wollte.

Wieder einmal lief also alles nach dem altbekannten Schema ab. Unsere Familie verließ das Königreich zur Pilgerfahrt ohne Karim.

Bei der *Hadsch* 1990 ereignete sich dann eine sehr reale Tragödie. Über 1500 Pilger wurden in einem Tunnel in Mekka zu Tode gequetscht. Karim verkroch sich in Paris einen ganzen Tag lang zitternd im Bett und erklärte, diese Katastrophe sei nur ein weiteres Zeichen von Gott, daß er nie wieder die Heilige Moschee zum Gebet betreten dürfe!

Nach diesem schicksalhaften Ereignis begann Karims extreme Reaktion auf einen Traum mich zu ärgern, und ich teilte meinem Mann mit, daß ich seine Ängste für krankhaft hielt. Aber nichts, was ich damals sagte oder tat, konnte ihn trösten. Auch als ich ihn auf die Tatsache hinwies, daß sein Traum sich nun mit dem Tod anderer Menschen erfüllt habe, beharrte er auf seiner Deutung des Unheils. Ich hingegen hielt es für unwahrscheinlich, daß sich genau dieselbe Katastrophe noch einmal ereignen könnte.

Ich mußte jedoch einsehen, daß meine Überlegung Karim keineswegs half, seine panische Angst zu überwinden. Er war fest überzeugt, daß nur er allein totgetrampelt würde, falls er die Botschaft seines Traums oder das Zeichen der Katastrophe mißachten würde. Der Tod der Pilger mußte seiner Meinung nach als direkte Warnung von Gott gedeutet werden.

Tatsächlich werden jedes Jahr bei der Pilgerfahrt einige Hadschis totgetrampelt oder zu Tode gequetscht; deshalb konnte ich seine Ängste nicht als völlig unbegründet zurückweisen. Meine Bemühungen, den Alptraum herunterzuspielen, verstärkten seine Ängste nur noch.

Betrübt mußte ich einsehen, daß die Möglichkeit, jemals wieder die bereichernde *Hadsch*-Wallfahrt zu unternehmen, in weite Ferne gerückt war. Ganz gab ich den Gedanken daran jedoch nicht auf.

Nach unserer triumphalen Rückkehr mit der gesunden Maha aus London verspürte ich den unwiderstehlichen Wunsch, das Ritual der Lobpreisung Gottes mit anderen Muslimen feierlich zu begehen. Die Zeit der *Hadsch* stand kurz bevor. Ich schnitt das Thema erneut behutsam an und schlug meinem Mann vor, unsere Kinder allein mit nach Mekka zu nehmen. Da die Frauen in unserem Land selten ohne den Schutz männlicher Begleitung reisen, fragte ich Karim, ob ich meine Schwester Sara und ihre Familie nach Mekka begleiten dürfe.

Zu meiner großen Überraschung reagierte Karim wohlwollend auf meinen sehnlichen Wunsch, eine Reise in die Stadt des Propheten Mohammed zu unternehmen. Mir blieb der Mund offen stehen, als er erwog, selber an der Pilgerfahrt teilzunehmen. Karim bekannte, Ursache seines Sinneswandels sei nicht, daß er seine Angst vor persönlichem Unheil verloren habe, vielmehr teile er jedoch mein Bedürfnis, Gott für die Genesung unserer kostbaren Maha besonders zu danken.

Wir waren gerade dabei, die bevorstehende Reise mit Karims Angehörigen zu besprechen, als Karims Schwager Prinz Mohammed, der mit Karims jüngster Schwester Hanan verheiratet ist, uns eine Warnung zukommen ließ. Mohammed berichtete, es würden über zwei Millionen Pilger in der heiligen Stadt Mekka erwartet, darunter 150 000 potentielle Unruhestifter aus dem Iran.

Die iranischen Schiiten suchen einmal im Jahr die heiligste Stätte des Islam auf, um dort gegen König Fahds besondere Schutzfunktion für diesen Ort zu protestieren. 1987 waren die aufgebrachten Schiiten sogar so weit gegangen, die heilige Feier durch lautstarke Demonstrationen zu stören. Durch Verstöße gegen saudiarabische Gesetze hatten sie die Heilige Moschee entweiht und den Tod von 402 Pilgern verschuldet. 1989 hatten iranische Schiiten zwei Bomben gelegt. Bei den Explosionen wurde ein Mensch getötet und sechzehn wurden verletzt.

In Mohammeds Augen wurde die *Hadsch* für friedliche Muslime allmählich zu einem gefährlichen religiösen Brauch. Überall auf der Welt gewannen radikale Muslime an Einfluß, und sie benutzten die heiligsten Stätten des Islam für ihre Demonstrationen gegen politische Mißstände.

Prinz Mohammed hat weitreichende Machtbefugnisse im Bereich der öffentlichen Sicherheit. Er leitet eine saudische Organisation, die es sich zum Ziel gesetzt hat, die Sicherheit der Saudis und der in unserem Land als Gäste weilenden Muslime zu gewährleisten, und verfügt daher über Informationen, die den meisten Saudis nicht zugänglich waren. Da er um unsere persönliche Sicherheit besorgt war, schlug er Karim und mir vor, zu warten, bis die große Masse der Pilger das Königreich wieder verlassen hätte. Danach könnten wir zusammen mit unseren Kindern die heiligen Riten vollziehen.

Karim war blaß und wortkarg, doch ich wußte, daß meinen Mann keineswegs die drohende Gefahr aus dem Iran ängstigte. Ihm graute vielmehr vor den vier Millionen stampfenden Füßen.

Ich halte stets entschlossen an der Verwirklichung meiner Wünsche fest. Deshalb schlug ich Mohammeds Warnung in den Wind und bemerkte, nach den Ereignissen der letzten Jahre würden die aus dem Iran anreisenden Pilger vom saudischen Sicherheitsdienst besonders sorgfältig überwacht. Meiner Meinung nach würden sie für die *Hadsch*-Wallfahrer keine Gefahr darstellen. Mohammed widersprach besorgt: »Den Iranern kann man *nie* trauen. Vergiß nicht, Sultana, daß wir es mit schiitischen Fanatikern zu tun haben. Ihr größter Wunsch ist, unsere sunnitische Regierung unter Al Saud zu stürzen!«

Meine Argumente fanden leider nicht den erhofften Anklang. Deshalb nahm ich Zuflucht zu einer weiblichen List und fragte Mohammed und meinen Mann scherzhaft, ob sie vergessen hätten, daß die islamische Lehre jedem, der in Mekka stirbt, unverzügliche Aufnahme in den Himmel verheißt.

Mein Mann und mein Schwager waren nicht zu Scherzen aufgelegt. Doch Karim war offensichtlich über Mahas rasche Genesung so erleichtert, daß er schließlich einwilligte: »Sultana, für deine Seelenruhe trotze ich jeder Gefahr. Wir werden die Pilgerfahrt zusammen mit den Kindern unternehmen.«

Mohammed verbarg seine Enttäuschung hinter einem Lächeln, während ich meinen Mann spontan auf die Wange küßte und ihm versprach, er werde seine Entscheidung niemals bereuen.

Mohammed reagierte schockiert auf meine so freizügig demonstrierte Zuneigung und verließ unter einem Vorwand abrupt den Raum. Hanan, die schon einige Jahre mit Mohammed verheiratet war, schenkte uns ein wissendes Lächeln und riet uns, die Prüderie ihres Mannes zu ignorieren. Mohammed sei hinter verschlossenen Türen der liebevollste, zärtlichste und aufmerksamste Mann, den man sich vorstellen könne.

Bei der Vorstellung eines heimlichen, aber erfüllten Ehelebens der beiden mußte ich laut lachen, denn Mohammed hatte auf mich immer einen strengen und reservierten Eindruck gemacht, und ich hatte meine Schwägerin in der Vergangenheit oft bedauert.

Ich schaute meinen Mann an und bemerkte, daß ihm beim Gedanken an das Ehebett seiner Schwester die Röte ins Gesicht gestiegen war. Was sind unsere saudischen Männer doch gehemmt und puritanisch, wenn von der Leidenschaft in der Ehe, selbst in ihrer eigenen, die Rede ist!

Karim und ich luden Sara, Assad und ihre wachsende Kinderschar ein, unsere Familie auf unserer lange erwarteten religiösen Odyssee zu begleiten. Sara nahm jedes Jahr an der *Hadsch* teil und war überglücklich, daß wir diesmal nicht wieder zu einem langen Aufenthalt in Europa aufbrachen. Voller Vorfreude vereinbarten wir, Riad in zwei Tagen zu verlassen und uns auf den Weg nach Mekka zu begeben.

Am Tag unserer Abreise nach Mekka war vieles zu beachten! Wir hatten uns mit Sara und ihrer Familie um sieben Uhr abends am Flughafen in Riad verabredet. Vorher mußten alle den *Ihram* absolvieren, eine innere Einkehr, die von der aufrichtigen Absicht geprägt ist, alle vorgeschriebenen Pflichten eines Mekka-Pilgers zu erfüllen.

Im *Ihram* muß man auf alle Annehmlichkeiten des alltäglichen Lebens verzichten. Haare dürfen nicht geschnitten werden, Nagelpflege ist nicht erlaubt, die Männer dürfen sich nicht rasieren, das Auflegen von Parfüm ist untersagt, Kleidung mit Nähten darf nicht getragen werden, Tiere dürfen nicht geschlachtet werden, Geschlechtsverkehr muß unterbleiben und jeder direkte Kontakt zwischen Männern und Frauen bis zum Ende der geheiligten Zeit des *Ihram* vermieden werden.

Alle unsere Angehörigen unterzogen sich vor unserer Abreise aus Riad den Ritualen der Pilgerfahrt. Jeder einzelne wollte noch vor Beginn der lange erwarteten Reise einen Zustand der Reinheit erreichen.

Mit dem berühmten Ausruf aller Pilger in der heiligen Stadt Mekka betrat ich meine Privaträume: »Hier bin ich, Gott! Hier bin ich! Hier bin ich, Deine Wünsche zu erfüllen.« Cora, meine philippinische Bedienstete, die gerade in meinem Schlafzimmer Staub wischte, wunderte sich sehr über mein Verhalten. Nachdem sie sich wieder gefaßt hatte, erläuterte ich ihr in Hochstimmung die Bedeutung unserer bevorstehenden religiösen Reise.

Als gläubige Katholikin zeigte sie wenig Verständnis für muslimische Bräuche, doch als tief religiöse Frau konnte sie meine Freude über die bevorstehende Wallfahrt nachvollziehen. Cora ließ mir lächelnd ein Bad ein, während ich mich weiter meinen Lobgesängen widmete.

Ich zählte an den Fingern alle Pflichten ab, die ich erfüllen mußte. Mein Gesicht durfte keinerlei Spuren von Make-up tragen. Außerdem mußte ich meinen Schmuck ablegen, auch die zehnkarätigen Diamantohrringe, die mir mein Mann vor einem Jahr geschenkt hatte und die ich selten abnahm.

Nachdem ich meine Ohrringe entfernt und sie in dem großen Safe im Schlafzimmer verstaut hatte, in dem meine kostbaren Juwelen aufbewahrt wurden, nahm ich ein mehrstündiges Bad, um mich symbolisch von allem Schmutz zu reinigen. In der Wanne bereitete ich mich innerlich auf die Reise vor und wiederholte laut Gottes Befehl an die Muslime, nach Mekka zu pilgern: »Verordne den Menschen die Wallfahrt: Sie kommen zu Fuß oder auf abgemagerten Kamelen, aus weiter Ferne, über Berg und Tal.«

Ich schob alle Gedanken an die Konflikte in meiner Familie beiseite und konzentrierte mich auf friedvolle Handlungen und liebevolle Gefühle gegenüber meinen Mitmenschen.

Nach meinem langen Bad hüllte ich mich in ein nahtloses schwarzes Gewand und bedeckte mein Haar mit einem leichten schwarzen Kopftuch. Dann warf ich mich in Richtung auf die heilige Stadt Mekka auf den Boden und verrichtete meine Gebete, in denen ich Gott anflehte, die heiligen Handlungen der *Hadsch* von mir anzunehmen.

Schließlich fühlte ich mich für die Reise gerüstet. Mein Mann und die Kinder warteten bereits unten im Wohnzimmer. Karim und Abdullah waren in makellos weiße Gewänder und schlichte Sandalen gekleidet. Maha und Amani trugen unauffällige, dunkle Kleidung, die ihre Körper bis auf Gesicht, Hände und Füße vollständig bedeckte. Genau wie ich waren sie unverschleiert. Während der *Hadsch* muß das Gesicht nicht verhüllt werden. »Der wahre Schleier bedeckt das Auge des Betrachters«, sagte der Prophet. Deshalb ist es Frauen auf der *Hadsch* verboten, das Gesicht zu bedecken.

Als Kind quälte ich meine Mutter oft mit der Frage, warum wir Frauen zwar vor einem Mann, aber nicht vor Gott unser Gesicht verhüllen mußten. Dazu erzogen, niemals die Autorität der Männer in Frage zu stellen, reagierte meine

Mutter mit Verblüffung und Verunsicherung auf meine unwiderlegbare Logik. Weil sie sich jedoch ihr ganzes Leben lang der patriarchalischen Ordnung gefügt hatte, gebot sie mir zu schweigen und blieb mir die Antwort auf meine, wie ich immer noch glaube, berechtigte Frage schuldig.

Beim Anblick der Gesichter meiner unschuldigen Töchter erinnerte ich mich an diese Frage meiner eigenen Kindheit. Ich umarmte die beiden und sagte gereizt: »Wenn die Männer endlich so weit sind, Gottes Weisheit anzunehmen, könnt ihr eure verhaßten Schleier ablegen!« Dabei konnte ich mir nicht verkneifen, meinem Mann und meinem Sohn einen verächtlichen Blick zuzuwerfen.

Karim stöhnte entsetzt: »Sultana!«

Was hatte ich getan? Der schreckliche Gedanke durchzuckte mich, daß ich die Gelübde der *Hadsch* gebrochen hatte! Ich hatte mich einen Moment lang zu Gedanken und Worten über weltliche Angelegenheiten hinreißen lassen, obwohl mir die Religion befahl, mich nur mit Frieden und Liebe zu befassen.

Diese Verfehlung war mir sehr peinlich, und ich verließ das Zimmer, um mich noch einmal den reinigenden Ritualen zu widmen.

Karim lächelte, und meine Kinder konnten sich das Lachen nicht verkneifen. Dann setzten sie sich auf Stühle und Sofas und warteten geduldig auf meine Rückkehr.

In meinem Schlafzimmer warf ich mich auf den Boden und bat Gott, mir zu helfen, meine Zunge im Zaum zu halten und mich wieder in den *Ihram* zu versetzen. Mir blieb nichts anderes übrig, als mit meinen Gebeten wieder von vorn zu beginnen.

Ich war den Tränen nahe, als ich mich wieder zu meiner Familie gesellte. Mein Mann warf mir einen liebevollen Blick zu, was ich irrtümlich als erotischen Annäherungsversuch auffaßte. Ich schrie ihn an, brach dann in Tränen aus und verkündete, ich könne an der *Hadsch* nicht teilnehmen, meine Familie müsse ohne mich aufbrechen. Es gelinge mir nicht, alle niederträchtigen Gedanken zu unterdrücken und mich in den Zustand des *Ihram* zu versetzen!

Karim nickte meinen Töchtern zu, da jeglicher körperliche Kontakt zwischen ihm und mir verboten war, und Maha und Amani schoben mich lachend aus dem Zimmer und in den wartenden Wagen, der uns zum Flughafen brachte.

Meinen Protesten hielt Karim entgegen, ich könne die Zeremonie der Reinigung noch einmal im Flugzeug oder in unserem Quartier in Dschidda vollziehen, bevor wir am nächsten Morgen die kurze Fahrt nach Mekka antreten würden.

Assad, Sara und ihre Kinder erwarteten uns in der königlichen Wartehalle des internationalen »König Khalid«-Flughafens, 45 Autominuten außerhalb von Riad. Ich begrüßte meine Schwester und ihre Familie mit ungewohnter Zurückhaltung, und nachdem Maha meiner Schwester etwas ins Ohr geflüstert hatte, sah Sara mich mit einem wissenden Lächeln an. Jetzt wußte ich, daß sie die Ursache für unsere Verspätung kannte.

Unsere Familie flog in einem von Karims privaten Lear-Jets. Der Flug verlief ruhig, die Erwachsenen beschäftigten sich in Gedanken mit Gott und der bevorstehenden Zwiesprache mit ihm. Die älteren Kinder befaßten sich mit ruhigen Spielen, während die jüngeren schliefen oder Bilderbücher anschauten. Eingedenk meines losen Mundwerks sprach ich bis kurz vor der Landung kein Wort. Dann sagte ich jedoch wieder zu viel.

Wir erreichten den internationalen »King Abdul Asis«-Flughafen in Dschidda bei Nacht, und ich freute mich, als Karim dem amerikanischen Piloten die Anweisung gab, am *Hadsch*- oder auch Pilgerterminal zu landen, einer surrealistischen Zeltstadt auf einer Fläche von 150 Hektar. Dieser Terminal ist Pilgern aus anderen Ländern vorbehalten, doch unser königlicher Status erlaubte uns die Landung an jedem von uns gewünschten Ort.

Vor einigen Jahren hatte Karim Abdullah zu der großen Eröffnungsfeier des Terminals mitgenommen, aber unsere Töchter hatten das imposante Gebäude noch nicht gesehen. Ich vergaß meinen Schwur, zu schweigen, bis ich den Boden Mekkas betrat. Plötzlich übermannte mich der Wunsch, meinen Töchtern Stolz über ihr Erbe zu vermitteln, selbst wenn dieser Stolz untrennbar mit wirtschaftlichem Wohlstand verknüpft war.

Anfangs sprach ich noch in einem ruhigen Ton, an dem Gott wohl keinen Anstoß nehmen würde. Ich erklärte meinen Töchtern, der Terminal habe wegen seines einzigartigen Entwurfs und seiner fortschrittlichen Bauweise eine internationale Auszeichnung erhalten. Stolz erfaßte mich beim Gedanken an die Infrastruktur, die Saudi-Arabien in einer einzigen Generation geschaffen hatte. Mir war die Scham meiner gegen die Armut kämpfenden Vorfahren nunmehr fremd, unter der ich als junges Mädchen gelitten hatte. Die alten leidenschaftlichen Gefühle aus dieser Zeit waren verschwunden, mein Sinn für die Vergangenheit geschärft. Was einst als verkommen und minderwertig erschienen war, das wirkte nun gediegen und wertvoll. Ich dachte bei mir: Wir Saudis hatten unser unwirtliches Land, in dem sich vor knapp fünfzig Jahren nomadisierende Stämme noch wegen Kamelen und Ziegen befehdet hatten, zu einer Wirtschaftsmacht gemacht. Meine eigene Familie hatte entscheidenden Anteil daran, daß gesetzlose Beduinenstämme in einem öden, unfruchtbaren Land zu einem der wohlhabendsten Völker der Erde geworden waren.

Im Westen wird immer wieder behauptet, unser Wohlstand basiere allein auf unserem Öl. Diese Einschätzung teile ich nicht. Öl wird auch in anderen Ländern gefördert, und doch erreichten die Bürger dieser Länder niemals den hohen Lebensstandard, der allen Saudis selbstverständlich ist. Des Rätsels Lösung ist die Weisheit jener Männer, die unsere Einkünfte aus dem Handel mit unseren Ressourcen verwalten. Obwohl ich an den Männern meiner Familie immer viel auszusetzen hatte, besonders was ihr Verhältnis zu Frauen betraf, würdigte ich bei diesem speziellen Thema anerkennend ihre kluge und umsichtige Vorgehensweise.

Weil ich die Gelegenheit für günstig hielt, meinen Kindern Stolz auf ihre Vorfahren zu vermitteln, begann ich voller Begeisterung mit lauter Stimme zu sprechen. Ich erinnerte die Kinder an vergangene Ereignisse und an die Tugenden der Menschen unseres Volkes, die vor uns gelebt haben: an den Mut, die Ausdauer, das Selbstvertrauen und die Intelligenz unserer beduinischen Vorfahren. Ich rief mir das entbehrungsreiche Leben meiner Eltern ins Gedächtnis und verglich es mit dem verschwenderischen Lebensstil ihrer Kinder und Enkel – wahrlich eine Veränderung, die an ein Wunder grenzte. In angeregter Stimmung erzählte ich Familiengeschichten, die ich dramatisch ausschmückte und mit überzeugendem Realismus vortrug.

Ich beglückwünschte mich insgeheim zu meinem Talent als Geschichtenerzählerin, erinnerte mich an glückliche Momente zu Füßen meiner eigenen Mutter und einiger älterer Tanten und berichtete lebhaft von der Gründung unseres Staates. In diesem Augenblick erkannte ich, daß mir niemand zuhörte.

Sara, Assad und Karim warfen sich gequälte Blicke zu. Da ich jedoch in meiner Begeisterung den Zweck unserer Reise vergessen hatte, irritierte mich ihr ungläubiges Staunen über mein Verhalten nicht.

Ich warf einen Blick auf unsere Kinderschar und war sehr enttäuscht. Auf allen Gesichtern sah ich nur Desinteresse.

Die junge Generation war ausschließlich am Hier und Heute interessiert. In diesem Moment wurde mir klar, daß Armut, die man selbst niemals kennengelernt hat, privilegierte Menschen nicht berührt, und daß die junge Generation der Al-Saud unter dem verderblichen Einfluß märchenhaften Reichtums stand.

Es war offensichtlich, daß die Kinder der Gedanke an ihre beduinischen Vorfahren langweilte. Abdullah spielte mit Saras ältestem Sohn eine Partie Backgammon, während die Jüngsten sich mit ein paar kleinen Autos und Lastwagen vergnügten, die Assad von seinem letzten Aufenthalt in London mitgebracht hatte.

Im Geiste sah ich das Gesicht meiner liebevollen Mutter vor mir und hörte wieder ihre ergreifenden Erzählungen von den wunderbaren Großeltern, die ich nie kennengelernt hatte. Ich verspürte den heftigen Wunsch, die teilnahmslosen Gesichter der Enkel jener längst verstorbenen, tapferen Menschen zu ohrfeigen. Auf der Suche nach einem geeigneten Opfer, an dem ich mein Mütchen kühlen konnte, wollte ich gerade Abdullah in den Arm zwicken, als ich zufällig sah, wie Sara mit den Lippen lautlos das Wort *Ihram* formte.

Schon wieder hatte ich vergessen, wohin ich unterwegs war! Unvermittelt traten mir Tränen in die Augen beim Gedanken an unsere tapferen, für immer von uns gegangenen Vorfahren. Sara lächelte mir liebevoll zu, und da wußte ich, daß meine geliebte Schwester meine Gedanken erriet und mir mein unziemliches Verhalten verzieh.

Ein passendes Sprichwort kam mir in den Sinn: »Niemand außer uns selbst wird für uns Tränen vergießen.« Trauer erfüllte mich bei der Vorstellung, daß meinen Kindern die Erinnerung an unsere Vorfahren so wenig bedeutete. Mit lauter Stimme stieß ich hervor: »Die euch tot erscheinen mögen, sind für mich höchst lebendig!«

Meine Familie sah mich verwundert an, bis auf Karim, der die Beherrschung verlor und Tränen lachte. Ich funkelte ihn wütend an, während er sich die feuchten Wangen mit einem Taschentuch abtupfte und Assad eine Bemerkung über seine Gemahlin zuflüsterte, die mir für immer verborgen bleiben sollte.

Um mich ein wenig zu beruhigen, wandte ich mich meinen beiden Töchtern zu und betrachtete sie nachdenklich. Was hielten sie von ihren Vorfahren?

Maha war der Meinung, in Europa und Amerika sei alles besser als in Saudi-Arabien, und kam als Verbündete kaum in Betracht. Meine prahlerischen Reden über unsere Familiengeschichte hatte sie geflissentlich ignoriert. Jetzt begann sie, die Architektur des Terminals zu kritisieren. Sie konnte nicht begreifen, warum die Konstrukteure ein Flughafenterminal in Form eines Zelts entworfen und gebaut hatten!

»Wozu die Vergangenheit beschwören?« murrte sie. »Schließlich leben wir im 20. Jahrhundert.«

Amani dagegen stieß einen Schrei des Entzückens aus. Sie war fasziniert von den Scheinwerfern, die an den tragenden Säulen angebracht waren. Das Zusammenspiel von Licht und Schatten brachte das Gebäude großartig zur Geltung. Abdullah trumpfte mit seinen früher erworbenen Kenntnissen auf und bemerkte mit einem Blick auf seine jüngste Schwester beiläufig, die Dachkonstruktion des Zeltes überwölbe die größte Fläche auf der Welt, obwohl an Plänen gearbeitet werde, eine noch größere Fläche in Medina zu überdachen.

Amani drückte meine Hand und lächelte mich liebevoll an: »Mama, ich danke dir, daß du uns hierher gebracht hast.«

Ich warf meiner Tochter einen freudestrahlenden Blick zu. Es bestand also doch noch Hoffnung!

Wer hätte damals ahnen können, daß eine Reise, die aus dem Wunsch unternommen wurde, Gott für die seelische Gesundung meiner ältesten Tochter zu danken, so große Bedeutung für meine jüngste Tochter bekommen und zugleich verheerende Folgen für ihre Eltern haben sollte?

5. KAPITEL

Amani

Jeder Gläubige wendet sich fünfmal am Tag im Gebet gen Mekka, »der Heiligen«, der »Mutter der Städte« (Umm al-Qura). Für Millionen Muslime ist die Pilgerreise nach Mekka ein Lebensziel. Die Stadt ist Angehörigen anderer Religionen streng verboten. Die Ungläubigen sind darüber sehr verärgert und möchten die Geheimnisse der Stadt ergründen. Ich wurde als Saudi persönlich von Gott auserwählt, den wahren Glauben zu schützen. Dieser Glaube geht von der heiligsten Stadt der Welt aus, und sie liegt in meinem Land.

Erklärung eines älteren saudischen Beduinen, warum die Saudis das von Gott erwählte Volk sind.

Als Amani zur Welt kam, teilte meine Schwester Sara die Schmerzen der Niederkunft mit mir und brachte ihr zweites Kind zur Welt, ein Mädchen, das sie und ihr Mann Assad Nashwa nannten, was »Verzückung« bedeutet. Während Amani Glück in unser Leben brachte, ist Nashwa ein lautes und kratzbürstiges Mädchen, das häufig Chaos in Saras und Assads glückliches Heim brachte.

Oft habe ich im geheimen mit Karim über die schreckliche Möglichkeit gesprochen, daß Amani Saras und Assads Kind sein und Nashwa von uns gezeugt sein könnte. Nashwas Charakter ist dem meinen nämlich bemerkenswert ähnlich. Amani hingegen gleicht mit ihrer anmutigen

Gestalt und ihrem ruhigen Wesen auf erstaunliche Weise ihrer Tante Sara.

War es möglich, daß die Schwestern im Krankenhaus die beiden Mädchen vertauscht hatten? Unsere Kinder wurden mit elf Stunden Abstand geboren, und Sara und ich befanden uns in benachbarten königlichen Suiten. Mir erschien eine Verwechslung der Säuglinge nicht ausgeschlossen. Karim versuchte über Jahre hinweg, meine Ängste zu zerstreuen und verwies auf Statistiken, aus denen hervorging, daß solche Verwechslungen außerordentlich selten sind. Doch jedesmal, wenn ich mein vollkommenes Kind betrachte, erfaßt mich der schreckliche Gedanke, eine andere Frau könne sie geboren haben.

Amani hatte ein in sich gekehrtes, melancholisches Wesen, zog Bücher ihrem Spielzeug vor und befaßte sich schon früh begeistert mit Kunst und Sprachen. Im Gegensatz zu ihrer älteren Schwester Maha war Amani nur selten ungestüm; sie brachte im Gegenteil Ruhe und Wärme in unser Haus.

Ich hatte Amani tiefer in mein Herz geschlossen als ihre beiden älteren Geschwister und achtete wohl nicht genügend auf die dunklen Seiten in ihrem spannungsreichen Charakter. Meine Tochter zeigte eine alarmierende Vorliebe für Tiere, die zu einem offenen Konflikt mit anderen Familienmitgliedern führte. Ihr jugendliches Entzücken für alle Gottesgeschöpfe kollidierte mit dem Privileg der saudischen Männer, alle Lebewesen unseres Landes bis zur Ausrottung jagen und töten zu dürfen. Während Abdullah und sein Vater zusammen mit königlichen Cousins auf Wüstenjagden im Lichte riesiger Scheinwerfer, die auf speziell ausgerüsteten Jeeps und offenen Lastwagen aufgebaut waren, fröhlich Gazellen und Kaninchen mit Maschinengewehren abschossen, schlich Amani in das Jagdzimmer ihres Vaters, versteckte seine Patronen und warf teure Schußwaffen in den Müll. Amani war sogar bereit, für ihre große Liebe zu Tieren ihren starken

Wunsch nach einem harmonischen Familienleben aufzugeben.

Dieser Charakterzug trat schon früh zutage. In unserem Haus wimmelte es von herrenlosen Tieren aller Art.

Anders als die Menschen in der westlichen Welt empfinden die meisten Araber nur wenig für Tiere. Durch die Straßen unserer Städte streunen halb verhungerte und häufig verletzte Katzen und Hunde. Anfang der achtziger Jahre ließ die Regierung Saudi-Arabiens streunende Tiere einfangen und in den weiten, unbewohnten Wüsten aussetzen, wo sie jämmerlich verhungern mußten. Vielen Tieren gelingt es allerdings, ihren Häschern zu entkommen und ein sicheres Zuhause bei mitfühlenden Menschen zu finden.

Ich hatte viel Verständnis für Amanis Wunsch, mißhandelte Tiere zu beschützen; Karim und andere in unserem Haus waren jedoch sehr beunruhigt darüber, daß unser Anwesen zu einem Zufluchtsort für streunende Tiere wurde. Amani begnügte sich nicht damit, die Tiere zu retten, sondern verhätschelte sie, als ob sie seltene und wertvolle Züchtungen wären. Wenn sie starben, wurden sie feierlich in unserem Garten begraben. Die Überlebenden erzog Amani zu Schoßtieren, die sich überall frei bewegen durften.

Oft hatte ich den Eindruck, als liege Amani mehr an den Tieren als an ihren Angehörigen, doch ich bin eine Mutter, der es schwerfällt, ihre Kinder zu zügeln oder zu bestrafen, und so ließ ich Amani ihre einzige Torheit durchgehen.

Karim beauftragte zwei junge Männer aus Thailand, die Tiere zu pflegen, die Räume zu desinfizieren und den Hunden Gehorsam beizubringen. Wir gingen so weit, auf unserem Gelände einen eigenen kleinen Zoo mit geräumigen Gehegen einzurichten und zahlreiche Arten exotischer Tiere zu erwerben, weil wir hofften, Amani würde es bei diesem Privatzoo bewenden lassen. Neben dem Zoo hatte Karim ein ziemlich großes Areal für Amanis herrenlose Tiere mit einer

Mauer abteilen lassen und befahl seiner Tochter streng, diese Tiere ausschließlich in diesem speziellen Bereich des Hofes unterzubringen. Amani vergoß viele Tränen, und schließlich erlaubte Karim ihr widerstrebend, zehn Katzen und Hunde auszuwählen, die sich dann im Haus aufhalten durften und freien Zugang zum gesamten Palast hatten.

Trotz dieser Zugeständnisse nahm sich unsere Tochter weiter streunender Tiere an, und sie fanden stets auch den Weg in unser Haus.

Eines Tages wurde Karim auf dem Heimweg Zeuge einer merkwürdigen Szene. Drei Filipinos, die für unsere Nachbarn arbeiteten, wurden dabei erwischt, wie sie einem der thailändischen Zoowärter eine Tasche mit fünf Katzen übergaben. Sogleich wurden die schreckensbleichen Filipinos zur Rede gestellt, und sie gaben Karim einen Zettel, auf dem zu lesen war, wir würden den Überbringer jeder streunenden Katze und jedes herrenlosen Hundes mit hundert saudischen Rial belohnen. Karim bekam einen heftigen Wutanfall und drohte den Thais mit der Kündigung. Daraufhin gestanden sie, Amani habe ihnen befohlen, solche Zettel an den Mauern der benachbarten Paläste und Villen anzukleben. Außerdem hatte sie die beiden Männer beauftragt, Katzen und Hunde einzusammeln und zu ihr zu bringen. Unsere Tochter hatte die beiden Männer beschworen, niemandem etwas zu verraten, und als persönliche Diener unserer Tochter hatten sie bisher geschwiegen.

Karim ließ die Tiere zählen, und als er entdeckte, daß er über vierzig Katzen und zwölf Hunde durchfütterte, verließ er wortlos das Haus. Kurze Zeit später hörten wir, wie die Räder seines Wagens durchdrehten. Er blieb zwei Tage und drei Nächte lang weg. Später erfuhr ich, daß er in der Zeit seine Eltern besucht hatte, und ich hörte von geschwätzigen Dienern, Karim habe seinen erstaunten Eltern erzählt, er benötige ein paar Tage Ruhe vor den komplizierten Frauen in seinem Leben, andernfalls müsse er uns alle in eine Irrenanstalt bringen lassen.

Während Karims Abwesenheit kam ich zu dem Schluß, daß ein Weg gefunden werden mußte, mit der übersteigerten Tierliebe meiner Tochter vernünftig umzugehen. Ich entdeckte viele seltsame Dinge, die noch nicht bemerkt worden waren. Die vierzig Katzen verspeisten frischen Fisch aus dem Roten Meer, und die zwölf Hunde fraßen bestes Fleisch von einem teuren, aus Australien belieferten Metzger. Amani hatte das Geld für diese Delikatessen aus der kleinen Dose in der Küche gestohlen. Dort bewahren wir das Bargeld für eine Woche auf, mit dem unsere Diener und Dienerinnen die Einkäufe für uns erledigen. Unsere Haushaltsausgaben sind so beträchtlich, daß unser Buchhalter das Fehlen dieser Beträge gar nicht bemerkt hatte. Kurz darauf entdeckte ich, daß Amani große Summen dafür ausgab, Vögel zu kaufen und fliegen zu lassen. Daraufhin drohte ich meiner Tochter ernsthaft damit, sie zu einem Psychiater zu bringen, und eine Zeit lang beschäftigte sie sich weniger mit ihren Tieren.

Ich erinnere mich sehr gut an einen dramatischen Vorfall mit meinem Bruder Ali. Er hatte sich schon früher über Amanis Haustiere beschwert, und nun schimpfte er darüber, daß kein anständiger Muslim unser Haus betreten könne, weil er stets Gefahr laufe, sich mit Tierkot zu beschmutzen. Im muslimischen Glauben gilt zum Beispiel ein Hund als unrein. Trinkt ein Hund aus einem Wasserbehälter, so muß dieser nach islamischer Lehre siebenmal ausgewaschen werden. Alis deutliche Abneigung gegen Tiere hatte unübersehbare Auswirkungen auf die Psyche der von Amani geliebten Kreaturen. So versteckten sich die Hunde hinter Büschen, bis mein Bruder den Garten durchquert hatte.

Eines Tages schaute Ali für einen kurzen Besuch in unserem Palast vorbei. Er war gerade durch das Tor getreten und befahl einem unserer Diener, seinen Wagen zu waschen.

Während Ali mit dem Diener sprach, hob Napoleon, einer von Amanis Lieblingshunden, an Alis frisch gewaschener Thobe das Bein. Ali ist sehr eitel und stolz auf seine untadelige Erscheinung. Er verstummte vor Wut, und noch bevor Amani Napoleon zu Hilfe eilen konnte, versetzte er dem armen Tier einen brutalen Tritt. Meine Tochter wurde so wütend, daß sie sich auf ihren Onkel stürzte und mit den Fäusten auf ihn eintrommelte.

Von einem Hund angepinkelt und von seiner Nichte körperlich angegriffen zu werden, das war für Ali zuviel. Er verließ unverzüglich unser Haus, brüllte den grinsenden Dienern allerdings noch zu, daß nicht nur seine Schwester völlig verrückt sei, vielmehr habe sie auch noch schwachsinnige Kinder geboren, die Tiere mehr liebten als Menschen.

Von diesem Augenblick an haßte Amani ihren Onkel Ali mit der gleichen Inbrunst, mit der ich als junges Mädchen meinen gefühllosen Bruder gehaßt hatte.

Ali ist mein einziger Bruder, und er möchte trotz unserer heftigen Meinungsverschiedenheiten den Kontakt zu meiner Familie halten. Deshalb zwang Karim Amani, ihren Onkel anzurufen und sich zu entschuldigen. Dennoch blieb Ali mehr als zwei Monate unserem Haus fern. Als er seinen Ärger endlich überwunden hatte, stattete er uns einen Besuch ab, aber zuvor rief er an und bestand darauf, daß unsere Diener Napoleon einsperrten.

Ich machte mir Sorgen wegen Amanis noch immer schwelender Wut. Doch bei Alis Besuch überraschte mich meine Tochter angenehm: Sie übernahm beim Betreten des Wohnzimmers die Rolle der Gastgeberin und bot ihrem Onkel ein Glas frisch gepreßten Grapefruitsaft an. Ali schien erleichtert, daß der Vorfall vergessen war, und meinte, er sei zufällig gerade sehr durstig.

Ich bemerkte wieder einmal, wie ähnlich Amani meiner Schwester Sara war, und platzte fast vor mütterlichem Stolz.

Mein wundervolles Kind reichte Ali liebenswürdig ein Glas Saft und einen Teller mit Mandelplätzchen. Sie benahm sich untadelig. Ich schenkte ihr ein glückliches Lächeln und nahm mir vor, ihr beim nächsten Einkaufsbummel ein besonderes Geschenk zu kaufen.

Ali lächelte anerkennend und bemerkte, Amani würde eines Tages einen beneidenswerten Mann sehr glücklich machen.

Nachdem Ali wieder gegangen war, hörte ich Amani in ihrem Zimmer so laut lachen, daß die Diener und Dienerinnen von überall her zusammenliefen, um den Grund für ihre Heiterkeit zu erfahren.

Amani erklärte den erstaunten Zuhörern, ihr Onkel habe seinen Saft aus einem Glas getrunken, das als Trinkgefäß ihrer herrrenlosen Hunde gedient hatte! Und damit nicht genug, sie hatte auch noch Napoleon an den Mandelplätzchen lecken lassen!

Die Diener grinsten zufrieden; Ali ist bei ihnen nicht sonderlich beliebt.

Ich bemühte mich, streng auf Amanis Streich zu reagieren, doch ich konnte das Lachen nur mit Mühe unterdrücken. Schließlich gab ich das Schauspiel elterlicher Strenge auf, nahm meine Tochter in die Arme und brach in lautes Gelächter aus. Zum erstenmal in ihrem Leben zeigte Amani Charakterzüge, die in mir die Hoffnung weckten, daß sie meine leibliche Tochter war.

Ich weiß heute, daß ich mein Kind für eine Tat hätte schelten müssen, die bei Ali einen Herzanfall ausgelöst hätte, wenn er davon erfahren hätte. Ich konnte aber meine Schadenfreude kaum verbergen. Doch als ich die Geschichte Karim anvertraute, reagierte er so entsetzt auf meine Belustigung, daß ich wußte, er fürchtete um die geistige Gesundheit seiner Lieben.

Nach meiner Enthüllung war Karim mit seiner Geduld am

Ende. Er schäumte vor Wut über Amanis Streich und behauptete, ihre Tierliebe zerstöre unser Familienleben. Dann verlangte er, daß wir uns mit unserer Tochter zu einem ernsten Gespräch zusammensetzen sollten. Noch bevor ich antworten konnte, betätigte mein Mann die Haussprechanlage und befahl Amani, auf der Stelle in unseren Wohnbereich zu kommen.

In dem Wohnzimmer, das an unser herrschaftliches Schlafzimmer anschließt, erwarteten Karim und ich unsere Tochter, die mit neugierig funkelnden Augen kurze Zeit später ins Zimmer stürzte.

Ich kam nicht dazu, ihr die Situation zu erklären, denn Karim fragte sofort: »Amani, was ist dein Lebensziel?«

Mit kindlicher Heiterkeit antwortete Amani prompt: »Alle Tiere vor dem Menschen zu retten.«

»Tiere zu retten ist weiter nichts als eine Narretei reicher, verwöhnter Europäer und Amerikaner«, erwiderte Karim verärgert. Er sah mich an, als trüge ich die Schuld an Amanis Verhalten: »Sultana, ich habe gehofft, dein Kind wäre intelligenter.«

Amanis Augen füllten sich mit Tränen, und sie bat, auf ihr Zimmer gehen zu dürfen.

Meinem Ehemann sind Frauentränen unangenehm. Etwas milder gestimmt fragte er sehr ernst: »Und wenn du alle Tiere gerettet hast, Amani, was hätte das für dich und deine Familie zu bedeuten?«

Amani preßte die Lippen zusammen und sah durch uns hindurch. Nach einiger Zeit nahm sie uns wieder wahr, doch es gelang ihr nicht, ihre Gedanken zu formulieren. Ratlos sah sie ihren Vater an und zuckte mit den Schultern.

Karim verzichtete klugerweise darauf, Amanis große Liebe zu den Tieren zu kritisieren. Behutsam erklärte er ihr, das Leben eines Menschen brauche ein höheres Ziel. Ein Mensch müsse schöpferisch tätig sein und seine Mitmenschen inspirieren: »Es ist unsere Aufgabe, die Zivilisation voranzubringen. Nur die Unzufriedenheit mit der Unvollkommenheit der Menschheit bewegt uns, unser Gesellschaftssystem zu verbessern.«

Amani reagierte auf diese Suada mit einem spöttischen Lächeln: »In Saudi-Arabien? Was kann in *dieser* Gesellschaft eine Frau schon ausrichten?«

Meine Tochter sah mich an und wartete auf meine Unterstützung.

Ich wollte etwas sagen, aber Karim deutete auf mich und sagte zu meinem Erstaunen: »Sie gehört zu der rechtlosen Minderheit in Saudi-Arabien, die sich nicht mit dem Leben einer königlichen Müßiggängerin abgefunden hat. Sie hat eine gute Ausbildung genossen und nutzt ihr Wissen für die Sache der Frauen.«

Er fuhr fort, daß sich die Rolle der Frau eines Tages verändern würde und sich unser Einfluß auch außerhalb des Hauses bemerkbar machen werde.

Ich war so verblüfft über Karims Worte, daß ich ihnen nichts mehr hinzufügen konnte. Niemals zuvor hatte mein Mann die Berechtigung meiner Ideen über die Befreiung der Frau akzeptiert.

Wir diskutierten über eine Stunde lang, und schließlich versprach Amani ihrem Vater, daß sie neben ihren vierbeinigen Freunden noch eine zweite, ebenso bedeutsame Aufgabe für ihr Leben suchen wolle. Sie gab uns beiden einen Gutenachtkuß und meinte, sie müsse jetzt viel nachdenken. In der Schlafzimmertür blieb sie noch einmal stehen, drehte sich zu uns um und sagte mit einem wundervollen Lächeln: »Ich liebe dich, Papa, und dich auch, Mama.« Das brachte mir wieder zu Bewußtsein, was für ein unschuldiges Mädchen unsere jüngste Tochter noch war.

Karim sprach begeistert von einem großen Erfolg. Er hielt mich in den Armen und erzählte von seinen Zukunftsträumen für seine Töchter und für seinen Sohn. »Wenn es nach mir geht«, sagte er, »dann verschwinden wie durch ein Wunder all die unsinnigen Beschränkungen, die den Frauen auferlegt sind.« Karim schnalzte mit den Fingern und schenkte mir einen zärtlichen Blick.

Ein zynischer Gedanke schoß mir durch den Kopf: Wahrscheinlich brachte nur die innige Liebe zu seiner Tochter einen Mann dazu, für Reformen in einer ungerechten Welt einzutreten.

Ich hatte bisher in meinem Haushalt mit drei lebhaften Kindern wenig Ruhe gefunden, und das harmonische Familienleben, das Karim prophezeite, erschien mir sehr verlokkend. Wir hofften beide, daß Amanis übersteigerte Tierliebe jetzt in vernünftige Bahnen gelenkt werden könnte.

Wenig später brach der Golfkrieg aus, und kurz darauf erfolgte Mahas psychischer Zusammenbruch. In dieser für alle schwierigen Zeit hatte Amani keinen Menschen, der ihr bei der Suche nach einem neuen Lebensziel geholfen hätte.

Heute führe ich mir schuldbewußt vor Augen, daß ich hätte erkennen müssen, daß mein jüngstes Kind Charakterzüge hatte, wie man sie oft bei Fanatikern findet – jenen furchteinflößenden Menschen, die sich für extremistische Ansichten begeistern. Weil ich damals den tiefen Ernst meiner Tochter gespürt habe, werfe ich mir heute vor, das reizbare und geistig nicht gefestigte Kind mitten in der Pubertät mit dem großen religiösen Erlebnis der *Hadsch* konfrontiert zu haben.

Auf unserer Pilgerfahrt nach Mekka beobachteten Karim und ich an unserer jüngeren Tochter eine sehr seltsame Verwandlung. In Amani erwachte über Nacht eine schlummernde Religiosität, und das Kind sog den islamischen Glauben begierig in sich auf. Ich war eine Mutter, die ihrem Kind nur die Grundzüge seines religiösen Erbes vermittelte; Amanis Geist hingegen schien von einer höheren Vision erfaßt, von einem Geheimnis, das in ihr selbst lag und zu intim war, als daß sie es ihren Eltern hätte enthüllen können.

Am Morgen nach unserer Ankunft in Dschidda fuhren wir, gefolgt von Saras Familie, in einer klimatisierten Limousine das kurze Stück vom Roten Meer nach Mekka. Ich zitterte vor Vorfreude und versuchte, mich auf meine Gebete zu konzentrieren, doch immer wieder erwischte ich mich dabei, wie ich aus dem Autofenster sah und an die alte Zeit dachte, in der die Gläubigen in großer Zahl mit Kamelkarawanen gekommen oder auf bloßen Füßen durch die steinige Wüste geschritten waren, um eine der fünf Grundpflichten des islamischen Glaubens zu erfüllen.

Ich hätte meine Gedanken allzu gerne mit Karim und den Kindern geteilt, doch alle waren in Zwiesprache mit Gott versunken. Maha hielt die Augen geschlossen, während Abdullah seine Gebetskette durch die Finger gleiten ließ. Karim hatte einen entrückten Blick, und ich hoffte, daß er nicht wieder den Alptraum aus seiner Jugend durchleben mußte. Ich lehnte mich zu ihm hinüber und sah ihm ins Gesicht, aber mein Mann mied meinen Blick beharrlich. Amani war in ihren einsamen Meditationen gefangen. Ihr Gesicht schien in Flammen zu stehen.

Ich lächelte zufrieden und streichelte ihre Hand in der festen Überzeugung, es wäre eine gute Idee gewesen, meine Familie zu der heiligen Handlung zu vereinen.

Bald erreichten wir die im Tal Abraham gelegene Stadt. Mekka wird im Osten, Westen und Süden von zwei Bergketten umschlossen. Die Stadt liegt in einer rauhen Landschaft aus solidem Granit, doch sie ist für jeden Muslim der schönste Anblick der Welt.

Ich sang »Hier bin ich, o Gott, hier bin ich!« Vor der Heiligen Moschee von Mekka trafen wir einen für uns bestellten Führer, der uns durch die Riten der *Hadsch* geleiten und uns bei den Gebeten als Imam (als Vorbeter) dienen sollte. Sara und ich blieben bei unseren Töchtern; Karim und Assad gingen mit den Söhnen weg. Um uns herum riefen zahllose Pilger ihre Gebete zu Allah. Mühsam bahnten wir uns über die breiten Marmorstufen einen Weg zur Heiligen Moschee. Am Portal der Moschee zogen wir die Schuhe aus und gingen betend weiter: »Gott, Du bist der Friede, und von Dir kommt der Friede. Gewähre uns Frieden und gewähre uns Einlaß in das Paradies, in dem Friede herrscht.«

Unzählige Menschen drängten durch jedes der sieben Haupttore, die auf den riesigen Innenhof führen. Neben der Moschee ragten Säulen aus weißem Marmor hoch in den Himmel, überragt von kunstvoll gemeißelten Minaretten. Es waren rote Seidenteppiche ausgebreitet, auf denen Pilger schweigend saßen und lasen oder über Gott meditierten.

Der Ruf des *Muezzin* erklang und rief uns zum Gebet. Es gibt auf dem Hof einen Bereich, der für Frauen reserviert ist, aber Sara und ich reihten uns mit unseren Töchtern hinter den Männern auf, die vorne standen und sich anderen Männern im Gebet anschlossen. Sie warfen sich nieder und machten auf Knien die allen Muslimen auf der ganzen Welt vertrauten Verneigungen.

Demut erfüllte mich. Ich gehöre der königlichen Familie an, doch vor Gottes Angesicht sind alle Menschen gleich. Neben und hinter meiner Familie standen die ärmsten Muslime aus allen Ländern der Welt, doch in seinen Augen waren sie ebenso reich wie ich.

Als die Gebete beendet waren, strömten wir nach vorne zur Kaaba, einem schlichten Gebäude aus Stein. Die fünfzehn Meter hohe und zwölf Meter lange Kaaba ist der zentrale Ort der Heiligen Moschee. Hier weihte vor drei Jahrtausenden Ibrahim, der den Juden und Christen als Abraham vertraut ist, erstmals dem *einen* Gott ein Gotteshaus. Im Koran heißt es: »Das erste Haus Gottes, das für

Menschen gebaut wurde, steht in Mekka.« Fünfmal am Tag wenden sich fast eine Milliarde Menschen im Gedanken an dieses Gebäude gen Mekka und werfen sich zum Gebet nieder.

Die Kaaba wird von einem riesigen schwarzen Samttuch bedeckt, das mit goldenen Suren aus dem Koran bestickt ist. Ich wußte, daß dieses Tuch am Ende der *Hadsch* abgenommen und durch ein neues Tuch ersetzt wird, das in einer speziellen Weberei in Mekka hergestellt wird. Viele Pilger zahlen beträchtliche Summen dafür, ein Stück des herrlichen Tuches als Erinnerung an ihre heilige Reise nach Mekka mit in ihre Heimat zu nehmen.

In einer Ecke der Kaaba befindet sich der Schwarze Stein, das Symbol der muslimischen Gottesliebe. Der Schwarze Stein ist in Silber gefaßt. Der Prophet Mohammed hatte dem Stein besondere Bedeutung verliehen. Im *Hadith,* dem Bericht über die Aussprüche und Taten des Propheten, steht geschrieben, der Prophet habe den Schwarzen Stein geküßt, als er in der Kaaba aufgestellt wurde. Aus diesem Grund ist der Stein den Muslimen besonders heilig.

Bei dem folgenden heiligen Ritus der Pilgerfahrt, dem *Tawaf* (der Umkreisung), umschreiten die Menschen siebenmal feierlich die Kaaba und rezitieren dabei: »Gott ist allmächtig. O Gott, gewähre uns Deine Gnade, jetzt und immerdar, und schütze uns vor den Qualen des Höllenfeuers.«

Wir hatten diese Zeremonie gerade vollendet, als ich Karim entdeckte. Er machte uns ein Zeichen, daß wir kommen sollten. Karim hatte für uns Glückliche einen Besuch im Inneren der Kaaba arrangiert, um dort weitere Gebete zu verrichten.

Ich stieg mit meiner Familie auf eine bewegliche Treppe, die vor das Gebäude gerollt worden war. Nur über diese Treppe konnten wir die Kaaba betreten, weil die Tür, mit Versen aus dem Koran in silberner Schrift bedeckt, sich hoch über dem Boden befindet. Das Innere der Kaaba ist für Muslime der heiligste Ort der Welt.

In der Kaaba war es sehr dunkel. Ich betete in jeder Ecke des Gebäudes und bat Gott, den Teufel von meiner Tochter Maha fernzuhalten und die übrigen Mitglieder meiner Familie zu segnen. Angesichts des noch nicht lange zurückliegenden Golfkrieges bat ich Gott außerdem, den Muslimen bei der Erhaltung des Friedens beizustehen. Ich vergaß auch das wichtigste Anliegen meines Lebens nicht und betete darum, daß Gott die arabischen Männer bei ihrer Interpretation der Lehren des Propheten leiten und ihre Frauen, Schwestern und Töchter von den Fesseln befreien möge, die uns in unserem täglichen Leben so fest einschnüren.

Ein Kind schluchzte in der Dunkelheit, und ich erkannte Amanis Stimme. Zwischen ihrem Schluchzen hörte ich heraus, wie sie Gott bat, ihr zu helfen, sich von der Welt des königlichen Luxus zu lösen, um besser gegen die Schlechtigkeit der Menschen gerüstet zu sein. Sie flehte Gott an, alle Sünden der Menschheit auf sich zu nehmen und das Böse auf der Welt zu vernichten.

Amani erlebte eine religiöse Erweckung.

Sie verließ mit roten Augen die Kaaba, und als ich sie liebevoll berührte, bemerkte sie es nicht.

Nachdem wir die Kaaba verlassen hatten, gingen wir zu dem Gebetsplatz Ibrahims in der Heiligen Moschee und warfen uns dort nochmals zweimal nieder. Wir verneigten uns vor Gott und legten Zeugnis ab, daß die Umschreitung der Kaaba keine Verehrung des Gebäudes sei, sondern die Anbetung Gottes, des *einen* Gottes, des Ewigen und Absoluten, und daß keiner außer Gott es verdiene, angebetet zu werden.

Danach verließen wir den Hof der Heiligen Moschee und begannen mit den heiligen Handlungen, die an der Quelle Zemzem und am »Platz des Laufens« (Masa) stattfinden. Dieser Ort befindet sich in der Ebene um Mekka.

Wieder trennten sich Sara und ich von den männlichen Mitgliedern der Familie, obwohl wir genau die gleichen Stationen des Pilgerweges besuchen würden.

In der Ebene bei Mekka hatte Ibrahim, überdrüssig des ewigen Zwistes zwischen Sara und Hagar, sein Kebsweib Hagar und ihren Sohn Ismail verstoßen. Ibrahim zog dann mit Sara und Isaak nach Palästina. Christen und Juden wissen, daß Ibrahims Nachfahren in Palästina den jüdischen Glauben entwickelten, während seine Nachfahren in Mekka den islamischen Glauben begründeten.

So verbindet ein großer Mann, Ibrahim oder Abraham, zwei der drei großen monotheistischen Religionen, das Judentum und den Islam.

Hagar und Ismail hatten nur eine Tasche voll Datteln, als sie in die Wüste geschickt wurden. Hagar suchte verzweifelt nach Wasser für ihren kleinen Sohn und hoffte, zwischen den Hügeln Safa und Marwa eine Quelle zu finden, um das Kind vor dem Verdursten zu bewahren. Doch dann geschah ein Wunder. Der Engel Gabriel füllte vor Hagars Sohn Ismail einen ausgetrockneten Brunnen neu mit Wasser. So rettete Gott Hagar und ihren Sohn. Dieser Brunnen wurde Zemzem genannt und spendet noch immer klares, frisches Wasser.

Während Hagar unter der stechenden Sonne über steinige Hügel gegangen war, bewegten wir Pilger uns zwischen den Hügeln Safa und Marwa in einem klimatisierten Gang. Die Männer meiner Familie hatten diesen Gang bauen lassen, um die Anzahl der Unfälle zu reduzieren. Gläubige trugen alte, kranke und behinderte Pilger auf ihren Schultern und liefen trotz der brütenden Hitze siebenmal zwischen den Hügeln hin und her. Sonnenstiche und Herzanfälle waren nichts Ungewöhnliches.

In dem Gang sind Schilder angebracht, die angeben, wann die Männer laufen und wann sie gehen sollen. Frauen sollen stets nur gehen. Auf ihren Wegen zwischen den Hügeln rezitieren die Pilger Suren aus dem Koran und singen »Gott ist groß«. Nach den sieben Gängen schöpften meine Töchter und ich Wasser aus dem Zemzembrunnen, tranken und besprenkelten unsere Kleidung. Die Quelle am Fuße des Berges ist nicht mehr sichtbar. Heute wird das Wasser durch Hunderte von Wasserhähnen an die Pilger verteilt. Die Becken und Hähne befinden sich unter einem wunderschönen marmornen Gewölbe.

Wir wollten gerade die Quelle von Zemzem verlassen, als wir hörten, wie die Reihen der Pilger von einer heftigen Erregung erfaßt wurden. Neugierig geworden ging ich zu einer Gruppe muslimischer Frauen aus Indonesien und fragte sie auf Englisch, ob sie wüßten, was vorgefallen sei.

Von ihnen erfuhr ich, daß drei Männer gestürzt und überrannt worden waren, und angeblich waren zwei von ihnen zu Tode gekommen.

Mir stockte der Atem. Ich dachte nur noch an meinen Mann. Karim! War sein Alptraum nun doch Wirklichkeit geworden?

Ich rannte zurück zu meiner Schwester und zu unseren Töchtern. Der Schrecken stand mir ins Gesicht geschrieben, und ich brachte nur unzusammenhängende Worte hervor.

Sara faßte mich an den Schultern und wollte mich beruhigen.

»Karim! Ich habe gehört, daß einige Männer zu Tode getrampelt wurden. Ich fürchte um Karims Leben!«

Meine Töchter dachten, ich hätte seinen Leichnam gesehen, und begannen zu klagen. Sara fragte entsetzt, warum ich meinte, daß einer der toten Männer Karim sein könnte.

»Sein Traum!« rief ich. »Karim hatte einen Alptraum, in dem er bei der *Hadsch* zertrampelt wurde. Und jetzt wurden ein paar Männer dort zu Tode getrampelt, wo er zuletzt gesehen wurde.«

Sara hat wie ich schon oft erfahren, daß rätselhafte Mächte in unser Leben eingreifen können und daß wir vieles nicht verstehen können. Sie war besorgt, aber noch nicht so hysterisch wie ich.

Als wir uns gerade in drei Gruppen aufteilen wollten, um unsere Männer zu suchen, sahen wir, wie zwei Tragbahren mit von weißen Tüchern bedeckten Leichnamen durch die Menge getragen wurden. Ich rannte so schnell ich konnte hin und riß schreiend die Tücher von den beiden Bahren, woraufhin die vier Krankenwärter aus Mekka wie versteinert stehenblieben und mich mit aufgerissenen Augen anstarrten.

Aber die beiden toten Männer waren Fremde!

Ich hielt das Tuch in der Hand, stand über den Körper des einen Mannes gebeugt und rief voller Erleichterung, daß ich die Toten nicht kenne. In dieser Haltung trafen mich Karim, Assad und unsere Söhne an. Sie hatten die Schreie der Frauen gehört und waren herbeigeeilt, um zu sehen, was für ein Unglück geschehen war.

Karim traute seinen Augen nicht. Seine Frau lachte vor Freude beim Anblick eines toten Mannes! Er bahnte sich einen Weg durch die Menge, faßte mich am Handgelenk und zog mich von der Bahre weg.

»Sultana! Bist du verrückt geworden?«

Schnell erklärte Sara ihm, was ich befürchtet hatte, und Karims Ärger verflog. Allerdings begann inzwischen die Menge zu murren, und die Leute schauten drohend in meine Richtung. Die Frauen der Toten klagten laut, und sie hörten von den Umstehenden, daß ich wie eine Hyäne an den Leichen ihrer Ehemänner gelacht hatte.

Eilig verließen wir den Ort, während Assad einige Aufseher über unsere Identität aufklärte. Unter dem Schutz dieser Leute überreichte Assad den beiden unglücklichen Frauen dreitausend saudische Rials, erklärte ihnen, daß wir zur königlichen Familie gehörten, verriet ihnen den Grund meiner Angst und beruhigte so die aufgebrachte Menge.

Nachdem wir in Sicherheit waren, brachen meine Angehörigen in hysterisches Gelächter aus. Mit der Zeit schwand meine Scham über mein Verhalten, und der Vorfall diente künftig mehr als einmal zur allgemeinen Belustigung.

Die Riten des ersten Tages der *Hadsch* waren vollbracht.

Wir kehrten in unseren Palast in Dschidda zurück. Auf der Fahrt erzählte jeder von seinen eindringlichen Erfahrungen des Tages, um die Erinnerung an die getöteten Männer zu verdrängen. Nur Amani war seltsam ruhig und in sich gekehrt.

Das Verhalten meines jüngsten Kindes begann mich zu verwirren. Ich wurde das Gefühl eines nahenden Unglückes nicht los. Als wir wieder in unserem Palast waren, versuchte ich meine Gedanken zu ordnen. Dann begleitete ich Karim auf seinem Gang durch das Haus von der Eingangshalle in unser Schlafzimmer, auf den Balkon hinaus, wieder zurück in das Schlafzimmer und in seine Bibliothek.

Schließlich sah Karim mich entnervt an und fragte: »Sultana, was kann ich für dich *tun?*«

Ich war tief beunruhigt, doch ich hatte Mühe, mich klar auszudrücken. »Hast du heute unsere Tochter Amani beobachtet?« fragte ich. »Sie macht mir Sorgen. Ich fühle, daß sie sich in einer überreizten Stimmung befindet. Das gefällt mir ganz und gar nicht.«

Mein Mann antwortete mit gequälter Stimme: »Sultana, hör auf, Gefahren zu sehen, wo keine sind. Sie befindet sich auf der *Hadsch*. Versteh doch, daß alle Pilger sich in ganz eigene Gedanken vertiefen!« Nach einer Pause fügte er ärgerlich hinzu: »Im Gegensatz zu *dir,* Sultana.«

Daraufhin schwieg er und gab mir mit einem herrischen Blick zu verstehen, daß er allein sein wollte.

Verärgert ließ ich Karim in seiner Bibliothek zurück. Ich suchte Maha, aber sie hatte sich schon in ihr Schlafzimmer zurückgezogen und schlief. Abdullah war auch nicht da, er hatte seine Tanta Sara in deren Palast begleitet. Ich fühlte mich schrecklich allein auf der Welt.

Eine tiefe innere Unruhe hatte mich gepackt, und ich beschloß, ihr auf den Grund zu gehen. Ich lenkte meine Schritte in Richtung von Amanis Schlafzimmer, und schon auf dem Gang hörte ich das Murmeln ihrer Stimme. Ich preßte mein Ohr an die Tür und versuchte zu verstehen, was sie sagte. Meine Tochter betete. Sie sprach mit einer solchen Inbrunst zu Gott, daß in mir die Erinnerung an einen anderen Menschen wach wurde, den ich durch eine Tür hindurch belauscht hatte. Und plötzlich erkannte ich ob der Erinnerung an diese andere Stimme aus einer anderen Zeit, warum mich solche Ängste plagten. Lawand! Amani betete mit der gleichen Inbrunst, wie ich häufig ihre Cousine Lawand beten gehört hatte!

Die Atmosphäre, die Amani von der Teilnahme am ersten Ritus des Tages an umgeben hatte, war mir irgendwie vertraut erschienen. In Amanis flackerndem Blick war an diesem Tag Lawands Wahnsinn wiederaufgetaucht.

Lawand war die Tochter von Karims Onkel väterlicherseits und hatte als Teenager eine Schule in Genf besucht. Aber die Entscheidung ihrer Eltern, sie im Ausland auf eine Schule zu schicken, sollte sich als folgenschwerer Fehler erweisen.

Während ihres Aufenthalts in Genf hatte Lawand ihren Eltern Schande bereitet: Sie hatte sich mit mehreren jungen Männern auf sexuelle Abenteuer eingelassen und war zudem drogenabhängig geworden. Eines Abends wurde sie, als sie sich aus ihrem Zimmer schlich, von der Schulleiterin erwischt. Die Frau rief Lawands Vater in Saudi-Arabien an und forderte ihn auf, sein mißratenes Kind abzuholen.

Daraufhin flogen ihr Vater und ihre zwei Brüder nach Genf und brachten das Mädchen in ein Rehabilitationszentrum für Drogenabhängige in der Schweiz. Nach sechsmonatiger Behandlung wurde sie zurück nach Saudi-Arabien gebracht. Die Familie war außer sich vor Scham und Wut. Man beschloß, Lawand zur Strafe in ein kleines Apartment im Palast zu sperren, bis sie ihre leichtfertigen Verstöße gegen die muslimische Lebensführung bereuen würde.

Als ich von der Strafe erfuhr, erinnerte ich mich sogleich an Samira, die beste Freundin meine Schwester Tahani. Samira war eine strahlende junge Frau gewesen, als sie vor langer Zeit ihrer Freiheit beraubt und in ihrem Zimmer eingekerkert worden war. Lawand sollte eines Tages ihre Freiheit wiederbekommen, aber Samira konnte damals nur durch den Tod aus ihrem Gefängnis befreit werden.

Lawand war also im Vergleich zu früher in einer glücklichen Lage! Ich war erleichtert, daß Lawands Vater nicht so gefühllos war, seine Tochter zu lebenslangem Gefängnis oder Tod durch Steinigung zu verurteilen, und anstelle von leidenschaftlicher Wut empfand ich eine traurige Erleichterung über das Schicksal des Mädchens.

Erschreckend gelassen hörte ich zu, wie die Männer meiner Familie das Gesetz des Gehorsams aussprachen, nach dem unsere konservative Gesellschaft auf dem absoluten Gehorsam der Kinder gegenüber ihren Eltern und der Frauen gegenüber ihren Ehemännern besteht. Ohne diesen Gehorsam würde ihrer Ansicht nach Anarchie herrschen. Die Männer meiner Familie waren überzeugt, Lawands Bestrafung sei gerecht.

Ich besuchte Lawands Familie häufig und war voller Mitgefühl mit dem Kummer ihrer Mutter und ihrer Schwestern. Die Frauen der Familie sprachen oft mit Lawand durch die verschlossene Tür. Am Anfang bettelte Lawand um Vergebung und flehte ihre Mutter an, sie zu befreien.

Sara und ich schmuggelten ermutigende Briefchen für unsere Cousine in den Palast und rieten ihr, sich an die Weisheit der Stille zu erinnern und die Bücher zu lesen und die Spiele zu spielen, die ihr die weiblichen Mitglieder der Familie durch die schmale Luke in der Wand zusteckten. Durch diese Luke wurde auch das Essen hineingereicht und der Eimer mit Lawands Exkrementen zum Leeren gebracht. Nach mehreren Wochen Gefangenschaft fand Lawand zu Gott zurück und begann zu beten. Sie erklärte, sie habe ihre Verfehlungen eingesehen, und schwor ihren Eltern, niemals mehr unrecht zu tun.

Lawands Mutter hatte tiefes Mitleid und flehte ihren Mann an, ihre Tochter zu befreien, aber er meinte wohl, Lawand wolle sie nur täuschen, weil er seiner Tochter gesagt hatte, die Gefangenschaft würde enden, sobald sie wieder die reinen Gedanken einer gläubigen Muslimin annehme.

Bald betete Lawand, solange sie wach war, und antwortete nicht mehr auf unsere besorgten Stimmen. Es war unverkennbar, daß sie halluzinierte. Sie sprach in ihren Gebeten Gott als Gleichgestellten an und verkündete, sie sei Gottes Stellvertreterin auf Erden und werde den Gläubigen einen neuen Moralkodex lehren, der nur ihr bekannt sei.

Bei einem Besuch hatten Lawands Mutter und ich gehört, daß Lawand in ihrem Gefängnis wie besessen jauchzte und frohlockte. Zu Hause berichtete ich Karim, daß Lawand wohl den Verstand verloren habe.

Karim sprach mit seinem Vater, der seinerseits das Haus seines Bruders besuchte. Als ältester Bruder von Lawands Vater hatte Karims Vater einen gewissen Einfluß auf die Familie. Auf den Rat meines Schwiegervaters hin öffnete Lawands Vater die verschlossene Tür und befreite seine Tochter aus ihrem Gefängnis. Lawand bekam die Erlaubnis, wieder am normalen Leben der Familie teilzunehmen.

Ihre elfwöchige Gefangenschaft war damit zu Ende, doch

die Familientragödie hatte erst begonnen. In ihrer Haft hatte sich Lawand zu einer strengen Asketin gewandelt. Nun kam sie überströmend vor islamischer Leidenschaft aus ihrem Gefängnis und behauptete, für den Islam breche eine neue Zeit an.

Am Tag ihrer Befreiung teilte Lawand ihrer Familie mit, daß alle Muslime dem Luxus und Laster entsagen müßten. Sie stürzte sich sogleich auf ihre Schwestern, die Kajal um die Augen, Rouge auf den Wangen und Nagellack an Fingern und Zehen trugen. Die Mädchen drängten sich verängstigt auf dem Sofa zusammen. Dann stürzte sich Lawand auf ihre Mutter, riß ihr eine wertvolle Halskette vom Hals, rannte in die Küche und warf die wertvollen Steine in den Abfluß. Die Frauen des Hauses konnten sie kaum bändigen, und einige kleinere Verletzungen waren Folgen des Aufruhrs. Einer der Palastärzte gab Lawand eine Spritze und verschrieb ihr ein Beruhigungsmittel.

Eine Zeitlang verbarg Lawand ihren gewalttätigen Fanatismus. Ab und zu jedoch schlug sie hemmungslos um sich und beschimpfte jeden, der ihr über den Weg lief.

Ich hörte, daß sie Sara ihre goldenen Ohrringe aus den Ohren gerissen und dabei ausgerufen hatte, das Tragen solch funkelnden Geschmeides beleidige die Augen Gottes. Daraufhin beschloß ich, mich selbst zu schützen, und auf einer Reise in die Vereinigten Staaten erwarb ich eine kleine Spraydose mit Reizgas. Ich verbarg sie vor Karim in meinem Gepäck und trug sie immer in einer kleinen Tasche bei mir, wenn ich Lawands Haus besuchte.

Zu meinem Unglück demonstrierte Lawand ausgerechnet an einem Nachmittag, an dem ich zu Besuch war, ihren religiösen Eifer. Ihre Mutter, zwei Schwestern und ich unterhielten uns in ihrer Gegenwart angeregt bei Tee und Gebäck und sprachen gerade über meine letzte Reise nach Amerika, als Lawand plötzlich unruhig umherblickte.

In ihrem Anfall von Wahnsinn begann sie, die Kleidung ihrer Mutter zu kritisieren, die ihrer Meinung nach viel zu kostbar war für eine gläubige Muslimin. Gebannt beobachtete ich, wie Lawand sorgfältig ihre Serviette zusammenfaltete und ihrer Mutter um den Hals schlang. Dann fluchte sie unvermittelt, sprang auf und stierte mich an.

Ich sah, daß Lawand mein neues Perlenhalsband fixierte und erinnerte mich zu spät an Karims Warnung, bei meinen Besuchen in diesem Hause keinen Schmuck zu tragen.

Lawands bleiches, asketisches Gesicht war plötzlich verzerrt. Ich schrak zurück und erkannte die akute Gefahr, die von Lawand ausging. Schnell griff ich in mein Täschchen und holte die Spraydose mit dem Reizgas heraus. Ich forderte meine Cousine auf, das Zimmer zu verlassen oder sich sofort hinzusetzen, sonst sähe ich mich gezwungen, zur Selbsthilfe zu greifen.

Lawands Mutter begann zu schreien und am Ärmel ihrer verrückten Tochter zu zerren. Ich machte mich auf einen Angriff gefaßt, denn Lawand befreite sich aus dem Griff ihrer Mutter, lief auf mich zu und trieb mich zwischen einer Lampe und einem Stuhl in die Enge.

In diesem Moment betrat Sara, auf ihrem Arm ihr jüngstes Kind, das Haus, um mich abzuholen. Als sie die Szene sah, blieb ihr der Mund offen stehen. Aber sie kannte Lawands Wutanfälle, faßte sich schnell und versuchte vorsichtig, die Wahnsinnige zu beruhigen. Einen Moment lang schien Lawand auf Saras vernünftige Worte zu reagieren, gab ihre aggressive Haltung auf und rieb sich nervös die Hände.

Weil ich niemandem traue, der eindeutig geistesgestört ist, rief ich Sara zu, sie solle ihr Baby nehmen und aus dem Zimmer flüchten. Als Lawand meine aufgeregte Stimme hörte, drehte sie sich wieder um, stürzte sich mit verdoppelter Wut auf mich und grapschte nach meinem Perlenhalsband.

Ich drückte mit beiden Händen auf den Sprühknopf der

Dose, woraufhin Lawand auf die Knie sank. Ich hatte irgendwo gelesen, daß Wahnsinnige eine übermenschliche Kraft entwickeln können, und in meiner Angst versprühte ich die ganze Dose. Dabei traf ich leider nicht nur Lawand, sondern auch ihre Mutter und eine Schwester, die auf das Geschrei hin herbeigeeilt waren.

Lawand erholte sich schnell von dem Reizgas, aber ihr war die Angriffslust gründlich vergangen.

Lawands Angehörige kümmerten sich um sofortige ärztliche Hilfe, und der herbeigerufene pakistanische Arzt hatte Mühe, ernst zu bleiben, als er hörte, daß eine Prinzessin drei weitere Prinzessinnen des saudischen Königshauses mit Reizgas besprüht hatte.

Endlich wurde ihrem Vater klar, daß seine Tochter sich für längere Zeit in ärztliche Obhut begeben mußte. Er brachte sie nach Frankreich, wo sie in einem Jahr wieder völlig genas.

In Karims Familie war man der Meinung, ich hätte übereilt gehandelt, aber ich widersprach empört, schließlich hatte ich mich nur gegen eine Wahnsinnige gewehrt. Aufgebracht fügte ich hinzu, daß ich statt Kritik eher Anerkennung für meine Tat verdiente, weil der Vorfall die Heilung des Mädchens zur Folge gehabt habe.

Ich gelte bei manchen als leicht erregbare Frau, aber ich setze mich vehement für Frauenfragen ein. Ein weiser Mann wurde einst gefragt, welche Wahrheit im Leben am schwersten zu finden sei, und er antwortete: »Die über sich selbst.« Andere mögen das bezweifeln, aber ich kenne meinen eigenen Charakter. Ich bin vielleicht etwas zu spontan, doch schöpfe ich gerade aus dieser Spontaneität die Kraft, für die Frauen in meinem Land zu kämpfen. Und ich kann für mich gewisse Erfolge bei der Lockerung der traditionellen Fesseln beanspruchen.

Die Erinnerung an Lawands zeitweiligen religiösen Wahn

bewog mich, dem extremen religiösen Enthusiasmus meiner Tochter größte Aufmerksamkeit zu widmen.

Ich glaube an den Gott Mohammeds und verehre ihn, doch leben meiner Meinung nach alle Menschen, die lieben, kämpfen, leiden und das Leben genießen, nach Gottes Geboten. Ich möchte nicht, daß mein Kind der reichen Vielfalt des Lebens den Rücken kehrt und seine Zukunft durch die strenge Askese einer fundamentalistischen Interpretation unserer Religion bestimmt wird.

Ich rannte zu meinem Mann und platzte heraus: »Amani betet!«

Karim las gerade im Koran. Er sah mich an, als habe ich endgültig den Verstand verloren. »Sie betet?« wiederholte er, und seine Stimme drückte seine Verwunderung über meine Reaktion darauf aus, daß jemand mit Gott kommunizierte.

»Ja!« schrie ich. »Sie betet bis zur Erschöpfung.« Ich ließ nicht locker: »Komm und höre selbst, wie sie betet!«

Widerstrebend legte Karim den Koran auf den Tisch und folgte mir.

Wir traten auf den Gang hinaus, der zu Amanis Tür führt. Bereits dort hörten wir deutlich ihre Stimme an- und abschwellen. Daraufhin stürzte Karim sofort in Amanis Zimmer, und unsere Tochter drehte sich zu uns um. Ihr Gesicht war von Schmerz und Kummer gezeichnet.

Karim sagte sanft: »Amani, du solltest dich ein wenig ausruhen. Geh ins Bett. Jetzt gleich. Deine Mutter wird dich in einer Stunde zum Abendessen wecken.«

Amani wirkte verzweifelt und sagte kein Wort. Aber da Karim noch Einfluß auf sie hatte, legte sie sich völlig bekleidet auf das Bett und schloß die Augen. Ich konnte sehen, wie sie ihre Lippen in stillem Gebet bewegte und Worte formte, die nicht für unsere Ohren bestimmt waren.

Karim und ich verließen wortlos das Zimmer. Im Wohnzimmer tranken wir einen Kaffee, und Karim gestand, daß auch er besorgt sei. Allerdings bezweifelte er, daß meine übertriebenen Ängste berechtigt waren. Seiner Meinung nach würde Amani nicht in ein mittelalterliches Martyrium der Sünde, des Leidens und der Hölle versinken. Er blieb eine Zeitlang schweigend sitzen und meinte dann, meine Ängste würden wohl von der Erinnerung an Lawands Wahnsinn genährt. Amanis religiöse Erweckung jedoch wäre nicht krankhaft, sondern hänge mit dem überwältigenden Erlebnis der *Hadsch* zusammen.

»Du wirst sehen«, versprach er, »wenn bei uns der Alltag einkehrt, wird Amani sich wieder ihren streunenden Tieren zuwenden, und ihr religiöser Fanatismus wird bald vergessen sein.« Mit einem Lächeln bat mich Karim um einen kleinen Gefallen. »Sultana, erlaube es Amani, sich von ihren täglichen Problemen zu lösen und mit Gott eins zu werden. Dies ist die Pflicht aller Muslime.«

Ich nickte widerstrebend. Noch immer besorgt, hoffte ich, Karim möge recht behalten.

Ich wollte jedoch nicht alles dem Zufall überlassen und bat Gott inbrünstig, Amani möge wieder das Kind werden, das sie vor der *Hadsch* gewesen war.

In der Nacht hatte ich mehrere Alpträume. Ich träumte, meine Tochter Amani habe uns verlassen und sich einer extremistischen religiösen Organisation in Amman angeschlossen. Diese Fundamentalisten übergossen berufstätige muslimische Frauen mit Benzin und zündeten sie an, um die Gesetzesbrecherinnen zu bestrafen.

6. KAPITEL

Hadsch

Die arabischen Länder werden jetzt den gleichen Weg wie der Iran einschlagen. Ägypten wird nicht als erstes fallen, doch es wird fallen. Die Frauen werden den Verlust von Menschenrechten als erste spüren. Uns Frauen wurden die Menschenrechte erst von Nasser, dann von Sadat garantiert. Die Gerichte haben schon das Gesetz aufgehoben, das den Frauen das Recht gibt, sich von ihrem Ehemann scheiden zu lassen, wenn dieser eine zweite Frau nimmt. Die Ägypterinnen denken mit Schrecken daran, was noch kommen wird, und sagen oft scherzhaft, daß wir bald das unglückliche Schicksal unserer saudischen Schwestern teilen werden.

Worte einer feministischen Pilgerin aus Ägypten, die sie 1990 auf der Hadsch Sara Al Saud gegenüber äußerte.

Am nächsten Morgen schien Amani wieder ganz die alte zu sein, und ich dachte, Gott habe wohl meine flehentliche Bitte erhört. Der Schlaf schien die Verherrlichung menschlichen Leidens, die ich am Vortag auf dem Gesicht meiner Tochter gesehen hatte, ausgelöscht zu haben. Sie kicherte und scherzte mit ihrer Schwester Maha, während sie ihr aus frischem Joghurt und Melone bestehendes Frühstück zu sich nahm.

Unser Chauffeur brachte uns zu dem Tal Mina, das ungefähr zehn Kilometer von Mekka entfernt liegt. Wir würden die Nacht in einem klimatisierten und gut ausgestatteten Zelt verbringen, das Karim für uns hatte aufstellen lassen. Die Kinder waren ziemlich aufgeregt, da wir diesen Ritus bisher noch nie durchgeführt hatten.

Unterwegs kamen wir an Hunderten von Bussen vorbei, die Pilger in das Tal brachten. Links und rechts der Straße gingen Tausende von Gläubigen die zehn Kilometer langsam zu Fuß. Muslime jeder Farbe und Nationalität erfüllten ihre Pflicht und führten die *Hadsch* durch. Ich betrachtete eingehend die unterschiedlichen Gesichter, als wir an ihnen vorbeikamen, und ohne jeden Zweifel trugen alle Gottes Name auf den Lippen.

Während unseres Aufenthalts im Tal Mina traf Karim einen Jugendfreund aus seiner Zeit in England, der aus Ägypten stammte und Yousif hieß. Karim war spontan auf den Mann zugeeilt, den niemand von uns zuvor gesehen hatte, und hatte ihn herzlich umarmt.

Ich betrachtete den Mann aus einiger Entfernung und stellte fest, daß er eine lange, leicht gebogene Nase, hohe Backenknochen und einen lockigen Bart hatte. Besonders fiel mir jedoch sein verächtlicher Blick auf, mit dem er uns Frauen musterte. Als Karim laut den Namen des Mannes ausrief, erinnerte ich mich daran, ihn schon gehört zu haben, und nach einigem Nachdenken fielen mir ein paar Dinge ein, die Karim über diesen Jugendfreund erzählt hatte. Bei jedem Besuch unserer Villa in Kairo wurden Karims Erinnerungen an einen ägyptischen Studienkollegen wach, und er nahm sich vor, seinen alten Freund aufzusuchen, doch jedesmal hatte ihn sein übervoller Terminkalender davon abgehalten.

Im nachhinein war ich froh, daß Karim den lang geplanten Besuch immer wieder verschoben hatte, denn aufgrund meines ersten Eindrucks verspürte ich einen regelrechten Widerwillen gegen diesen Mann und seine feindselige Haltung in bezug auf Frauen. Ich fragte mich, woran diese offensichtliche Verachtung wohl liegen mochte, denn ich erinnerte mich sehr gut, wie Karim erzählt hatte, Yousif wirke auf Frauen geradezu unwiderstehlich und verbringe fast keine Nacht alleine.

Karim und Yousif hatten sich in ihrer Studienzeit in einem ihnen fremden Land kennengelernt. In London war Yousif ein sorgloser, glücklicher Mensch gewesen, dessen Lebenszweck darin bestanden hatte, sich mit westlichen Mädchen in Spielkasinos zu vergnügen. Laut Karim war er sehr begabt gewesen und hatte seinem Studium nur wenig Zeit widmen müssen. Allerdings hätte er auch wenig Zeit zum Studieren gehabt, weil er jede Woche mit einer neuen Freundin herumzog. Trotzdem hatte Karim seinem Freund eine große Zukunft in Ägyptens Regierungssystem vorausgesagt, da er eine schnelle Auffassungsgabe und angenehme Umgangsformen besaß.

Yousif hatte sein Jurastudium ein Jahr vor Karim abgeschlossen, und seitdem hatten sich die beiden nicht mehr gesehen.

Während Yousif und Karim sich nun begrüßten und Neuigkeiten austauschten, hielt ich mich mit meinen Töchtern im Hintergrund, wie es bei uns Sitte ist, wenn ein Mann nicht zur Familie gehört, aber wir machten so lange Ohren, daß wir jedes Wort der beiden mitbekamen.

Offensichtlich hatte Yousif sich nach seinen Studienjahren radikal verändert, denn schon nach einem kurzen Gespräch wurde deutlich, daß er und mein Mann nicht mehr viele Gemeinsamkeiten hatten. Yousif war bezüglich seiner Karriere seltsam verschwiegen, und als Karim nach seinem Beruf fragte, sagte er kaum mehr, als daß er sich seit ihrer Zeit in London verändert und mehr dem traditionellen Islam zugewendet habe.

Voller Stolz erzählte er Karim, er habe eine Frau geheiratet und von ihr zwei Söhne bekommen, sich dann von der Frau getrennt und eine zweite Frau geheiratet, die ihm fünf Söhne schenkte. Der Mann schwelgte stolz in den Freuden, die ihm seine sieben Söhne schenkten, und betonte, daß er volles Sorgerecht für die beiden ersten Kinder habe, nachdem man sie seiner ersten Frau gewaltsam weggenommen habe. Sie habe darauf bestanden, außer Haus zu arbeiten und sei, so sagte Yousif mit unverhohlenem Abscheu, eine Lehrerin, die modernen Vorstellungen von der Frau und ihrer Stellung in der Gesellschaft anhänge.

Als er den Namen seiner ersten Frau erwähnte, spuckte Yousif verächtlich aus. »Gelobt sei Gott«, sagte er, »daß Ägypten nun zu den Lehren des Koran zurückkehrt und die Ägypter bald wieder von Mohammeds Gesetz regiert werden.« Dann fügte er hinzu, er hasse jenes beunruhigende System weltlicher Gesetze, das die Frauen ermutigte, aus der *purdah*, der vollkommenen Zurückgezogenheit, herauszutreten, und prahlte, Gottes größter Segen sei für ihn, daß auf keiner seiner Ehen der Fluch der Geburt von Töchtern liege. Frauen seien der Ursprung aller Sünden, und wenn ein Mann seine Energien dafür verschwenden müsse, Frauen zu bewachen, so bliebe ihm wenig Zeit zur Erfüllung der wirklich wichtigen Pflichten im Leben.

Ohne Karims Reaktion auf seine Worte abzuwarten, berichtete er von einem Mann, den er in Mekka getroffen hatte, einem indischen Muslim, der in Saudi-Arabien bleiben wolle, weil in Indien ein Haftbefehl gegen ihn vorliege, denn die Behörden in seinem Heimatland hätten zwei Tage nach seiner Abreise nach Saudi-Arabien entdeckt, daß er zusammen mit seiner Frau ihre neugeborene Tochter getötet hatte, indem die beiden dem Säugling kochendes Wasser einflößten.

Yousif fragte Karim nach seiner Meinung zu dieser Tat, doch bevor mein Mann etwas sagen konnte, setzte Yousif seine fanatische Rede fort. Seiner Meinung nach sollte der

Mann nicht bestraft werden, weil er schon vier Töchter hätte und ein Sohn der sehnlichste Wunsch seines Lebens war. Zwar räumte Yousif ein, daß der Prophet eine solche Tat nicht gebilligt hätte, meinte aber, daß sich die Behörden nicht in solche Privatangelegenheiten einmischen sollten. Schließlich sei niemand außer dem Säugling zu Schaden gekommen.

Dann wollte Yousif wissen, ob Karim bei der Beschaffung einer Arbeitserlaubnis für den Mann behilflich sein und ihm vielleicht eine Stelle in Saudi-Arabien vermitteln könnte, da es für den Mann sehr wichtig sei, nicht nach Indien zurückkehren zu müssen.

Yousif hatte sich nicht die Mühe gemacht, das Geschlecht von Karims Kindern in Erfahrung zu bringen. Karim begann schwer zu atmen. Da ich seine Einstellung zu solchen Fragen kenne, war ich auf das Schlimmste gefaßt. Ich sah, wie sich sein Nacken rötete, und wußte, daß er vor Wut kochte. Ohne sich umzudrehen bedeutete er mir mit einer kleinen Geste, mich nicht einzumischen. Dann teilte er seinem Freund mit knappen Worten mit, daß er selbst mit zwei wundervollen Töchtern und einem Sohn gesegnet sei und seine Töchter ebenso sehr liebe wie seinen Sohn.

Yousif hatte ein dickes Fell und sprach Karim sein Beileid aus, daß ihn der Herr mit Töchtern gestraft habe. Ohne Atem zu holen begann Yousif, über die Vorzüge von Söhnen zu sprechen, und drückte sein Erstaunen darüber aus, daß Karim keine andere Frau nahm. Er könne mir ja die Töchter lassen und den Sohn aufziehen.

Karim antwortete mit der Ruhe eines Mannes, den die kalte Wut gepackt hat: »Yousif, du sagst, du seist ein praktizierender, guter Muslim. Warum erinnerst du dich dann nicht an die Worte des Propheten, als ein Mann in die Moschee trat und sich ihm näherte?«

Ich kenne die Geschichte gut, weil ich im Kampf gegen

die Fundamentalisten in Saudi-Arabien stets die Gerechtigkeit des Propheten gegenüber Frauen betont habe.

Yousif hörte mit ausdruckslosem Gesicht zu. Es war klar, daß dieser Mann sich nicht für die Worte des Propheten interessierte, wenn sie nicht zu seinen Überzeugungen paßten.

Karim wollte Yousif unbedingt vernünftig und mit den Lehren des von Gott zur Verbreitung seines Wortes berufenen Propheten eine Lektion erteilen, statt zu nackter Gewalt zu greifen. Ehrlich gesagt hätte ich gerne gesehen, wie mein Mann Yousif mit den Fäusten niedergeschlagen hätte, aber es erfüllte mich auch mit Stolz, daß Karim mit der Leidenschaft eines Muezzin sprach, der die Gläubigen zum Gebet ruft:

> »Ein Mann betrat die Moschee und näherte sich dem Propheten. Er setzte sich hin und begann zu sprechen. Nach einer Weile folgten die beiden Kinder, ein Junge und ein Mädchen, ihrem Vater in die Moschee. Der Junge kam als erster herein und wurde von seinem Vater sehr gelobt und mit einem liebevollen Kuß empfangen. Der Junge machte es sich auf dem Schoß des Mannes bequem, während dieser weiter zu dem Propheten sprach.
>
> Etwas später kam die Tochter in die Moschee. Als sie zu ihrem Vater trat, küßte er sie nicht und nahm sie auch nicht auf den Schoß, sondern bedeutete dem kleinen Mädchen, sich vor ihn zu setzen, und fuhr fort zu sprechen.
>
> Der Prophet war sehr betroffen, als er dies sah. Warum, so fragte er, behandelst du deine Kinder nicht gleich? Warum hast du nicht deine Tochter geküßt, wie du es mit deinem Sohn gemacht hast, und hast sie nicht ebenfalls auf den Schoß genommen?

Der Mann schämte sich, als er die Worte des Propheten hörte. Er begriff, daß er sich seinen beiden Kindern gegenüber nicht gerecht verhalten hatte.
Söhne und Töchter sind Geschenke Gottes, erinnerte ihn der Prophet. Sie sind beide gleich große Geschenke und müssen deswegen immer gleich behandelt werden.«

Als er die Geschichte beendet hatte, sah Karim seinen ehemaligen Jugendfreund herausfordernd an. Aber dieser war ein unverschämter Kerl und ignorierte Karims offensichtliche Mißbilligung seiner Haltung ebenso wie die Lehre des Propheten. Ungerührt begann er eine neue Tirade gegen Frauen, zitierte dabei Stellen aus dem *Grünen Buch,* das der libysche Präsident Gaddafi verfaßt hatte, der für seine fundamentalistische Position zur Rolle der Frau im Islam bekannt ist. Doch als Yousif einsehen mußte, daß seine Schmähreden bei Karim nicht wirkten, gab er auf und führte ihm den Zusammenbruch der Familie in westlichen Ländern vor Augen: »Gott hat dem Mann und der Frau bestimmte Pflichten auferlegt. Frauen dienen der Fortpflanzung, sonst zu gar nichts! Karim, gib es doch zu, wer kann verleugnen, daß alle Frauen von Natur aus Exhibitionistinnen sind? Diese Veranlagung läßt sich nicht ändern, und es ist die Pflicht des Mannes, die Frau von allen anderen Männern fernzuhalten, sonst verschwendet sie ihre Schönheit und ihren Charme an alle Männer, die sie begehren ...«

Daraufhin wandte sich Karim wütend von seinem früheren Freund ab. Als er uns Frauen wegführte, sagte er mit lauter Stimme zu mir: »Dieser Yousif ist ein äußerst gefährlicher Mann geworden!«

Im Gehen warf ich noch einen raschen Blick auf Yousif. Nie zuvor habe ich soviel Haß im Blick eines Menschen gesehen.

Karim rief sofort seinen Schwager Mohammed an. Er bat

ihn, ein paar diskrete Nachforschungen über Yousifs Aktivitäten anzustellen, und erzählte ihm, der Mann sei ausgesprochen radikal und stifte vermutlich Fundamentalisten zu Gewalttaten an.

Ein paar Stunden später rief Mohammed Karim zurück und berichtete, daß sich seine Vermutungen bestätigt hätten. Der Mann war ein erfahrener Rechtsanwalt, dessen Klienten der Gamaa Al Islamiya angehörten, einer militanten ägyptisch-islamischen Extremistengruppe, die sich Anfang der achtziger Jahre gebildet hatte und die für Terrorakte in Ägypten verantwortlich war.

Karim war höchst erstaunt, denn das hatte er nun doch nicht erwartet. Yousif stand auf der Seite von Männern, die die Regierung Ägyptens stürzen wollten! Die ägyptische Behörde für innere Sicherheit hatte Mohammed mitgeteilt, daß noch nie Anzeige gegen ihn erstattet worden sei, er jedoch sorgfältig überwacht werde. Mohammed fügte hinzu, daß er saudische Sicherheitsbeamte auf Yousif angesetzt habe, um Terroranschläge während seines Aufenthaltes in Saudi-Arabien zu verhindern.

Ein knappes Jahr später erhielt Karim die traurige, doch nicht überraschende Nachricht, daß Yousif in Assiut in Südägypten als Anführer der muslimischen Extremistengruppe festgenommen worden war. In einer Nachrichtensendung entdeckte Karim Yousifs Gesicht – sein ehemaliger Freund saß hinter Gittern. Karim verfolgte den Fall aufmerksam und war wohl doch erleichtert, daß Yousif nicht zum Tode verurteilt wurde. Ich jedoch dachte im stillen, daß die Welt friedlicher und sicherer wäre, wenn solche Männer nicht mehr unter den Lebenden weilen würden.

Obwohl wir uns damals auf der *Hadsch* befanden und wußten, daß wir uns nicht mit weltlichen Dingen befassen sollten, hielt Karim es für angebracht, den Vorfall mit uns zu diskutieren. Yousifs Reden hatten die Stimmung unserer

Töchter stark beeinflußt, und mein Mann wollte den Mädchen die tröstende Gewißheit geben, daß Männer wie Yousif nur eine vorübergehende Erscheinung in der langen Geschichte des Islam darstellten.

Nach dem Abendessen saßen wir beisammen, sprachen über Yousif und seine Rolle in der muslimischen Welt und fragten jedes Kind nach seiner Meinung zu seinen Tiraden.

Abdullah sprach als erster. Unser Sohn war vollkommen durcheinander und meinte, jeder von uns sei betroffen, denn immerhin forderten Extremisten den Sturz des saudischen Königs. Er hielt es für möglich, daß Saudi-Arabien dem Beispiel des Irans folgen und ein Mann wie Khomeini unser Land regieren könnte. Abdullah fürchtete, seine Generation der Al Sauds müsse womöglich ihr Leben an der französischen Riviera verbringen, und diese Vorstellung quälte ihn.

Maha fauchte wütend und verlangte von ihrem Vater, daß Yousif verhaftet und als Spion angeklagt würde. Sie wünschte, er würde enthauptet, und wenn man ihm nichts nachweisen könne, dann solle man ihn eben wegen erfundener Straftaten köpfen!

Amani sagte nachdenklich, die muslimische Vorliebe für alles, was westlich sei, habe eben zur Folge, daß Männer wie Yousif in muslimischen Ländern immer mehr an Einfluß gewännen.

Karim und ich schauten uns besorgt an, denn die Gedanken unseres jüngsten Kindes gefielen uns gar nicht. Maha warf ihrer Schwester empört vor, Yousif unterschwellig recht zu geben, aber Amani wies den Vorwurf entschieden zurück. Das Leben sei eben einfacher, wenn die Rolle der Frau genau festgelegt sei, und früher bei den Beduinen seien die Männer und Frauen nicht so verwirrt gewesen wie heute.

Es war, wie ich befürchtet hatte! Die neueste Entwicklung meiner Tochter führte sie direkt zurück in die Vergangenheit.

Sie war nicht mehr stolz darauf, eine Frau zu sein, und ich fragte mich verzweifelt, was ich tun könnte, um ihr Selbstwertgefühl zu stärken.

Abdullah lachte kalt und fragte Amani, ob sie sich nach der Zeit zurücksehne, in der weibliche Säuglinge lebend im Wüstensand verscharrt wurden! Es sei keineswegs zu spät, solche Praktiken wieder einzuführen. Yousif könne uns mit einem Mann bekannt machen, der erst kürzlich seine eigene Tochter getötet hatte!

Da Karim Amanis gefährdeten Geisteszustand kannte, warf er seinem Sohn einen strengen Blick zu und sagte, ein Kindsmord sei kein Anlaß für Späße. Diese schreckliche Sitte stelle in Indien, Pakistan und China ein großes Problem dar. Vor kurzem erst habe er in einer ausländischen Zeitung einen Artikel gelesen, in dem bestürzende Statistiken zitiert wurden. Millionen von Frauen würden in diesen Ländern als vermißt gelten, und anscheinend habe niemand Interesse an ihrem Schicksal.

Meinem Mann lag die Sache offenbar sehr am Herzen. Vermutlich deshalb wollte er unseren Kindern eine in der islamischen Welt sehr berühmte Erzählung zum besten geben. Die Kinder murrten und meinten, sie seien zu alt für Fabeln und Geschichten, aber Karim bestand mit dem Argument darauf, daß Statistiken uns nur wenig berühren, die Berichte von Einzelschicksalen hingegen uns Tränen in die Augen treiben und die Weltgemeinschaft zum sozialen Handeln anregen können.

Karim erschien mir in einem neuen Licht, als er den vertrauten Text aus den Tagen des Propheten zu erzählen begann: »Vor der Begründung des islamischen Glaubens durch den Propheten Mohammed gab es einen arabischen Stamm, der die unmenschliche Sitte hatte, neugeborene Töchter lebendig zu begraben, genau wie heute in unseren Ländern weibliche Babys ermordet werden.

Der Anführer dieses Stammes war Quais bin Asim. Als er den Islam annahm, gestand er dem Propheten Mohammed eine schreckliche Tat.

›O Gesandter Gottes! Als ich einmal auf Reisen war, brachte meine Frau ein Mädchen zur Welt. Da sie befürchtete, ich würde das Kind lebendig begraben, ließ sie es, nachdem sie es ein paar Tage gestillt hatte, zu ihrer Schwester bringen, wo eine Amme das Kind aufziehen sollte. Meine Frau betete darum, daß ich dem Mädchen später einmal gnädig sein würde.
Als ich von der Reise zurückkehrte, sagte man mir, meine Frau habe ein totes Kind geboren, und damit war die Angelegenheit vergessen. Das Kind blieb in der liebevollen Obhut ihrer Tante. Eines Tages ging ich für länger aus dem Haus. Da meine Frau meinte, ich bliebe den ganzen Tag weg, holte sie ihre Tochter heim, denn sie wollte sich während meiner Abwesenheit an ihrer Gesellschaft erfreuen.
Unerwarteterweise änderte ich meine Pläne und kam früher heim. Als ich das Haus berat, sah ich dort ein wunderhübsches kleines Mädchen spielen. Während ich sie betrachtete, stieg plötzlich eine starke, spontane Liebe zu ihr in mir auf. Meine Frau spürte meine Gefühle und glaubte, mein eigenes Blut habe zu mir gesprochen und ganz natürlich sei meine väterliche Liebe und Zuneigung zu dem Kind erwacht. Ich sagte zu ihr, oh Frau, wessen Tochter ist das? Wie reizend sie ist!
Da erzählte mir meine Frau die Wahrheit über das Mädchen. Ich konnte meine Freude nicht verbergen und nahm das Kind in die Arme. Ihre Mutter sagte ihr, daß ich ihr Vater sei, und sie rief aus, oh, mein Vater, mein Vater, und begann, mich zärtlich zu lieben. Ich empfand eine unbeschreibliche Freude, wenn das Mädchen ihre

Arme um meinen Hals schlang und ihre Zuneigung zeigte.
So vergingen die Tage. Das Mädchen blieb bei uns und führte ein sorgenfreies Leben. Doch dann kam eine Zeit, in der ich sie betrachtete und bei mir dachte: Später muß ich dieses Mädchen einem anderen Mann zur Frau geben. Ich werde die Beleidigung hinnehmen müssen, daß ein anderer Mann meine Tochter erkennt. Aber wie soll ich vor anderen Männern bestehen, wenn ich Ehrloser es zulasse, daß dieses Kind das Bett mit einem Mann teilt. Dieser Gedanke quälte mich fortan unablässig und machte mich dem Mädchen gegenüber zornig und ungerecht. Nachdem ich eine Zeitlang nachgedacht hatte, kam ich zu dem Schluß, daß ich den Anlaß meiner Qual beseitigen müsse, der mich und meine Vorfahren erniedrigte.
So beschloß ich, das Mädchen lebendig zu begraben.
Meine Frau konnte ich in diesen Plan nicht einweihen. Ich sagte ihr nur, ich wolle das Kind auf ein Fest mitnehmen. Daraufhin badete sie das Mädchen, hüllte es in schöne Kleider und schmückte es für das Fest. Das kleine Mädchen war ganz aufgeregt, denn sie glaubte, sie dürfe ihren Vater zu einem Freudenfest begleiten.
Ich verließ das Haus mit meiner Tochter, die vor Freude Sprünge machte, immer wieder nach meiner Hand griff, vorausrannte und unschuldig lachend auf mich einredete.
Zu diesem Zeitpunkt aber hatte ich mich dem Mädchen gegenüber schon verschlossen und wollte es nur noch so schnell wie möglich loswerden. Das arme Kind ahnte nichts von meinen düsteren Absichten und folgte mir fröhlichen Herzens.
An einer einsamen Stelle blieb ich schließlich stehen und

begann zu graben. Das unschuldige Mädchen war darüber überrascht und fragte immer wieder: ›Vater, warum gräbst du ein Loch in die Erde?‹

Ich schenkte ihren Fragen keine Beachtung. Sie konnte nicht ahnen, daß ich ein Grab aushob, um meine wundervolle Tochter mit eigenen Händen zu begraben.

Beim Graben wurden meine Füße und meine Kleider mit Staub und Sand bedeckt. Meine liebe Tochter klopfte den Staub von meinen Füßen und aus meinen Kleidern und sagte, Vater, du verdirbst deine Kleider!

Ich verschloß meine Ohren, sah sie nicht an, und ich tat, als hörte ich nicht, was sie sagte. Schließlich hatte ich ein Loch gegraben, das groß genug war.

Ich packte meine Tochter, warf sie in die Grube und schaufelte hastig Erde auf sie hinab. Das arme Mädchen starrte mich erschrocken an. Sie fing verzweifelt an zu weinen und schrie, mein lieber Vater, was hat das zu bedeuten? Ich habe nichts Böses getan!

Taub, stumm und blind machte ich weiter, ohne auf ihr Bitten und Flehen zu achten.

O großer Prophet Gottes! Ich war zu herzlos, um mit meinem eigenen Kind Erbarmen zu haben! Nachdem ich es lebendig begraben hatte, seufzte ich vor Erleichterung und war zufrieden, daß ich meine Ehre gerettet und meinen Stolz vor jeglicher Erniedrigung bewahrt hatte.‹

Als der Prophet Mohammed diese herzzerreißende Geschichte gehört hatte, konnte er nicht verhindern, daß Tränen über seine Wangen liefen. Er sagte zu dem Anführer des Stammes Asim: ›Dies ist zu grausam! Wie kann jemand, der kein Mitleid für andere empfindet, erwarten, daß der Allmächtige Gott sich seiner erbarmt?‹«

Karim schaute seine Kinder ernst an. »Der Prophet Mohammed wurde nach dieser Erzählung sehr traurig und antwortete nach längerem Schweigen auch mit einer Geschichte.

›Ein Mann kam zu Mohammed und erzählte ihm, er sei früher sehr unwissend gewesen. Er sagte, vor dem Kommen des Propheten, der ihm Gottes Absichten entdeckt habe, sei er ohne Wissen und Führung gewesen.
Er fuhr fort, O Gesandter Gottes! Wir beteten Götzen an und töteten unsere Kinder mit den eigenen Händen. Ich hatte einmal eine kleine, reizende Tochter. Wenn ich sie rief, kam sie in meine Arme und lachte vor Freude und Vergnügen. Eines Tages rief ich sie wieder zu mir, und sie kam bereitwillig. Ich forderte sie auf, mir zu folgen, was sie tat. Ich ging zu schnell, und das Mädchen rannte mir mit kleinen Schritten nach. Nicht weit von meinem Haus befand sich ein tiefer Brunnen. Als ich dort ankam, blieb ich stehen und erwartete das Kind. Dann packte ich es und warf es in den Brunnen. Das arme Kind schrie und flehte mich an. Vater, das war das letzte Wort auf seinen Lippen.‹

Nachdem der Mann seine Geschichte geendet hatte, weinte der Prophet lange«, schloß Karim. »Er vergoß so viele Tränen, daß sie seinen Bart benetzten. Diese Tränen wuschen unsere Verachtung des Weiblichen hinweg, und heute wird es als schändliche und grausame Tat eines Mannes angesehen, seine Töchter lebendig zu begraben, in Brunnen zu werfen oder zu mißhandeln.«

Ich umarmte meine Töchter. Uns war, als lägen die tragischen Schicksale der beiden Mädchen nicht Jahrhunderte zurück, sondern seien erst gestern geschehen. Wer konnte daran zweifeln, daß unser Prophet viel getan hatte, um grausame Sitten abzuschaffen? Er war in eine böse Zeit hineingeboren worden. Heidnische Götter wurden angebetet, Männer nahmen Hunderte von Frauen, und der Kindsmord war an der Tagesordnung. Der Prophet Mohammed hatte große Mühe, diese schrecklichen Sitten abzuschaffen oder doch wenigstens zu beschränken.

Ich sprach meine Meinung, nicht der Koran, sondern noch vorhandene Traditionen aus jenen Zeiten würden uns Frauen in Fesseln halten, offen aus. »Nur wenige Leute kennen unser heiliges Buch wirklich. Der Koran schreibt weder den Schleier noch andere Einschränkungen vor, die Frauen heute in der muslimischen Welt ertragen müssen. Nicht der Koran, sondern überkommene Traditionen verhindern den Fortschritt.«

Eine lebhafte Diskussion darüber, warum die Frau dem Mann untertan sein solle, setzte ein, wobei Maha ihren Bruder Abdullah frech daran erinnerte, daß ihre Schulnoten in allen Fächer besser waren als seine.

Schon wollte Abdullah etwas entgegnen, aber ich mischte mich ein und ermahnte meine Kinder, sachlich zu bleiben. Ich wies darauf hin, daß die physische Unterlegenheit der Frau auf die wichtigste menschliche Aufgabe zurückgeführt werden könne: Ihre Kraft werde nämlich beim Austragen, Stillen und Aufziehen von Kindern verbraucht. Mir war seit langem klar, daß die Mutterschaft in allen Gesellschaften die Frauen entscheidend behindert. Anstatt als Spenderinnen des Lebens verehrt zu werden, werden wir bestraft! Meiner Meinung nach ist diese Tatsache der größte Skandal der zivilisierten Menschheit.

Abdullah hatte in der Schule einen libanesischen Lehrer für Philosophie, den er besonders mochte. Jetzt prahlte er mit seinem Wissen und gab uns Geschichtsunterricht über den langsamen Aufstieg der Frauen von den Anfängen des Lebens bis zum heutigen Tag. Frauen seien zunächst eine Art Tiere gewesen, die Feuerholz sammelten, kochten, Kleider und Schuhe herstellten und die Lasten trugen, wenn die Stämme unterwegs waren. Immer schon haben sie die Kinder bekommen. Die Männer, so meinte Abdullah, riskierten ihr Leben auf der Jagd und mußten sich zur Belohnung dafür, daß sie den Stamm mit Fleisch versorgten, nicht mit niedrigen Arbeiten abgeben.

Abdullah spannte seine Muskeln und sagte neckend zu seinen Schwestern, daß die Männer durch rohe Gewalt an der Macht blieben und daß sie, wenn sie wirklich Gleichheit wollten, lieber in unserem Fitneß-Raum mit Hanteln trainieren sollten, statt in ihrer Freizeit Bücher zu lesen.

Karim mußte unsere Töchter daran hindern, sich auf ihren Bruder zu stürzen. Maha entwischte den Armen ihres Vaters und versetzte Abdullah einen angedeuteten Tritt in den Intimbereich.

Ich lächelte über die Neckereien meiner Kinder, doch war mir das Herz schwer, wenn ich daran dachte, wie wir Frauen seit der Erschaffung der Welt gelitten haben. Von Anbeginn wurden wir wie Sklaven gehalten, die alle niedrigen Arbeiten verrichten mußten, und bis heute hatte sich daran in vielen Ländern nichts geändert. In meinem eigenen Land wurden Frauen immer noch allenfalls als Lustobjekte und Spielzeuge der Männer angesehen. Aber mein Leben hat mir bewiesen, daß die Frauen den Männern in nichts nachstehen, weder an Ausdauer noch an Einfallsreichtum und Mut. Nach einer Weile sagte Karim nachdenklich, er müsse an seinen alten Freund Yousif und dessen Irrweg denken. Ich war über seine Worte hocherfreut. Es schien, als entwickle sich mein Mann endlich so, wie ich es mir gewünscht hatte, als erkenne er nun, welches Unheil daraus entsteht, wenn solche Männer an Macht gewinnen.

»Sultana«, fuhr Karim in seinen Überlegungen fort, »es sind gescheiterte Männer wie Yousif, die den Mythos nähren, die Frauen seien die Wurzel alles Bösen. Diese idiotische

Vereinfachung wirkt auf beschränkte Männer sehr anziehend, aber sie errichtet nur eine Barriere des Hasses zwischen den Geschlechtern.

Dann blickte Karim seinen Sohn an und sagte: »Abdullah, ich hoffe, daß du eine so verbohrte Verachtung der Frau niemals hinnehmen wirst. Deine Generation hat es in der Hand, die Unterdrückung der Frau zu beenden. Leider muß ich zugeben, daß die Männer meiner Generation neue Formen der Unterdrückung der Frau geschaffen haben.«

Ich konnte nur raten, was meine Töchter jetzt dachten. Maha wirkte bestürzt und verärgert, daß sie in eine Gesellschaft hineingeboren worden war, die sich dem sozialen Wandel so beharrlich widersetzte. Amani hingegen hing seit kurzem zwar ihrem tröstenden Glauben an, aber die traditionelle Unterdrückung der Frauen in Arabien schien sie ebenfalls zu belasten.

Ich verabscheute Männer wie Yousif und das Leben, das sie den Frauen bereiten wollten, und mit dem Gedanken an die bevorstehenden dunklen Zeiten konnte ich mich einfach nicht abfinden. Sollten wir uns etwa vor einer wachsenden Zahl von Extremisten schützen müssen, die uns Frauen unbedingt vom gesellschaftlichen Leben ausschließen wollten? Das durfte niemals geschehen.

Als ich mich zum Schlafen bereitmachte, spürte ich, daß trotz Karims hoffnungsvoller Entwicklung die *Hadsch* für mich ihren Glanz verloren hatte. Am nächsten Morgen waren wir alle noch müde und bereiteten uns beim Frühstück schweigend auf den wichtigsten Tag der Pilgerreise vor, denn an diesem Tag nimmt Gott all unsere Sünden von uns und schenkt uns seine Vergebung.

Wir ließen uns an einen Ort acht Kilometer nördlich vom Berg Ararat fahren. Hier sollen sich der Überlieferung nach Adam und Eva erstmals begegnet sein und vereint haben. Es war außerdem der Ort, an dem Ibrahim den Befehl Gottes empfangen hatte, seinen Sohn Ismail zu opfern. Schließlich hatte der Prophet Mohammed hier vier Monate vor seinem Tod seine letzte Predigt gehalten.

Entmutigt bewegte ich kaum die Lippen, als ich die Worte des Propheten aussprach: »Du mußt vor deinem Gott erscheinen, der von dir einen Bericht über all deine Taten verlangen wird. Wisse, daß alle Muslime Brüder sind. Ihr seid alle Brüder, niemand soll seinem Bruder gegen dessen Willen etwas nehmen. Hütet euch vor Ungerechtigkeit. Die Anwesenden sollen dies den Abwesenden sagen. Es ist möglich, daß Menschen, die meine Worte später zu Gehör bekommen, sie besser befolgen als die hier Versammelten.«

Während ich den steilen Hang des Berges der Barmherzigkeit emporstieg, rief ich: »Hier bin ich, o Gott, hier bin ich!«

Sechs Stunden lang stand ich mit meiner Familie und weiteren Pilgern in der Gluthitze der Wüste. Wir beteten und lasen im Koran. Meine Töchter schützten sich wie viele andere Pilger auch mit einem Schirm vor der Sonne, ich hingegen hatte das Bedürfnis, die brennende Sonne als Zeichen meines Glaubens auf dem Scheitel zu spüren. Um mich herum fielen viele Männer und Frauen in Ohnmacht.

Bei Einbruch der Dämmerung gingen wir in die Ebene zwischen dem Berg Ararat und Mina. Wir blieben dort eine Zeitlang und begannen erneut zu beten.

Abdullah und Karim sammelten kleine Steine für das Ritual des kommenden Morgens. Wir alle zeigten Anzeichen physischer Erschöpfung und gingen in unserem Quartier gleich zu Bett. Nach einer unruhigen Nacht bereiteten wir uns auf den letzten Tag der *Hadsch* vor.

Am letzten Morgen sangen wir: »Ich handle im Namen Gottes des Allmächtigen und aus Haß gegen den Teufel und seine Listen. Gott ist groß!« Jeder warf jeweils sieben kleine Steine, die Karim und Abdullah gesammelt hatten, gegen jede der Säulen, die das Böse symbolisieren und die an der

Straße nach Mina stehen. An dieser Stätte widerstand Ibrahim dem Teufel, als er ihn überreden wollte, Ismail nicht zu opfern, wie Gott es befohlen hatte. Jeder Stein repräsentiert einen schlechten Gedanken, eine Versuchung oder eine Last auf den Schultern der Pilger.

Nun waren wir endlich reingewaschen von unseren Sünden! Der letzte Ritus der *Hadsch* bestand aus einer Reise zur Ebene Mina. Dort wurden Schafe, Ziegen, und Kamele zur Erinnerung an Ibrahims bedingungslosen Gehorsam gegenüber Gott geschlachtet. Die Schlachter liefen zwischen den Pilgern herum und boten gegen eine bestimmte Summe an, ein Tier zu opfern. Wenn der Kaufpreis bezahlt war, hielten sie das Tier mit dem Kopf zur Kaaba und der Heiligen Moschee, beteten »Im Namen Gottes! Gott ist groß!« und durchschnitten dann blitzschnell die Kehle des Opfers. Sie ließen das Tier ausbluten, bevor es abgehäutet wurde.

Als Amani die Schreie der armen Tiere hörte und überall Blut fließen sah, schrie sie auf wie eine Wahnsinnige und fiel ohnmächtig zu Boden. Karim und Abdullah trugen sie zu einem der kleinen Wagen, die für solche Zwischenfälle bereitstehen, kamen bald wieder zurück und berichteten, Amani ruhe sich aus, weine aber noch und sei vor Kummer über das ihrer Meinung nach sinnlose Schlachten so vieler Tiere wie gelähmt.

Ich war froh, daß ein wichtiger Teil von Amanis Persönlichkeit die Pilgerreise unbeschadet überstanden hatte und hoffte zugleich, unsere Tochter würde wieder zu sich selbst finden, sobald wir Mekka verlassen hätten.

Angesichts der Tieropfer rief ich mir die Gebote des Propheten ins Gedächtnis und vergegenwärtigte mir, daß dieses Ritual wichtig war. Die Tiere wurden geopfert, um die Pilger daran zu erinnern, was sie auf der *Hadsch* gelernt hatten: Opferbereitschaft, Gehorsam gegen Gott, Barmherzigkeit allen Menschen gegenüber und Festigkeit im Glauben.

Nun begannen die viertägigen Feiern, und ich wußte, daß sich in der ganzen Welt Muslime danach sehnten, während dieser Zeit in der Heiligen Stadt Mekka zu sein und an den Feiern teilzunehmen.

Wir schnitten uns zum Abschluß der Pilgerfahrt eine Haarlocke ab und vertauschten unser schlichtes Gewand wieder mit farbenfrohen Kleidern. Die Männer legten saubere Baumwollthoben an. Das Weiß der Gewänder leuchtete wie frischgesponnene Seide.

Am Nachmittag begann das eigentliche Fest. Amani war noch immer blaß, hatte sich jedoch soweit erholt, daß sie an den Festlichkeiten teilnehmen konnte. Sie weigerte sich allerdings standhaft, Fleisch zu essen.

Wir versammelten uns in unserem Zelt, tauschten kleine Geschenke aus, beglückwünschten uns gegenseitig, verrichteten die Gebete und setzten uns dann an einem langen Tisch zusammen, um eine herrliche Mahlzeit aus Lamm und Reis zu uns zu nehmen. Was von dem Fest übrig blieb, gaben wir den Armen. Viele Pilger würden noch mehrere Tage beten und die Rituale wiederholen, wir jedoch beschlossen, nach Dschidda zurückzukehren und dort weiterzufeiern. Am Abend bereiteten wir die Abreise vor.

Meine Kinder hatten nun das Recht, den Titel *Hadschi* vor ihren Namen zu setzen. Ich wußte zwar, daß sie das nicht tun würden, doch zeigt diese ehrwürdige Ergänzung des Namens allen Muslimen, daß jemand die fünfte Säule des Islam erfüllt hat. Ich wußte, daß wir durch unsere Pilgerfahrt Gott gefallen hatten.

Ich bat nun Gott im Gebet um die Gnade, meine Tochter Amani von ihren fundamentalistischen Neigungen zu befreien. Mir war bewußt, daß ein Mangel an geistiger Reife die Bereitschaft erhöht, extreme Lehren für unwiderlegbar und heilig zu halten. Ich wollte verhindern, daß meine Tochter Opfer einer militanten Dogmatik würde, die es in so vielen

Religionen gibt und gegen die ich stets heftig angekämpft hatte.

Aber mein Wunsch ging nicht in Erfüllung. Ob ich Gott nun gefallen habe oder nicht, sein unergründlicher Ratschluß für meine Tochter mißfiel mir außerordentlich.

Es stellte sich heraus, daß die Reise nach Mekka meiner Familie gleichzeitig Glück und Unglück bringen sollte. Karim und ich kamen uns wieder so nahe, wie wir uns seit den ersten Jahren unserer Ehe nicht mehr gewesen waren. Maha und Abdullah strebten danach, als verantwortungsvolle Bürger unseres Landes zu leben, Amani aber wurde eine grüblerische Einsiedlerin.

Meine schlimmsten Befürchtungen wurden Realität.

7. Kapitel

Die Extremistin

Wir wollen uns ein Land in der Wüste vorstellen,
das in völliger Dunkelheit liegt und in dem viele
Lebewesen wie geblendet umherirren.

Buddha

Die *Hadsch* war beendet, und der Sommer lastete schwer auf dem Land. Auf unserer Pilgerreise nach Mekka hatte uns die heiße Wüstenluft wenig ausgemacht, denn unser Denken war auf andere, wichtigere Dinge gerichtet, aber nun setzte uns die Hitze arg zu.

Von Mekka aus reisten wir weiter zu unserem Palast in Dschidda und wollten am nächsten Tag nach Riad zurückkehren. Doch es sollte anders kommen. Während ich dem Personal des Palastes Anweisungen für unsere Abreise gab, kam Karim herein und sagte, er habe unseren Flug abgesagt. Ihm sei von der Flugüberwachung mitgeteilt worden, daß sich gerade ein besonders heftiger Sandsturm von der Wüste Rub al-Ch'ali auf Riad zubewege. Auch ohne Sandstürme gehen jeden Monat fast viertausend Tonnen Sand auf Riad nieder, aber bei einem Sandsturm sticht der Flugsand in den Augen, dringt in jede Pore und bedeckt jeden Winkel. Diese Qualen wollten wir uns ersparen, und ich war froh, daß wir noch eine Weile in Dschidda bleiben würden, obwohl die feuchte Schwüle hier schwerer zu ertragen ist als die trockene Hitze in Riad.

Abdullah und Maha waren ganz aufgeregt, weil sie die Alltagsroutine von Riad noch ein paar Tage hinausschieben konnten, und bettelten gleich, wir sollten ein wenig länger Urlaub machen, wenn wir schon einmal in Dschidda wären. Ich betrachtete sie lächelnd, aber dieses Lächeln erstarb mir auf den Lippen, als mein Blick meine jüngere Tochter suchte: Amani saß ganz in sich versunken in einer Ecke des Raumes, den Kopf tief über den Koran gebeugt. Sie zog sich mehr und mehr von uns zurück. Anscheinend war ihr völlig gleichgültig, was um sie herum geschah, und seit kurzem vermied sie jede noch so harmlose Ablenkung.

Ich war fest entschlossen, mich von Amanis Trübsinn nicht anstecken zu lassen und nickte auf Karims fragenden Blick hin mit dem Kopf. So beschlossen wir, noch zwei Wochen in Dschidda zu bleiben. Wie viele Mitglieder der königlichen Familie zog ich die lebendige Hafenstadt dem behäbigen Riad vor. Ich malte mir in den leuchtendsten Farben aus, wie ich Freunde der Familie einladen würde, die in der Stadt lebten, und ich wollte mit meinen Töchtern in den modernen Geschäftsstraßen Dschiddas einkaufen gehen. Wenn damals nicht Amani die Kluft zwischen sich und uns noch vergrößert hätte, wäre dieser Urlaub eine vollkommen glückliche Zeit in einem ansonsten unvollkommenen Leben geworden.

Ich lag auf den Knien in dem langen Korridor, der die verschiedenen Flügel des Hauses miteinander verband, und versuchte, durch einen schmalen Spalt des Eingangs zum türkischen Bad und zum Garten Amani zu belauschen.

»Mama! Was tust du da?« Maha hatte mich ertappt und lachte laut, als ich sie wegjagen wollte.

Amani verstummte hinter der Tür, und ich hörte energische Schritte. Eilig rappelte ich mich auf, um nicht an der Tür erwischt zu werden, verfing mich aber mit dem Absatz im Saum meines langen Kleides. Ich versuchte noch immer, mich zu befreien, da stieß Amani die Tür auf.

Ich schämte mich, als Amani mich mit anklagender Miene und zusammengepreßtem Mund betrachtete. Sie hatte die Situation klar erfaßt, aber ich konnte unmöglich zugeben, daß ich gelauscht hatte. Also rieb ich an einigen roten Fäden herum, die in den Teppich des Vorraumes gewebt waren, und begann mit möglichst munterer Stimme zu lügen.

»Amani! Ich dachte, du wärst in deinem Zimmer!« rief ich und blickte wieder auf den Teppich. »Hat eine von euch jemals diese roten Flecken im Teppich bemerkt?«

Meine beiden Töchter schwiegen beredt.

Stirnrunzelnd rieb ich noch ein wenig an den roten Fäden herum, stand dann auf – mein Absatz hing immer noch im Saum meines Kleides fest – und humpelte den Korridor hinunter. Weil mir nichts Besseres einfiel, schimpfte ich: »Die Dienstboten werden immer unzuverlässiger. Den Fleck werden wir nicht mehr herausbekommen.«

Amani wollte mir zu verstehen geben, daß sie mich durchschaute: »Mama«, sagte Amani eiskalt, »der Teppich hat keinen Fleck! Das sind rote Rosen, die in das Teppichmuster gewebt sind!«

Maha konnte sich nicht mehr zurückhalten und begann zu kichern.

»Mama, du darfst mir herzlich gern zuhören«, fuhr Amani fort. »Komm einfach in das Zimmer, in dem du mich sprechen hörst.« Damit schloß sie die Tür zum Gartenbereich mit lautem Knall.

Mir stiegen die Tränen in die Augen, und ich lief schnell in mein Schlafzimmer. In letzter Zeit ertrug ich den Anblick meiner schönen Tochter kaum noch. Seit unserer Rückkehr von Mekka hüllte sie sich von Kopf bis Fuß in schwarze Gewänder und ging sogar so weit, ihre Beine mit dicken schwarzen Strümpfen und ihre Hände mit langen schwarzen Handschuhen zu bedecken. Selbst innerhalb des Hauses ließ sie nur ihr Gesicht unbedeckt, und das steife schwarze Kopftuch, mit dem mein Kind sein prachtvolles dunkles Haar verhüllte, wirkte auf mich wie das Kleidungsstück einer jemenitischen Ziegenhirtin. Wenn sich Amani aus dem Palast herauswagte, trug sie stets einen Schleier aus dichtem schwarzem Stoff, durch den sie kaum hindurchsehen konnte. Und das obwohl die religiösen Sittenwächter in Dschidda Frauen, deren Gesicht nicht vorschriftsmäßig verschleiert war, bei weitem nicht so streng verfolgten wie in Riad. Unsere Hauptstadt mitten in der Wüste ist in der ganzen muslimischen Welt für das harte Durchgreifen ihrer Sittenpolizei bekannt.

Durch nichts war meine Tochter zu bewegen, diesen schweren schwarzen Umhang, den Schleier und die Kopfbedeckung gegen bequemere Kleidung zu vertauschen. Ihr Aufzug wäre den meisten muslimischen Gläubigen in anderen islamischen Ländern schlicht lächerlich vorgekommen.

Ich konnte ein Schluchzen nicht unterdrücken. Mein Leben lang hatte ich für das Recht meiner Töchter gekämpft, die dünnsten Schleier tragen zu dürfen, und hatte dabei mein Glück aufs Spiel gesetzt. Und nun ignorierte mein jüngstes Kind meinen mühsam errungenen Sieg, als ob er völlig wertlos sei.

Doch das war noch nicht das Schlimmste! Amani gab sich nicht damit zufrieden, den Glauben für sich selbst neu entdeckt zu haben, sie fühlte sich auch noch dazu berufen, andere von ihrer neuen Weltanschauung zu überzeugen. Heute hatte sie ihre engsten Freundinnen und fünf ihrer jüngeren Cousinen zu uns nach Hause eingeladen, um den Mädchen aus dem Koran vorzulesen. Außerdem wollte Amani ihre Interpretation der Worte des Propheten vortragen. Ihre Deutung des Korantextes ähnelte beunruhigend den Verlautbarungen des Regierungskomitees zur Hebung der Moral und zur Bekämpfung des Lasters, die ich leider auswendig wußte.

Mir klang der Tonfall von Amanis kindlicher Stimme noch in den Ohren, als ich die Türen zu meinen Privaträumen hinter mir zuschlug und mich quer auf das Bett warf. Ich hatte keine Ahnung, wie ich diese neue Krise in meinem Leben als Mutter bewältigen sollte. An der Tür lauschend hatte ich gehört, wie Amani aus dem heiligen Koran zitierte:

»Errichtet ihr ein Zeichen
an jedem erhöhten Ort,
nur weil es euch so gefällt?

Und kauft ihr euch
vornehme Häuser, in der Hoffnung,
dort für immer zu leben?

Und wenn ihr eure
starke Hand gebraucht,
tut ihr es nicht wie ein Mann
mit absoluter Macht?

Jetzt aber fürchtet Gott und gehorcht mir
und folgt nicht dem Geheiß
derjenigen, die maßlos sind
und dem Land Unfrieden bringen
und nicht umkehren auf dem Weg des Lasters.«

Mit zitternden Knien hatte ich gelauscht, wie Amani die Ähnlichkeiten zwischen den maßlosen Sündern und den Mitgliedern des saudischen Königshauses beschwor.

»Schaut euch um! Seht euch den Überfluß des Hauses an, in dem ich spreche! Ein Palast für einen Gott könnte nicht luxuriöser sein! Verhöhnen wir nicht Gottes Gebote, wenn wir uns mit den erlesensten Kostbarkeiten umgeben, die nicht für das Auge des Menschen bestimmt sind?«

Amanis Stimme war undeutlich geworden, und ich hatte mich mit geschlossenen Augen noch fester an die Tür gepreßt. »Wir alle müssen aus unserem Leben verbannen, was überflüssig ist«, hatte Amani gepredigt. »Ich will euch mit gutem Beispiel vorangehen. Ich schenke die Juwelen, die ich dem Reichtum meiner Familie verdanke, den Armen. Wenn ihr an den Gott Mohammeds glaubt, müßt ihr meinem Beispiel folgen.«

Leider hatte ich nicht mehr hören können, was Amanis Freundinnen auf diese absonderlichen Forderungen antworteten, denn in diesem Moment hatte mich Maha ertappt.

Amanis Ankündigung, sie werde ihren Schmuck den Armen schenken, fiel mir jäh wieder ein. Ich sprang vom Bett auf und lief eilig in das Schlafzimmer meiner Tochter. Dort öffnete ich den Safe, den sie sich mit ihrer Schwester teilte, und nahm eine große Menge an teuren Ketten, Armbändern, Ohrringen und Ringen heraus und brachte sie in den Safe in Karims Büro. Ich hatte neben Amanis auch Mahas Schmuckkassette herausgenommen, denn niemand konnte vorhersagen, auf was für Ideen Amani in ihrem religiösen Eifer noch kommen würde.

Der Gesamtwert von Amanis Schmuck belief sich auf mehrere Millionen Dollar. Das junge Mädchen hatte ihn von den Menschen geschenkt bekommen, die es liebten und seine Zukunft ökonomisch sichern wollten. Wenn Amani wirklich den Armen helfen wollte, dann sollte sie dafür Geld bekommen, das schwor ich mir.

Karim und ich hatten über die Jahre hinweg den Armen der Welt Millionen von Rial gestiftet, ohne viel Aufhebens davon zu machen. Neben der vorgeschriebenen Armensteuer, dem Zakat, spenden Karim und ich zusätzlich fünfzehn Prozent unseres Einkommens verschiedenen muslimischen Ländern, die weniger reich sind als Saudi-Arabien. Das Geld wird dort für die Erziehung und die medizinische Versorgung der Bevölkerung verwendet. Nie haben wir die Worte des Propheten vergessen: »Gebt ihr Almosen öffentlich, so ist es gut, gebt ihr sie aber den Bedürftigen insgeheim, so ist es besser für euch, und ihr sühnt damit einige eurer schlechten Taten. Allah sieht alle eure Taten.«

Niedergeschlagen dachte ich an all die Geldmittel, die wir den ärmsten muslimischen Ländern zum Bau von Kliniken, Schulen oder Wohnungen zur Verfügung gestellt hatten, und gerne hätte ich Amani daran erinnert, wie großzügig die finanziellen Hilfen ihrer Eltern bemessen waren. Galt unsere Wohltätigkeit unserer Tochter denn nichts? Oder wollte sie ihre Familie so arm machen wie die Menschen, denen durch unseren Reichtum geholfen werden konnte?

Ich legte mich wieder auf mein Bett und versuchte nachzudenken. Wilde Pläne entstanden in meinem Kopf und wurden sofort wieder verworfen. Ich wußte einfach nicht, wie ich gegen eine so große Macht ankämpfen sollte.

Es war bereits dunkel geworden in meinem Zimmer, als Karim aus seinen Büros in Dschidda nach Hause kam.

»Sultana, fühlst du dich nicht wohl?« fragte er, trat an mein Bett und schaute mich besorgt an. »Dein Gesicht ist ganz rot. Hast du Fieber?«

Ich gab ihm keine Antwort auf seine Fragen und holte mühevoll tief Luft. »Karim, dein eigen Fleisch und Blut will die Monarchie stürzen.«

Karims Gesicht lief innerhalb von Sekunden rot an. »Was?«

Ich winkte nur schwach ab. »Amani. Heute hatte sie ein paar junge Prinzessinnen und gute Freundinnen zu Besuch gehabt. Ich habe zufällig ein Gespräch mitangehört. Sie benutzt den Koran, um ihre jugendlichen Cousinen und Bekannten gegen die Familie Al Saud aufzustacheln.«

Karim schnalzte mit der Zunge, was im arabischen Kulturraum ungläubiges Erstaunen ausdrückt. »Sultana, hast du den Verstand verloren? Ausgerechnet die sanfte Amani soll Menschen zu Gewalttätigkeiten anstiften?«

Ich schüttelte den Kopf. »Sie ist nicht mehr sanft. Die Religion hat unser Kind stark gemacht. Sie erscheint mir wie eine hungrige Löwin, und nicht mehr wie das Lämmchen von früher.« Dann wiederholte ich Karim, was ich gehört hatte.

Er schnitt eine Grimasse. »Sultana, sei vernünftig. Glaube mir, dieser neue Enthusiasmus wird schnell verfliegen. Beachte ihn einfach nicht, dann verliert Amani schnell das Interesse an übertriebenem religiösem Eifer.«

Während ich seit Tagen von kaum etwas anderem mehr sprach, wünschte Karim unverkennbar keine weitere Erörterung von Amanis Erweckung. Damit zerschlugen sich meine Hoffnungen, diese neuerliche Krise zusammen mit meinem Mann zu durchleben, wie das bei Mahas psychischer Erkrankung der Fall gewesen war. Ich fühlte, wie mich alle Widerstandskraft verließ. Zum erstenmal seit Abdullahs Geburt wurde mir die Mutterschaft zur Last. Ich fragte mich, wie viele weitere Generationen von Frauen noch dazu gebracht werden konnten, sich der einsamen und undankbaren Aufgabe zu widmen, Kinder zu gebären, zu nähren und durchs Leben zu begleiten.

»Das Leben einer Frau ist sehr einsam!« schleuderte ich meinem Mann an den Kopf.

Karim befürchtete, ich könnte vor lauter Kummer den Verstand verlieren. Er streichelte mir beruhigend den Rücken und fragte liebevoll, ob ich lieber auf meinem Zimmer bleiben wollte; er könne mit den Kindern auch allein zu Abend essen.

Mit einem gequälten Seufzer beschloß ich jedoch, im Kreise meiner Familie zu essen. Ich hatte mich schon vor Stunden zurückgezogen und wollte Amani nicht das Gefühl geben, ihre Mutter wäre beleidigt. Also erhob ich mich und erklärte

Karim, ich würde mich zum Abendessen frisch machen und ihm dann folgen.

Karim und ich trafen uns im kleinen Wohnzimmer der Familie. Wir hatten noch eine Stunde Zeit bis zum Essen, und deshalb bat ich meinen Mann, mit mir noch ein bißchen durch das türkische Bad und den Garten zu schlendern.

Karim dachte wohl, ich sei besonders romantisch gestimmt und streifte mich mit einem zärtlichen Blick. Ich erwiderte zwar sein Lächeln, wollte aber nur im Garten nachsehen, ob mein Kind dort irgendwelche Spuren ihrer religiösen Zusammenkunft mit den Freundinnen und den Cousinen der königlichen Familie zurückgelassen hatte.

Wir traten in den wunderschönen, weit überdachten Innenhof, den ein berühmter italienischer Architekt gestaltet hatte. Im Laufe der Jahre hatten viele unserer Verwandten in der Königsfamilie vergeblich versucht, den besonderen Zauber unseres einzigartigen »türkischen Saals« zu kopieren. Ein sprudelnder Wasserfall ganz hinten war das auffälligste Element des Raumes. Kristallklares Wasser stürzte in ein großes rundes Bassin mit unzähligen exotischen Fischen. Um das Becken herum führte ein kreisrunder Weg, der mit Steinplatten gepflastert war. An diesem Weg blühten herrliche Blumen, die unsere Gärtner pflegten. Links und rechts des Weges waren ein wenig erhöht zwei Sitzgruppen angelegt. Üppige, sattgrüne Blattpflanzen, die eigens aus Thailand eingeflogen worden waren, rankten sich hier um Rattanmöbel mit pastellfarbenen Sitzkissen. Kleine Tischchen mit Glasplatten darauf standen dazwischen verteilt. Diese Sitzecken waren die Lieblingsplätze unserer Familie für eine Tasse Kaffee.

Die Wände bestanden hier aus getöntem Spezialglas, zusätzlich hielt die dichte und üppige Vegetation tagsüber die heißen Sonnenstrahlen ab, so daß jetzt angenehme Temperaturen herrschten. Karim und ich folgten dem Pfad zum

Wasserfall. In die Steinplatten waren die Köpfe verschiedener wilder Tiere geschnitten. Karim hatte sie eigens als Überraschung für Amani anfertigen lassen, weil sie als Kind Tiere über alles geliebt hatte. Das Gesicht einer Giraffe, über das ich gerade hinwegschritt, erinnerte mich daran und stimmte mich traurig.

Der Pfad führte uns in die Nähe des türkischen Bades. Unser Haus in Kairo besaß einen solchen Raum, und ich hatte dem italienischen Architekt Anweisung gegeben, ihn in unserem Haus in Dschidda exakt nachzubauen.

Das türkische Badehaus bestand aus vier Bädern, jedes war in einem anderen Stil gehalten und hatte einen anderen Grundriß. Zu jedem Bad führten Stufen, und über eines der größeren Bäder spannte sich der Bogen einer steinernen Brücke. Nichts ließ darauf schließen, daß Amani hier eine religiöse Versammlung abgehalten hatte. Und doch dröhnten mir noch die Worte in den Ohren, die ich belauscht hatte. Mir war sehr wichtig, daß Karim begriff, wie ernst es Amani mit ihrer neuen Leidenschaft war. Ich wollte zwar, daß meine Tochter das Leben einer gläubigen Muslimin führte, aber daß sie durch ihre strenge Interpretation der islamischen Lehre noch mehr eingeschnürt wurde, wollte ich unbedingt verhindern.

Karim war es gleichgültig, ob Amani zu all jenen Bräuchen zurückkehrte, gegen die ich seit meiner Jugend gekämpft hatte. Ich spürte seine Indifferenz ganz deutlich. Um ihn aufzurütteln, machte ich ihn darauf aufmerksam, welche politischen Folgen so ein religiöser Enthusiasmus haben kann. Ich wußte, daß die Legitimität des Herrschaftsanspruchs der Familie Al Saud, ihr Reichtum und ihre Privilegien ein heikles Thema für meinen Mann waren.

Unleugbar beruhte unser Lebensstil auf dem gewaltigen Reichtum an Ölfeldern in Saudi-Arabien. Ich wies auf das herrliche türkische Bad, in dem wir lustwandelten: »Dieser

Luxus erscheint unserer Tochter als große Sünde. Sie möchte nicht, daß wir genießen, was Gott selbst unserer Familie zugeteilt hat.«

Mein Mann antwortete nicht.

Ich bohrte weiter. »Karim, wir müssen handeln. Möchtest du etwa, daß dein eigen Fleisch und Blut einen Aufstand anzettelt, der das Haus Al Saud stürzen wird?«

Karim glaubte immer noch nicht, daß seine Tochter wirklich Dummheiten machen könnte, und weigerte sich beharrlich, über Amanis Ablehnung unseres königlichen Lebensstils länger nachzudenken. Seine Tochter solle sich weiter mit ihrem Glauben trösten dürfen, selbst wenn das den hartnäckigen Widerstand ihrer Mutter hervorrufe, meinte er nur.

Dann packte Karim mich fest bei den Schultern und verbot mir, das Thema jemals wieder anzusprechen. Dabei verstieg er sich zu einer sehr törichten Überlegung: »Sultana«, begann er, »ich habe vor langer Zeit beschlossen, daß jeder von uns den Irrglauben des anderen akzeptieren muß, sonst gibt es in unserem Haus keinen Frieden. Und jetzt ist ein für allemal Schluß mit diesem unerfreulichen Thema!«

Ich dachte tagelang über nichts anderes nach, bis ich schließlich begriff, daß ich an der neuen Richtung, die das Leben meiner Tochter genommen hatte, keine Schuld trug. Ich kam zu dem Schluß, daß ihr religiöser Eifer eine direkte Folge der fürchterlichen Armut war, die in Saudi-Arabien geherrscht hatte, bevor plötzlich ein so immenser Reichtum an ihre Stelle getreten war. Um dem Problem auf den Grund zu gehen, mußte ich die Vergangenheit einbeziehen.

Viele Menschen, egal ob Muslime oder Christen, verachten die Saudis wegen ihres scheinbar unverdienten Reichtums. Nur wenige aber wissen, in welch erbärmlicher Armut alle Saudis noch bis in die Mitte der siebziger Jahre gelebt haben. Ich verurteile es scharf, wenn über unsere gegenwärtige Situation so oberflächlich geurteilt wird.

Nachdem in der Wüste Öl gefunden worden war, dauerte es noch viele Jahre, bis unser Volk von den Erlösen der Ölförderung zu profitieren begann. Die Förderung war nämlich von amerikanischen Ölgesellschaften organisiert worden, und König Abdul Asis, mein Großvater und Gründer unseres Staates, hatte anfänglich den falschen Versprechungen dieser Geschäftsleute geglaubt. Er hatte zunächst nicht begriffen, daß mit diesen Verträgen Millionen in die Taschen der Amerikaner flossen, während Saudi-Arabien mit einer lächerlich geringen Summe abgespeist wurde. Erst als man die amerikanischen Ölfirmen zur Fairneß zwang, hielten sie sich an allgemein übliche Geschäftspraktiken.

Weil die Gewinne so völlig ungerecht aufgeteilt wurden, dauerte es viele Jahre, bis man die Beduinenzelte unseres Volkes in der Wüste durch luxuriöse Villen und Paläste ersetzen konnte. In der Zwischenzeit litt das Volk Saudi-Arabiens entsetzlich. Die Säuglingssterblichkeit im Land war unter den höchsten in der ganzen Welt, denn es gab keine Ärzte und keine Krankenhäuser. Ich erinnere mich gut, wie mir einer der reichsten Männer des Königreiches die schreckliche Geschichte seiner Kindheit erzählte. Der brillante und hochangesehene Geschäftsmann hatte die ersten fünfzehn Jahre seines Berufslebens in Riad (damals nur ein Dorf) an den Türen der Lehmhütten kleine Beutel mit Kamelmilch verkauft. Er war schon mit sieben Jahren der einzige Mann in der Familie. Sein Vater war an der Entzündung einer winzigen Wunde gestorben, die er sich beim Schlachten eines Kamels für die *Hadsch* zugezogen hatte. Die Entzündung wurde brandig, und der Mann starb unter fürchterlichen Schmerzen und gellenden Schreien.

Nach dem damaligen Brauch wurde die Mutter des Jungen mit einem Bruder seines Vaters verheiratet. Dieser Mann aber hatte bereits viele eigene Kinder. Deshalb beschloß der Junge, für seine fünf jüngeren Geschwister selbst zu sorgen. Vier der fünf Kinder mußte er jedoch mit eigenen Händen begraben, denn sie starben an Unterernährung und mangelnder medizinischer Versorgung. Hinter dem atemberaubenden Aufstieg dieses Mannes zu Reichtum und Macht verbargen sich also eine Kindheit und Jugend voller Entbehrungen und Demütigungen.

Die erste Generation der Saudis, die von der Macht des Geldes kostete, war in bitterer Armut aufgewachsen. Natürlich verwöhnten sie die eigenen Kinder und überschütteten sie mit allem, was Geld kaufen konnte. Karim und ich hingegen hatten nie Not leiden müssen. Trotzdem verstanden wir, daß Armut ein treibendes Motiv für die Generation unserer Eltern darstellte, denn die Erinnerung an ihr einstiges Elend hatte auch uns nachhaltig geprägt. Unsere eigenen Kinder aber hatten nie etwas entbehren müssen und kannten dieses Gefühl noch nicht einmal mehr aus zweiter Hand.

Was geschah, ist nicht weiter verwunderlich. Enormer Wohlstand, der nicht fest in der Vergangenheit verankert ist, kann jederzeit als wertlos abgetan werden. Es war nur eine Frage der Zeit, bis die Fundamente unserer Welt ins Wanken gerieten.

Meine Generation stellte die Konventionen und Traditionen der vorhergehenden Generationen nur in Frage. Schon die Generation nach uns aber folgte ihren Instinkten ohne Rücksicht auf unsere Traditionen. Diese primitive Mißachtung jeder sozialen Ordnung provozierte natürlich eine heftige Gegenreaktion von seiten religiöser Fanatiker, die unseren grenzenlosen Reichtum entschieden ablehnten.

Unsere fanatischsten Gegner sind unsere Kinder. Sie sprechen verächtlich über unsere finanzielle Unabhängigkeit und suchen nach einem höheren Ziel im Leben als der Ansammlung von weiteren Reichtümern. So wurde meine Tochter

Amani Anführerin einer Gruppe von Frauen, die noch militanter sein wollten als jene Strenggläubigen, die den Thron des Hauses Al Saud zu stürzen versuchten.

Amani wollte auch die Seelen ihrer Verwandten und Freunde retten und führte dadurch ein Geständnis ihrer Cousine Faten herbei, der Tochter Alis, das niemand von uns erwartet hätte.

Kein Mann verhält sich Frauen gegenüber herablassender als mein Bruder Ali. Schon als Kind verachtete er seine zehn Schwestern, und als junger Mann während seiner Zeit in den USA nahm er sich hunderte von westlichen Frauen, beschlief sie und trennte sich wieder von ihnen. Als Ehemann behandelte er seine Frauen wie Sklavinnen, und es war ihm völlig gleichgültig, ob sie glücklich waren oder nicht. Natürlich heiratete er nur ganz junge Mädchen, die noch nicht aufgeklärt waren und seine Perversitäten für normal hielten. Zusätzlich zu seinen vier Ehefrauen holte er sich eine Konkubine nach der anderen in sein Haus. Als Vater nahm er von seinen Töchtern keinerlei Notiz, überschüttete aber seine Söhne mit Beweisen seiner Zuneigung.

So war es nur natürlich, daß sein Sohn Majed, der Bruder von Faten, zu einem sadistischen jungen Mann heranwuchs, für den Frauen reine Sexualobjekte waren.

Heute weiß ich, daß Majed für seine Taten geköpft oder von einem Erschießungskommando füsiliert worden wäre, wenn sie an die Öffentlichkeit gekommen wären. Nicht einmal die Tatsache, daß er der Sohn eines hochstehenden Prinzen ist, hätte ihn retten können, denn niemals zuvor war in der Familie Al Saud etwas so Unerhörtes geschehen.

Wir waren in unser Haus in Riad zurückgekehrt, und Amani setzte täglich nach der Schule ihre Treffen mit gleichgesinnten Verwandten fort. An einem Mittwochnachmittag beobachtete ich vom Balkon meines Schlafzimmers aus, wie die

Freundinnen und Cousinen meiner Tochter nacheinander von ihren Chauffeuren mit Luxuslimousinen abgeholt wurden. Faten, die Tochter meines Bruders Ali, ging als letzte. Mir war aufgefallen, daß sie und Amani sich in den letzten Tagen oft kurz allein unterhalten und sich mehrfach liebevoll umarmt hatten. Sicher nahm Faten die religiöse Überzeugung meiner Tochter nur deshalb so begeistert auf, weil sie als Tochter meines gefühllosen Bruders oft verzweifelt und traurig war.

Ich nahm mir fest vor, Amani gegenüber nie wieder das Thema Religion anzuschneiden, denn ich wollte unbedingt wieder eine normale Beziehung zu meinem Kind. Es sollte Gott überlassen bleiben, sie hinzuführen, wo es ihm gefiel. In den nächsten Tagen wollte ich Amani aber zu einem Backgammon oder einem Kartenspiel einladen, um herauszufinden, ob sie sich dadurch nicht doch auf andere Gedanken bringen ließ.

Als ich schüchtern an Amanis Tür klopfte, erhielt ich keine Antwort, aber ich hörte Weinen und trat ein. Amani saß da und hielt in der einen Hand den Koran, während sie sich mit der anderen Hand die Tränen von den Wangen wischte. Das machte mich wütend, und ich wollte ihr schon erklären, der Sinn der Religion sei nicht, die Menschen traurig zu machen, aber im letzten Moment hielt ich mich zurück, hockte mich vor sie hin, tätschelte ihr Knie und fragte sie ruhig nach dem Grund ihres Kummers.

Eigentlich erwartete ich die Antwort, sie habe eine göttliche Botschaft erhalten, die nicht für meine Ohren bestimmt sei, und deshalb erschrak ich, als sie antwortete: »Mama, was ich jetzt tun muß, das macht mich sehr, sehr traurig!« Dabei warf sie sich in meine Arme und weinte hemmungslos.

»Amani, mein Kind, was ist denn passiert?«

Ihr zarter Körper bebte. »Jemand hat eine entsetzliche Sünde begangen«, schluchzte sie. »Ich habe von einem abscheulichen Geheimnis erfahren. Gott hat mir geraten, dieses Verbrechen aufzudecken.«

»Was für eine Sünde?« rief ich aus, voller Panik, daß Amani irgendwie von der widernatürlichen Liebesbeziehung ihrer Schwester Maha mit ihrer Freundin Aisha erfahren hatte. Wenn diese Affäre bekannt geworden wäre, hätten Maha und unsere Familie sehr darunter zu leiden gehabt.

Amani starrte mich aus großen Augen an. »Faten hat mir etwas anvertraut, das ihr Gewissen belastet. Diese Sünde ist zu schrecklich, um sie an die Öffentlichkeit zu bringen, und doch muß ich es tun.«

Es beruhigte mich etwas, daß Amani nicht von ihrer Schwester sprach, und ich vermutete, daß einer der neuesten Skandale in der Familie Al Saud sie so erregte. In einer so großen Familie kursieren viele Gerüchte über das ungebührliche Betragen junger Prinzen und zuweilen auch über das junger Prinzessinnen. Über die männlichen Mitglieder der Familie wird öfters in ausländischen Zeitschriften geschrieben, etwa wenn sie beim Spiel eine große Summe verloren haben oder wenn sie das Pech hatten, mit ausländischen Frauen erwischt zu werden. Nach Auslandsaufenthalten hatte schon mehr als eine Prinzessin ein uneheliches Kind erwartet. Selten wird die gesamte Wahrheit aufgedeckt, denn die verschiedenen Verwandten beeilen sich, die Untaten ihrer Sprößlinge zu vertuschen, damit nicht alle Al Sauds von ihrem persönlichen Unglück erfahren.

Amani sprudelte hervor, »Mama, es geht um Majed. Majed hat eine sexuelle Sünde begangen.«

Es fiel mir schwer, ernst zu bleiben. »Majed? Amani, Majed ist der Sohn seines Vaters.« Ich zog ihr Gesicht näher an das meine heran und warnte sie. »Falls du den Männern unserer Familie davon erzählst, werden sie sich nur auf deine Kosten lustig machen. Ali ist stolz darauf, wieviel Erfolg sein Sohn bei ausländischen Frauen hat.«

Jeder in der Familie wußte, daß Majed, Alis zweitältester Sohn, an dem gesellschaftlichen Leben der Ausländer in unserem Land teilnahm, Parties in den Wohngebieten der Ausländer besuchte und sich mit andersgläubigen Frauen traf, die in Krankenhäusern und bei Fluggesellschaften arbeiteten. Normalerweise hielten muslimische Familien nicht viel von diesem Zeitvertreib. Ali aber sah es als eine perfekte Gelegenheit für seinen zweiten Sohn, in einem Land sexuelle Freiheiten zu genießen, das erotische Beziehungen zwischen Angehörigen des muslimischen Glaubens strengstens untersagte.

Amanis heiliger Ernst tat mir weh.

»Nein Mama, du verstehst nicht. Majed hatte mit Frauen gegen ihren Willen Geschlechtsverkehr.«

Ich hatte keine Ahnung, wovon meine Tochter sprach. »Amani, was willst du damit sagen?«

Wieder begann Amani zu weinen und bat mich unter Schluchzen, ihren Vater zu holen, denn sie bräuchte seinen Rat, um zu entscheiden, wen sie von Majeds Verbrechen in Kenntnis setzen sollte.

Obwohl es mich verletzte, daß Amani der Rat ihres Vaters wichtiger war als der meine, lief ich durch das Haus und suchte verzweifelt Karim. Schließlich fand ich ihn mit Abdullah und Maha im Spielzimmer, wo sie sich lärmend bei einer Runde Pool-Billard vergnügten. Das versetzte mir einen weiteren Stich. Meine Kinder ziehen alle ihren Vater vor, dachte ich eifersüchtig. Ich mußte mir richtig auf die Zunge beißen, um nicht mit einer Aufzählung von Karims schlechten Eigenschaften herauszuplatzen.

»Karim!« rief ich laut, »Amani braucht deine Hilfe.«

»Einen Augenblick bitte. Das ist mein Stoß.«

»Karim. Deine Tochter weint. Komm bitte!«

Mein Mann warf mir einen boshaften Blick zu. »Was hast du ihr denn erzählt, Sultana, daß sie wieder weint?«

Ich war ohnehin schon gereizt, und als ich jetzt auch noch zu Unrecht beschuldigt wurde, fegte ich kurzerhand die Billardkugeln in die Löcher des Tisches. Karim und Abdullah protestierten lautstark, aber ich rief meinem Mann im Weggehen über die Schulter zurück. »Das Spiel ist vorbei, und du hast gewonnen. Würdest du dich vielleicht jetzt um deine Tochter kümmern?«

Karim betrat hinter mir Amanis Zimmer. Unsere Tochter weinte nicht mehr und sah so gefaßt aus, als habe sie einen Entschluß gefaßt.

Karim sprach sie vorsichtig an: »Amani? Deine Mutter sagte, du möchtest mir etwas Wichtiges mitteilen?«

»Vater, Majed muß für seine Taten bestraft werden. Ich habe alles gelesen, was im Koran zu solchen Verbrechen geschrieben steht. Mein Cousin *muß* bestraft werden.«

Karim setzte sich auf einen Stuhl und schlug die Beine übereinander. Sein Gesicht hatte einen seltsam bedrückten Ausdruck, als begreife er in diesem Augenblick zum erstenmal, daß Amanis religiöser Eifer weit über ein verträgliches Maß hinausging.

»Was hat Majed denn so Schreckliches getan?« fragte er mit ruhiger Stimme.

Amani war noch ein unschuldiges Mädchen, und ihr Gesicht lief rot an. »Ich schäme mich, darüber zu reden.«

Karim sprach ihr Mut zu: »Sag es einfach.«

Amani starrte in ihren Schoß. Sie genierte sich, über solche Dinge in Gegenwart eines Mannes zu sprechen, selbst wenn er ihr eigener Vater war, obwohl sie ihn doch selbst hatte in das Geheimnis einweihen wollen. Ihr unschuldiges Gesicht stand in hartem Kontrast zu der abgrundtief bösen Geschichte, die uns Amani dann erzählte:

»Eines Abends besuchte Majed eine Party in einem Wohngebiet der Ausländer. Ich glaube, es war in der Siedlung der Angestellten von Lockheed. Dort traf er eine Amerikanerin, die ihn interessant fand, weil er zur königlichen Familie gehörte, aber im Laufe des Abends betrank sich Majed. Daraufhin gefiel er der Frau nun nicht mehr besonders, und sie lehnte es ab, ihn in die Wohnung eines Freundes zu begleiten, wie sie es eigentlich versprochen hatte. Majed war verärgert, daß er sich an diesem Abend nicht mit der Frau vergnügen konnte, und verließ wütend die Siedlung. Auf dem Heimweg beschloß er, einen Freund zu besuchen, der nach einem Autounfall mit leichten Verletzungen im Krankenhaus lag. Der Betrunkene steigerte sich immer mehr in seinen Ärger hinein. Zuletzt schlich er sich in dem Krankenhaus von Zimmer zu Zimmer, um eine Blondine oder eine Ausländerin zu finden, die er dazu überreden oder mit Geld erweichen könnte, mit ihm zu schlafen.

Es war bereits nach Mitternacht, und die meisten Angestellten lagen in den Betten.«

Amanis Unterlippe begann zu zittern, und Karim mußte sie abermals ermuntern fortzufahren. »Und ... was passierte dann, Amani?«

Da brachte meine Tochter die Anklage über ihre Lippen. »Majed hat eine Patientin mißbraucht, eine schwer verletzte, bewußtlose Frau.«

Schreckensstarr und unfähig, mich zu bewegen, verfolgte ich das weitere Gespräch zwischen meiner Tochter und meinem Mann.

Karim schüttelte ungläubig den Kopf. »Amani, das hat Faten dir erzählt?«

»Ja, Vater. Und das war nicht sein einziges Verbrechen.«

»Amani, nein! Das bildet Faten sich ein. Das kann nicht wahr sein. Das ist zu pervers, um wahr zu sein.«

»Ich wußte, du würdest die Wahrheit nicht glauben wollen«, warf Amani ihm vor. »Es gibt Beweise!«

»Beweise? Was denn für Beweise?«

»Zufällig beobachtete ein pakistanischer Angestellter des

Hospitals, wie Majed das Zimmer verließ. Als der Mann dann nach der Patientin sah, bemerkte er, daß sich jemand an ihrem Bett zu schaffen gemacht hatte. Er folgte Majed und drohte damit, die Behörden zu benachrichtigen. Als Majed ihm daraufhin arrogant bedeutete, daß er ein Prinz sei, verlangte der Mann Geld, und Majed gab ihm, was er bei sich hatte, damit der Mann den Mund hielt.«

»Amani!« Karim konnte die Geschichte gar nicht glauben und warnte seine Tochter. »Paß auf, was du sagst! Notzucht, Bestechung! Das ist einfach unglaublich!«

»Aber es ist wahr! Es ist wahr! Du mußt mir glauben, denn Majed wird bald Ärger bekommen.«

Amani verhaspelte sich vor Aufregung, als sie versuchte, ihren Vater zu überzeugen. »Eine Frau, eine Christin und Ausländerin, erwartet ein Kind, obwohl sie seit sechs Monaten ohne Bewußtsein im Krankenhaus liegt. Sie ist im dritten Monat schwanger! Das Krankenhaus wird auf der Suche nach dem Täter auf den Kopf gestellt, und Majed hat Angst, daß durch den Skandal sein Name an die Öffentlichkeit gerät.«

Zum erstenmal kam mir der Gedanke, daß die Geschichte wahr sein könnte, denn Amani kannte erstaunlich viele Details. Vor Schreck mußte ich nach Luft schnappen.

Unter Tränen beendete Amani ihre Horrorgeschichte. »Faten erwischte Majed bei dem Versuch, den Safe seines Vaters aufzubrechen, um an Bargeld zu kommen. Als Faten ihn zur Rede stellte, gestand er seiner Schwester, daß der Pakistani ihn erpreßte. Er verlangt eine Million Rial für sein weiteres Schweigen. Majed konnte seinen Vater nicht um eine solche Summe bitten, ohne einen Grund anzugeben. Der Mann hat gedroht, Majed anzuzeigen, falls er nicht binnen einer Woche das Geld auftreibt.«

Karim und ich starrten einander fassungslos an. Ob die Geschichte wirklich stimmte? Da erinnerte ich mich, was

Majed vor ein paar Wochen zu Abdullah gesagt hatte. Von dem Wortwechsel hatte mir Karim berichtet.

Majed hatte sich über Abdullah lustig gemacht, weil der sich geweigert hatte, mit einer Amerikanerin zu schlafen, die er ganz besonders abstoßend fand, eine Frau die doppelt so alt war wie mein Sohn und die für Geld bereit gewesen wäre, mit ihm zu schlafen. Majed hatte behauptet, Abdullah sei ein Schwächling, denn: »Einem echten Mann genügt zur Not auch eine Kamelstute!« Ich konnte mich noch vage daran erinnern, daß Majed darauf Abdullah erzählt hatte, diese Amerikanerin habe noch erheblich besser ausgesehen als die Frau, die er kürzlich gehabt habe – eine Frau, die bewußtlos gewesen sei und deshalb das große Vergnügen gar nicht mitbekommen habe.

Wir hatten damals natürlich angenommen, mit der »bewußtlosen Frau« habe er eine Betrunkene gemeint. Nun aber, im Lichte von Amanis Geschichte betrachtet, hätte die Frau auch aufgrund eines Unfalls bewußtlos gewesen sein können. Hatte Alis Sohn tatsächlich eine Frau mißbraucht, die ihm wehrlos ausgeliefert gewesen war? Auch der Zeitpunkt, zu dem Abdullah Karim diese Geschichte erzählte, paßte ungefähr zu Amanis Geschichte.

Ich sah, daß auch Karim angestrengt nachdachte und erst aufschrak, als Amani verkündete: »Majed muß bestraft werden. Ich werde es Wijdan sagen müssen, damit ihr Vater von Majeds Verbrechen erfährt.«

Karim knirschte mit den Zähnen, denn er wußte so gut wie ich, daß der Vater von Wijdan ein tiefreligiöser Mann war, der zwar der königlichen Familie gegenüber nicht besonders feindselig eingestellt war, der aber allein seinem Gewissen folgte. Es wäre kaum möglich, ihn zu bestechen, und er würde zumindest darauf bestehen, die Angelegenheit mit den religiösen Behörden und dem König zu erörtern. Wir mußten verhindern, daß ausgerechnet dieser Mann von dem

Vorfall erfuhr. Außerdem hoffte ich noch immer, daß eine Verwechslung vorlag und Majed keine Schuld an dieser schändlichen Tat hatte.

Streng gab Karim seiner Tochter Anweisungen: »Amani, das ist kein Gesprächsthema für junge Mädchen. Ich selbst werde diese Anschuldigungen untersuchen, und sollten sie sich als begründet herausstellen, gebe ich dir mein Wort darauf, daß Majed bestraft werden wird. Ich will, daß du mir versprichst, niemandem etwas von der Sache zu erzählen.«

Ich hatte erwartet, daß Amani widersprechen würde, und war höchst erstaunt, daß sie im Gegenteil sogar erleichtert zu sein schien, das Problem ihrem Vater überlassen zu können. Sie versprach ihm sogleich, Stillschweigen zu bewahren.

Innerhalb von nur drei Tagen hatte Karim die häßliche Wahrheit aufgedeckt. Im Krankenhaus lag wirklich eine Frau, eine Christin, die sich bei einem Autounfall vor sieben Monaten eine schwere Kopfverletzung zugezogen hatte und seither ohne Bewußtsein war. Seit kurzem befand sich nun die Familie der Frau und das Personal des Krankenhauses in heller Aufregung, denn die Mediziner hatten entdeckt, daß die Frau im vierten Monat schwanger war. Die Ermittlungen nach dem Vater des Kindes waren in vollem Gange. Amanis entsetzliche Geschichte war also wahr!

Karim meinte, man müsse Ali unterrichten, und wollte, daß ich ihn in das Haus meines Bruders begleitete. Zum erstenmal in meinem Leben empfand ich bei einem Unglück meines Bruders keine heimliche Freude.

Der Magen krampfte sich mir zusammen, als wir durch das Seitenportal in das große Anwesen fuhren, in dem Alis vier Frauen und sieben Konkubinen lebten. Bei der Durchfahrt durchs Seitenportal konnte ich einen kurzen Blick auf viele Frauen und Kinder werfen, die auf einem geschützt hinter Büschen liegenden Teil des Rasens lagerten. Die Kinder tollten herum, während die Frauen strickten, miteinander plauderten oder Karten spielten.

Ich fand es erstaunlich, daß sich zwischen den Frauen, die mein Bruder geheiratet hatte, und den Konkubinen, die er sich hielt, im Laufe der Jahre enge und liebevolle Beziehungen entwickelt hatten. Normalerweise kam das sehr selten vor. Ich konnte mir nicht vorstellen, Karim auch nur mit einer einzigen Frau zu teilen, von zehn anderen Frauen ganz zu schweigen, aber vielleicht brachte die Gefühllosigkeit meines Bruders seine Frauen dazu, untereinander emotionalen Rückhalt zu suchen. Oder vielleicht liebte ihn auch keine seiner Frauen, und jede einzelne war froh, wenn eine andere Ali aus ihrem Ehebett lockte.

Bei diesem Gedanken mußte ich lächeln, aber dann fiel mir der ernste Anlaß unseres Besuchs im Haus meines Bruders wieder ein, und mein Lächeln erlosch.

Ali war gut gelaunt und begrüßte uns überschwenglich. Nach dem Austausch von Höflichkeiten und dem dritten Glas Tee rückte Karim mit unserer schlechten Nachricht heraus.

Alis vorher so zufriedene Miene verdüsterte sich, und zum erstenmal fühlte ich so etwas wie Mitgefühl für meinen Bruder. Ich erinnerte mich an den Satz, den ich so oft Menschen hatte zitieren hören, die weiser sind als ich. »Wer seine Hände im Wasser hat, soll nicht meinen, daß die glücklich sind, die ihre Hände im Feuer haben.«

Mir war klar, daß Ali die Hände im Feuer hatte.

Majed wurde herbeibefohlen, und die Arroganz und Selbstsicherheit, die der Junge zur Schau trug, verflogen, als er den wütenden Blick seines Vaters sah. Ich wollte den Jungen hassen, aber ich erinnerte mich an einen Vorfall aus meiner Kindheit. Ali war einmal für ein kleineres Vergehen getadelt worden und hatte daraufhin unsere Mutter eine *unwissende Beduinin* genannt und versucht, nach ihr zu treten.

Meine Schwestern und ich hatten von meiner Mutter verlangt, Ali für seine Frechheit mit einem großen Stock zu verhauen, aber unsere Mutter hatte nur traurig geantwortet: »Warum soll ich den kleinen Jungen dafür bestrafen, daß er seinem Vater gleicht?«

Und genau so sehr wie Ali unserem Vater in Benehmen und Charakter geähnelt hatte, so war Majed unverkennbar Alis Abbild.

Karim und ich verließen die beiden, als Ali begann, seinen Sohn mit bloßen Fäusten zu verprügeln.

Eine Woche später vertraute mir Karim an, man habe die Angelegenheit »in Ordnung gebracht«. Weisungsgemäß habe er den Pakistani aufgespürt und ihm sehr viel Geld gegeben, das der Mann in Kanada investieren würde. Außerdem erhielte er dank Alis Unterstützung auch bald einen Paß dieses Landes, und so würde unsere Familie nie mehr von diesem Störenfried hören.

Kopfschüttelnd hatte Ali zu Karim gesagt: »Diese ganze Aufregung wegen einer Frau.«

Weder das Krankenhaus noch die Familie der Frau, die Majed mißbraucht hatte, hat jemals erfahren, daß der Täter ein Prinz aus dem Königshaus gewesen war.

Majed wurde auf eine Schule in den Westen geschickt. Damit war Amani zufrieden, denn sie war davon überzeugt, die schlimmste Strafe sei, aus dem Land des Propheten verbannt zu werden.

Wieder einmal hatte Geld verhindert, daß jemand für sein Verbrechen zur Rechenschaft gezogen wurde. Anscheinend konnte die Vorherrschaft der Männer in diesem Land durch nichts ins Wanken gebracht werden – noch nicht einmal dadurch, daß einer aus ihren Reihen ein so abscheuliches Verbrechen begangen hatte.

8. KAPITEL

Die Liebesaffäre

Wenn dich die Liebe ruft, dann folge ihr,
auch wenn ihre Wege steil und beschwerlich sind.

Kahlil Gibran

Amani und ihre Schwester Maha rissen mich aus dem Mittagsschlaf. Durch die Türen zu meinen Privatgemächern hindurch konnte ich hören, wie sie einander anschrien.

Ich überlegte mir, was Amani wohl jetzt wieder angestellt hatte, und schlüpfte in meine Kleider. Seit ihrer religiösen Erweckung sagte sie allen Menschen schonungslos die Meinung, zählte hingebungsvoll angeblich unmoralische Handlungen ihres Bruders oder ihrer Schwester auf und suchte dauernd nach einer Gelegenheit, ihre Geschwister zu maßregeln.

Mein Sohn Abdullah stritt nur ungern. Er fürchtete Amanis unberechenbare und kaum zu besänftigende Wutausbrüche und ging deshalb seiner Schwester einfach aus dem Weg. Waren ihre Forderungen leicht zu erfüllen, was selten genug der Fall war, dann gab er stets klein bei und fügte sich ihren Anordnungen.

Mit Maha hatte es Amani erheblich schwerer. Ihre ältere Schwester war mindestens ebenso energisch wie sie selbst. Maha hatte schon als Kind ein aufbrausendes Wesen gehabt.

Ich folgte dem Geschrei. Ein paar Diener standen vor dem Eingang zur Küche, und ich hatte den Eindruck, daß sie sich nur ungern von dem unterhaltsamen Schauspiel losrissen.

Fast gewaltsam mußte ich mir meinen Weg in die Küche bahnen.

Ich war im richtigen Augenblick gekommen. Maha, doppelt so kräftig und viel jähzorniger als ihre jüngere Schwester, hatte auf die neueste Zurechtweisung Amanis mit Gewalt reagiert. Entsetzt mußte ich feststellen, daß Maha rittlings auf ihrer am Boden liegenden Schwester saß und ihr das Gesicht in die Blätter der Morgenzeitung drückte!

So hatte ich mir das vorgestellt!

Vor einer Woche waren Amani und ihr religiöser Zirkel zu dem Schluß gekommen, die Tageszeitungen unseres Landes würden durch die darin abgedruckten Koranverse und Prophetensprüche und die Erwähnung von Allahs Namen geheiligt. Das Komitee hatte verfügt, daß deshalb Zeitungen nicht mehr auf dem Boden herumliegen und mit Füßen getreten, als Butterbrotpapier verwendet oder weggeworfen werden dürften. Amani hatte dann ihre Familie von dem Beschluß in Kenntnis gesetzt und jetzt vermutlich Maha ertappt, wie sie sich respektlos und leichtsinnig über die erleuchtete Anordnung hinwegsetzte.

»Maha! Laß sofort deine Schwester los!« rief ich empört.

Maha überhörte jedoch meinen Befehl. Ich versuchte vergeblich, Maha von ihrer Schwester wegzuziehen, doch sie war offensichtlich wild entschlossen, Amani endlich eine Lektion zu erteilen, und blieb Siegerin in dem Handgemenge.

Mit rotem Gesicht und um Luft ringend schaute ich mich nach den Bediensteten um. Schnell kam einer der ägyptischen Fahrer herbei und griff ein. Der Mann hatte starke Arme und schaffte es, die Streitenden zu trennen.

Nun ging Maha zur verbalen Attacke über. Sie beleidigte

ihre kleine Schwester so sehr, daß diese bitterlich weinte und ihre große Schwester der Gottlosigkeit bezichtigte.

Ich versuchte zu schlichten, war aber in dem Tohuwabohu kaum zu hören. Also kniff ich meine Töchter in die Arme, bis sie endlich still waren. Maha stand trotzig und mit finsterer Miene vor mir. Amani kniete noch am Boden, griff aber gleich nach der zerrissenen Zeitung und versuchte, die Seiten zu glätten. Wahrlich, meine Tochter blieb ihren Grundsätzen stets treu!

Religiöser Eifer kann sich sehr unterschiedlich manifestieren, und bei manchen Menschen kommen im Zusammenhang mit Glaubensfragen die schlechtesten Charakterzüge zum Vorschein. Amani war zweifellos so ein Mensch. Früher hatte ich noch die Hoffnung gehegt, die Religion würde meine jüngere Tochter mit der Zeit besänftigen, aber das Gegenteil war der Fall; die Dinge hatten sich gänzlich anders entwickelt als von mir erhofft.

Ich war mit meiner Geduld am Ende und zog meine Töchter an den Ohren ins Wohnzimmer. Energisch befahl ich den Dienstboten, uns allein zu lassen, und funkelte meine Kinder zornig an. Mir schoß der schreckliche Gedanke durch den Kopf, daß es ein bedauerlicher Fehler gewesen sein könnte, diese widerspenstigen Wesen in die Welt zu setzen.

»Das Geschrei eines Säuglings ist letztlich für eine Mutter nur eine Warnung vor dem, was sie noch vor sich hat«, donnerte ich meine Töchter an.

Meine drohende Miene und mein Blick zeigten deutlich, daß ich es wirklich ernst meinte, und meine Töchter blieben betreten vor mir stehen, denn vor den Wutausbrüchen ihrer Mutter hatten sie großen Respekt.

Ich schloß die Augen und holte tief Luft, denn ich wollte den Streit nicht zu dritt fortsetzen. Sobald ich mich ein wenig beruhigt hatte, sagte ich meinen Töchtern, jede von ihnen solle nun Gelegenheit haben, den Anlaß des Streits zu schildern. Es dürfe aber keinerlei Handgreiflichkeiten mehr geben.

»Es reicht mir!« platzte Maha heraus. »Amani macht mich noch verrückt! Entweder sie läßt mich jetzt in Frieden, oder …«

Ich sah, wie sie fieberhaft nach einer besonders fürchterlichen Drohung suchte.

»… oder ich schleiche mich in ihr Zimmer und zerreiße ihren Koran!«

Amani schnappte entsetzt nach Luft.

Da ich wußte, wozu meine Tochter fähig war, wenn sie sich etwas in den Kopf gesetzt hatte, untersagte ich Maha eine so ruchlose Tat ausdrücklich.

Wütend fuhr Maha fort. »Die ist doch total übergeschnappt! Wir sollen alte Zeitungen nicht mehr wegwerfen! Wir werden noch eine Lagerhalle für Altpapier bauen müssen.« Sie schaute ihre Schwester an. »Du hast jeden Bezug zur Realität verloren, Amani!«

Dann wandte sie sich wieder mir zu. »Mama, seit wir zur *Hadsch* aufgebrochen sind, spielt sich Amani hier als Chefin auf.«

Maha hatte recht. Aus Amanis ungefestigtem Glauben war in beängstigend kurzer Zeit eine ausschließlich von der Religion bestimmte Weltsicht geworden. Meine jüngere Tochter beanspruchte die ganze Autorität des Islam für sich und machte völlig groteske Vorschriften für alle Bewohner des Hauses.

Vor ein paar Tagen hatte ein philippinischer Gärtner stolz ein Paar Gummisandalen gezeigt, deren Sohlen der Name Gottes zierte. Er erwartete, für seinen Kauf gelobt zu werden, aber Amani schrie entsetzt auf, schnappte sich die Sandalen des verdutzten Mannes, bezichtigte ihn der Gotteslästerung und drohte ihm mit strenger Bestrafung.

Unter Tränen gestand der junge Mann, er habe die Sandalen im Bahtha, einem beliebten Bazar in der Innenstadt von Riad, gekauft. Er hatte geglaubt, seine muslimischen Arbeitgeber würden sich freuen, den Namen Gottes auch auf diesen Gebrauchsgegenständen zu sehen.

Für Amani aber waren die Sandalen Teufelswerk. Sie berief eigens eine Versammlung ihres religiösen Zirkels ein und verblüffte alle Anwesenden mit dem häretischen Schuhwerk. Andere religiöse Zirkel wurden davon unterrichtet, und in der Stadt wurden alsbald Pamphlete verteilt, in denen die Leute davor gewarnt wurden, solche Sandalen zu tragen.

Man muß wissen, daß es Muslimen verboten ist, auf Dinge zu treten, die den Namen Gottes tragen. Es ist uns sogar verboten, Sandalen auch nur mit der Sohle nach oben hinzulegen, falls das den Schöpfer hätte beleidigen können. Amanis Reaktion war natürlich überzogen, denn der junge Filipino war andersgläubig und mit unseren religiösen Bräuchen nicht vertraut. Seit frühester Kindheit hatte mir die Vorstellung eines gütigen Gottes gefallen, der nicht in jeder Freude des Menschen eine Sünde sieht, aber meiner Tochter war dieser gütige Gott Mohammeds fremd, von dem mir meine liebevolle Mutter immer erzählt hatte, dessen war ich mir sicher. Daher bat ich meinen Gott, er möge Amanis unbändigen Glaubenseifer mäßigen.

Meine Gedanken kehrten in die Gegenwart zurück, und ich betrachtete sorgenvoll meine Töchter.

Amani fürchtete, Maha könne tatsächlich ihren Koran zerreißen, und versprach deshalb, ihre Geschwister nicht mehr ständig zu maßregeln. Maha wiederum erklärte, sie wolle künftig auf Gewalt verzichten, falls Amani sie ihre eigenen Wege gehen lasse.

Ich hoffte, dieser Waffenstillstand würde eingehalten, aber ich hatte meine Zweifel. Amani neigte dazu, andere Menschen zu verurteilen, und wirklich glücklich war sie nur, wenn sie für die Religion Krieg führen konnte. Maha hingegen war nicht der Typ, der sich die beißenden Bemerkungen ihrer Schwester schweigend angehört hätte.

Meine beiden Töchter waren unter einem Dach eine zu brisante Mischung für einen dauerhaften Frieden!

Ich verdrängte diesen bedrückenden Gedanken und fühlte, wie mich die Mutterliebe überwältigte. Ergriffen umarmte ich meine Töchter. Maha verzieh ebenso schnell, wie sie wütend wurde. Sie schenkte mir ein Lächeln, das für ihre ehrliche Bereitschaft zum Frieden sprach. Amani war nachtragend, vor allem, wenn sie ihrer Meinung nach im Recht war. Sie blieb in meiner Umarmung steif und erwiderte meine Zärtlichkeit nicht.

Meine Töchter gingen auf ihre Zimmer, und ich sah ihnen wehmütig nach. Auf einmal war das Zimmer nicht mehr mit der unbändigen Energie meiner Töchter erfüllt, aber die sonst so wohltuende Ruhe wirkte auf mich nicht tröstlich. Ich fühlte mich erschöpft und überlegte, daß mir ein wenig Anregung nicht schaden könnte. Also klingelte ich nach Cora und bat sie, mir eine Tasse türkischen Kaffees zu bringen. Aber ohne recht zu wissen warum, änderte ich plötzlich meine Meinung und bestellte einen starken Whisky-Cola.

Erstaunt und mit offenem Mund stand Cora da. Es war das erste Mal, daß ihre Herrin am hellichten Tag nach einem alkoholischen Getränk verlangte.

»Nun geh schon«, trieb ich sie an.

Dann saß ich da und las in der Zeitung, ohne die Meldungen wirklich aufzunehmen. Ich gestand mir gerade ein, daß ich mit beschämender Vorfreude auf meinen Drink wartete, als Abdullah nach Hause kam und eilig die Halle durchquerte. Ich sah sein Gesicht nur kurz, aber was ich da sah, gefiel mir ganz und gar nicht. Der sonst so freundliche Abdullah blickte düster, als ob ihn etwas quälen würde.

»Abdullah!« rief ich.

Er kam mit großen Schritten ins Zimmer und machte ungefragt seinem Herzen Luft.

»Mutter! Jafer ist aus unserem Land geflohen!«

»Was?«

»Er ist weg! Mit Fayza, der Tochter von Fouad.«

Das verschlug mir die Sprache. Mit offenem Mund saß ich da und starrte meinen Sohn an.

Jafer Dalal war Anfang zwanzig, gutaussehend und wohlerzogen, und hatte ein ernstes und dabei liebenswürdiges Wesen. Trotz seiner Jugend war er reif und gelassen und galt allgemein als charmanter, aufmerksamer Gesprächspartner. Jafer war einer der wenigen jungen Männer, denen Karim, was die Frauen der Familie betraf, voll und ganz vertraute.

Außerdem war Jafer Abdullahs bester Freund.

Ich hatte Karim wissen lassen, daß ich gerne Jafers Eltern kennenlernen möchte, doch das war leider unmöglich, denn Jafers Mutter war gestorben, als er gerade zwölf Jahre alt war, und sein Vater fiel fünf Jahre später im libanesischen Bürgerkrieg. Jafers einziger, vier Jahre älterer Bruder war auch in diesem Krieg schwer verwundet worden und lebte seither in einem Pflegeheim im Süden des Libanon. Da Jafer unmündig Waise geworden war und keine Geschwister hatte, die sich um ihn hätten kümmern können, zog er zu einem Onkel nach Kuwait, der dort Manager in einer Firma war.

Jafer war als Palästinenser und Sunnit in einem Flüchtlingslager im südlichen Libanon geboren worden und hatte dort auch seine Kindheit verbracht. Ohne Zweifel hatte dieser junge Mann kein einfaches Leben gehabt.

Nach der Invasion des Irak in Kuwait stellte sich die PLO hinter Saddam Hussein, und nach dem Krieg gab es daher in der kuwaitischen Bevölkerung starke Ressentiments gegenüber der großen palästinensischen Minderheit im Land. Jafers Onkel und seine Angehörigen verhielten sich ihrem kuwaitischen Arbeitgeber gegenüber völlig loyal und hätten deshalb eigentlich in Kuwait bleiben können, aber wegen der mit den Händen zu greifenden feindseligen Stimmung riet der kuwaitische Geschäftsmann Jafers Onkel, das Land zu verlassen. Der freundliche Mann wollte verhindern, daß so tüchtige Menschen in Gefahr gerieten.

Dieser Kuwaiter besaß zusammen mit Karim eine weitere Firma und empfahl Jafers Onkel für eine Stelle, die in der Verwaltung dieser Firma in Riad besetzt werden mußte.

Wegen Unstimmigkeiten zwischen unserem König und Jassir Arafat war es damals in Saudi-Arabien allgemein üblich, Menschen palästinensischer Nationalität möglichst nicht zu beschäftigen, aber als hochstehender Prinz konnte Karim ganz nach Gutdünken handeln und stellte Jafers Onkel schließlich ein.

Schon bald nach seiner Ankunft in Riad wurde der Mann zu einem von Karims geschätztesten Angestellten, der mit verantwortungsvollen Aufgaben und besonders schwierigen Projekten betraut wurde. Jafer begleitete seinen Onkel und beeindruckte Karim so sehr, daß er ihn in der Verwaltung seiner Anwaltsbüros anstellte.

Abdullah und Jafer wurden einander vorgestellt und freundeten sich rasch an. Nach einiger Zeit sah unser Sohn in Jafer den Bruder, den er nie gehabt hatte. Und so kam es, daß wir, obwohl wir ihn erst seit zwei Jahren kannten, Jafer als Mitglied der Familie behandelten.

Jafer sah sehr gut aus, und er gefiel den Frauen, wo immer er auftrat. Abdullah behauptete, daß Jafer in Restaurants manchmal sogar Zettelchen mit Einladungen zugesteckt bekam. Einmal hatte ihn Jafer in die König Faisal Klinik begleitet, wo Abdullah einen Cousin aus der königlichen Familie besuchte, der dort behandelt wurde. Gleich drei ausländische Krankenschwestern hätten Jafer ungebeten ihre Telefonnummern gegeben, obwohl er nur ein paar Worte mit ihnen gewechselt hatte.

Auf mich wirkte Jafer sehr reif für sein Alter. Anscheinend lebte er in einem Land, in dem nicht legalisierte Beziehungen zwischen Mann und Frau verboten waren, ganz bewußt enthaltsam. Karim jedoch machte Jafer Vorwürfe, weil er oft die Gesellschaft anderer Menschen mied. Er spürte, daß der junge Mann einsam war und langsam in ein Alter kam, in dem man eigentlich ein Zuhause bräuchte. So machte er ihm das ernstgemeinte Angebot, ihn Libanesen oder Palästinensern vorzustellen, die ihn mit muslimischen Frauen im heiratsfähigen Alter aus diesen Ländern hätten bekannt machen können, und fügte mit einem Blinzeln in meine Richtung boshaft hinzu, alle Männer sollten in den Genuß der Freuden und Nöte weiblicher Gesellschaft kommen.

Aber alle Versuche von Karim, Jafer eine Frau zu verschaffen, schlugen fehl. Der junge Mann lehnte alle Angebote in dieser Richtung höflich ab. Sein völliges Desinteresse an Frauen erschien uns allen als Rätsel, und auch ich war sehr verwundert, aber die Probleme mit meinen Töchtern nahmen mich so sehr in Anspruch, daß ich mir über Jafers Liebesleben nicht weiter den Kopf zerbrach.

Warum Jafer nicht hatte heiraten wollen, kam nun ans Licht, und die Angelegenheit drohte in einer Katastrophe zu enden.

Abdullah ließ seinem Kummer freien Lauf, und seine Klage hatte etwas rührend Kindliches an sich: »Jafer hat nie mit mir über Fayza geredet.«

Dies war die bisher dunkelste Stunde in Abdullahs jungem Leben. Es brach mir fast das Herz, daß ich mitansehen mußte, wie sein unschuldiger Glaube an die Freundschaft erstmals ins Wanken geriet.

In diesem Moment stürmte Karim zur Tür herein. Er war ebenso wütend, wie Abdullah traurig war.

»Abdullah!« rief er. »Du hast dein eigenes Leben und das unschuldiger Menschen riskiert!«

Aufgebracht berichtete Karim, Abdullah sei auf die Nachricht von Jafers Verschwinden hin außer sich geraten und habe völlig verstört das Büro verlassen. Voller Sorge stürzte Karim ihm nach. Nun erzählte mein Mann, Abdullah sei mit einem Irrsinnstempo durch die Stadt gerast; einmal habe er mit seinem Wagen sogar Autos von der Gegenfahrbahn abgedrängt.

»Du hättest dabei umkommen können!« Karim war so aufgebracht, daß er sich vorbeugte und Abdullah ins Gesicht schlug.

Der harte Schlag schockierte auch Karim selbst, und er beruhigte sich augenblicklich.

Früher habe ich meinen drei Kindern ab und zu eine Ohrfeige gegeben, aber nie haben wir eines unserer Kinder geschlagen!

Karim war über sich selbst erschüttert und starrte auf seine Hand, als gehöre sie nicht zu seinem Körper. Schließlich umarmte er seinen zitternden Sohn und entschuldigte sich, aber er sei auf der rasenden Fahrt vor Sorge fast wahnsinnig geworden.

Die Wogen der Gefühle schlugen hoch, und so dauerte es eine Weile, bis Licht in das Dunkel um Jafers und Fayzas heimliche Liebe kam.

Fayza war die Tochter von Fouad, Karims Partner in drei ausländischen Firmen. Fouad war nicht königlichen Ursprungs, aber vor vielen Jahren war es ihm erlaubt worden, in die königliche Familie einzuheiraten, obwohl er nicht aus dem Nedschd stammte und seine Familie den Al Sauds nicht besonders nahestand. Grundsätzlich wurden Frauen der Familie Al Saud nur aufgrund wirtschaftlicher oder politischer

Überlegungen außerhalb der Familie verheiratet. Fouad entstammte einer Familie wohlhabender Händler in Dschidda, die in den Anfangstagen unseres Königreiches die Al Sauds erbittert bekämpft hatte.

Fouad hatte seine Familie unbedingt mit dem Herrscherhaus verbinden wollen und ein extrem hohes Brautgeld für Samia, eine Prinzessin, geboten. Samia war keine allzu große Schönheit, und grausamer Klatsch über ihre unreine Haut, ihre kleinen Augen und ihren krummen Rücken hatten ihr alle Aussichten auf eine Heirat zerstört. Sie hatte sich selbst schon damit abgefunden, eine alte Jungfer zu werden.

Fouads sehnlichster Wunsch war, eine tugendhafte Frau zu heiraten, denn die Frauen seiner Familie erzählten abenteuerliche Geschichten über verführerisch schöne Frauen, die angeblich sehr schlechte Ehefrauen abgeben würden, zwischen Friseur und Boutique nur an Luxuswohnungen, möglichst viele Bedienstete und immer noch mehr Schmuck dächten. Daher widerstand Fouad den Reizen der Schönheit und erklärte, er wünsche sich eine Frau mit Humor und Herz. Die Prinzessin, um die er sich bemühte, hätte zwar keinen Dichter zum Schwärmen gebracht, war aber wegen ihres Charmes und ihres angenehmen Wesens in der königlichen Familie sehr beliebt.

Samias Familie hielt Fouad dennoch für einen Narren, nahm aber sein Angebot an, und es wurde Hochzeit gefeiert.

Fouad war sehr zufrieden mit seiner Ehefrau, denn sie besaß viel Humor, und er hatte begriffen, daß ihnen diese Eigenschaft in den Krisen einer Ehe sehr helfen würde. Außerdem verliebte sich die Frau unsterblich in ihren Ehemann, was die Dinge sehr vereinfachte. Kurz gesagt, ihre Verbindung wurde ausgesprochen glücklich. Dem Paar wurden drei Söhne und eine Tochter geschenkt, und durch eine glückliche Laune der Natur brachten der unscheinbare Fouad und die beklagenswert häßliche Samia ausgesprochen gutaussehende

Kinder hervor. Ihre drei Söhne sahen blendend aus, und ihre Tochter war eine hinreißende Schönheit.

Fayza war in meinem Bekanntenkreis das einzige Mädchen, deren Aussehen der jugendlichen Vollkommenheit Saras Konkurrenz machen konnte. Allein die Geschichten über Fayzas elfenbeinernen Teint, ihre träumerischen dunklen Augen und ihr kohlrabenschwarzes Haar versetzten das Blut der saudischen Männer in Wallung. Aber Fayza besaß noch andere unwiderstehliche Eigenschaften. Sie hatte von ihrer Mutter einen selten trockenen Humor geerbt und brachte unsere Frauenrunde oft zum Lachen. Und sie war intelligent, studierte an einer Universität für Frauen in Riad im ersten Semester Zahnmedizin und träumte davon, nach dem Examen eine Zahnarztpraxis für Kinder zu eröffnen.

Fouad vertraute Karim an, er sehe es zwar gerne, daß seine Tochter einen Hochschulabschluß erwerbe, aber sie würde diese Ausbildung wohl kaum benötigen, denn Fayza sollte nach dem Examen in eine reiche Familie einheiraten. Es hatten bereits Verhandlungen stattgefunden, und Fouad konnte zwischen drei einflußreichen Familien wählen. Sobald Fayza ihr Examen hinter sich hätte, würde er ihr erlauben, sich unter Aufsicht mit drei jungen Männern zu treffen. Seine Tochter sollte mitentscheiden dürfen, wenn es um ihre Zukunft ging.

Als Karim mir von Fouads Plänen erzählte, freute ich mich sehr für Fayza. Wie weit waren wir seit meiner Jugend doch schon gekommen! Keine meiner Schwestern hatte bei der Wahl ihrer Ehemänner auch nur ein Wörtchen mitzureden gehabt. Und wer von uns könnte je den Alptraum vergessen, den Sara in der Ehe mit ihrem bösen ersten Mann durchleiden mußte. Diese grausame Mißhandlung hat meine Schwester fürs Leben gezeichnet, ja beinahe ihr Leben gekostet.

In meiner Familie war ich die einzige Tochter gewesen, die das Vorrecht genossen hatte, ihren künftigen Ehemann vor der Hochzeit kennenzulernen. Und diese Entscheidung war allein durch die Taten eines temperamentvollen Mädchens und die Entschlossenheit eines neugierigen Verehrers herbeigeführt worden.

Und nun war da ein Mann, der selbst noch in sehr strengen Zeiten aufgewachsen war und dennoch ganz beiläufig davon sprach, seine Tochter bei der Auswahl ihres Ehemannes mitreden zu lassen. Wie froh machte mich diese Nachricht!

Ich gönnte mir diese Freude aber nur kurz, denn ich wußte, daß immer noch die meisten Frauen in meinem Land aus politischen oder ökonomischen Überlegungen heraus verschachert werden. Doch jeder einzelne Sieg war ein Schritt auf dem Weg zur umfassenden Befreiung der Frauen.

Fouads Träume für die Zukunft seiner Tochter waren nun zerstört. Seine einzige Tochter, eine bildschöne Frau, um die sich die reichsten Männer des Landes bemühten, war mit einem palästinensischen Flüchtling und Habenichts durchgebrannt!

»Wie konnte das nur geschehen?« fragte ich meinen Mann.

Mit ihren Rechtsanwälten und anhand der Informationen, die Samia gesammelt hatte, war es Karim und Fouad gelungen, das Drama um die beiden Liebenden zu rekonstruieren. Nun erzählte mir Karim die Vorgeschichte.

Einige Wochen nachdem Jafer in der Firma angefangen hatte, waren Fouads Angehörige ins Büro gekommen, um einige Papiere zu unterschreiben. Fouad hatte erhebliche Anteile an ausländischen Firmen erworben, und einige dieser Geschäfte hatte er im Namen seiner Kinder abgeschlossen.

Jafer war für die Abwicklung der Vorgänge verantwortlich, und daher wurden Fouads Angehörige in Jafers Büro geleitet. Gemäß den Vorschriften unserer Religion waren

Samia und ihre Tochter verschleiert. In dem abgeschlossenen Büro und in der Anwesenheit eines Angestellten, dem ihr Vater vertraute, fühlten sie sich jedoch sicher. Deshalb hatten beide die Schleier nach hinten über den Kopf geworfen, um die Dokumente besser lesen und unterschreiben zu können.

Als jetzt wieder die Rede von diesem Zusammentreffen war, meinte Samia, sie könne sich schwach daran erinnern, daß ihre Tochter und Jafer sich vielleicht ein wenig zu lang angestarrt hätten. Samia, naiv und gutgläubig, wertete die Nervosität und die verwackelte Unterschrift ihrer Tochter nicht als Anzeichen der Wünsche, die in ihrem Kind wach geworden waren.

Jafer, der gutaussehende junge Mann, hatte ihnen Tee angeboten, und Samia hatte ihrer Tochter zugesehen, wie sie die Aufmerksamkeiten des Mannes dankbar annahm, wie ihre Hände sich mit den seinen beim Austausch von Teetassen und Füllfederhalter berührten. Samia erklärte ihrem Mann, sie habe diese Berührungen damals für unabsichtlich gehalten.

Karim erzählte mir, Fouad sei in wüste Beschimpfungen ausgebrochen, er habe sogar seiner Frau die Schuld an der Affäre gegeben. Er habe gesagt, alle Männer seien von Natur aus Verbrecher und Samia als Mutter einer unerfahrenen Tochter hätte Jafers böse Absichten durchschauen müssen. Fouad habe gestöhnt, Jafer sei falsch, er trüge ein Lächeln auf den Lippen und einen Dolch in der Tasche.

Samia konnte sich sonst an nichts mehr erinnern, nur noch, daß ihr Kind in Jafers Anwesenheit errötet sei und fiebrig gewirkt habe.

Connie, Fayzas philippinisches Dienstmädchen, wußte weitere Einzelheiten. Sie wurde von Karim und Fouad peinlich genau befragt, und die beiden Männer fanden noch mehr Betrügereien der beiden Liebenden heraus. Connie war der Meinung, Fouads Tochter – und nicht Jafer – habe die

Sache eingefädelt. Sie erzählte, Fayza sei vom ersten Tag an schrecklich verliebt gewesen und habe vor lauter Liebe Essen und Schlafen vergessen. Sie habe sich völlig zerrissen gefühlt zwischen ihrem Pflichtgefühl gegenüber ihrer Familie und ihrem Verlangen nach Jafer, aber schließlich habe sie Connie anvertraut, die Liebe habe gesiegt – sie wolle Jafer oder keinen.

Connie kannte die Pläne von Fayzas Eltern für ihre schöne Tochter und war daher in einer nicht gerade beneidenswerten Situation. Die Wahrheit über ihre junge Herrin konnte sie nicht verraten, aber sie wußte, daß sie das eigentlich tun müßte. Connie schwor Fouad, sie habe Fayza daran erinnert, daß die Tochter eines wohlhabenden Saudis mit guten Beziehungen zur Familie Al Saud unmöglich einen palästinensischen Büroangestellten heiraten könne.

Ich neige dazu, unsere von den Männern dominierte Gesellschaftsordnung bei jeder Gelegenheit zu kritisieren. Auch jetzt überlegte ich, wer an der ganzen Sache schuld war, und dachte über die restriktiven sozialen Umgangsformen in Saudi-Arabien nach. Schließlich unterbrach ich Karims Bericht und sagte, meiner Meinung nach zeige Fayzas kopflose Reaktion auf einen charmanten und gutaussehenden Mann deutlich, wie unsinnig unser System sei. Mit vor Ärger belegter Stimme erklärte ich, unsere jungen Männer und Frauen würden viel weniger oft von der romantischen Liebe auf den ersten Blick befallen, wenn sie sich endlich unter normalen Umständen begegnen dürften.

Ich bin überzeugt, daß eine starke erotische Anziehung zwischen den Partnern zu tiefempfundener Liebe führt, wie das etwa bei meiner Schwester Sara und ihrem zweiten Mann Assad der Fall war. So eine glückliche Liebesgeschichte ist in unserer Gesellschaft allerdings selten. Das Leben unserer jungen Männer und Frauen ist sehr strengen Regeln und Geboten unterworfen; sie haben kaum Gelegenheit, einander zu begegnen. Geschieht es doch, so entsteht ein Übermaß an zuvor unterdrückten Emotionen, und das Ganze endet oft in einer schrecklichen Tragödie.

Karim musterte mich irritiert und sagte, er würde gehen, falls ich weiter das Gespräch mit meinen sattsam bekannten Theorien über die Unterdrückung der Frau in Saudi-Arabien zusätzlich belasten würde.

Mit einem flehenden Blick bat mich Abdullah, Karim keine Szene zu machen. Meinem Sohn zuliebe schwieg ich. Schließlich setzte Karim seinen Bericht fort.

Fayza erzählte Connie, daß sie nur zu bereit gewesen sei, sich zu verlieben, und sie sei überzeugt, daß Jafer sich auch in sie verliebt habe. Allerdings befürchte sie, er könnte als kleiner Angestellter durch ihre hohe gesellschaftliche Stellung verunsichert sein und niemals die Initiative ergreifen.

Also rief Fayza frech Jafer im Büro an, bat ihn um ein Rendezvous und versprach, daß kein Mensch jemals davon erfahren würde.

Jafer gestand zwar, daß ihn noch keine Frau so aus dem Gleichgewicht gebracht hatte wie Fayza, aber er schlug das verlockende Angebot aus. Er fragte Fayza, was denn Gutes an einem kurzen Glück mit ihr wäre, wenn danach der Verlust nur unerträglich schmerzen müßte.

Hellauf begeistert vertraute Fayza Connie an, Jafer habe angebissen. Sie glaubte, sie würden sich bald treffen, denn ihre langen Telefongespräche waren inzwischen immer leidenschaftlicher geworden. Jafer hatte bereits verkündet, er werde sie nie mehr freigeben, wenn er sie erst einmal besessen habe. Drohungen, die Fayza nur zu gerne hörte!

Binnen zwei Wochen wurden die Telefongespräche immer vertraulicher, und das Verlangen der beiden nacheinander wurde größer und größer. Ganz allmählich begann Jafer nachzugeben. Sie verabredeten ein Rendezvous im Al Akariya, einer großen Ladenpassage in der Innenstadt von Riad.

Dort bummelte dann eine tief verschleierte Fayza neben ihrem Auserwählten her und tat so, als sei sie mit ihm verwandt. Die beiden gingen von Geschäft zu Geschäft und lernten einander dabei kennen, wirkten dabei wie ein Araber und seine verschleierte weibliche Begleitung, ein gewohnter Anblick in unserer Stadt. Deshalb blieben sie unbehelligt.

Daß sie sich auf- und abgehend kennenlernen mußten, war reichlich merkwürdig, aber sie wagten es nicht, sich in ein Restaurant zu setzen und zusammen zu essen. Sie wußten, daß Restaurants die Lieblingsziele der sehr aktiven und immer häufiger auftretenden Sittenpolizei sind, die in Saudi-Arabien Menschen aller Nationalitäten belästigt.

Diese Sittenwächter umstellen und stürmen Gaststätten und kontrollieren die Ausweise der Gäste. Können ein Mann und eine Frau, die sich einen Tisch teilen, nicht nachweisen, daß sie verheiratet, Bruder und Schwester oder Vater und Tochter sind, werden sie verhaftet und in ein Gefängnis der Stadt gebracht. Auf dem Transport dorthin werden sie oft geschlagen. Die gesetzlichen Strafen unterscheiden sich je nach Nationalität des »Straftäters«. Muslime können für ihr soziales Fehlverhalten ausgepeitscht werden, Nicht-Muslime werden zu Haftstrafen verurteilt oder ausgewiesen.

Zu Beginn also paßten Jafer und Fayza ihr Verhalten den gegebenen Umständen an. Nach einiger Zeit jedoch organisierte Jafer ein Apartment, in dem sie sich ungestört treffen konnten. Ein verständnisvoller libanesischer Freund bot seine Wohnung an. Weil Fayza als Frau nicht selbst fahren durfte, mußte sie einen Fahrer der Familie ins Vertrauen ziehen. Sie war sich darüber im klaren, daß er riskierte, des Landes verwiesen oder schlimmer bestraft zu werden, und förderte deshalb seine Risikofreudigkeit mit erklecklichen Geldsummen.

Aus der Anziehung bei der ersten Begegnung wuchs eine

große Liebe, und die beiden kamen zu dem Schluß, daß sie niemals jemand anderen lieben könnten. Jafer bat Fayza, ihn zu heiraten, aber gerade als sie mit der Entscheidung rangen, ihren Angehörigen ihre Liebe zu gestehen, geschah etwas Unerwartetes. Einer der reichsten Männer Saudi-Arabiens trat an Fouad heran und bat um die Ehre, seinen ältesten Sohn mit der schönen Fayza verheiraten zu dürfen. Auf Fayza wurde großer Druck ausgeübt, in die Heirat einzuwilligen. Der Vater erklärte seiner Tochter begeistert, so einen Bräutigam bekomme sie nie wieder.

»Ich habe mit großer Mühe eine perfekte Beziehung aufgebaut, und mein Vater will sie einfach zerstören!« sagte Fayza entrüstet zu Connie.

Daher beschlossen die verzweifelten Liebesleute, aus dem Land zu fliehen. Damit war Fouads Ehre befleckt worden, und nun würde er vor nichts zurückschrecken, um seine einzige Tochter wiederzufinden.

Ich wußte, wie schwierig es für Frauen in Saudi-Arabien ist, sich frei zu bewegen. »Wie hat es Fayza denn geschafft, das Land alleine zu verlassen?« fragte ich.

»Sie ist nicht allein geflohen«, antwortete Karim.

Die Nachricht freute mich, daß Fayza nicht auch noch die Sünde begangen hatte, alleine zu reisen. Saudiarabischen Frauen ist es durch unsere Religion verboten, ohne die Begleitung eines männlichen Angehörigen zu reisen. Dieses spezielle Verbot beruht direkt auf den Worten des Propheten, die besagen »Die an Allah glaubt und an den Letzten Tag (gemeint ist der Jüngste Tag), darf keine größere Strecke reisen als die normalerweise an einem Tag und einer Nacht zurückgelegt werden kann, ohne von einem Mahram ihrer Familie begleitet zu werden.«

»Mahram« bezeichnet alle Angehörigen einer Frau, mit denen sie nicht verheiratet werden kann, also Vater, Bruder, Onkel, Neffe, Stiefvater, Schwiegervater oder Schwiegersohn. Selbstverständlich ist es ihr auch erlaubt, mit ihrem Gatten zu reisen.

Fayza war die wahre Meisterin der Täuschung. Sie erzählte ihren Eltern, sie wolle für ein paar Tage dem wachsenden Druck der nahenden Entscheidung entfliehen, und ihrer Mutter gegenüber deutete sie an, daß sie voraussichtlich in die Heirat einwilligen werde, wenn sie sich bei einem kurzen Urlaub erholen könne. Sie wollte gerne ihre Cousine besuchen, die in Dubai verheiratet war.

Samia hatte sich eine Zerrung zugezogen und mußte im Bett liegen; deshalb wurde Fayza von ihrem jüngeren Bruder begleitet und bewacht.

Warum sollte jemand mißtrauisch werden, bloß weil Jafer im gleichen Zeitraum seinen Jahresurlaub angetreten hatte? Selbst in seinen kühnsten Träumen hätte kein Angehöriger Fayzas den jungen Mann mit ihr in Verbindung gebracht.

Sobald sie in Dubai war, weit weg von den Gefahren in Saudi-Arabien, stahl Fayza heimlich ihren Paß aus der Reisetasche ihres Bruders. Dann machte sie den unverdächtigen Vorschlag, mit ein paar anderen Frauen einkaufen zu gehen. Ihr Bruder bot sich als Fahrer an und setzte sie am Al- Ghurair-Zentrum ab. Er wollte einen saudischen Freund besuchen, der sich gerade im Chicago Beach Hotel, einem der schönsten Strände der Emirate, aufhielt.

Im Al-Ghurair-Zentrum flüsterte Fayza ihrer Cousine zu, sie müsse kurz zur Toilette, komme aber gleich zurück. Ihre Cousine war ganz damit beschäftigt, Parfüm zu kaufen und schöpfte keinen Verdacht. Sie versprach, in dem Laden auf Fayza zu warten.

Doch Fayza blieb zum Entsetzen ihrer Cousine verschwunden.

Eine hektische Suche begann. Fouad und seine Frau fürchteten um die Sicherheit ihrer Tochter. War ihr Kind entführt, vergewaltigt oder gar ermordet worden? Solche Straftaten waren zwar relativ selten in den Emiraten, doch ab und zu geschahen Gewaltverbrechen.

Als Connie dann von den seltsamen Umständen des Verschwindens ihrer geliebten Herrin erfuhr, brach sie weinend zusammen und verriet Jafers und Fayzas Geheimnis.

Die Liebe eines Vaters kennt keine Vernunft: Fouad wollte nicht glauben, daß seine unschuldige Tochter so hinterhältig sein könnte, und gab Jafer alle Schuld. Weder Karim noch ich hatten je gehört, daß Fouad beleidigend oder gewalttätig geworden wäre; überall war er als freundlicher, gütiger Mann bekannt. Doch nach der Flucht seiner Tochter entließ er die unglückliche Connie und setzte sie in das nächste Flugzeug nach Manila. In seiner wilden Wut tauchte er plötzlich in Karims Büros auf und attackierte Jafers Onkel. Es gab eine schreckliche Szene, bei der Fouad damit drohte, ihn umzubringen, falls seine Tochter nicht unversehrt und jungfräulich, also verheiratbar, zurückkehren würde. Schließlich rief eine verängstigte indische Sekretärin in einem angrenzenden Büro die Polizei.

In Saudi-Arabien fällt die Schuld an einem Aufruhr immer auf den Ausländer, nie auf den Saudi. Fouad wurde von der Polizei befragt, und die Polizisten entschuldigten sich sogleich, daß sie in eine Privatangelegenheit eingegriffen hatten. Jafers Onkel wäre eingesperrt worden, hätte Karim nicht über mehr Einfluß und eine höhere gesellschaftliche Stellung verfügt als Fouad.

Jeder in meiner Familie war wegen dieser anscheinend unlösbaren Probleme betrübt, aber keiner wußte so recht, was jetzt am besten zu tun war.

Sara und ich besuchten Samia in ihrem Haus, wo ich stammelte: »Ein Leben ohne Liebe wäre ein verfehltes Leben.« Doch mit dieser Bemerkung machte ich alles noch schlimmer, und das Gesicht der armen Samia wurde vor

Gram noch häßlicher. Sara dagegen konnte ihrem Mitgefühl auf ihre eigene stille Art angemessen Ausdruck verleihen.

Die unbesonnene Flucht ihres Kindes hatte Samia in Verwirrung gestürzt. Klar zu formulieren, bereitete ihr Schwierigkeiten, und sie antwortete nur stotternd auf Saras teilnehmende Fragen.

Als wir Samias Haus verließen, fragte ich meine Schwester: »Wie können die überlebten Traditionen unserer Gesellschaft verändert werden, ohne die Erwartungen der älteren Generation allzu schmerzlich enttäuschen zu müssen?«

Meiner Meinung nach ist eine Heirat aus Liebe ganz natürlich und beglückend für beide Partner. Die meisten meiner Landsleute hingegen verachten die Liebe und erwarten in der Ehe nur Vertrauen und gegenseitige Achtung. Werden sich diese Gegensätze zwischen den Menschen in Saudi-Arabien jemals in Einklang bringen lassen?

Fouad nahm den Kontakt mit Privatdetekteien in Frankreich und den USA auf, denn nur mit Hilfe von Profis war es wohl möglich, den Aufenthaltsort seiner Tochter herauszufinden. Schon eine Woche nach der Flucht erhielt Fouad Nachricht, daß sie sich in Nevada aufhielt und in einem Hotel als Jafers Frau gemeldet war!

Sobald Fouad diese Information erhielt, brach er mit seinen drei Söhnen in die USA auf. Er schwor, Fayza nach Hause zu bringen, und versprach seiner Frau, ihre Tochter würde nicht bei einem Palästinenser bleiben. Verstrickt in seine tyrannische Liebe zu seinem Kind, sagte er sogar, der Tod sei der Schande vorzuziehen.

Speziell dieser Satz erzeugte große Aufregung in unserem Haushalt. Vor Nervosität knabberte ich mir die Fingernägel ab, bis die Nagelbetten zu bluten begannen. Abdullah verfiel in einen melancholischen Zustand, der seine Gesundheit anzugreifen drohte. Er spürte, daß nichts mehr so sein würde wie zuvor. Amani betete für die Seelen der Liebenden. Sie prophezeite aber düster, daß ihre Gebete kein Gehör finden würden, denn die beiden hätten schon in dieser Welt das Paradies finden wollen. Ein Regen aus flüssigem Metall würde auf sie niederprasseln, wenn sie die Erde verließen.

Abdullah warf seiner Schwester einen wütenden Blick zu und bemerkte mit schneidender Stimme, Jafer ziehe vielleicht Fayzas Schönheit den himmlischen Freuden vor.

Maha mochte Jafer und Fayza sehr gern und griff alle an, die an den beiden Liebenden Kritik übten. Kein Mensch, meinte sie, und erst recht keine Regierung sollten das Recht haben, wahre Liebe zu verbieten.

Nachdem wir erfahren hatten, daß Fouad und seine Söhne sich auf dem Weg in die Vereinigten Staaten befanden, bestürmten Abdullah und ich Karim, er solle sich mit Jafer in Verbindung setzen und ihn rechtzeitig warnen. Ich sagte Karim, daß die männlichen Verwandten von Fayza noch ein paar Tage Zeit bräuchten, dann würden sie die Tatsache akzeptieren, daß Fayza nun einem anderen Mann angehörte. Ihr gewaltiger Zorn könne nicht von Dauer sein, und mit der Zeit würde ihre Wut nachlassen.

Es sollte nicht sein. Zu meiner großen Enttäuschung beharrte mein Mann auf dem für einen Saudi typischen Standpunkt: Jede Ungerechtigkeit wurde hingenommen, wenn es um die Besitzansprüche eines Mannes über seine Frauen oder um die Ehre der Familie ging. Ich sagte Karim, wie verzweifelt ich sei, daß mein Mann von den tiefergehenden, komplexen Zusammenhängen des Lebens keine Ahnung habe und sich dumm und unsensibel nur mit der Oberfläche der Dinge beschäftige.

Nach diesem Angriff stand mein Mann mit offenem Mund da. Ich wandte mich zum Gehen, konnte mir aber einen letzten Stich nicht verkneifen. »Karim, wie ist es möglich, daß du nie einen Konflikt zwischen deinem Herz und deinem Verstand verspürst? Bist du denn kein Mensch?«

Ich gab mich nur scheinbar geschlagen. Heimlich veranlaßte ich Abdullah, die Liebenden zu warnen. Auf meine Bitte hin durchsuchte er Karims Büro und entdeckte dabei Informationsmaterial von den Detekteien.

Wir triumphierten, waren aber vorsichtig, denn Karim und Amani sollten nichts merken. Deshalb telefonierten wir während des langen Abendgebetes. Karim war in der Moschee, und Amani hatte sich in ihr Zimmer eingeschlossen und sprach gen Mekka gerichtet ihre Gebete.

Mit zitternden Fingern wählte Abdullah die Nummer des Hotel Mirage in Las Vegas, in dem Jafer und Fayza gemeldet waren. Ich beobachtete das betrübte Gesicht meines geliebten Sohnes, als er darauf wartete, daß der Portier des Hotels ihn mit dem Zimmer verband. Ich wünschte mir nichts sehnlicher, als Abdullah seinen Kummer abnehmen zu können.

Als Jafer sich meldete, bemühte sich Abdullah, die richtigen Worte zu finden, um seinem Freund die drohende Gefahr rasch klarzumachen. Jafer war bestürzt über ihre schnelle Entdeckung, fühlte sich aber sicher, weil er Fayza geheiratet hatte. »Was können sie jetzt noch tun?« fragte er Abdullah.

Abdullah wiederholte mir diese Worte. Da nahm ich meinem Sohn den Hörer aus der Hand. »Sie können eine ganze Menge tun, Jafer«, rief ich hinein. »Fouads Ehre ist beleidigt worden, und seine einzige Tochter ist mit einem Mann durchgebrannt, den er absolut unpassend findet! Sei nicht dumm! Du bist selbst ein Araber, du mußt doch wissen, wozu ein arabischer Vater in solch einem Fall fähig ist!«

Jafer versuchte, meine Befürchtungen zu zerstreuen und behauptete, ihre Liebe würde ihnen über alle Anfechtungen hinweghelfen.

Fayza kam ans Telefon und erzählte von der wundervollen Liebe, die ein großes Hindernis, nämlich die Gesetze unseres Landes, überwunden habe.

»Fayza, du bist mit deinen zwanzig Jahren noch jung genug, dich von überkommenen Traditionen zu lösen. Dein Vater kann das nicht. Fouad ist ein Mann der Wüste, sein Denken bewegt sich in althergebrachten Bahnen. Seiner Ansicht nach hast du eine fürchterliche Sünde begangen. Verlaßt euer Hotel sofort! Trefft euch später mit den Männern deiner Familie.«

Aber sie wollten nicht auf mich hören. In ihrer jugendlichen Entschlossenheit hielten sie meine Worte für ein Eingeständnis von Schwäche. Unerschrocken beharrte Jafer darauf, sich der Wut von Fayzas Angehörigen zu stellen.

Ich übergab den Hörer wieder meinem Sohn. Nun konnte ich nichts mehr für die Liebenden tun. Ich überlegte, ob es ein Wunder oder eine Katastrophe war, daß die beiden überhaupt noch keine Ahnung vom Ausmaß der Tragödie hatten. Sie sahen die Welt durch eine rosarote Brille. Was waren sie doch verblendet, wenn sie glaubten, die Kraft ihrer Liebe könne alle Probleme bewältigen!

Die Sorge bedrückte mich schwer. Mir blieb nur die Hoffnung, daß Jafer und Fayza ihrem Schicksal wenigstens noch eine Weile entgehen würden.

Es dauerte vier Tage, bis Fouad wieder in unser Land zurückkehrte. Karim rief mich vom Büro aus an und berichtete mir mit brüchiger Stimme, Fouad und seine Söhne seien aus den USA zurück.

Mein Hals war wie zugeschnürt. Ich brachte nicht heraus, was ich ihn fragen wollte.

Nach kurzem Schweigen fügte Karim hinzu, Fouad sei mit seiner Tochter zurückgekehrt, aber ohne deren Ehemann.

»Ist Jafer tot?« fragte ich und überlegte dabei bereits, wie wir das Abdullah beibringen sollten.

»Nein. Er lebt«, antwortete Karim, aber seine Stimme zitterte, und deshalb zweifelte ich an seinen Worten.

Ich versuchte ruhig und gefaßt die Neuigkeiten entgegenzunehmen, von denen ich noch nicht sicher wußte, ob ich sie wirklich hören wollte.

»Sultana, ich komme nach Hause. Wir wollen Abdullah gemeinsam erzählen, was geschehen ist.«

»Was ist denn geschehen?« rief ich nun schrill, denn es erschien mir unerträglich, die fünfundzwanzig Minuten zu warten, bis Karim vom Büro nach Hause gefahren war.

Ich hörte nur, wie mein Mann den Hörer auflegte. Anscheinend hatte er schreckliche Neuigkeiten. Wie die meisten Araber neigte Karim dazu, unangenehme Dinge bis zur letzten Sekunde aufzuschieben.

Fouad hatte meinem Mann wenig erzählt, hatte nur berichtet, daß es eine kleine gewaltsame Auseinandersetzung in dem Hotelzimmer gegeben habe und daß Jafer bewußtlos, aber ohne ernsthafte Verletzungen zurückgelassen worden sei.

Und Fayza? Sie stehe natürlich nach dem Vorfall unter einem schweren Schock und würde nun im Palast ihrer Eltern mit Beruhigungsmitteln behandelt. Fouad war überzeugt, sie würde ohne Jafers Einfluß rasch wieder zu sich selbst finden.

Ich sah Karim an und verkündete. »Jafer ist tot!«

»Unsinn! Sie wären doch in Amerika festgenommen worden, wenn sie ihn getötet hätten ...«

Zwei Wochen später erhielten wir einen Anruf von Jafer. Er war in den Libanon zurückgekehrt. Endlich erfuhren wir, was wirklich geschehen war.

»Ich habe alles verloren«, begann Jafer. »Nur meine Haut habe ich gerettet.«

»Abdullah!« rief ich. »Komm schnell, es ist Jafer!«

Karim, Maha und ich strichen unruhig um Abdullah herum, solange er still seinem besten Freund zuhörte und ihn nur ab und zu tröstete. »Was hättest du sonst tun können? Du hattest keine andere Wahl.«

Ich schrak auf, als ich meinen Sohn sagen hörte: »Ich komme zu dir! Nichts kann mich daran hindern, meinem Freund jetzt zur Seite zu stehen!«

Ich ergriff Abdullahs Arm und bedeutete ihm mit energischem Kopfschütteln, daß er das nicht tun dürfe, aber Karim zog mich so heftig zur Seite, daß ich kurz ins Schwanken geriet.

Abdullah hängte den Hörer ein, schlug die Hände vors Gesicht und begann zu weinen. Seine Stimme war halb erstickt und nur schwer zu verstehen. »Jafer ist am Ende! Völlig am Ende!«

»Was soll das heißen: Du reist in den Libanon?« fragte ich atemlos. Die Vorstellung, mein Sohn könnte dieses Land besuchen, brachte mich so aus der Fassung, daß ich gar nicht mehr an Jafer dachte.

»Schweig bitte, Sultana«, befahl Karim.

Abdullah beruhigte sich schließlich und erklärte uns, wie Fouad und seine Söhne Fayza geraubt hatten.

Ein Anruf hatte sie mitten in der Nacht geweckt. Fayzas Vater und ihre Brüder waren unten in der Hotelhalle und fragten höflich, ob sie auf das Zimmer kommen dürften? Fouads Tonfall war ruhig und freundlich, was Jafer ermutigte. Er hatte keine Angst vor einem körperlichen Angriff.

Als Jafer die Zimmertür öffnete, lächelte er die Besucher sogar hoffnungsvoll an.

Fouad und seine Söhne verschwendeten keine Zeit mit langen Reden. Vielleicht hatten sie Jafers freundliches Lächeln für süffisant gehalten und sich provoziert gefühlt. Fayzas Brüder stürzten sich sofort auf Jafer, der von dem Angriff vollkommen überrascht war und gegen die vier Männer keine Chance hatte.

Jafer berichtete, er habe einen Schlag auf den Kopf bekommen, dann sei ihm schwarz vor Augen geworden.

Als er Stunden später erwachte, waren seine Frau und ihre Verwandten verschwunden.

Jafer erklärte, nachdem man ihm Fayza genommen habe, sei sein Leben sinnlos geworden. Es war ihm völlig klar, daß er als Ausländer in Saudi-Arabien nach den geltenden Gesetzen niemals ein saudiarabisches Mädchen heiraten durfte. Er konnte sein Recht auf Fayza also nicht einklagen, denn ihre Ehe wurde in Saudi-Arabien nicht anerkannt. Hätte Jafer die saudiarabische und Fayza die palästinensische Staatsangehörigkeit besessen, dann hätte es diese Schwierigkeiten nicht gegeben, denn saudische Männer können heiraten, wen sie wollen.

Obwohl Jafer das wußte, war er nach London geflogen und hatte den verzweifelten Versuch unternommen, wieder in unser Land einzureisen. Es war ihm aber nur erklärt worden, daß sein Visum für Saudi-Arabien abgelaufen sei.

Jafer hatte Karims Zorn gefürchtet, doch jetzt überwand er seine Furcht und bat darum, ihn sprechen zu dürfen. Er fragte, ob Karim, der hochangesehene Prinz, nicht irgendwie helfen könne?

Karim erwiderte, er könne sehr wohl, werde das aber nicht tun. Er sei glücklich, daß Jafer noch lebe, und er werde ihm nun nicht dabei helfen, in den sicheren Tod zu gehen. Karim warnte Jafer, daß Fouad und seine Söhne ihn mit Sicherheit töten würden, falls er in das Königreich zurückkehren sollte.

Karim sprach es nicht aus, aber ich wußte, daß er Jafer seinen Verrat nie verzeihen würde. Es war für Karim sehr beschämend gewesen, daß ein Angestellter, dem er vertraut hatte, die einzige Tochter eines alten Freundes und Geschäftspartners erobert und entführt hatte. Nur aus Liebe zu Abdullah verzichtete er darauf, Jafer seine Wut und seine Enttäuschung spüren zu lassen.

Karim versprach nie etwas, was er nicht halten konnte,

und so empfahl er Jafer, sich im Libanon eine Existenz aufzubauen. Schließlich sehe es so aus, als ob das Land endlich wieder Frieden finden würde.

»Wie traurig«, sagte ich. »Dies ist das Ende einer wundervollen Liebesgeschichte. Und jetzt steht Jafer ganz allein einer überwältigenden Macht gegenüber.«

Ich werde nie vergessen, wie mein Sohn da in seiner weißen Thobe schweigend im Zimmer stand. Er hielt sich ganz gerade und wirkte plötzlich wie ein erwachsener Mann. Sein Gesicht war traurig, und er erklärte dramatisch, nein, genau so sei es eben nicht. Jafer würde niemals alleine sein, er werde seinen Freund nicht im Stich lassen.

Karim und ich verweigerten unserem Sohn natürlich die Erlaubnis, in dieses Land zu reisen, aber Abdullah achtete nicht auf uns und sagte nur, er gehe trotzdem.

So eine Reise würde tausend Gefahren mit sich bringen! Mir war vor Kummer ganz elend. Ich ging zu Bett und schmiedete Pläne, wie ich meinen Sohn von diesem Unternehmen abbringen könnte. Mir hätte klar sein müssen, daß ich keinen Erfolg haben würde. Ein Sohn, der gerade erwachsen wird, läßt sich keine Vorschriften machen, denn die Jugend folgt ihrem Herzen.

9. KAPITEL

Abdullah

Wir werden es an unsere Kinder weitergeben,
und sie an ihre Kinder,
und es wird unvergänglich sein.

Kahlil Gibran

Nach der schmerzlichen Affäre mit Jafer und Fayza verfiel ich in Depressionen und zog mich von der Außenwelt zurück. Mein Sohn Abdullah jedoch plante seine Reise in den Libanon mit solch großem Eifer, daß ich zu guter Letzt überzeugt war, daß keine Macht der Welt ihn an dem möglicherweise lebensgefährlichen Unternehmen hindern konnte.

Karim riet mir, mich nicht einzumischen. Er war der Meinung, der Feuereifer unseres Sohnes werde sich legen, sobald ihm die mit einer Reise in den Libanon verbundenen Schwierigkeiten bewußt würden.

Verärgert fragte ich meinen Mann, wie er nur so ruhig mitansehen könne, daß unsere Kinder mir solche Seelenqualen zufügten.

Mit feinem Lächeln erinnerte mich Karim daran, daß Abdullahs Paß im Safe eingeschlossen war. Unser Sohn konnte das Königreich gar nicht verlassen!

Aus diesen Gründen protestierte ich nur noch gelegentlich, wenn wir auf Abdullahs Plan zu sprechen kamen; ich hatte eh das Gefühl, mit meinen Worten nicht viel ausrichten zu können. In nur wenigen Tagen hatte sich mein ehemals herzliches Verhältnis zu meinem Sohn grundlegend gewandelt. Unsere Begegnungen waren nun von drückendem Schweigen überschattet.

Inzwischen befand sich unser Palast in Aufruhr, denn während Abdullah Reisevorbereitungen traf, war seine Schwester Amani untröstlich, daß sie so wenig Einfluß auf die Moral ihres Bruders und ihrer älteren Schwester hatte. Daher begann sie, unseren Angestellten nachzuspionieren. Angesichts der »lockeren Moral« unserer sechzig Bediensteten, die zahlreiche heimliche Liebesaffären zu verbergen hatten, packte das fromme Mädchen blankes Entsetzen, und es machte sich mit fanatischem Eifer daran, unsere christlichen und hinduistischen Bediensteten zum überlegenen muslimischen Glauben zu bekehren.

Nach zahlreichen Auseinandersetzungen über das arrogante und diskriminierende Verhalten meiner Tochter gegenüber Andersgläubigen mußte ich mir schließlich eingestehen, daß ich bei Amani nicht weiter kam; sie beachtete meine Argumente einfach nicht.

Ich verbrachte viele Stunden in der Einsamkeit meines Zimmers und grübelte über das Leben meiner Kinder nach. Im Säuglingsalter hatten meine drei Kinder meinem Leben noch Sinn gegeben und mir unendlich viel Freude bereitet. In den Tagen ihrer frühen Kindheit hatte uns nur Maha großen Kummer bereitet; deshalb mußte ich nicht ständig auf einen weiteren Schicksalsschlag gefaßt sein. In diesen ruhigen Zeiten hatten die Stunden des Mutterglücks bei weitem die dunklen Intervalle von Angst und Sorge um das Schicksal jener kleinen Wesen aufgewogen. Jetzt waren meine Kinder fast erwachsen, und ich mußte mir eingestehen, daß man als Mutter wohl ganz den Wechselfällen des Lebens ausgeliefert war. Ich konnte sagen oder tun, was ich wollte, nichts hatte Einfluß auf das unberechenbare Verhalten meiner Kinder.

Es fällt mir schwer, mich mit Mißerfolgen abzufinden.

Deprimiert verkroch ich mich in meinem Bett. Häufig beklagte ich mich bei Karim, daß nichts in meinem Leben so gekommen war, wie ich gehofft hatte. Mein seelisches Tief fiel in eine Zeit, in der Karim beruflich sehr eingespannt war, weil seine Firma expandierte. Er hatte sehr wenig freie Zeit und kam kaum dazu, mich zu trösten und aus meiner Melancholie herauszureißen.

Mein Gefühl der Einsamkeit verstärkte sich immer mehr. Da ich außer Selbstmitleid alle Gefühle unterdrückte, begann ich schlecht zu schlafen und Essen in mich hineinzustopfen. Eine höchst unerwünschte Gewichtszunahme war die Folge. Mehr und mehr ließ ich nun meine schlechte Laune an meiner Familie und an den Bediensteten aus. Ich legte mir sogar die törichte Angewohnheit zu, meine Haare zwischen den Fingern zu zwirbeln, auszureißen und die Haarspitzen abzuknabbern. Meine Haare wurden immer kürzer und dünner. Eines Tages bemerkte Karim, er habe zunächst geglaubt, ich hätte wohl eine neue, allzu eifrige Friseuse eingestellt, aber inzwischen sei ihm klar geworden, daß meine Frisur das Ergebnis meiner kindischen Marotten sei.

Als Antwort warf ich ihm einige Beschimpfungen an den Kopf und beschuldigte ihn zu Unrecht, er sei nur in sich selbst verliebt und überlasse es mir allein, ein wachsames Auge auf unsere Kinder zu haben.

Karim reagierte mit verhaltener Ungeduld, und sein Gesicht nahm einen geistesabwesenden Ausdruck an. Ich hatte das Gefühl, als habe er sich von mir entfernt, ohne das Zimmer zu verlassen. Nach einiger Zeit erklärte er, ihm sei ein tröstlicher Spruch über die Erziehung temperamentvoller Kinder wieder eingefallen: *Du kannst deinen Kindern deine Liebe geben, aber nicht deine Gedanken, denn sie haben ihre eigenen Gedanken.*

»Kahlil Gibran«, sagte ich.

»Wie bitte?«

»Diese Zeilen stammen aus *Der Prophet.* Und *ich* habe dir genau diese beiden Zeilen vorgelesen, als wir auf die Geburt unseres Erstgeborenen warteten.«

Karims finstere Züge hellten sich auf, und er lächelte. Ob er sich wohl an die schon so lange zurückliegenden glücklichen Momente erinnerte, als unser Sohn noch ein Säugling war?

Statt dessen machte er mir ein Kompliment: »Sultana, du bist ein erstaunliches Geschöpf. Wie schaffst du es nur, dich an so etwas zu erinnern?«

Karim hatte schon immer mein Gedächtnis bewundert. Was ich einmal gelesen oder gehört hatte, vergaß ich nie wieder.

Ich freute mich zwar über Karims Anerkennung, aber die Ursachen meiner Depressionen waren zu ernst und zu vielfältig, als daß sie mit einem guten Wort hätten beseitigt werden können. Ich lag in ständigem Zwist mit meinen Kindern, und mein unseliger Zorn hatte mich unempfänglich gemacht für die klaren, logischen Gedanken meines Mannes. Da kein anderer da war, mit dem ich hätte streiten können, setzte ich meinem Mann weiter mit wüsten Beschimpfungen zu. Verächtlich verglich ich ihn mit Nero, dem irrsinnigen Kaiser Roms, der sein schmähliches Ende noch leugnete, als seine Hauptstadt schon lichterloh brannte.

Erzürnt über mein hysterisches Gekeife ersparte sich Karim weitere Äußerungen der Bewunderung und des Mitgefühls und suchte das Weite.

Ich rief mir seine nicht gerade tröstlichen Abschiedsworte ins Gedächtnis: »Sultana, du hast alles, was man sich nur wünschen kann. Und doch hast du vor allem Angst und verschließt dich allen vernünftigen Argumenten. Ich prophezeie dir, daß du eines Tages in einer Klapsmühle landen wirst.«

Kurz nach unserer hitzigen Auseinandersetzung zwirbelte ich unbewußt mit einer Hand ein paar Haarsträhnen zwischen den Fingern und blätterte dabei eine meiner vielen ausländischen Zeitschriften durch. Da entdeckte ich in einem amerikanischen Magazin einen Artikel über eine seltene Krankheit, die nur Frauen befällt: Die erkrankten Frauen reißen sich das Haupthaar aus, bis sie völlig kahl sind. Doch damit nicht genug, danach zupfen sich diese bedauernswerten Opfer auch noch die Augenbrauen, Wimpern und Körperhaare aus.

Ich ließ die Haarsträhne los. Litt ich womöglich an dieser seltsamen Krankheit? Ich rannte zum Spiegel und suchte meine Kopfhaut nach kahlen Stellen ab. Mein Haar sah wirklich ziemlich dünn aus. Nun war ich zutiefst besorgt, denn ich war immer eitel gewesen und wollte unter keinen Umständen kahl werden!

Natürlich stellte sich heraus, daß ich die Krankheit nicht hatte, denn im Gegensatz zu den in dem Artikel beschriebenen Frauen legte ich aus Eitelkeit diese dumme Angewohnheit schnellstens wieder ab. Aber meine Lebensfreude war nachhaltig getrübt. Ich sagte mir, daß ich frühzeitig altern würde, falls es mir nicht gelingen sollte, meine verhängnisvolle Depression zu überwinden. Voller Selbstmitleid stellte ich mir vor, daß ich nun bis zu meinem Tod langsam dahinsiechen würde.

Doch meine geliebte Schwester rettete mich vor meinem selbstzerstörerischen Verhalten.

Sara hatte eine sehr gute Beobachtungsgabe. Sie bemerkte sehr bald meine Depressionen und verbrachte fortan viele Stunden an meiner Seite. Sie redete mir gut zu und schenkte mir ihre ungeteilte Aufmerksamkeit. Intuitiv verstand sie meine Ängste.

Als ich ihr unter Tränen gestand: »Sara, ich glaube, ich könnte es nicht ertragen, mein Leben noch einmal von vorn zu beginnen«, sah sie mich teilnahmsvoll an.

Mit dem Anflug eines Lächelns auf den Lippen bemerkte

sie: »Sultana, wenige aus unserer Familie könnten den bloßen Gedanken ertragen, daß du dein Leben noch einmal von vorn beginnen könntest.«

Und unser Gelächter hallte durch den Palast.

Meine Schwester war ein ausgesprochen lieber Mensch, aber auch sie hatte ihre Probleme. Doch obwohl ihr Leben von den Aktivitäten eines aufsässigen Kindes vergällt wurde, fand sie noch die Zeit, mir in meinem damaligen Elend zu Hilfe zu kommen. Vier der fünf Kinder meiner Schwester wuchsen ohne Probleme heran. Saras Tochter Nashwa jedoch, die am selben Tag wie Amani geboren war, liebte die Konfrontation.

Unter dem Siegel der Verschwiegenheit vertraute Sara mir an, sie habe das genau entgegengesetzte Problem mit Nashwa. Ich könne froh sein, daß Amani sich so stark an der Religion orientiere. Ihre Tochter hingegen zeige ein lebhaftes Interesse an Vertretern des anderen Geschlechts. Assad habe Nashwa bereits zweimal bei einem Treffen mit saudischen Jungen ihres Alters in einem Schallplattengeschäft in einem städtischen Einkaufszentrum ertappt.

Tränenüberströmt berichtete Sara weiter, ihre Tochter flirte schamlos mit jedem männlichen Besucher ihres Palastes, und letzte Woche habe sie sich mit zwei jüngeren philippinischen Chauffeuren ganz ungeniert über Sex unterhalten. Einer von Nashwas Brüdern hatte das Gespräch zufällig belauscht. Auf ihr Verhalten angesprochen gab Nashwa den Vorfall dreist zu und erklärte, *irgend etwas* müsse sie doch tun, um ein klein wenig Abwechslung in das monotone Leben in Saudi-Arabien zu bringen.

Assad hatte sich gezwungen gesehen, die beiden jungen Chauffeure zu entlassen und ältere islamische Männer aus Ägypten einzustellen, die unsere Spielregeln beachten würden: die eigenwilligen Frauen des Hauses einfach zu ignorieren.

Erst an diesem Morgen hatte Sara ein Telefongespräch zwischen ihrer Tochter und einer Freundin belauscht, in dem sie sich eingehend über die gute Figur des ältesten Bruders dieser Freundin unterhalten hatten. Sara hatte den Eindruck, Nashwa schwärme für diesen Jungen, und sie machte sich nun Gedanken darüber, wie bei weiteren Besuchen ihrer Tochter in diesem Haus ein Unheil verhütet werden konnte.

Beim Gedanken an mögliche Folgen von Nashwas unschicklichem Benehmen verzerrte sich vor Furcht Saras Gesicht. Einer der großen Fehler der Schöpfung sei, daß Schönheit und Tugend selten zusammenkommen. Nashwa sei eine Schönheit mit dem unschuldigen Gesicht eines Engels, doch sie sei alles andere als tugendhaft.

Ich mußte zugeben, daß meine Schwierigkeiten mit Amani vor den Problemen meiner Schwester mit Nashwa verblaßten. Es lag ein gewisser Trost in dem Wissen, daß Amanis Frömmigkeit von den religiösen Machthabern gebilligt wurde, während Nashwas Aktivitäten Sara und Assad in die allgegenwärtigen Stellnetze des religiösen und rechtlichen Systems in Saudi-Arabien verstricken konnten.

Nicht zum erstenmal drängte sich mir der Gedanke auf, daß Nashwa eigentlich mein Kind sein müßte, während Amani eher aus Saras Holz geschnitzt war. Ich spielte mit dem Gedanken, Sara meine Überlegungen mitzuteilen, aber ich fürchtete nach kurzem Nachdenken, daß meine Spekulation einen Austausch der Töchter zur Folge haben könnte. Außerdem machte ich mir klar, daß es in meinem Land erheblich einfacher ist, sich mit einer religiösen Fanatikerin auseinanderzusetzen als mit einem zu sexuellen Eskapaden neigenden jungen Mädchen.

Ich wollte die Stimmung meiner Schwester heben und sagte, wir Eltern neigten oft dazu, nur die Schwächen unserer Kinder zu sehen. Als ich einige angenehme Charakterzüge

Nashwas hervorheben wollte, mußte ich feststellen, daß mir keine einfielen.

Sara und ich schwiegen eine Zeitlang und sahen uns an. Wir verstanden die Welt nicht mehr. Unsere Kinder waren doch aller irdischen Sorgen ledig und lebten in verschwenderischem Luxus. Stets waren sie von uns dazu angehalten worden, nach vernünftigen und moralisch hochstehenden Prinzipien zu handeln, und dennoch hatte diese umsichtige Erziehung wenig Einfluß auf ihre Entwicklung gehabt.

Schließlich sagte Sara, sie sei zu dem Schluß gekommen, die Entwicklung eines Menschen sei fast ausschließlich genetisch zu erklären. Ihre Kinder hätten ebenso gut wie die Lilien auf dem Felde aufwachsen können und nicht wie überbehütete Zimmerpflanzen. »Außerdem«, fügte sie lachend hinzu, »sind die radikalen Vertreter der einen Generation die reaktionären der nächsten. Wer kann also sagen, was schließlich aus unseren Nachkommen werden wird?«

Da die eigenen Sorgen immer weniger schlimm erscheinen, wenn man viel über die Sorgen eines anderen Menschen hört, selbst wenn man diesen anderen sehr liebt, stimmte mich dieses Gespräch außerordentlich zuversichtlich.

Ich lachte und pflichtete meiner Schwester bei mit der Bemerkung, unsere Saat habe eben nicht nur blühende Blumen hervorgebracht. Im stillen dachte ich, daß alle Schicksale ohnehin in Gottes Hand liegen, und ich nahm mir fest vor, mir nicht länger den Kopf zu zerbrechen.

Sara ging, um nach ihren jüngsten Kindern zu sehen. Sie tummelten sich in dem an Amanis Zoo angrenzenden Spielbereich unseres Palastes. Ich versprach, mich nach einem Bad für einen Besuch bei Fayza umzukleiden. Sara und ich hatten das arme Mädchen noch nicht besuchen dürfen, seit sie zur Rückkehr nach Saudi-Arabien gezwungen worden war. Allerdings hatten wir zu unserer Freude gehört, sie habe sich inzwischen erholt und empfange nun enge Freunde und Verwandte.

Zum erstenmal seit Tagen fühlte ich mich zufrieden und ausgeglichen und genoß diesen inzwischen ungewohnten Zustand. In diesem Augenblick rief mein Mann an. Seine Stimme bebte vor Anspannung. »Sultana, geh zum Safe und sieh nach, ob Abdullahs Paß noch da ist.«

Daß Abdullah etwas angestellt haben könnte, traf mich völlig unvorbereitet.

»Warum?« fragte ich.

»Tu, was ich dir gesagt habe«, schnauzte Karim mich an.

Das Schlimmste befürchtend ließ ich den Telefonhörer fallen und rannte in das Arbeitszimmer meines Mannes im ersten Stock unseres Hauses. Vor Aufregung versagten mir die Hände den Dienst. Erst nach drei Versuchen gelang es mir, das Kombinationsschloß des Safes zu öffnen. Verzweifelt wühlte ich zwischen den verschiedenen Dokumenten und Papieren. Abdullahs Paß fehlte!

Gleich darauf stellte ich zu meinem Entsetzen fest, daß nur zwei der vier Pässe da waren. Auch Mahas Paß war verschwunden! Was hatte das nun zu bedeuten? Wie hatte das passieren können? Niemand außer Karim und mir kannte die Kombination dieses Safes.

»Das darf doch nicht wahr sein«, schrie ich auf, als ich auch die Sondergenehmigungen nicht finden konnte, die Karim unterschrieben bereit hielt für den Fall, daß die Frauen seiner Familie ohne Begleitung eines männlichen Angehörigen außerhalb des Königreichs reisten. Ich war völlig verwirrt. War Maha etwa allein unterwegs? Oder waren sie und ihr Bruder zusammen aus dem Königreich geflohen?

Auf dem Tisch klingelte Karims Privattelefon. Mein Mann hatte nicht länger warten wollen, bis ich an den Apparat in unserem Schlafzimmer zurückgekehrt war. »Sultana!« schrie er. »Was ist los?«

Ich berichtete Karim von meiner beunruhigenden Entdeckung.

»Und was ist mit den Dollars?«

Ich hatte in der Aufregung nicht daran gedacht, nach dem Bargeld zu sehen. Wir bewahrten in unserem Safe eine hohe Summe in Dollars auf für den Fall, daß wir bei einer Revolution einmal gezwungen sein sollten, aus dem Königreich zu fliehen. Natürlich hofften wir, daß wir dieses Geld niemals zur Bestechung von Zöllnern verwenden müßten, um sicher aus unserem Land ausreisen zu können.

Ich öffnete das große Fach oben im Safe. Es war, wie Karim befürchtet hatte. Das Geld war weg! In dem Maße, wie unsere Beunruhigung angesichts der politischen Unruhen in arabischen Ländern gestiegen war, hatten wir auch die Vorräte an Bargeld in unserem Safe erhöht. Abdullah hatte über eine Million Dollar in bar aus dem Safe seiner Eltern entwendet. Hatte mein Sohn den Verstand verloren?

»Die Dollars sind verschwunden«, hechelte ich ins Telefon.

»Vergewissere dich, daß Maha in der Schule ist. Ich fahre zum Flughafen.«

»Karim, beeil dich!«

Ich wußte, daß mein Sohn auf dem Weg in den Libanon war. Doch was hatte Maha mit der Sache zu tun? Abdullah nahm doch bestimmt nicht seine Schwester mit in dieses vom Bürgerkrieg zerrissene Land? Mir schwindelte vor Angst und Verwirrung.

»Ich werde versuchen, dich vom Auto aus anzurufen. Aber suche jetzt bitte Maha!«

Ich holte ein einfaches Kleid und zog es mir hastig über den Kopf. Dann legte ich Abahja, Schleier und Shayla an, während ich durchs Haus rannte und nach meiner Schwester Sara rief. Sie sollte mich zu Mahas Schule begleiten. Ich befahl einem Diener, er solle Mousa, unseren jüngsten ägyptischen Fahrer, suchen, denn Mousa ignorierte auf Wunsch die Geschwindigkeitsbegrenzung in der Stadt.

Mahas Schule lag fünfzehn Autominuten von unserem Palast entfernt, wir schafften es jedoch in zehn Minuten. Auf dem Weg informierte ich Sara, was ich entdeckt hatte.

Die siebzehn Mädchen in Mahas Klasse hatten gerade Geschichtsunterricht und lauschten ihrem Lehrer, der in der Mitte des Zimmers auf einem großen Fernsehbildschirm zu sehen war. Die Stunde wurde per Video erteilt, weil es Lehrern in Saudi-Arabien verboten ist, in persönlichen Kontakt mit Schülerinnen zu treten.

Maha wurde dunkelrot vor Verlegenheit, als ich in das Klassenzimmer stürzte und laut ihren Namen rief. Ich ging auf sie zu und lehnte mich über ihr Pult: »Maha! Du bist hier!«

Maha befreite sich aus meiner Umarmung und murrte: »Was hast du denn gedacht, wo ich bin?«

Ich sagte der Direktorin der Schule, daß ich meine Tochter mit nach Hause nehmen müsse. Vollkommen gleichmütig wies sie Maha an, ihre Bücher einzupacken, erkundigte sich nur, ob Maha länger als eine Woche fehlen würde. Weil ich nicht absehen konnte, was geschehen würde, bestätigte ich dies.

»Mutter! Was ist denn passiert?« wollte Maha wissen, als wir ins Auto stiegen.

»Ich hatte Angst, du wärst bei Abdullah.«

»Abdullah?« Da mein Sohn eigentlich in einer Jungenschule in einem anderen Stadtteil sein sollte, sah Maha mich erstaunt an. »Mutter, du benimmst dich wie eine Irre.« Sie blickte Sara um Verständnis heischend an. »Bitte, Tante, was ist passiert?«

Sara berichtete von dem mysteriösen Verschwinden der Pässe und sagte, wir hätten keine Ahnung, warum Abdullah den Paß seiner Schwester an sich genommen habe.

Über den Kopf meiner Tochter hinweg trafen sich unsere Blicke, und wir hatten beide spontan den selben Gedanken. »Fayza!« riefen wir wie aus einem Munde.

Ich wies den Fahrer an, uns zur Wohnung von Fouad und Samia zu bringen. »Schnell!«

Nun war mir klar, was Abdullah vorhatte. Mein Sohn hatte Mahas Paß für Jafers Frau Fayza an sich genommen! *Sie* war mit meinem Sohn auf dem Weg in den Libanon, nicht Maha! Durch den Schleierzwang ist es für saudische Frauen sehr leicht, bei Reisen ins Ausland den Paß einer anderen Frau zu benutzen.

Als Maha begriff, was ihr Bruder vorhatte, bat sie mich inständig, daß wir nach Hause zurückkehren sollten.

»Mutter! Laß sie gehen!«

Es war eine schwierige Entscheidung für mich. Wenn ich Fayzas Eltern nicht verständigte, machte ich mich zur Komplizin meines Sohnes. Ich half dabei, Fayza in die Arme ihres Ehemannes zurückzuführen. Damit würde ich mich gänzlich unerwünscht in die Familienangelegenheiten anderer Menschen einmischen. Übernahm ich jedoch die Verantwortung dafür, daß Fayza weiter von ihrem geliebten und angetrauten Mann getrennt wurde, dann konnte ich nie mehr guten Gewissens behaupten, für die Rechte der Frauen in meinem Land zu kämpfen.

Sara und ich tauschten einen langen Blick.

Ihre Augen waren klar und ausdrucksvoll, und ich wußte, daß sie in Gedanken noch einmal durchlebte, wie sie in ihrer ersten Ehe sexuell mißbraucht worden war. Hätte unsere Mutter damals keinen festen Standpunkt gegenüber unserem Vater vertreten, ja sogar die Scheidung und die dauerhafte Trennung von ihren eigenen Kindern riskiert, dann wäre Sara weiterhin einem Mann ausgeliefert geblieben, den sie haßte. Und sie hätte niemals die wundervolle Liebe kennengelernt, die sie mit Assad verband.

Plötzlich fiel mir meine Entscheidung sehr leicht. Die Frauen meines Landes haben im Lauf der Jahrhunderte schon allzu oft grausame Mißhandlungen von seiten der Männer erdulden müssen. Mit fester Stimme befahl ich Mousa: »Fahren Sie uns nach Hause.«

Maha lachte vor Begeisterung und küßte und umarmte mich immer wieder stürmisch.

Saras Augen leuchteten. Meine Schwester lächelte, drückte meine Hand und sagte: »Mach dir keine Sorgen, Sultana, du hast die richtige Entscheidung getroffen.«

Mousas Augen waren weit aufgerissen, er schien nach Luft zu ringen. Er erinnerte mich an einen Vogel, dem es in der Wüstensonne zu heiß geworden ist. Sein Gesicht lief dunkelrot an, und ich konnte erkennen, daß er mit der Wendung der Dinge ganz und gar nicht einverstanden war.

Ich sprach französisch, damit er uns nicht verstand. »Schaut euch das Gesicht des Fahrers an«, sagte ich. »Er billigt unsere Handlungsweise nicht.«

»Welcher Mann in diesem Land würde einer Frau schon das Recht zubilligen, ihren Ehemann selber auszusuchen?« wollte Maha wissen. »Nenne mir nur einen einzigen! Den ... den ... heirate ich auf der Stelle!«

Ich vergegenwärtigte mir noch einmal die Geschehnisse des Tages und hatte plötzlich eine Eingebung. Mir wurde leicht ums Herz, denn ich erkannte, daß meine Tochter mit einem Menschen blutsverwandt war, der sich von seinen Vorurteilen befreit hatte, sich seiner Wandlung jedoch noch nicht bewußt war.

»Abdullah«, antwortete ich gelassen. »Dein Bruder. Mein Sohn. Abdullah ist so ein Mann.«

Schweigend und zufrieden sah ich meine Tochter an. Meine Gedanken kehrten zurück in die Vergangenheit. Ich sah wieder meinen winzigen Erstgeborenen, wie er in meinen Armen gelegen hatte. Ich durchlebte noch einmal dasselbe innige Glücksgefühl, das ich am Tag seiner Geburt empfunden hatte. Damals hatte ich mich gefragt, ob mein neugeborener Sohn das grausame System gegen die Frauen in meinem Land aufrechterhalten würde. Ich hatte darum gebetet, daß dies nicht der Fall sein möge, daß er statt dessen die Geschichte unseres Landes positiv beeinflussen und zur Lockerung der starren sozialen Sitten Saudi-Arabiens beitragen würde.

Es war nicht einfach, Abdullahs Handlungsweise gelassen zu beurteilen. Aber wenn ich vor mir selbst ehrlich war, dann mußte ich gestehen, daß meine geheimsten Wünsche in Erfüllung gegangen waren. Ein von mir geborenes männliches Kind wollte tatsächlich mein Land neu gestalten.

Wie tapfer war mein unkonventioneller Sohn!

Ohne Rücksicht auf Mousa sprach ich wieder arabisch und erinnerte Sara und Maha daran, daß die Männer von Karims Generation schon einmal als Vorkämpfer für die Rechte ihrer Frauen eingetreten waren, jedoch bald nach dem Zusammenstoß mit militanten Vertretern des Islam zum Schweigen gebracht worden waren. Ich bedauerte die feige Haltung der Männer meiner Generation und erwartete von ihnen keine Verbesserung der Verhältnisse mehr. Doch es war nicht alles verloren, solange wir arabischen Frauen Männer wie Abdullah gebaren. Mein geliebter Sohn war ein Prinz, der eines Tages all seine Macht und seinen ganzen Einfluß aufbieten würde, die Stellung der saudischen Frauen in unserer Gesellschaft zu verbessern.

Angeregt durch die beherzte Handlungsweise meines Sohnes sprach ich auf dem Heimweg von nichts anderem. Mousa war von der unverblümten Forderung nach vollkommener Freiheit für alle Frauen, sogar für seine eigene, ziemlich schockiert. Er zwang seine Frau nämlich, bei seinen Eltern in einem kleinen ägyptischen Dorf zu bleiben, während er in Saudi-Arabien arbeitete.

Karim erwartete mich ungeduldig. Er schien nicht überrascht, mich in so gehobener Stimmung zu sehen, und ich hatte das Gefühl, er führte das darauf zurück, daß unsere Tochter wohlbehalten bei uns war. Natürlich ahnte er nicht, daß ich glücklich über unseren Sohn war, über die Tatsache, daß Abdullah der Ungerechtigkeit den Kampf angesagt hatte und nach Freiheit für alle Menschen strebte.

Maha war der grimmige Blick ihres Vaters ein wenig unheimlich, und sie entschuldigte sich wegen einer unbedeutenden Aufgabe, die sie erledigen müsse.

Sara sammelte ihre Kinder ein und ging nach Hause zu Assad. Beim Abschied flüsterte sie mir ins Ohr, ich solle sie so bald wie möglich anrufen.

Im Hintergrund hörte ich Amanis anschwellende und dann wieder leiser werdende Stimme bei ihrer inbrünstigen Zwiesprache mit Gott.

Dann war ich endlich mit meinem Mann allein.

Ich hatte Karims finstere Miene auf Abdullahs Diebstahl und Flucht zurückgeführt und war deshalb nicht auf seine heftigen Anschuldigungen gefaßt.

Er machte aus seinem Herzen keine Mördergrube. »Sultana, du hast deine Hände im Spiel bei Fayzas Flucht.«

Einen kurzen Moment verschlug mir diese Unterstellung die Sprache. Ich neige im Zorn zu extremem Verhalten und zeigte mich von meiner schlechtesten Seite. Unverzüglich holte ich aus und wollte Karim einen Fausthieb versetzen.

Wohl vertraut mit meinem hitzigen Temperament wich Karim mit einem Schritt zur Seite aus.

Im Lauf der Jahre hatte Karim den angemessenen Umgang mit mir gelernt, so daß er stets besonnen wirkte und ich bei unseren Konflikten anscheinend immer den kürzeren zog. Der heutige Tag war keine Ausnahme. »Sultana. Wir haben jetzt keine Zeit, uns zu streiten. Unser Sohn und Fayza sind aus dem Königreich geflohen.« Mein Mann packte mich am Arm. »Du mußt mir alles über ihre Reisepläne erzählen.«

Nichts, auch nicht das Argument, mein Sohn habe wahrscheinlich mein Talent für brillante Täuschungsmanöver geerbt, konnte Karim davon überzeugen, daß ich bei der Aktion nicht die Hand im Spiel gehabt hatte. So geht es dem stadtbekannten Dieb, der vergeblich seine Unschuld beteuert, wenn ein anderer einen Laib Brot gestohlen hat. Mich holte meine Vergangenheit ein. Eine Flut von Beschuldigungen prasselte auf eine Unschuldige nieder. Ich zahlte wahrlich einen hohen Preis für meine kämpferische Vergangenheit.

Ich meinte allerdings, mein Mann müsse sich mir gegenüber ein wenig loyaler verhalten, und das sagte ich ihm auch.

»Wie soll ich dir glauben«, fragte Karim. »Ich habe nun einmal eine Frau geheiratet, die eine Mischung aus Engel und Teufelin ist. Das Teuflische in dir gewinnt oft die Oberhand, und wenn es um Themen geht, die das Leben von Frauen betreffen, dann bist du unfähig, bei der Wahrheit zu bleiben. Dann kannst du gar nicht anders, als Verrat zu begehen!«

Ich bin kein Mensch, der unberechtigte Kritik gelassen hinnehmen kann. Wütend spuckte ich Karim vor die Füße und verließ das Zimmer mit dem Schwur, nie wieder ein Wort mit meinem Gatten zu reden.

Karim hielt es für das beste, seine Zweifel vorerst nicht mehr zu äußern, weil er befürchtete, er könne ohne meine Hilfe unseren Sohn nicht finden. Er entschuldigte sich sogar für den Fall, daß er im Unrecht sein sollte, und flehte mich gleichzeitig an, Abdullah davor zu bewahren, eine Straftat zu begehen, mit der er sich immer tiefer in die Privatangelegenheiten eines anderen Mannes verstricken würde.

Seine wahren Motive ahnend weigerte ich mich, auf seine Bitte um Vergebung zu antworten, kniff die Augen zusammen, um ihn nicht ansehen zu müssen, und bedeutete ihm mit einer Handbewegung, sich zu entfernen.

Kaum war die Tür hinter ihm ins Schloß gefallen, war mein Wunsch nach Rache wie weggeblasen. Wo war mein Sohn? War er in Sicherheit?

Fünf Tage lang herrschte Unfrieden in unserem Haus, denn Karim und ich konnten nicht ruhig und gelassen miteinander umgehen. Amani betete und weinte, während Maha Liebeslieder sang und Fayzas Flucht feierte.

Was ist süßer im Leben als der Erfolg? Zielstrebig überwand Fayza alle Hindernisse und war bald wieder mit dem geliebten Mann vereint.

Nie hätte ich mir Fouads und Samias Reaktion auf Fayzas verzweifelte Flucht zu ihrem Ehemann träumen lassen. Ich hatte damit gerechnet, daß Karim nun gezwungen sein würde, zum Schutz unseres einzigen Sohnes seinen Einfluß als Prinz geltend zu machen. Deshalb war ich angenehm überrascht, daß Fouad die Flucht seiner Tochter zu ihrem Mann sehr gelassen hinnahm.

Am fünften Tag nach ihrem Verschwinden meldete Abdullah sich aus Zypern. Unerschütterlich vertrat er auf unsere Proteste hin seinen Standpunkt: Er habe nur der Gerechtigkeit Genüge getan und Jafer und Fayza nicht aus niederen Beweggründen wieder zusammengeführt. Er sei sich keiner Schuld bewußt.

Dann vertraute uns Abdullah atemberaubende Neuigkeiten an: Fayza habe vor einer Stunde mit ihren Eltern telefoniert, und Fouad und Samia hätten ihren Zorn begraben und wünschten nichts sehnlicher als eine zweite Gelegenheit, Jafer als ihren Sohn willkommen zu heißen. Fouad habe seiner Tochter gesagt, er verspreche, sich nicht noch einmal von seiner Wut hinreißen zu lassen, wenn sie und Jafer sich nicht von ihnen abwenden würden.

Wie wahr ist es doch, daß die Menschen Kompromisse strikt ablehnen, wenn sie sich stark fühlen, und gerne schlichten wollen, wenn sie sich in der schwächeren Position wiederfinden. Von Natur aus mißtrauisch vermutete ich, daß sie Jafer vielleicht nur in ein Land locken wollten, in dem er keinerlei Rechte besaß. War er erst einmal in Saudi-Arabien, könnte er, falls Fouad dies wünschte, unter dem fadenscheinigsten Vorwand verhaftet werden. Doch meine Befürchtungen waren unbegründet.

Noch am selben Tag flog Fouad mit seiner Familie zu einem Treffen mit Jafer und Fayza nach Griechenland. Bittere und haßerfüllte Gedanken wurden verbannt, und Jafer und Fayza fanden endlich ihr Glück in der Familie, die zuvor die Rechtmäßigkeit ihrer Heirat angefochten hatte.

Für Fayza wurde eine Sondergenehmigung erwirkt: Sie durfte einen Muslim aus einem anderen Land heiraten. Danach wurde in einem Hotel in Kairo eine zweite, festlichere Hochzeit veranstaltet.

Karim und ich reisten mit unseren beiden Töchtern ebenfalls nach Kairo, um uns anläßlich der Feier mit unserem Sohn zu treffen.

Jafer und Fayza bestanden darauf, daß alle weiblichen und männlichen Gäste an einem Empfang im Mina House-Hotel teilnehmen sollten. Ihre große Liebe rang sogar dem mürrischen Karim ein Lächeln ab, obwohl er sich als Prinz des Hauses Al Saud schämte, daß sein Sohn sich in das Privatleben seines Freundes eingemischt hatte. Karims Anspannung legte sich, als Fouad gestand, die Sache habe gar nicht anders ausgehen können. Das außergewöhnliche Leid seiner Tochter habe ihn und seine Frau, lange bevor Abdullah Fayza zur Flucht verholfen hatte, zu der Einsicht gebracht, daß ihre Tochter wieder mit Jafer vereint werden müsse. Das sei offensichtlich gewesen. Fouad versicherte dem peinlich berührten Karim, an dem Tag, an dem Fayza geflohen sei, wären sie selbst kurz davor gewesen, von ihrer starren Haltung abzurücken.

Karim und ich beobachteten, wie Fouad Jafer und Fayza gerührt umarmte. Jafers strahlendes Gesicht beim Anblick seiner Frau zeugte davon, daß er Fayza noch leidenschaftlicher liebte als vor ihrer Trennung.

Ich war sehr zufrieden! Eine saudische Frau fühlte sich in einer nach unseren Gesetzen verbotenen Verbindung sehr glücklich.

Flüsternd vertraute ich Karim an: »Siehst du, jede gerade Linie kann zu einer Kurve gekrümmt werden!«

Später an diesem Abend betrachteten Karim und ich auf der Terrasse unserer Villa den Nachthimmel über Ägypten, und da überraschte mich mein Mann mit einer aufrichtig wirkenden Entschuldigung. In einer Mischung aus Scham und Liebe versprach er, mich nicht noch einmal unbefragt zu verurteilen. Abdullah habe ihm gesagt, ich sei an dem Plan, Fayza zu befreien, nicht beteiligt gewesen.

Beiläufig faßte Karim in seine Tasche und holte den größten Diamanten hervor, den ich je gesehen hatte. Der Stein hing an einer goldenen Kette, die mir mein Mann zärtlich um den Hals legte, und ich fühlte, wie seine Lippen meine Schulter mit einem flüchtigen Kuß berührten.

Vor einigen Jahren hatte ich die bittere Leere meines Ehelebens beklagt. Erst vor einem Monat hatte ich verzweifelt nach dem Sinn meines Lebens geforscht. Der Augenblick war dazu angetan, die verschiedensten Emotionen hochkommen zu lassen – Zuneigung, Bedauern und vor allem Verwirrung. War Karim wirklich jenes seltene Fabeltier: der saudische Ehemann, der gleichzeitig gütig, männlich, verständig und intelligent war? Hatte ich mich in meinem Urteil über seinen Charakter geirrt? Konnte mich ein saudischer Mann wirklich glücklich machen? Hatte ich nicht mein ganzes Leben lang gegen die saudischen Männer gekämpft?

Ich hatte einmal gehört, daß ein Geizhals nie reich genug ist, ebensowenig wie ein weiser Mann jemals seinen Wissensdurst stillen kann. War ich eine Frau, die niemals Erfüllung erfahren würde? Diese Vorstellung ängstigte mich.

Ein anderer Gedanke kam mir in den Sinn, ein arabisches Sprichwort: »*Ist dein Ehemann aus Honig, iß ihn nicht auf.*«

Plötzlich sah ich Karim in einem neuen Licht. In der Erinnerung an die zahlreichen Beleidigungen, die ich meinem Mann entgegengeschleudert hatte, betete ich, daß Gott meine Zunge im Zaum halten und mich in Zukunft rascher zur Vernunft bringen möge.

Ich lächelte Karim an und fühlte, wie viele Wunden heilten – Kränkungen, die mir mein Mann durch sein früheres Verhalten in unserer Ehe zugefügt hatte. In diesem Moment spürte ich, daß meine seelischen Narben fast verheilt waren.

10. KAPITEL

Fatima

Etwas war gestorben in jedem von uns.
Und was gestorben war, war die Hoffnung.

Oscar Wilde

Am nächsten Tag saßen Karim und ich nachmittags mit unseren Kindern auf der Veranda unserer Villa in Kairo. Eine überwältigende Blumenpracht säumte die großzügig angelegte, überdachte Terrasse. Der süße Duft nach Rosen und Geißblatt lag in der Luft und erinnerte an die einstige Präsenz wohlhabender Briten, die damals zum Verdruß der Ägypter Kairo als Residenz gewählt hatten. Mein Mann und ich genossen im Schatten die Kühle der geschützten Veranda. Es war völlig windstill, die Betonbauten der übervölkerten Stadt hatten die drückende Hitze des Tages gespeichert, und Kairos acht Millionen Einwohner erwarteten lethargisch den Einbruch der Nacht.

Unsere drei Kinder tuschelten miteinander und beklagten sich dann, die »säumige Fatima« habe uns schon wieder vergessen. Mit diesem Namen verspotteten sie oft unsere ägyptische Haushälterin, wenn sie außer Hörweite war. Ich schärfte den Kindern ein, sich nicht über Fatima lustig zu machen, denn sie sei nicht mehr die Jüngste und bei ihrer gewaltigen Körperfülle auch nicht mehr gut zu Fuß. Insgeheim konnte ich jedoch ein Lächeln kaum unterdrücken. Die Kinder hatten wahrscheinlich recht, und Fatima hatte mit einer neuen Arbeit im Haushalt begonnen und völlig ihre Herrschaft vergessen, die auf der Terrasse ungeduldig auf eine Erfrischung wartete. Sie war in der Tat sehr geistesabwesend. Es kam häufig vor, daß sie nicht mehr wußte, warum sie einen Raum verlassen und einen anderen betreten hatte. Karim hatte sich schon oft über sie beklagt und gefordert, Fatima zu entlassen und an ihrer Stelle eine jüngere, tüchtigere Frau einzustellen. Ich war jedoch dagegen, weil Fatima sehr zuverlässig war und ich das Gefühl hatte, daß sie mit echter Zuneigung an meinen drei Kindern hing. Karim behauptete im Scherz, ich wolle mich nicht von Fatima trennen, weil ich ihre interessanten Klatschgeschichten über das Leben in Kairo zu sehr zu schätzen wüßte, aber das stimmte nicht.

Wir hatten Fatima als Haushälterin engagiert, als wir die Villa vor vielen Jahren gekauft hatten. Damals war Abdullah erst zwei Jahre alt und unsere Töchter noch nicht auf der Welt gewesen. Die Kinder kannten sie also von klein auf.

Ich wollte eben aufstehen und Fatima an die Getränke erinnern, als ich das vertraute Klappern ihrer Sandalen auf dem Marmorboden des Flurs zur Veranda hörte.

Ich sah Karim an, der meinen Blick mit einem ärgerlichen Kopfschütteln erwiderte. Mein Mann sah nicht ein, warum er wegen eines alternden Dienstboten Abstriche an seinem persönlichen Komfort machen sollte.

Ich wollte ihn ein bißchen necken und meinte: »Denk daran, Karim, Gott sieht alles.«

»Sultana, mein Verhältnis zu Gott geht dich überhaupt nichts an«, entgegnete er in gereiztem Ton.

Die Kinder befürchteten, wir könnten uns wieder in die Haare geraten und ihnen den Nachmittag verderben. Amani schlang daher die Arme um den Hals ihres Vaters, während Maha meine Schultern massierte und mich bat, Gleichmut zu bewahren, was ich auch versprach.

Ich mußte daran denken, wie schlank und anmutig Fatima früher gewesen war. Liebevoll folgte ich mit den Blicken ihrer inzwischen plumpen Gestalt. Fatima, die gerade umständlich die beiden Flügel der Glastür vor der Veranda öffnete, war so unförmig, daß sie kaum das mit Kristallgläsern und einer Kristallkaraffe bestückte Tablett im Gleichgewicht halten und uns die frisch zubereitete Limonade servieren konnte.

Wie viele ägyptische Frauen hatte auch Fatima seit der Geburt ihres ersten Kindes mit Gewichtsproblemen zu kämpfen, und mit jedem neuen Familienzuwachs hatte sie an Umfang zugenommen. Abdullah hatte mich als kleiner Junge einmal besorgt gefragt, ob Fatimas Haut nicht irgendwann platzen müsse.

Es dauerte einige Zeit, bis Fatima die paar Schritte von der Tür bis zu dem weißen Rattantisch zurückgelegt hatte. Da sprang Abdullah auf, nahm ihr trotz ihrer Proteste das Tablett ab und bestand darauf, uns zu bedienen.

Karim und ich tauschten einen Blick. Mein Mann war nahe daran einzuschreiten. Abdullah hatte sich schon immer Gedanken um seine Mitmenschen gemacht, und ich war stolz auf seine mitfühlende Art, aber sein Vater war natürlich nicht damit einverstanden, daß sein Sohn Dienstbotenarbeit verrichtete.

Um Karim abzulenken bat ich unseren Sohn, uns noch mehr von seinen Erlebnissen im Libanon zu berichten. Seit wir mit Abdullah in Kairo zusammengetroffen waren, hatte er wenig Gelegenheit gehabt, uns von seinen Abenteuern zu erzählen. Ich wußte, daß Karim in seiner Jugend viele angenehme Aufenthalte in der Stadt Beirut verbracht hatte, denn vor dem sinnlosen Krieg, der das einst blühende Land zerstört hat, waren viele Mitglieder der saudischen Königsfamilie in den Libanon gereist, um dort ihren Urlaub zu verbringen.

Im Gegensatz zu Karim schätzte Abdullah die Situation im Libanon eher optimistisch ein und zeigte sich beeindruckt von dem Durchhaltevermögen der Libanesen. Sie hätten nicht nur überlebt, sondern trotz des verheerenden Bürgerkrieges sich auch den Lebensmut bewahrt und seien davon überzeugt, daß sie den einstigen Wohlstand des Landes in Zukunft sogar noch übertreffen könnten. Er vertrat die Meinung, die Libanesen würden mit einer kleinen Starthilfe bald wieder einen bedeutenden Platz in der arabischen Welt einnehmen.

Abdullah hielt inne und sah seinen Vater an. Dann fragte er ihn, ob er daran interessiert sei, Geld in dieses Land zu investieren.

Karim belohnte ihn mit einem anerkennenden Lächeln. Er ist ein Mann, der einem guten Geschäft nie abgeneigt ist, und das Desinteresse unseres Sohnes an diesen Dingen hatte ihn stets bedrückt. Er lächelte allerdings nicht mehr, als Abdullah hinzufügte, die Infrastruktur im Libanon sei fast völlig zerstört und es gebe viele sinnvolle Projekte, für die Karim Geld spenden könne.

Karim erbleichte, und ich konnte bei seinem Anblick ein Lächeln nicht unterdrücken. Zwar versuchte mein Mann weiterhin, Interesse zu heucheln, doch es war unübersehbar, wie schwer es ihm fiel, seine Enttäuschung zu verbergen. Ich wußte, daß er sich noch immer nicht von dem Schock über Abdullahs stolzes Bekenntnis erholt hatte, er habe den größten Teil der aus dem Safe genommenen Million Dollar jener Klinik gespendet, in der Jafers älterer Bruder gepflegt wurde. Mein Mann hatte es nicht übers Herz gebracht, seinen Sohn wegen einer guten Tat zu tadeln, und hatte ihn trotz seines Entsetzens über den hohen Verlust mit zärtlicher Verzweiflung gemustert.

Später hatte er mir gegenüber geäußert, seiner Ansicht nach sei Geld, das man für den Libanon stifte, einfach vergeudet, denn niemand könne wissen, wann dort der nächste Krieg ausbrechen würde. Wenn die Libanesen endlich ernsthaft nach Frieden strebten, würde er sehr wohl die Möglichkeit in Betracht ziehen, seinen arabischen Brüdern zu helfen.

Abdullah war angesichts der Verhältnisse in jener Klinik entsetzt gewesen. Nun brachte er erneut die Sprache darauf und sagte, er könne die elende Lage der Kriegsverletzten, die dort untergebracht waren, einfach nicht vergessen. Tränen traten ihm in die Augen, als er von bein- und armamputierten Männern und Frauen berichtete, die in winzigen Räumen ihr Dasein fristen mußten, weil es keine Prothesen oder Rollstühle gab. Abdullah hatte Männer gesehen, die man auf Holztische gefesselt hatte, die kein Glied mehr rühren konnten und stoisch dem Tod entgegendämmerten. Dieses Schicksal widerfahre vielen kriegsversehrten Libanesen, die keine Angehörigen mehr hätten, welche für ihre Pflege finanziell aufkommen könnten.

Gequält wollte Abdullah wissen: »Weiß die Welt denn nicht, wie schlecht es um dieses Land bestellt ist. Wollen alle denn nur tatenlos zusehen?«

Ich wollte ihn auch auf positive Aspekte hinweisen und erinnerte ihn daran, daß es Jafers Bruder doch viel besser gehe als den meisten Libanesen, weil Jafer ihm regelmäßig Geld für seine Behandlung geschickt hatte, aber ich wußte, daß im Vergleich zu dem hohen Standard unseres Gesundheitswesens, den unser durch Öl erworbener Reichtum den Bewohnern unseres Landes garantierte, seine Situation ebenfalls erbärmlich war. Immerhin würde er nun in den Genuß der bestmöglichen Behandlung kommen, denn Fouad hatte darauf bestanden, den Bruder seines Schwiegersohnes in Saudi-Arabien wie ein Mitglied der Familie aufzunehmen.

Unser Sohn wünschte nun, sein Vater solle noch mehr von seinem privaten Vermögen an die Bedürftigen im Libanon verteilen. Eine nach den neuesten Erkenntnissen ausgestattete Klinik wäre seiner Ansicht nach ein lobenswerter Anfang.

Gespannt auf Karims Antwort beugte ich mich vor, denn ich wußte, wie schwer es meinem Mann fiel, seinem geliebten Sohn einen Wunsch abzuschlagen.

Karim hatte die Augen geschlossen und fuhr sich mit der Hand über die Stirn, als denke er konzentriert nach. In diesem Augenblick drang ein jämmerliches Wehgeschrei an unser Ohr. Verblüfft sahen wir uns an. Dann registrierten wir, daß die seltsamen Laute aus dem Inneren des Hauses kamen, und wir erkannten Fatimas Stimme!

Karim war die Erleichterung deutlich anzumerken, daß die Aufmerksamkeit seines Sohnes abgelenkt wurde. Abdullah lief als erster ins Haus, gefolgt von meinen Töchtern und mir. Karim blieb auf der Veranda zurück.

Mein erster Gedanke war, Fatima habe sich eine Verbrennung zugezogen, denn sie stand in der Küche am Herd und briet Rindfleisch und Zwiebeln für unser Abendessen. Ich sah jedoch gleich, daß sie trotz ihres Lamentierens unverdrossen in der Pfanne rührte und gar nicht zu merken schien, daß ihre Klagelaute nach draußen gedrungen waren und uns herbeigelockt hatten.

»Fatima! Was ist passiert?« fragte Abdullah atemlos.

Mit Grabesstimme erwiderte Fatima: »O Abdullah! Die glücklichste Frau ist die, die nie geboren wird! Die zweitglücklichste ist die, die schon als Säugling stirbt!«

Dann begann sie sich wie eine Wahnsinnige mit der Faust an die Brust zu schlagen.

Maha nahm ihr den hölzernen Kochlöffel aus der Hand, während Amani die arme Frau mit tröstenden Worten zu beruhigen versuchte.

Abdullah warf mir einen fragenden Blick zu. Ebenso verwirrt wie er zuckte ich hilflos mit den Schultern. Ich konnte mir nur vorstellen, daß sich Fatimas Mann vielleicht von ihr getrennt und eine jüngere Frau geheiratet hatte, obwohl die Ehe immer ganz harmonisch gewirkt hatte.

Ihr Mann Abdul war bei uns als Gärtner und Chauffeur beschäftigt, und die beiden hatten uns oft zu verstehen gegeben, daß sie sich glücklich schätzten, für wohlhabende Leute arbeiten zu dürfen, die ein gutes Gehalt zahlten und nur selten da waren, denn so hatten sie stets viel freie Zeit, die sie mit ihren Kindern verbringen konnten. Diese lebten bei Abduls Mutter in einer Wohnung in Kairo. Ich wußte jedoch, daß die ägyptischen Männer – ebenso wie die saudischen – laut Gesetz uneingeschränkte Macht über ihre Frauen haben. Nicht selten nahm sich ein alter Mann eine zweite Frau oder ließ sich sogar von seiner ersten Frau scheiden, um sich eine jüngere, attraktivere Frau ins Haus zu holen.

Fatimas bittere Worte über das Unglück, als Frau geboren zu werden, ließen mich auf Abdul als Ursache für ihre Empörung schließen. Es gibt keine größere Demütigung für eine Frau in Fatimas Alter, als von ihrem langjährigen Ehemann verlassen zu werden.

Wir führten Fatima zu einem bequemen Stuhl im Wohnzimmer, und auf dem Weg dorthin stöhnte Fatima laut und faßte sich mit der Hand an den Kopf, als habe sie starke Schmerzen.

Weil ich endlich wissen wollte, weshalb sie so unglücklich war, schickte ich die Kinder aus dem Zimmer und fragte sie auf den Kof zu: »Fatima, hat sich Abdul von dir scheiden lassen?«

Fatima hob den Kopf und sah mich mit trüben Augen an. Ungläubig wiederholte sie: »Abdul? Sich von *mir* scheiden lassen?« Ihr Mund verzog sich zu einem Lächeln, aber ihre Augen blieben hart. »Dieser alte Mann? Das soll er nur versuchen! Ich schlage ihm den kahlen Kopf auf wie ein Ei und brate sein Gehirn auf dem Bürgersteig.«

Ich mußte mich zurückhalten, um nicht laut aufzulachen. Karim hatte nämlich schon öfter bemerkt, Abdul fürchte sich seiner Meinung nach vor seiner Frau und so gebe es immerhin eine verheiratete Frau in der arabischen Welt, die meinen weiblichen Rat nicht nötig habe. Zufällig hatte er einmal mit eigenen Augen gesehen, wie Fatima ihren nur halb so großen Mann mit einem dicken Brett auf den Rücken geschlagen hatte.

»Wenn es nicht Abdul ist, wo liegt dann das Problem?«

Fatimas faltenreiches Gesicht verdüsterte sich, und sie gab sich wieder ganz ihrem Kummer hin. Sie seufzte so tief, daß ich mich bestürzt fragte, was ihr wohl so große Seelenqualen bereiten mochte.

»Fatima?« machte ich mich leise wieder bemerkbar.

Voller Verzweiflung brach es plötzlich aus ihr heraus: »Es geht um meine Enkelin Alhaan! Ihr Vater, dieser Nasser, ist ein Wüstling, ein alter Esel! Ich würde ihn mit bloßen Händen erwürgen, wenn meine Tochter es mir erlauben würde! Aber nein! Sie sagt, sie will mit ihrer Familie so leben, wie sie es für richtig hält! Fatimas Augen funkelten wütend, ihr riesiger Busen wogte vor Entrüstung. »Meine eigene Tochter verlangt, daß ich mich aus ihren Privatangelegenheiten heraushalte!« Sie sah mich entgeistert an und fragte: »Können Sie sich das vorstellen? Bei meiner eigenen Enkelin soll ich nichts zu sagen haben!«

Völlig verwirrt fragte ich: »Was hat Nasser deiner Enkelin denn getan?«

Wenn die Mutter des Kindes nichts dabei fand, dachte ich bei mir, konnte es doch nichts Schlimmes sein.

»Dieser Nasser! Der kommt doch aus einem winzigen Dorf und hat keine Ahnung!«

Ich wich erstaunt zurück, als Fatima ungeniert auf unseren Teppichboden spuckte.

Fatima war völlig außer sich, stieß wilde Flüche gegen

Nasser aus, beklagte laut das Verhalten ihrer Tochter und bat Gott, ihrer Enkelin zu helfen.

Schließlich verlor ich die Geduld und rief mit lauter Stimme: »Fatima! Sag mir jetzt sofort, was mit deiner Enkelin passiert ist!«

Verzweifelt drückte Fatima meine Hand und sagte: »Heute abend wollen sie Alhaan zur Frau machen. Um neun Uhr haben sie einen Termin mit dem Barbier ausgemacht. Sie führen dieses schreckliche Ritual durch. Keine meiner Töchter mußte so etwas über sich ergehen lassen. Dieser Nasser ist schuld daran! Können Sie mir nicht helfen, Herrin, bitte ...«

Erinnerungen an die Vergangenheit holten mich ein. Wie gut war mir die entsetzliche Geschichte noch im Gedächtnis, die mir meine älteste Schwester Nura erzählt hatte. Auch sie war auf diese Weise zur Frau gemacht worden.

Ich war damals erst sechzehn Jahre alt gewesen. Meine Mutter war kurz zuvor gestorben, und Nura als meine älteste Schwester hatte meine Fragen zur Beschneidung bei Frauen beantworten müssen. Bis zu diesem Zeitpunkt hatte ich nicht gewußt, daß Nura und zwei meiner älteren Schwestern das grauenhafte Ritual noch hatten erdulden müssen. Als Folge hatten diese Frauen ihr ganzes Leben Schmerzen gehabt.

In Saudi-Arabiens noch gar nicht so ferner Vergangenheit waren Beschneidungen bei Frauen ziemlich häufig. Jeder Stamm hatte jedoch andere Bräuche. Erst letztes Jahr hatte ich ein Buch gelesen, das mein Sohn in London gekauft hatte, *The Empty Quarter* von St. John Philby, einem angesehenen Briten, der Expeditionen in die Wüste unternommen hatte. Mit Genehmigung und Unterstützung meines Großvaters, Abdul Asis Al Saud, dem Gründer und ersten König Saudi-Arabiens, war John Philby in den dreißiger Jahren zu mehreren Forschungsreisen aufgebrochen.

Ich hatte mich mit großem Interesse in die von dem Autor

recherchierte Geschichte der arabischen Stämme vertieft, die auch heute die Bevölkerung Saudi-Arabiens bilden. Ein Teil des Buches behandelt das Ritual der Beschneidung bei Frauen, und an einer Stelle berichtet John Philby von einem Gespräch mit arabischen Männern in der Wüste:

> »Am meisten redete er jedoch über Sexualität. Er liebte es, sich über Salih lustig zu machen und sich darüber auszulassen, wie der Stamm der Manasir bei der Beschneidung seiner Frauen verfuhr. Sie können es mir ruhig glauben, sagte er, sie lassen die Klitoris bis zur Pubertät intakt. Soll ein Mädchen dann verheiratet werden, feiern sie ein oder zwei Monate vor der Hochzeit ein Fest. Erst dann werden sie beschnitten und nicht schon bei der Geburt, wie es bei anderen Stämmen üblich ist – bei den Qahtan und Murra, Bani Hajir, Aj und 'Ajman. Ihre Frauen wachsen deshalb wollüstiger auf als andere. Großartige, heißblütige Frauen sind das! Doch dann wird alles bei ihnen entfernt, um ihre Glut zu dämpfen, ohne ihr Verlangen zu mindern ... erfahrene Frauen beschneiden die Mädchen in ihren Zelten für ein paar Dollar. Sie sind Expertinnen im Umgang mit Schere, Rasiermesser und Nadel, all den Instrumenten, die für die Operation benötigt werden.«

Mein Großvater war seiner Zeit voraus und bemühte sich, in allen Bereichen unserer Gesellschaft Reformen durchzuführen. Aufgewachsen im Hochland Nedschd hielt er nichts von der Beschneidung von Frauen oder von der »großen Beschneidung« der Männer, die nicht weniger abstoßend ist als die weibliche.

Bei der großen Beschneidung der Männer wird die Haut vom Nabel abwärts bis zu den Innenseiten der Beine entfernt. Unser erster König verbat diesen Brauch, nachdem er einmal Zeuge einer so brutalen Verstümmelung geworden war. Doch trotz seines Erlasses verschwanden die alten Bräuche nur langsam. Die Menschen beachteten die angedrohten Strafen nicht und taten weiter, was ihnen ihre Vorfahren gelehrt hatten.

Während einige Stämme die Beschneidung ihrer Frauen generell verboten, entfernten andere nur den oberen Teil der Klitoris. Dieser Brauch wird am seltensten angewandt und ist das einzige der männlichen Beschneidung analoge Verfahren. Bei anderen arabischen Stämmen wurde allen Frauen die ganze Klitoris einschließlich der kleinen Labien entfernt. Diese Form der Beschneidung wird am häufigsten angewandt und ist der Entfernung der Eichel vom Penis eines Mannes vergleichbar. Nach der Beschneidung meiner drei Schwestern blieb den anderen Frauen meiner Familie die Verstümmelung dank der Intervention eines Arztes aus dem Westen erspart. Außerdem hatte mein Vater die Beschneidung von Frauen als heidnischen Brauch angesehen, der ausgerottet werden müsse.

Es gibt eine weitere Methode der Beschneidung von Frauen, die noch barbarischer und gefährlicher ist. Bei diesem Ritual werden die Klitoris und die kleinen und großen Labien amputiert. Diese Form wird auch als »pharaonische Beschneidung« bezeichnet.

Ich ertrug es kaum, mir die Schmerzen der so mißhandelten Frauen auszumalen. Bei einem Mann würde das der Amputation des Penis und des Hodensacks entsprechen.

Wie barbarisch waren diese alten Bräuche, die sogar heute noch vereinzelt praktiziert werden! In Saudi-Arabien war viel getan worden, um diesen Brauch abzuschaffen, und die meisten Frauen meines Landes bleiben inzwischen unversehrt. Die Männer meiner eigenen Familie hatten ihn verboten. Dennoch gab es immer noch einige in Arabien lebende Familien afrikanischer Abstammung, die lieber eine

Strafe riskierten, als auf den Brauch zu verzichten. Sie waren fest davon überzeugt, daß nur die operative Schmälerung weiblicher Lust die Keuschheit der Frauen garantieren könne.

Fatima zupfte mich am Arm. Ihre stumme Bitte brachte mich in die Gegenwart zurück, und ich rief mir das Gesicht des jungen Mädchens Alhaan ins Gedächtnis, das seine Großmutter schon oft in unserer Villa besucht hatte. Sie war ein hübsches Kind, das immer einen glücklichen Eindruck gemacht hatte. Ich stellte mir vor, wie das Mädchen zum Beschneider gebracht würde, ihre Mutter sie entkleidete und sie dann, die kleinen Beine gespreizt, vor dem Mann mit dem scharfen Rasiermesser liegen würde.

Mich schauderte bei der Vorstellung. Ungläubig fragte ich mich, wie die Mutter dieses Mädchens eine so barbarische Verstümmelung ihrer schönen Tochter zulassen konnte? Und doch wußte ich, daß viele Mütter auf diesen Praktiken regelrecht bestanden. Nach einer Schätzung der Weltgesundheitsorganisation sind weltweit achtzig bis hundert Millionen Frauen von der Verstümmelung ihrer Genitalien betroffen. Welch unerträglichen Schmerzen diese kleinen Mädchen ausgesetzt sind!

Fatima musterte hoffnungsvoll mein Gesicht und fragte: »Herrin, können Sie meine Enkelin retten?«

Ich schüttelte traurig den Kopf. »Was könnte ich schon tun, Fatima, was du nicht auch tun könntest. Ich gehöre nicht zu deiner Familie. Man würde mir die Einmischung übelnehmen.«

»Sie sind eine Prinzessin. Meine Tochter hat Respekt vor Leuten Ihres Standes.«

Ich hatte schon lange begriffen, daß viele wenig begüterte Menschen glauben, Reichtum und Weisheit seien untrennbar miteinander verbunden. Bei der Beschneidung handelte es sich jedoch um ein tief verwurzeltes Brauchtum. Ich wußte intuitiv, daß Fatimas Tochter meine Intervention nicht begrüßen würde.

Ich zuckte hilflos mit den Schultern. »Was soll ich machen, Fatima? Seit ich von diesen Dingen weiß, möchte ich, daß sie abgeschafft werden.« Düster fügte ich hinzu: »Es scheint allerdings, als werde die Lage für uns Frauen immer hoffnungsloser.«

Fatima schwieg und starrte trübsinnig vor sich hin.

»Natürlich würde ich deiner Enkelin gerne helfen«, versicherte ich. »Aber ich habe kein Recht, mich da einzumischen.«

Fatima klang zwar enttäuscht, aber sie sagte ohne vorwurfsvollen Unterton: »Ich verstehe, Herrin.« Sie sah mich aus halbgeschlossenen Augen an. »Ich bitte Sie aber trotzdem, die Familie zu besuchen. Könnten Sie nicht wenigstens mit ihnen reden?«

Erstaunt über Fatimas Hartnäckigkeit fühlte ich, wie ich in meinem Entschluß schwankend wurde. »Wo wohnt deine Tochter denn?« fragte ich schwach.

»Ganz nah, nur eine kurze Autofahrt von hier entfernt. Wenn wir jetzt losfahren, können wir dort sein, bevor Nasser von der Arbeit heimkommt.« Fatima wurde ganz aufgeregt.

Ich raffte all meinen Mut zusammen und stand auf. Einen Versuch war es immerhin wert, obwohl ich mir wenig Hoffnung machte. Meinem Mann würde ich etwas vorlügen müssen, weil er mir den Besuch sonst verbieten würde.

»Fatima, wir fahren. Aber sprich mit niemandem über die Angelegenheit.«

»Ja, Herrin! Ich wußte, es war Gottes Wille, daß Sie mir helfen!«

Ich sah ihr nach, wie sie davoneilte, und konnte mich nicht erinnern, sie je so beweglich erlebt zu haben. Trotz unserer verschiedenen Welten waren wir zwei nun Verbündete, die für dieselbe Sache kämpften.

Während ich mich kämmte, schminkte und meine Handtasche suchte, legte ich mir eine Ausrede für Karim zurecht. Ich wollte ihm sagen, Fatima habe erst heute morgen erfahren, daß ihre Tochter an einer seltenen Frauenkrankheit leide, jedoch jede Behandlung mit dem Argument ablehne, wenn es Gottes Wille sei, daß sie sterbe, würde sie sich seinem Entschluß fügen und sich nicht von Menschen behandeln lassen. Fatima habe mich dringend gebeten, ihre Tochter davon zu überzeugen, daß sie um ihrer eigenen Kinder willen gegen die Krankheit ankämpfen müsse. Um völlig überzeugend zu wirken, wollte ich Karim versichern, ich hätte keinerlei Lust zu gehen, doch ich könnte es mir nicht verzeihen, wenn die Frau sterben sollte und ich keinen Versuch unternommen hätte, sie zu retten.

Karim waren Frauenkrankheiten ein Greuel, und nach anfänglichem schwachem Protest würde er mich wohl gehen lassen.

Es blieb mir dann jedoch erspart, diese Lügengeschichte aufzutischen, denn Karim hatte während meiner Unterhaltung mit Fatima einen Telefonanruf entgegengenommen und ließ mir durch Abdullah ausrichten, er treffe sich mit einem seiner königlichen Cousins in der Stadt und werde erst spät in der Nacht wiederkommen. Ich ahnte, daß mein Mann seinem Sohn ausweichen wollte, denn Abdullah hätte ihn ganz sicher nochmals bedrängt, dem Libanon finanzielle Hilfe zu gewähren. Aber Karim wollte nicht Millionen von Dollars in die desolate libanesische Wirtschaft stecken, und wahrscheinlich war seine Entschuldigung, das Haus zu verlassen, ebenso unehrlich wie die Geschichte, die ich mir zurechtgelegt hatte. Karim hat einen Charakterzug, den er mit den meisten Arabern teilt. Er kann niemandem etwas abschlagen und zieht es daher vor, eine kleine Notlüge zu gebrauchen und sich zurückzuziehen.

»Gut!« murmelte ich. Es kam mir sehr gelegen, daß Karim unbedingt seinem Sohn aus dem Weg gehen wollte.

Nachdem er die Botschaft seines Vaters ausgerichtet hatte, wandte sich Abdullah wieder dem Fernseher zu, wo gerade eine in vielen arabischen Ländern sehr beliebte ägyptische Seifenoper lief. Amani, die die Programmwahl ihres Bruders mißbilligte, weil eben diese Serie wegen zahlreicher eher harmloser erotischer Szenen in Saudi-Arabien verboten war, schmollte vor sich hin.

»Abdullah, kannst du mich zu Fatimas Tochter fahren?«

Mein Sohn nahm jede sich ihm bietende Gelegenheit wahr, den neuen weißen Mercedes zu fahren, den Karim für unser Haus in Kairo gekauft hatte und der auf dem Seeweg nach Ägypten gebracht worden war. Aus Erfahrung wußte ich, daß Karim für seine Fahrt in die Innenstadt sicher den älteren Mercedes genommen hatte, weil er den Fahrstil der Bewohner Kairos fürchten gelernt hatte. Sofort schaltete Abdullah den Apparat per Fernbedienung aus, sprang auf und sagte zuvorkommend: »Ich hole den Wagen.«

Die Straßen Kairos waren verstopft mit Fahrzeugen aller Art, so daß der Verkehr fast zum Erliegen kam. Wagemutige Fußgänger schlängelten sich zwischen den Autos hindurch, und alle Busse waren völlig überfüllt. Während sich unser Auto Meter für Meter einen Weg durch die Stadt bahnte, starrte ich fassungslos auf die Menschenmassen, die die Stadt der Pharaonen überschwemmten. Entsetzen erfaßte mich und mir wurde klar, daß Kairo einer Katastrophe entgegentrieb.

Abdullah riß mich aus meinen Gedanken, als er fragte, weshalb wir das Haus von Fatimas Tochter aufsuchten.

Ich beschwor ihn, die Angelegenheit vertraulich zu behandeln, und erzählte ihm, warum Fatima so unglücklich war. Meine Worte erfüllten ihn mit Wut, und er sagte, er habe von solchen Dingen schon gehört, habe sie aber immer für

Schauermärchen gehalten. »Stimmt das also doch?« fragte er nun. »Macht man so etwas wirklich mit jungen Mädchen?«

Ich überlegte, ob ich ihm von seiner Tante Nura erzählen sollte, besann mich dann aber eines Besseren. Erstens saß Fatima mit uns im Wagen, und zweitens handelte es sich hier um eine absolut private Angelegenheit. Ich wußte, daß es meiner Schwester sehr peinlich gewesen wäre, wenn mein Sohn von ihrer Verstümmelung erfahren hätte. Statt dessen erzählte ich ihm, was ich in John Philbys Buch über die Geschichte der Beschneidung von saudiarabischen Frauen gelesen hatte.

Einerseits freute er sich darüber, daß der Brauch in unserem eigenen Land im Aussterben begriffen war, aber andererseits war er entsetzt über die Tatsache, daß so viele Frauen auf der Welt immer noch so grausame Qualen ertragen mußten.

Den Rest der Fahrt schwiegen wir, und jeder hing seinen eigenen Gedanken nach.

Fatimas Tochter wohnte in einer schmalen Gasse, die man über eine belebte Einkaufsstraße in der Innenstadt Kairos erreichte. Nachdem Abdullah einem Ladenbesitzer Geld dafür gegeben hatte, daß wir unseren Wagen auf dem Bürgersteig vor der Boutique parken durften, geleitete er uns durch die Menschenmassen zu der Gasse. Der durchdringende Geruch von arabischen Gerichten drang aus mehreren Garküchen.

Abdullah und ich warfen uns immer wieder verstohlen entsetzte Blicke zu. Wir waren zum erstenmal in den ärmeren Wohngebieten Kairos, und uns schockierten die Enge und die Armut.

Fatimas Tochter wohnte in einem dreistöckigen Gebäude in der Mitte der kleinen Gasse, genau gegenüber einer zerfallenden Moschee. Im Erdgeschoß befand sich eine Backstube, während in den beiden oberen Stockwerken Mietwohnungen waren. Fatima zeigte nach oben und sagte, ihre Tochter Elham wohne im obersten Stock. Elham hatte anscheinend von dem flachen Dach des Gebäudes aus nach unten geschaut und uns trotz der vielen Menschen erkannt. Nun rief sie laut Fatimas Namen.

In Ägypten muß in jedem Einzelfall geklärt werden, ob die Frauen des Hauses Männer, die nicht zu ihrer Familie gehören, empfangen dürfen. Da Abdullah die Gewohnheiten dieser Familie nicht kannte, sagte er mir, er werde in der kleinen Garküche auf mich warten, an der wir gerade vorbeigekommen waren. Ich nickte zustimmend und sah seiner großen, schlanken Gestalt nach, die sich unbeschwert einen Weg durch die Menge bahnte.

Elham und drei ihrer vier Töchter erwarteten uns auf dem Treppenabsatz. Alle vier redeten durcheinander und wollten wissen, ob jemand aus der Familie krank geworden sei oder sich sonst irgendein Unglücksfall ereignet habe.

Mein erster Gedanke war, daß Elham genauso aussah wie Fatima als junge Frau!

Als Fatima mich als ihre Arbeitgeberin, die Prinzessin aus Saudi-Arabien, vorstellte, starrte Elham mich fasziniert an. Obwohl ich die meisten Kinder und Enkelkinder Fatimas schon kennengelernt hatte, sah ich diese Tochter zum erstenmal. Mein kostbarer Schmuck war mir in dieser ärmlichen Wohnung sehr peinlich. In der Eile hatte ich nicht daran gedacht, meine großen Diamantohrringe oder meinen eindrucksvollen Ehering abzulegen. Elham gab ihrer jüngsten Tochter, einem sechsjährigen Mädchen, einen Klaps, als sie mit ihren kleinen Fingern den Edelstein an meiner Hand anfassen wollte.

Dann bat sie uns in ihr kleines Wohnzimmer, wo sie uns kurze Zeit allein ließ, um Tee zu kochen. Zwei kleine Mädchen setzten sich sofort auf Fatimas Schoß, eine dritte zu ihren Füßen. Alhaan war nirgends zu sehen.

Ich musterte das Zimmer und bemühte mich, die fadenscheinigen Teppiche und zerrissenen Kissenbezüge nicht allzu auffällig anzustarren, um nicht überheblich zu wirken. In der Mitte des Zimmers stand ein offener Ofen. Auf einem an die Wand geschobenen quadratischen Tisch lag ein Stapel religiöser Bücher. Eine kleine Gaslampe hing von der Decke, und ich fragte mich, ob die Wohnung überhaupt mit Strom versorgt wurde. Doch mir fiel auch auf, daß das Zimmer makellos sauber war.

Elham kehrte bald zurück und bot uns süßen Tee und kleine Mandelplätzchen an. Stolz erzählte sie uns, sie habe diese Plätzchen für die an diesem Abend stattfindende Familienfeier selbst gebacken. An ihre Mutter gewandt berichtete sie, Alhaan sei wegen des bevorstehenden Ereignisses schon ganz aufgeregt, lese oben auf dem Dach im Koran und bereite sich in Ruhe auf den wichtigsten Tag ihres Lebens vor.

Die Atmosphäre blieb angenehm bis zu dem Moment, als Fatima unsere Herzensangelegenheit zur Sprache brachte und ihre Tochter bat, das für den Abend geplante Ritual abzusagen und ihrem Kind die Verstümmelung zu ersparen.

Erregt redete Fatima auf ihre Tochter ein. Als sie erkannte, daß sie die entschlossene Haltung ihrer Tochter nicht zu erschüttern vermochte, spielte sie mich als Trumpf aus und sagte, wenn Elham schon nicht auf ihre eigene Mutter hören wolle, würde sie vielleicht das Urteil einer Frau respektieren, die eine hervorragende Ausbildung genossen habe. Ich hätte von angesehenen Ärzten erfahren, daß in unserer Religion die Verstümmelung von Mädchen nicht erwünscht sei. Das sei nur ein alter Brauch, der nicht mehr in unsere moderne Zeit passe.

Die Stimmung wurde nun sehr angespannt. Zwar hörte sich Elham meine Ansichten zu dem Thema höflich an, doch konnte ich an ihrem Gesichtsausdruck erkennen, daß sie unbeirrt an ihrer Meinung festhielt. Weil ich von Fatima wußte, daß die Familie sehr religiös war, sagte ich ihr, die Beschneidung von Frauen werde im Koran überhaupt nicht erwähnt. Wenn Gott die Beschneidung der Frauen für notwendig halte, dann hätte er diese Botschaft doch sicher an den Propheten Mohammed weitergegeben, als er ihm seine weisen Ratschlüsse übermittelt habe.

Elham räumte ein, daß von der Beschneidung oder Verschließung der Geschlechtsteile von Mädchen im Koran nicht die Rede sei, daß der Brauch sich aber auf die Gewohnheiten des Propheten gründe und in der Sunna, der traditionellen Überlieferung vom Leben und Wirken des Propheten Mohammed, für alle Muslime beschrieben sei. Sie erinnerte mich an eine bekannte *Hadith* oder Überlieferung, die im Koran angesprochen wird, aber nicht schriftlich festgehalten ist. Diese *Hadith* besagt, der Prophet Mohammed habe einmal Um Attiya, einer Frau, die im Begriff stand, ein Mädchen zu beschneiden, gesagt: »Reduziere, aber zerstöre nicht.«

Diese Anordnung meinten Elham und ihr Mann befolgen zu müssen. Nichts, was ich an Gegenargumenten vorbrachte, brachte ihren Entschluß ins Wanken.

Wir diskutierten die Frage bis zum Anbruch der Dunkelheit. Ich wußte, daß Nasser bald nach Hause zurückkehren würde und war nicht erpicht darauf, mit dem Herrn des Hauses eine so delikate Angelegenheit zu erörtern. Deshalb deutete ich an, daß es Zeit für mich sei, zu meinen Kindern zurückzukehren.

Im Gefühl ihrer Niederlage begann Fatima laut zu jammern und ihre Wangen mit Schlägen zu traktieren, bis ihr Gesicht hochrot anlief.

Mit einem sorgenvollen Blick auf ihre gramgebeugte Mutter erklärte Elham abschließend, ihr Mann habe diese Entscheidung getroffen und sie billige seine Sichtweise der Dinge. Alle vier Töchter würden zu gegebener Zeit beschnitten werden.

Elham wünschte nun offensichtlich, daß ich ging. Ich mußte einsehen, daß ich das schreckliche Schicksal, das die weiblichen Kinder dieser Familie erwartete, nicht abwenden konnte, und erhob mich.

Ruhig und selbstbewußt erwiderte Elham meinen Blick und verabschiedete sich höflich von mir. »Sie haben mein Heim mit Ihrer Gegenwart geehrt, Prinzessin Sultana. Bitte besuchen Sie mich ein anderes Mal länger.«

Gegen den Wunsch ihrer Tochter bestand Fatima darauf, der Zeremonie beizuwohnen. Sie sagte, wenn die schreckliche Tat begangen werden müsse, dann wolle sie wenigstens die Arbeit des Barbiers überwachen, um sicherzugehen, daß er nur die Spitze der Klitoris ihrer Enkelin abschneide.

Ich fügte mich in das Unabänderliche und verließ Elhams Heim. Meine Füße waren schwer wie Blei, als ich die lange Treppe nach unten stieg. In dem Versuch, mich etwas zu beruhigen, hielt ich einen Moment inne und deklamierte laut einen Vers aus dem Koran: »Du kannst nicht jeden, den du bekehren willst, auf den rechten Weg führen, nur Gott kann den, den er auserwählt, auf den rechten Weg führen.«

Mein Sohn erwartete mich an einem kleinen Tisch vor der Garküche. Erwartungsvoll sah er mich an und fragte: »Nun, was ist?«

Ich schüttelte den Kopf. »Ich habe nichts erreicht.«

Abdullahs Gesicht verdüsterte sich beim Eingeständnis meiner Niederlage.

»Komm«, sagte ich, »wir wollen heimfahren.«

Ich schaute über die Schulter, als wir am Ende der kleinen Gasse angelangt waren. Elhams Heim war mit der Dunkelheit verschmolzen, als habe es nie existiert.

Mein Sohn wollte etwas sagen. Ich bedeutete ihm jedoch zu schweigen und begann in meinem Kummer zu weinen. Wortlos fuhr mein Sohn seine schluchzende Mutter nach Hause.

In unserer Villa rief ich meine erstaunten Töchter zu mir und wies sie an, sofort zu packen. Wir würden Kairo verlassen, sobald ihr Vater aus der Stadt zurückgekehrt sei. Flüsternd vertraute ich Abdullah an, meine Liebe zu der Stadt, die ich schon als Kind sehr gemocht hatte, habe schweren Schaden genommen, allerdings hoffte ich, daß ich nach der Erfahrung dieses Abends keine unüberwindliche Abneigung gegen alles Ägyptische entwickeln würde.

Abdullah sah mich verständnisvoll an, und ich spürte mit Genugtuung, daß mein Sohn mich verstand.

Kurze Zeit später kam Karim stark nach Alkohol riechend nach Hause. Amani sah sich veranlaßt, Gott in einem langen Gebet anzuflehen, ihrem Vater seine Sünden zu vergeben, und in ihrem Gebet schilderte sie die Qualen des Höllenfeuers, die einige ihrer Angehörigen erwarteten.

Ich war bereits in einer sehr gereizten Stimmung und konnte Amanis schwärmerischen Fanatismus nicht länger ertragen. Daß sie nicht einmal davor zurückschreckte, Kritik an ihrem Vater zu üben, ärgerte mich sehr. Ich sagte ihr auf den Kopf zu, meines Wissens habe Gott meine Tochter nicht dazu auserkoren, die Menschheit durch Drohungen mit dem Höllenfeuer zur Tugendhaftigkeit zu bewegen.

Um meinen Worten Nachdruck zu verleihen, streckte ich einen Arm aus und wollte sie kneifen. Karim kam mir jedoch zuvor, packte meine Hand und hielt sie fest. Dann befahl er Amani, uns allein zu lassen und in ihrem Zimmer weiterzubeten.

Wie bei Betrunkenen üblich wurde Karim nun laut und brüllte mich an, er habe oft genug beobachtet, daß ich mich nicht beherrschen könne. Es sei jetzt endlich an der Zeit, mir eine Lektion zu erteilen.

Wütend starrten wir einander an. Karim wartete auf meine Antwort. Sein Gesicht war verzerrt, und es war unschwer zu erkennen, daß er in ungewohnt kämpferischer Stimmung war.

Ich schaute mich blitzschnell im Zimmer nach einer Waffe um, die ich ihm über den Kopf hauen konnte. Auf Drohungen antworte ich mit Gewalt. Karim kannte mich jedoch gut genug und stellte sich sofort zwischen mich und die Messingschale, die ich als Waffe auserkoren hatte.

Meine streitlustige Stimmung verflog so schnell, wie sie gekommen war. Manchmal bin ich auch in der Wut noch zu einem vernünftigen Gedanken fähig, und so sah ich ein, daß Karim mir an Größe und Kraft weit überlegen war. Außerdem erschien es mir ratsam, unsere Meinungsverschiedenheit nicht zu einem Handgemenge eskalieren zu lassen. Die Vergangenheit hatte mich nämlich gelehrt, daß ich gegen einen betrunkenen Karim keine Chance hatte. Ich bebte vor Wut und konnte mir nicht mehr vorstellen, warum ich ihn jemals geliebt hatte.

Ich nahm mich jedoch zusammen und sagte lachend zu Karim: »Schau dich doch nur an! Du siehst aus wie ein Elefant, der eine Ameise bedroht!« Dann strahlte ich ihn an und sagte, ich würde mich sehr freuen, daß er so früh heimgekehrt sei, denn ich hätte mich in dieser so sorgenvollen Zeit nach seiner Gesellschaft gesehnt.

Karim war nicht gerade in Höchstform, und so hatte ich leichtes Spiel mit ihm. Er stutzte angesichts meiner veränderten Taktik und tappte dann ahnungslos in meine Falle. Mit übertriebener Reue entschuldigte er sich für seine gedankenlosen Worte, tätschelte mir die Schulter und erkundigte sich besorgt, warum es seiner lieben Frau denn nicht gut gehe.

Ich sah auf die Uhr und registrierte, daß es fast neun war. Der schreckliche Gedanke, daß das unschuldige Kind Alhaan schon bald verstümmelt werden würde, verdrängte schlagartig meine eigenen Probleme. Unendlich traurig sagte ich zu meinem Mann, das Leben habe den Frauen wirklich keine Freuden zu bieten.

Karim fragte verdutzt, ob mein Leben denn nicht vollkommen sei? Würde er als mein Mann nicht alle meine Wünsche erfüllen? Zwar wüßte er, daß ich vor allem wegen der sozialen Ungerechtigkeiten gegenüber Frauen immer wieder in innere Konflikte geriet, aber immerhin sei es uns gemeinsam gelungen, unsere Töchter vor dem Schlimmsten zu bewahren. »Was kann ein einzelner Mann mehr tun«, fragte er, »als die zu schützen, die er liebt.«

Er lächelte mich liebevoll an und strich mir mit dem Finger zart über die Lippen.

Wenigstens war Karims gewinnender Charme eine große Entschädigung für seine weniger erfreulichen Charakterzüge! Jetzt wußte er nicht recht, was er zu meiner Unzufriedenheit mit der Lage der Frauen sagen sollte, und daher erklärte er, es sei eben mein Schicksal, in Saudi-Arabien geboren zu sein. Die Frauen könnten letzten Endes nur die von unserer Kultur gezogenen Grenzen akzeptieren. Er erinnerte an die Allwissenheit Gottes und meinte, niemand auf der Welt wisse, warum er Saudi-Arabien für mich als Heimat gewählt habe.

Seine fatalistische Haltung provozierte mich, und ich fühlte erneut Wut in mir hochsteigen. Ich bedauerte, daß nicht alle Männer in Frauen verwandelt und gezwungen werden konnten, einige Zeit in unserer eingeschränkten und oft grausamen Welt zu leben, damit sie endlich lernen würden, Verständnis für uns aufzubringen.

Natürlich wußte ich, daß dieser Wunsch niemals in Erfüllung gehen würde, und so befiel mich Hoffnungslosigkeit. Zugleich aber war ich viel zu aufgewühlt, um eine normale Unterhaltung zu führen. Daher schlug ich meinem Mann resigniert vor, früh schlafen zu gehen. Wir könnten uns dann am nächsten Morgen ausgeruht weiter unterhalten.

Erleichtert nickte Karim mir zu und begab sich schnurstracks ins Schlafzimmer. Bevor auch ich mich zurückzog, wies ich meine Kinder erneut an, am nächsten Morgen mit gepackten Koffern zur Abreise aus Kairo bereitzustehen.

Karim schlief bereits tief und fest, als ich in unser Zimmer trat. Ich betrachtete ihn nachdenklich. Seine Bemerkung, ich würde immerzu mit meinem Schicksal hadern, hatte mich verletzt.

Niemals, niemals würde ich die Beschneidung von Frauen widerspruchslos akzeptieren!

11. Kapitel

Monte Carlo

Es ist eine Verleumdung, Frauen das schwache Geschlecht zu nennen; das ist männliche Ungerechtigkeit gegenüber Frauen. Du mußt die Ehre deiner Frau bewahren und nicht ihr Herr, sondern ihr wahrer Freund sein. Keiner von euch soll den anderen als Objekt seiner oder ihrer Begierde ansehen.

Mahatma Ghandi

Am nächsten Morgen bemühte sich Fatima krampfhaft, fröhlich auszusehen, als sie uns begrüßte. Sie werkelte schon eifrig in der Küche, als wir aufwachten, aber unser nicht angekündigter Beschluß, noch an diesem Morgen Kairo zu verlassen und nach Monte Carlo zu reisen, schien sie zu beunruhigen. Wir wollten an der Französischen Riviera drei meiner Schwestern und ihre Familien treffen, die in dem Fürstentum Monaco Urlaub machten.

Schon beim Aufwachen hatte ich an die Beschneidung von Fatimas Enkelin denken müssen und wollte dieses schreckliche Ereignis eigentlich nicht erörtern, um Fatima nicht noch mehr zu quälen, doch ich nutzte einen ruhigen Moment, um mich nach Alhaan zu erkundigen.

Fatima sagte mit fest zusammengepreßten Händen und stählernem Blick, es gehe dem Kind nicht gut. Ihre Stimme bebte vor unterdrückter Wut. Auf Anweisung ihres Schwiegersohnes seien die ganze Klitoris sowie die inneren Schamlippen entfernt worden. Die Blutung sei nur mit Hilfe unzähliger Kompressen zu stillen gewesen.

Ich fühlte mich irgendwie mitschuldig, weil es mir nicht gelungen war, die brutale Verstümmelung Alhaans zu verhindern. Besorgt fragte ich: »Fürchtest du weitere Komplikationen?«

Als Fatima sah, daß sich meine Augen mit Tränen füllten und ich mir Sorgen machte, umarmte sie mich und sagte: »Es ist geschehen, wir müssen damit leben. Sie haben getan, was Sie konnten. Ich danke Ihnen für die Liebe für jemanden, mit dem Sie nicht blutsverwandt sind. Trösten Sie sich, ich glaube fest, daß Alhaan durchkommen wird.«

Meine Kehle war wie zugeschnürt. Schließlich ließ Fatima mich los, und unsere Blicke trafen sich. Wir schauten uns lange an, und ich fühlte, wie eine tiefe Liebe zwischen uns aufwallte. Fatima befeuchtete ihre Lippen, bevor sie fortfuhr.

»Prinzessin Sultana, Sie tauchten gestern in meinen Träumen auf, und ich muß Ihnen jetzt die Botschaft des Traumes mitteilen.«

Ich hielt den Atem an und wartete ängstlich auf das, was sie erzählen würde. Bei übersinnlichen Botschaften war noch nie etwas Gutes für mich herausgekommen.

Fatima sah mich mit trauriger Zuneigung an. »Prinzessin, Sie sind umgeben von Reichtümern und erscheinen doch leer. Ihre Unzufriedenheit rührt daher, daß sich das Herz eines Kindes im Körper einer Frau befindet. Eine solche Verbindung bringt die Seele in große Schwierigkeiten. Weder sie noch sonst ein Kind Gottes kann alle Probleme der Menschheit lösen. Ich soll Ihnen sagen, daß es keine Schande ist, die Realitäten zu akzeptieren. Außerdem sollten Sie künftig sanftmütiger sein und Auseinandersetzungen vermeiden.«

Vor meinen Augen tauchte in unzusammenhängenden Bildern das Gesicht meiner Mutter auf. Ich zweifelte nicht daran, daß meine Mutter die erdverbundene Fatima dazu benutzte, mit ihrer jüngsten Tochter zu kommunizieren. Fatimas Botschaft war bis aufs Wort identisch mit den Ratschlägen, die mir meine Mutter in meiner Kindheit gegeben hatte. Als ich klein gewesen war, hatte ich ihre weisen Worte nicht verstanden. Ich meinte, ihre Lehren hätten nichts mit mir zu tun.

Nachdem meine Mutter erfahren hatte, daß sie bald sterben würde, bedauerte sie als einziges, daß mein ungestümer Charakter nicht von einer festen Hand gelenkt werden würde. Das hatte ich begriffen, obwohl ich damals noch ein Kind war. Sie befürchtete, ich würde als Erwachsene bei Auseinandersetzungen ebenso hitzig reagieren wie als Kind.

Nun hatte meine geliebte Mutter zu mir gesprochen, und ich fühlte, wie es mich warm durchlief. Ich wurde so ruhig wie schon seit Tagen nicht mehr. Meine Erinnerungen wurden klarer, und ich fühlte deutlich die Gegenwart meiner Mutter.

Ich hatte keine Erklärung für das Wimmern, das plötzlich in meiner Kehle aufstieg. Aufschluchzend warf ich mich in Fatimas starke Arme. Ich fühlte mich wieder wie damals als Kind und wünschte von ganzem Herzen, nur einen kurzen Moment mit der Frau verbringen zu dürfen, die mir das Leben geschenkt hatte!

Als ich Kairo verließ, mußte ich an das dunkle Schicksal denken, das vielen jungen Mädchen in Ägypten widerfuhr, und ich flüsterte meinem Sohn zu, daß solche grausamen Bräuche das Leben von unzähligen Frauen überschatten würden.

Am späten Nachmittag landete unsere Privatmaschine in Südfrankreich auf dem Flughafen von Nizza. Die Männer meiner drei Schwestern hatten eine große Villa in den Bergen hinter Monaco gemietet und Karim versichert, daß die Fahrt vom Flughafen dorthin recht kurz sei. Assad hatte kurzfristig drei Limousinen organisiert, die uns erwarteten und mit dem Gepäck zu der Villa bringen sollten.

In der Villa, einst ein Palast eines französischen Adligen, gab es über sechzig Zimmer, also mehr Platz als genug für unsere Familien. Keine meiner Schwestern mußte ihren Mann mit weiteren Frauen teilen, und so war unsere aus acht Erwachsenen und sechzehn Kindern bestehende Gruppe – immerhin vier Familien – für arabische Verhältnisse ziemlich klein.

Auf unserer Fahrt zur Villa äußerte ich mich begeistert über die wunderschöne Landschaft und sagte, ich empfände nach dem Leben in den matten Braun- und Beigetönen der Wüstenländer das saftige Grün Europas als erholsam.

Amani faßte dies natürlich als Herabsetzung der Heimat des Propheten auf, woraufhin Karim die Geduld verlor und seine Tochter aufforderte, doch *bitte* nicht jede harmlose Bemerkung religiös zu interpretieren.

Ich mußte mir eingestehen, daß mir meine eigene Tochter immer unsympathischer wurde. Zwar liebte ich sie immer noch, wie eine Mutter ihre Tochter liebt, doch es gab Momente, in denen mir Amanis anmaßende Haltung extrem mißfiel. Unablässig gab sie allen Menschen zu verstehen: ›Ich bin viel heiliger als du!‹

Das Auto bog auf die Zufahrtsstraße zu der Villa ein. Ich war heilfroh, daß die anstrengende Familienreise überstanden war und freute mich auf meine Schwestern Sara, Tahani und Nura. Die drei warteten schon ungeduldig unter der Tür.

Meine Freude war von kurzer Dauer, denn nachdem wir uns begrüßt hatten und meine drei Kinder weggegangen waren, um ihre Cousins und Cousinen zu suchen, verkündete Nura: »Reema ist ins Krankenhaus gekommen!«

»Was?« antwortete ich überrascht und überlegte, was meiner Schwester wohl fehlen mochte.

»Sie wurde verletzt«, begann Sara und wechselte einen bedeutungsvollen Blick mit Nura.

»Verletzt?« Meine Stimme erstarb fast. Plötzlich hatte ich Angst, sie könnte einen Autounfall gehabt haben. Autounfälle sind in Saudi-Arabien die häufigste Todesursache, weil viele junge Männer rücksichtslose Raser sind.

Schweigend standen meine Schwestern da, während ich ungeduldig darauf wartete, daß mich jemand über den Zustand meiner Schwester aufklärte.

Als das Schweigen immer länger dauerte, zog sich vor Angst mein Magen zusammen. War meine Schwester tot, und wagten sie nicht, es mir zu sagen?

Schließlich fragte ich leise: »Ist sie schwer verletzt?«

»Es scheint nicht lebensgefährlich zu sein«, antwortete Nura.

Die arabische Art, schlechte Nachrichten zu verschleiern, macht einen verrückt! Ich hätte sie am liebsten angebrüllt, sie sollten mir auf der Stelle alles erzählen, aber ich nahm mich zusammen. »Was ist denn passiert? Alles ist leichter zu ertragen als diese quälende Ungewißheit!«

Meine Schwestern warfen sich seltsame Blicke zu. Bestimmt war Reema tot!

»Laßt uns ins Haus gehen«, schlug schließlich Assad, der neben Sara stand, vor und legte zärtlich seine Hand auf den Arm seiner Frau. »Ich werde Tee bringen lassen.«

Ich folgte Sara in die Villa, ohne die prunkvollen Räume wahrzunehmen, die wir durchschritten, und dachte nur an die arme Reema. Die fünfte Tochter meiner Mutter hat bei uns allen immer Mitleid erweckt, denn vom Tage ihrer Geburt an war unübersehbar, daß sie weder besonders klug noch besonders schön war. Ihr Gesicht war nicht entstellt, doch das Kind hatte nichts an sich, was bei anderen jungen Müttern hätte Neid auslösen können.

Nura hatte mir einst anvertraut, Reema sei die einzige

Tochter gewesen, bei der sie den Schutz des blauen Steines nicht für nötig gehalten habe. Dieser Stein soll böse Geister abhalten, und welcher böse Blick würde schon auf ein Kind gerichtet werden, das so wenig anziehend war? Zu allem Unheil war Reema auch noch plump und gedrungen, was ihr viel grausamen Spott von anderen Kindern einbrachte.

Sara ist die schönste meiner neun Schwestern. Von den weiblichen Familienmitgliedern sind vier Schwestern bemerkenswert hübsch, drei Schwestern sind anziehend, eine ist elegant und anmutig, nur Reema ist völlig reizlos. Sie tat sich auch weder in der Schule noch bei Spielen hervor. Zur Vollkommenheit brachte sie es nur in der Kochkunst; sie konnte köstliche arabische und französische Mahlzeiten auf den Tisch zaubern – mit den unvermeidlichen Folgen für ihre barocke Figur. In einem Land, in dem nichts mehr bewundert wird als weibliche Schönheit, wurde Reema daher nicht besonders geschätzt.

Wir ließen uns im Wohnzimmer nieder, und Karim und Assad verließen uns, um sich um den Tee zu kümmern. Als sich die Tür schloß, hörte ich, wie Assad leise mit meinem Mann sprach. Karim würde also Reemas Schicksal vor mir erfahren.

»Ich muß die Wahrheit wissen. Sagt mir endlich, ist Reema tot?«

»Nein«, antwortete Nura. Der düstere Gesichtsausdruck meiner Schwester spiegelte den Ernst der Lage wider.

»Sie wurde von Salim angegriffen«, sagte Tahani schließlich.

Es überlief mich eiskalt. »Von Salim?«

Nura fügte tief bewegt hinzu: »Unsere liebe Schwester wurde von ihrem eigenen Mann brutal angegriffen.«

»Aber warum hat Salim Reema etwas getan? Sie hat ihm doch bestimmt keinen Grund gegeben!«

Wie viele unattraktive Menschen hatte auch Reema ein

angenehmes Wesen und bemühte sich immer, allen um sie herum Freude zu bereiten, als könne ihre fröhliche Miene ihre Unansehnlichkeit vergessen machen und Bewunderung hervorrufen.

Salim? Bilder von Reemas Ehemann schossen mir durch den Kopf. Salim war wie Reema nicht gerade schön, jedoch als sehr ruhiger und liebenswürdiger Mann bekannt. Er galt als der perfekte Partner für Reema, und ihre Verbindung schien vollkommen glücklich. Seine Gewalttat kam vollkommen unerwartet.

»Hat Salim den Verstand veloren?« fragte ich. »Hat er Reema angegriffen, weil er nicht wußte, was er tat?«

Was ich dann zu hören bekam, traf mich völlig unvorbereitet.

Ungefähr ein Jahr vor Salims Tat hatte Reema ihrer ältesten Schwester Nura das Herz ausgeschüttet, denn ein dunkles Geheimnis belastete ihr Leben. Ihr Mann machte eine seltsame Persönlichkeitsveränderung durch, die mit einer unerklärlichen Ruhelosigkeit und Unzufriedenheit begonnen hatte. Der bisher ausgeglichene Salim wurde plötzlich von tiefer Melancholie ergriffen. Hatte ihm sein Zuhause früher gut gefallen, so war er jetzt äußerst reizbar und hatte immer etwas an seiner Frau und seinen vier Kindern auszusetzen. Er interessierte sich nicht mehr für seine Arbeit und blieb oft bis in den Nachmittag hinein im Bett. Salim war ein Gefangener seiner kranken Seele, und seine psychischen Probleme belasteten das Leben der ganzen Familie.

Während Reemas Liebe zu Salim im Laufe ihrer Ehe immer mehr gewachsen war, erklärte Salim ihr nun eiskalt, er habe sie nie geliebt und wisse überhaupt nicht, was Liebe sei. Er habe Reema nur geheiratet, um in ihre Familie aufgenommen zu werden.

Reema reagierte auf Salims Kälte und Feindseligkeit mit treuer Liebe und echter Besorgnis. Nura gegenüber äußerte sie die Befürchtung, daß Salim einen Gehirntumor habe oder zumindest unter einer Störung des Stoffwechsels leide. Warum sonst sollte sich ein Mann so dramatisch verändern, obwohl sich in seinem Leben nichts Einschneidendes ereignet hatte?

Immer wieder flehte Reema ihren Mann an, zum Arzt zu gehen; doch statt Hilfe bei Fachleuten zu suchen, ergab sich Salim seinem Unglück. Früher hatte er kaum Alkohol getrunken, doch jetzt trank er immer häufiger. Und wenn er betrunken war, wurde er Reema und seiner ältesten Tochter gegenüber gewalttätig.

Schon bald mußte Reema befürchten, geschieden und von ihren beiden jüngsten Söhnen getrennt zu werden, denn Salim drohte, sich von ihr zu befreien. Seiner Meinung nach war dies der einzige Weg, um aus seinem Elend wieder herauszufinden.

Nura wußte keinen Rat, da Salim aus einer Familie stammte, mit der wir keinen besonders guten Kontakt hatten. Seine Angehörigen hatten erst vor kurzem um die Hand einer Tochter Nuras für ihren jüngsten Sohn angehalten, aber die Verbindung kam nicht zustande, weil Ahmed und Nura schon einen anderen Bräutigam für ihr Kind auserwählt hatten. Seitdem verhielt sich Salims Familie distanziert und war beleidigt, auch wenn hierfür keinerlei Grund vorlag.

Salim riß sich schließlich wieder so weit zusammen, daß er arbeiten konnte; seine Lieblosigkeit gegenüber Reema nahm jedoch ständig zu. Er reiste nun häufig in den Fernen Osten, und Reema wußte aus Prospekten, die sie bei den Papieren ihres Mannes gefunden hatte, daß er nicht in Geschäften unterwegs war, sondern als Sextourist nach Bangkok und Manila flog.

Vor einem Monat erst war Reema mit übel zugerichtetem Gesicht und einer schrecklichen Geschichte zu Nura gekommen. Sie hatte ihren Mann mit einem Hausmädchen aus Sri Lanka im Bett überrascht. Als sie protestierte, ging Salim mit den Fäusten auf sie los und drohte, ihr die Kinder wegzunehmen, wenn sie irgend jemandem in der Familie etwas davon erzählen würde.

Viele saudische Männer suchen heimliche Freuden außerhalb der Ehe, aber keine Frau unserer Familie ist mit einem Mann verheiratet, der zu der Geschmacklosigkeit fähig wäre, sexuelle Beziehungen zu Hausangestellten zu unterhalten.

Reema war bestürzt und wußte nicht, an wen sie sich wenden sollte. Sie ging zu einer ägyptischen Schriftgelehrten und bat sie, schriftlich auf die folgende Frage zu antworten: *Erlaubt der Islam einem Mann, Geschlechtsverkehr mit seinem Hausmädchen zu haben, ohne daß er es heiratet?* Ihr Mann würde sich doch nach einer religiösen Expertise richten, wenn sie ihm die Entscheidung schriftlich vorlegen konnte. Für unsere fromme Schwester war es undenkbar, daß er gegen die Lehren des Koran verstoßen würde!

Reema hatte Nura anvertraut, daß sie Salim mit der Antwort konfrontieren wolle, und Nura hatte sie vor diesem Schritt eindringlich gewarnt. Nun fragte ich Nura, ob sie sich an den Inhalt des Entscheids erinnern könne; und meine ältere Schwester meinte, die Schriftgelehrte habe eindeutig erklärt, daß der Islam keine sexuelle Beziehung zwischen Herr und Dienerin erlaube. Das sei ein Frevel, denn im Islam könne eine sexuelle Beziehung nur durch die Ehe legitimiert werden.

Die Schriftgelehrte gab zu, daß nicht selten gegen dieses Gebot verstoßen würde, und es sei im Königreich häufiger vorgekommen, daß Herren ihre Dienerinnen gezwungen hätten, ihnen gefügig zu sein.

Die Schriftgelehrte hatte entschieden, daß eine solche Beziehung unzulässig war und zu den drei ausdrücklich im

Islam verbotenen Sünden gehörte. Diese Verbote sind: »Jede Beziehung, die den Moralvorstellungen der Gesellschaft widerspricht, zur Promiskuität führt oder die Rechte des Individuums angreift. Im Islam ist der einzige gesetzliche Weg zu sexuellen Beziehungen die Heirat.«

Reema war von Natur aus unterwürfig; deshalb war ich überrascht, daß sie den Mut gehabt hatte, den Rat einer Außenstehenden zu suchen.

»Hat Salim sie wegen dieses Schrittes angegriffen?« fragte ich meine Schwestern.

Zu meinem Erstaunen verneinte Nura.

»Warum dann?«

Sara brach in Tränen aus und verließ den Raum mit den Worten, sie könne sich nicht alle Einzelheiten noch einmal anhören. Tahani wollte ihr folgen, doch Assad stand bereits an der Tür, und ich sah, wie er den Arm um seine Frau legte und sie wegführte.

Tahani kehrte wieder um, setzte sich neben mich und tätschelte nervös meine Hand.

»Der Arzt wollte uns nicht alles sagen«, begann sie. »Vater und Ali suchten ihn jedoch auf und erfuhren die Wahrheit, weil Salim dem Arzt schließlich gestanden hatte, was vorgefallen war. Salim war gerade von einer Reise nach Bangkok zurückgekommen und hatte pornographische Videos nach Saudi-Arabien geschmuggelt. Nachdem er eine Nacht lang getrunken und die Videos angesehen hatte, wollte Salim seiner Frau beiwohnen, obwohl er schon länger kein Interesse mehr an ihr gezeigt hatte.

Als er Reema mitten in der Nacht weckte, sagte sie ihm, sie habe ihre Menstruation.

Nura lehnte sich mit halbgeschlossenen Augen im Sofa zurück.

Wie alle Muslime weiß ich, daß der Koran Geschlechtsverkehr während der Menstruation verbietet. Im Koran steht eindeutig: »*Sie fragen nach der Zeit der Menstruation. Antworte: Sie ist eine Plage. Haltet euch fern von Frauen während der Menstruation und berührt sie erst wieder, wenn sie rein sind. Aber wenn sie sich gereinigt haben, dürft ihr euch ihnen nähern, wie, wo und wann es euch beliebt, wie euch von Gott befohlen ist.*«

Nura hatte große Schwierigkeiten, das Unerhörte auszusprechen, und ich sah, wie ihr Gesicht weiß vor Wut wurde. »Salim wurde in seinem Rausch sehr wütend, weil ihn seine Frau zurückwies.« Meine Schwester holte tief Atem. »Sultana, er richtete Reema übel zu und vergewaltigte sie dann auf eine Weise, die von der Religion nicht erlaubt ist. Salim war so brutal, daß eine Notoperation durchgeführt werden mußte. Der Arzt in der Privatklinik teilte Vater mit, daß Reema den Rest ihres Lebens mit einem künstlichen Darmausgang wird leben müssen.«

Ich schäumte vor Empörung. Jetzt verstand ich, warum Sara aus dem Raum geflohen war. Sie war selbst von ihrem geisteskranken ersten Mann auf diese Weise mißbraucht worden. Wütend sprang ich auf und stampfte so heftig mit dem Fuß, daß eine Vase zu schwanken begann und von einem hohen Regal zu fallen drohte. »Wenn Salim hier wäre, würde ich ihn mit bloßen Händen erwürgen«, rief ich. »Wo ist der Kerl? Wurde er wenigstens eingesperrt?«

Tahani schnalzte mit der Zunge. »Eingesperrt? Er ist Reemas Ehemann. Er kann mit ihr machen, was er will.«

Nuras Gesicht wurde vor Schmerz und Bitterkeit über das Schicksal ihrer unschuldigen Schwester noch blasser.

Ich protestierte. »Was er getan hat, ist doch verboten! Wir können eine religiöse Untersuchung veranlassen.«

Nura sah mich liebevoll, doch traurig an. »Sultana, du redest wie ein Kind. Wer wird sich in unserem Land auf die Seite einer Frau gegen ihren Mann stellen? Unser eigener Vater und unser Bruder haben angeordnet, daß dies eine

Privatsache zwischen Reema und Salim sei und daß niemand aus der Familie sich einmischen dürfe.«

Tahani teilte mir vertraulich mit: »Vater hat uns verboten, dir die Geschichte zu erzählen. Wir meinten jedoch, daß du es wissen mußt, denn wenn du Reema das nächste Mal triffst, bleibt nichts verborgen.«

Ich ließ nicht locker. »Reema muß sich scheiden lassen! Das ist das mindeste!«

Nura wies mich auf Reemas Situation hin. »Und wer würde die Kinder bekommen? Die beiden Mädchen sind in der Pubertät, die Jungen sind jetzt acht und neun. Salim hat das Recht, sie ihrer Mutter wegzunehmen. Und er würde es tun. Er hat ihr schon damit gedroht. Sultana, Reema würde ohne ihre Kinder sterben.«

Nura sah, daß meine Wut sich noch immer nicht gelegt hatte, und fragte: »Sultana, würdest du ohne deine Kinder leben wollen?«

In meinem Land hat bei einer Scheidung die Mutter nur das Recht, die Kinder zu behalten, solange sie noch gestillt werden. Meistens behält die Mutter jedoch das Sorgerecht für ihre Töchter, bis diese in die Pubertät kommen. Söhne können bis zum Alter von sieben Jahren bei der Mutter bleiben. Wenn ein Junge sieben Jahre alt wird, kann er theoretisch zwischen der Mutter und dem Vater wählen, aber im allgemeinen geht man davon aus, daß der Vater die Söhne bekommt, wenn sie sieben Jahre alt sind. Im Pubertätsalter *muß* ein Sohn zu seinem Vater gehen, ob er will oder nicht.

Bei Söhnen kommt es häufig vor, daß die Väter den Müttern das Sorgerecht nicht lassen, ganz gleich, wie alt das Kind zum Zeitpunkt der Scheidung ist. Ich kenne Frauen, die das Sorgerecht für noch kleinere Kinder verloren haben und sie nie wiedersehen durften. Wenn ein Vater seine Kinder zu sich nimmt, gibt es keine Behörde, die ihn zwingen könnte, sie der Mutter zurückzugeben.

Ich wußte, wenn Salim Reema verbot, die Kinder zu sehen, würde kein saudisches Gericht die Entscheidung des Ehemannes aufheben.

Ich seufzte bei dem Gedanken an die Möglichkeiten, die wir mit männlicher Unterstützung hätten. Wenn nur unser Vater und Ali hinter Reema gestanden wären, dann hätte das ihre Position sehr gestärkt, aber weil die beiden der Ansicht waren, ein Mann dürfe mit seinen Frauen machen, was er will, würden sie Reema nicht helfen.

»Vielleicht kommt Salim wieder zur Vernunft«, meinte Nura hoffnungsvoll.

»Versuche niemals, den Schwanz eines Hundes geradezubiegen. Es kann nicht gelingen«, murmelte Tahani.

Nach langer Diskussion kamen wir zu dem Schluß, daß wir in Riad gebraucht würden. Wir wollten die Kinder bei unseren Männern in Monte Carlo lassen und am nächsten Tag nach Saudi-Arabien reisen.

Später am Abend wollte Karim mich wohl aufmuntern und erinnerte mich daran, daß meine Schwester nicht an den Verletzungen gestorben sei – und wo Leben ist, ist Hoffnung. Bald würden wieder bessere Tage kommen, und Salim leide eben an einer vorübergehenden Krise seiner Männlichkeit.

Karim war sehr unruhig geworden, als ich ankündigte, Salim werde für sein Verhalten gegenüber der liebenswürdigen Reema büßen müssen. Er versuchte, meine mörderische Wut zu besänftigen, und bemerkte scherzhaft: »Sultana, ich möchte nicht zuschauen müssen, wie man dich zur Hinrichtung führt! Du darfst Salim nicht vergiften.«

Mein Mann sprach weiter, doch seine Worte erreichten mich nicht. Ich beklagte im Stillen, daß es in einem Land mit einer großen Religion immer noch so viel Unwissenheit gibt.

12. KAPITEL

Zuhause

Ein Mädchen besitzt nur einen Schleier
und ein Grab.

Saudiarabisches Sprichwort

Unser Bruder Ali, der uns am Internationalen König-Khalid-Flughafen abholte, wirkte geistesabwesend und teilte uns kurz angebunden mit, er bringe uns direkt zu Reema in die Privatklinik, weil sie einen besonders schlechten Tag habe und seit dem frühen Morgen ständig nach Nura frage.

Es herrschte dichter Verkehr, und die fünfunddreißig Kilometer lange Fahrt dauerte über eine Stunde. Wir hingen alle unseren eigenen Gedanken nach, und es wurde nichts Wichtiges gesagt. Schließlich brach Ali das Schweigen und teilte uns zu unserer Überraschung mit, bei ihm zu Hause sei ebenfalls der Teufel los, und Reemas Unglück habe zu keinem ungünstigeren Zeitpunkt geschehen können. Es passe ihm überhaupt nicht, daß er sich in Salims Privatangelegenheiten einmischen müsse, und er frage sich, was Reema wohl getan haben mochte, um Salim so zu provozieren.

Ali machte Reema doch tatsächlich für Salims schändliche Tat verantwortlich!

Sara und Tahani warfen einen kurzen Blick auf Ali, und ich las auf ihren Gesichtern eine milde Verurteilung seiner gefühllosen Reden. Ich aber konnte mich nicht zurückhalten und zischte: »Ali, mit jedem Tag wächst deine Dummheit, während dein Verstand schrumpft.«

Ich hätte meinen Bruder am liebsten ins Gesicht geschlagen und betrachtete ihn voller Verachtung. Ali ist nur ein Jahr älter als ich, doch sieht er mit den tiefen Falten im Gesicht und Säcken unter den Augen mindestens zehn Jahre älter aus. In seiner Jugend hatte er viel Wert auf sein Äußeres gelegt, aber im Laufe der Jahre war er ein wenig korpulent geworden und hatte ein Doppelkinn entwickelt. Sein Gesicht und sein Körper spiegelten deutlich seinen üppigen Lebensstil wider, und offen gestanden freute mich der Anblick seines äußeren Verfalls.

Das Gesicht meiner ältesten Schwester Nura umwölkte sich, und sie fragte voll zärtlicher Besorgnis, was für Probleme Ali denn gerade habe.

Von uns zehn Schwestern ist Nura die einzige, die unseren einzigen Bruder liebt. Die Gefühle der übrigen neun Schwestern für Ali reichen von Mitleid, Verachtung und Neid bis zu offener Abneigung. Wahrscheinlich schützt der große Altersunterschied Nura vor der kritischen Ablehnung ihres Bruders, denn Nura ist das älteste Kind, Ali das zweitjüngste. Nura war schon verheiratet und hatte Kinder, als Ali geboren wurde; so hatte sie nie unter seiner tyrannischen Art zu leiden gehabt. Außerdem hat Nura Mutters gütigen Charakter geerbt und gehört zu den wenigen Menschen, die instinktiv jeden entschuldigen und die fadenscheinigsten Rechtfertigungen für unverzeihliche Taten akzeptieren.

Ali runzelte leicht die Stirn, schaute aus dem Autofenster und sagte abweisend: »Ich habe mich von Nada getrennt.«

Nura schnappte nach Luft. »Noch einmal?«

Ali sah Nura flüchtig an und nickte.

»Ali! Wie konntest du das tun? Du hast Nada versprochen, daß du dich nicht mehr von ihr scheiden lassen wirst!«

Nada war Alis schönste Frau, die er vor sieben Jahren geheiratet hatte. Aus dieser Ehe waren drei wundervolle Töchter hervorgegangen.

Im muslimischen Kulturkreis wird das Recht des Mannes, sich von seiner Frau zu trennen, mit dem Koran gerechtfertigt. Die Scheidung bedroht daher die Sicherheit und die Existenz jeder Frau, und es ist unerträglich, daß viele Männer ihre Machtposition rücksichtslos ausnutzen und häufig wegen Kleinigkeiten die Scheidung fordern, die dann den sozialen Abstieg der Frauen zur Folge hat.

Eine Scheidung zugunsten der Frau ist nur nach eingehender Überprüfung ihres Lebens möglich, und meist können die Frauen selbst in wohlbegründeten Fällen die Scheidung nicht durchsetzen. Die Rechtlosigkeit der Frau, die den Männern so sehr gefällt, führt zu einseitigen und häufig grausamen Methoden männlicher Kontrolle. Will ein Mann seine Frau bestrafen, dann spricht er leichthin von Scheidung und droht: »Ich schicke dich weg.« Häufig verbannt er seine Frau ohne ihre Kinder aus dem gemeinsamen Haus.

Ali ist unbeherrscht, hat eine lose Zunge und droht seinen Frauen oft mit der Scheidung. Ich wußte, daß sich Ali von all seinen Frauen mindestens einmal hatte scheiden lassen, von Nada jedoch gleich zweimal. Meistens bereute er die Scheidung, nachdem seine Wut verflogen war, und holte die Frau in sein Haus zurück, von der er sich den Tag oder die Nacht zuvor getrennt hatte. Ali konnte sich das erlauben, da Männer nicht nur die Möglichkeit haben, sich problemlos von ihren Frauen zu trennen, sondern die Scheidung auch aufheben und die Ehe fortsetzen können, als sei nichts geschehen. Nach muslimischem Gesetz kann der Mann dies zweimal tun. Trennt sich ein Mann zum drittenmal von seiner Frau, wird die Sache ein wenig komplizierter.

In einem Wutanfall hatte sich Ali nun zum drittenmal von Nada getrennt und konnte nach dem islamischen Recht die

Ehe erst fortsetzen, nachdem Nada einen anderen Mann geheiratet hatte und von diesem wieder geschieden worden war. Durch sein kindisches Verhalten war es Ali schließlich gelungen, sich auf Dauer von der einzigen Frau in seinem Harem zu trennen, die er wirklich liebte.

Ich sah Ali an und fragte scheinheilig: »Ali, wen wird Nada jetzt heiraten?«

Ali starrte mich mit hervorquellenden Augen an und antwortete frostig: »Nein! Nein! Nada möchte keinen anderen heiraten!«

»Ha! Nada ist unter den Frauen für ihre Schönheit berühmt. Wenn es sich erst mal herumspricht, daß sie frei ist, werden viele Mütter und Schwestern ihre Söhne und Brüder schicken, damit sie um Nadas Hand bitten. Du wirst dich noch wundern!«

Sara mischte sich ein, um zu verhindern, daß unsere Sticheleien hier im Auto zu einem heftigen Streit führten. »Ali, wie ist es zu dieser Scheidung gekommen?«

Ali, dem es sichtlich unangenehm war, darüber zu sprechen, meinte unwirsch, dies sei seine Privatsache. Er bat jedoch meine beiden Schwestern, Nada aufzusuchen und sie davon zu überzeugen, daß seine Worte übereilt ausgesprochen worden seien. Ali habe sich nicht wirklich von Nada trennen wollen. Wenn Nada die Sache auf sich beruhen ließe und nicht zur Anzeige bringe, müsse Ali ihr nicht befehlen, das Haus zu verlassen, wodurch sie für einen anderen Mann frei würde.

Nura und Sara willigten ein, mit Nada zu sprechen.

Der Wagen verlangsamte seine Fahrt, und Ali spähte durch die dunkelblauen Vorhänge der Limousine. Dann deutete er auf die Ansammlung schwarzer Schleier, Abahjas und Shaylas, die auf dem Autositz ausgebreitet lagen, und befahl: »Macht euch schnell fertig. Wir sind da.«

In dem engen Wagen war es für uns vier reichlich mühsam, die schwarze Tracht anzulegen. Ali hatte uns direkt auf der Rollbahn von unserem Privatflugzeug abgeholt, so daß wir uns erst im letzten Moment verhüllen mußten.

Wir waren bei einer Privatklinik angekommen, die von Mitgliedern der königlichen Familie aufgesucht wurde, wenn auf Diskretion Wert gelegt wurde. Ich kannte drei Prinzessinnen, die regelmäßig wegen Alkohol- oder Drogenmißbrauch hier behandelt wurden.

Unsere Gruppe wurde durch eine Seitentür in das Gebäude geführt, in dem uns einer von Reemas Ärzten bereits erwartete. Der Mann teilte uns mit, er sei Internist, ein Spezialist aus Beirut, und sei erst vor kurzem von einem der Besitzer der Klinik zur Behandlung der Mitglieder der königlichen Familie eingestellt worden.

Der Arzt war ein zurückhaltender, Vertrauen einflößender Mann, bei dem uns unsere Schwester in guten Händen schien.

Nura und Ali gingen an seiner Seite den Gang hinunter. Ich folgte ihnen und versuchte, ihre gedämpfte Unterhaltung mitzuhören, doch ich konnte ihre Worte nicht verstehen.

Die Fenster in Reemas Zimmer waren noch geschlossen. Durch die leicht schräggestellten Jalousien drang etwas Sonnenlicht, das den Raum in ein sanftes Licht tauchte. Das ganze Zimmer war weiß gestrichen, und über Reemas Kopf hing ein großer, perlweißer Kronleuchter, der in dem Klinikzimmer seltsam fehl am Platze wirkte.

Reema schlief noch, öffnete jedoch die Augen, als sie uns hörte. Meine Schwester wirkte einen Moment lang verwirrt, bis sie die Situation erfaßte. Ihr Gesicht war sehr blaß, und ihre Augen glichen denen eines verängstigten Kindes.

Nura eilte an ihre Seite und schlang die Arme um sie. Sara und Tahani kämpften gegen die Tränen an, und auch mir verschwammen die Augen. Erschöpft ließ ich mich in einen Sessel fallen, biß mir auf die Lippen, bis ich Blut schmeckte, und preßte meine Hände so heftig in die Sessellehnen, daß mir drei Fingernägel abbrachen.

Ali war unser Schmerz peinlich, und er flüsterte Sara zu, er werde uns in einer Stunde wieder abholen. Bevor er wegging, erinnerte er Sara daran, daß sie unbedingt noch am selben Abend zu Nada gehen müsse.

Ich kochte beim Anblick meiner mißhandelten Schwester vor Wut und dachte bei mir, daß unser ganzes Land von einer schlimmen Plage heimgesucht werden sollte. Das Böse in meinem Land sollte mit dem Fleisch der saudischen Männer sterben, die den Heiligen Koran als Rechtfertigung dafür verwendeten, Menschen meines Geschlechtes zu mißbrauchen.

Ich versuchte, meine Wut zu beherrschen, weil ich Reema nicht zusätzlich belasten wollte. Ich rief mir die Verheißung des Propheten in Erinnerung, daß alle bestraft werden sollen, die auf diese Weise sündigen. Die Religion war mir jedoch kein Trost, nicht einmal das Wissen, daß Salim für das, was er meiner Schwester angetan hatte, ewige Höllenqualen erleiden würde. Ich wollte die Rache nicht Gott überlassen. Erst der Anblick von Salims verstümmeltem Leichnam würde mein kochendes Blut abkühlen!

Nachdem Nura Reema Mut zugesprochen hatte, sprach sie nacheinander mit uns. Sie bat uns, Salim ebenso höflich wie zuvor zu behandeln, und erinnerte uns an die Pflicht jedes guten Muslims, dem Menschen zu vergeben, der gefehlt hat. Reema sah die Wut in meinem Gesicht und zitierte einen Vers aus dem Koran. »Sultana, vergiß nicht die Worte des Propheten: Vergib, auch wenn du wütend bist.«

Doch ich wußte, wie die Fortsetzung des Textes im Koran lautete, und erwiderte: »Vergelte Böses mit Bösem.«

Sara zwickte mich in den Arm und ermahnte mich, unsere Schwester nicht noch mehr zu peinigen. Wütend wandte ich mich von Reema ab und starrte auf die Jalousien.

Reema setzte noch einmal zum Sprechen an, und ich traute meinen Ohren nicht, als ich ihre Worte hörte. Sie machten mich frösteln. Meine Schwester sagte doch tatsächlich, Salim habe seine Tat bereut und versprochen, nie mehr gewalttätig zu werden. Sie würden sich nicht trennen, und sie würde auch keine Scheidung verlangen.

Plötzlich wurde mir klar, was in Reema vorging. Sie hatte eine panische Angst, ihre vier Kinder zu verlieren. Aus diesem Grund war sie bereit, Salim seine gräßliche Tat zu vergeben. Sie würde alles ertragen, wenn sie nur ihre kostbaren Kinder behalten durfte.

Wir mußten Reema versprechen, daß niemand aus der Familie Vergeltung fordern würde.

Das war das schwierigste Versprechen, das ich jemals geben mußte, und ich brachte die Worte kaum über die Lippen. Doch ich wußte, daß ich keine andere Wahl hatte, als den Wunsch meiner Schwester zu akzeptieren.

Reema würde nach ihrer Genesung in das Haus des Mannes zurückkehren, der seine grenzenlose Grausamkeit viele Jahre lang vor uns verborgen hatte. Ich wußte, daß Salims Neigung zur Brutalität jederzeit wieder zum Vorschein kommen konnte, aber wir konnten nichts ändern.

Wir alle waren entsetzt, als eine ägyptische Schwester Nura anvertraute, früher am Tag habe Salim seine Frau besucht, in Gegenwart der Schwester das Krankenhaushemd hochgehoben und den künstlichen Darmausgang seiner Frau betrachtet. Angeblich sei er sichtlich schockiert und angeekelt gewesen.

Die Schwester berichtete, Salim habe äußerst gefühllos zu seiner Frau gesagt, er würde sich zwar nicht scheiden lassen, jedoch auch nicht mehr in ihr Bett kommen. Er könne diesen abstoßenden Anblick und den Geruch nicht ertragen.

Ich wunderte mich, daß ich nicht die Beherrschung verlor.

Meine Schwestern und ich hatten die Klinik mit der gemeinsamen Absicht betreten, unsere Schwester aus den Klauen ihres brutalen Ehemannes zu befreien, aber angesichts von Reemas berechtigter Angst vor dem Verlust ihrer Kinder mußten wir uns geschlagen geben. Wir verließen die Klinik als eine Gruppe schwarz verhüllter, namenloser Frauen, die nicht einmal gegen einen einzigen Mann etwas ausrichten konnten.

Das Gefühl der Niederlage war schier unerträglich.

Weil unsere Männer und Kinder noch in Monte Carlo waren, beschlossen meine Schwestern und ich, gemeinsam in Nuras Haus zu bleiben. Nura und Sara versprachen Ali nochmals, Nada aufzusuchen. Ihrer Meinung nach war es am besten, wenn er die Nacht bei einer anderen Frau verbrachte.

Wir riefen unsere Männer in Monte Carlo an und berichteten ihnen von Reema. Danach schützte Tahani Erschöpfung vor und ging früh zu Bett. Ich bestand darauf, Sara und Nura zu Nadas Palast zu begleiten, und meine Schwestern willigten schließlich ein, zwangen mich aber zu einem zweiten Versprechen: Ich mußte versichern, daß ich Nada nicht raten würde, Ali zu verlassen, solange sie die Möglichkeit dazu hatte.

Meine Schwestern kannten mich wirklich gut, denn natürlich hatte ich mir schon einen Plan zurechtgelegt, wie ich Nada davon überzeugen wollte, schnell zu handeln und einen anderen zu heiraten. Mein Bruder hatte Frauen sein ganzes Leben lang nur verachtet, und meiner Meinung nach war es an der Zeit, daß er lernte, die Scheidung nicht mehr als Waffe zu verwenden. Wenn ihn die einzige Frau, die er liebte, verließe, würde er vielleicht seine tyrannischen Methoden ablegen.

Jetzt mußte ich ein zweites schwieriges Versprechen halten.

Knapp vor neun Uhr abends kamen wir an. Alis Anwesen

wirkte ungewohnt friedlich. Als wir die breite Auffahrt zu den vier Palästen unseres Bruders hinauffuhren, waren keine seiner Frauen, Konkubinen und Kinder zu sehen. Nadas Palast war das dritte Gebäude innerhalb der Palastmauern. Nadas ägyptische Haushälterin teilte uns mit, ihre Herrin nehme gerade ein Bad, sie erwartete uns aber und habe sie beauftragt, uns in den Privatbereich zu bringen.

Mein Bruder liebt es, mit seinem Reichtum ungeheuerlich zu protzen. Verschwenderische Pracht blendete mich, als ich die mit weißem Marmor ausgelegte riesige Eingangshalle betrat. Der gewaltige Treppenaufgang glänzte silbern, und ich erinnerte mich daran, wie Ali stolz verkündet hatte, die tragenden Säulen seien mit echtem Silber verkleidet. Viereinhalb Meter hohe Türen mit massivsilbernen Türgriffen führten in Nadas Reich.

Schadenfroh dachte ich daran, daß mein Bruder beim weltweiten Sturz des Silberpreises in den achtziger Jahren einen erheblichen finanziellen Verlust erlitten hatte. In seiner Gier hatte Ali große Mengen Silber gekauft und mußte damals zusehen, wie dieser Schatz zusammenschmolz. Nun denn, Alis finanzieller Verlust hatte ihm wenigstens einen versilberten Palast eingebracht!

Ich war noch nie in Nadas Schlafzimmer gewesen, obwohl ich einmal zusammen mit meinen Schwestern zur Besichtigung des Bettes eingeladen worden war. Sara hatte mir danach schockiert erzählt, das Bett sei aus massivem Elfenbein geschnitzt. Jetzt sah ich diese Behauptung bestätigt. Ali hatte einst damit geprahlt, wieviele Elefanten für den großen Rahmen gestorben waren, doch ich hatte die Zahl vergessen.

Angesichts von Alis prunkvollem Haus schien mir eine Verbannung der Al Sauds aus dem Königreich Saudi-Arabien durchaus gerechtfertigt. Eine derartige Korruption durch Reichtum verdiente kein anderes Schicksal. Würden wir eines Tages das Schicksal von König Faruk in Ägypten, dem Schah des Iran oder König Idris in Libyen teilen? Eines war sicher: Wenn die arbeitende Klasse Saudi-Arabiens jemals die Privatgemächer des Prinzen Ali Al Saud zu sehen bekäme, würde sofort die Revolution ausbrechen.

In diesem Augenblick betrat Nada das Zimmer, modisch frisiert und mit hochnäsigem Gesichtsausdruck. Ihr gewaltiger Busen war in ein golden glänzendes Lamékleid gepreßt. Es war nur zu verständlich, daß mein Bruder im Bann dieser wunderschönen Frau stand. Nada war in unserer Familie für ihren gewagten Kleidungsstil und für ihre Bereitschaft zum Kampf gegen einen Mann bekannt, der in seinem Leben nur wenig Widerstand von Frauen gespürt hatte. Sie wußte genau, wie sie Ali quälen konnte, und ich glaubte immer, einen maliziösen Zug um ihre Augen zu sehen. Nie verließ mich der Gedanke, daß sie Ali nur aus Profitsucht geheiratet hatte. Sara hatte einmal gesagt, Nadas unsichere Position in der Ehe mache sie zu dem, was sie war. Sie müsse ständig damit rechnen, daß Ali sich von ihr trennte, wie er es auch mit anderen Frauen gemacht habe, und es sei nur zu verständlich, daß man in einer solchen Lage das Bedürfnis verspüre, sich für die Zukunft materiell abzusichern. In mir schwelten jedoch noch immer die Zweifel über Nadas wahren Charakter. Allerdings, das mußte ich zugeben, zahlte sie für den angenehmen Luxus einen hohen Preis, da eine Ehe mit Ali zweifellos eine Qual war.

»Hat Ali euch geschickt?« begann Nada. Sie machte ein so gequältes Gesicht, als ob unser bloßer Besuch eine Zumutung wäre. Ich war zwischen Sympathie und Abneigung hin- und hergerissen. Als sich Nura und Sara zu ihrer Schwägerin setzten, entschuldigte ich mich und ging zur Bar, um mir einen Drink zu holen.

Im Haus war alles ruhig, niemand war zu sehen. Ich mischte mir einen Gin Tonic, und weil ich keine Lust hatte, zu meinen Schwestern zurückzugehen, schlenderte ich durch den Palast meines Bruders zu seinem privaten Arbeitszimmer im Untergeschoß.

Kindliche Neugier erfaßte mich, als ich in den persönlichen Dingen meines Bruders stöberte und dabei eine Entdeckung machte, die mich zuerst verwirrte, dann allerdings sehr amüsierte.

Ich öffnete eine kleine Schachtel, die auf dem Schreibtisch lag, und las neugierig etwas über eine Garnitur Unterwäsche, die mein Bruder offensichtlich auf seiner letzten Reise nach Hongkong gekauft hatte. Bei den Unterhosen lag ein Blatt Papier mit Anweisungen.

> Wunderhosen: Unsere Glückwünsche zum Kauf ihrer neuen Wunderhosen! Sie sollten das erworbene Kleidungsstück täglich tragen. Es garantiert dem Träger erhöhte sexuelle Leistungsfähigkeit.
> Das Geheimnis dieser Wunderunterhosen liegt in dem »strategischen« Beutel, der die Genitalien optimal umschließt und die optimale Temperatur hält.
> Die Wunderwäsche ist jedem Mann zu empfehlen, insbesondere jedoch Männern, die sexuell sehr aktiv sind oder den ganzen Tag eine sitzende Tätigkeit ausüben.

Ich fing an zu kichern, und dann ritt mich der Teufel. Kurz entschlossen verbarg ich die Wunderhosen und die Gebrauchsanweisung unter meinem langen Kleid. Ich hatte keine Ahnung, was ich damit machen sollte, aber in jedem Fall wollte ich das Geheimnis mit Karim teilen. Ich fühlte mich wie zu Zeiten meiner kindlichen Streiche und stellte mir schadenfroh vor, wie Ali verzweifelt nach seinen Wunderhosen suchte.

Im Treppenaufgang traf ich meine Schwestern, die bei Alis Frau keinen Erfolg gehabt hatten.

Nada würde Ali verlassen, denn anders als die arme Reema befürchtete Nada nicht, daß ihr die Kinder genommen werden könnten. Ali zeigte wenig Interesse an seinem weiblichen Nachwuchs und hatte nie ein Geheimnis daraus gemacht, daß ihm nichts an seinen drei Töchtern lag. Sie dürften jederzeit bei ihrer Mutter leben.

Ich ging, ohne mich zu verabschieden. Meinen Gin Tonic trank ich im Auto. Ich freute mich über meinen kleinen Diebstahl wie ein Kind und fand es wunderbar, als Prinzessin des Hauses Al Saud durch die Straßen von Riad zu fahren und gleichzeitig einen Drink zu genießen.

Neugierig fragte ich Sara, warum Nada das angenehme Leben einer Al Saud aufgab, denn Ali hatte zwar einen üblen Charakter, aber Nada kam aus bescheidenen Verhältnissen. Es würde nicht einfach für sie sein, nochmals den Reichtum zu erringen, den sie an Alis Seite genossen hatte. Nada hatte nur wegen ihrer Schönheit und nicht wegen ihrer Familie diesen märchenhaft reichen Ehemann bekommen.

Nura sagte, nach ihren Informationen sei es bei einer Liebesnacht zu der Scheidung gekommen. Unter Tränen habe Nada meinen Schwestern gestanden, bereits dreimal seien sexuelle Probleme Anlaß der Scheidung gewesen. Ali bestehe darauf, daß sie ihm zu unzumutbaren Zeiten zur Verfügung stehe, und er wecke sie oft mitten in der Nacht aus dem Tiefschlaf. In der vergangenen Woche habe sie sich ihrem Mann verweigert, Ali habe jedoch darauf bestanden, daß sie ihrem Mann immer zum Geschlechtsverkehr zur Verfügung stehen müsse, selbst wenn sie auf einem Kamel sitze! Als sie sich weiter standhaft verweigert habe, habe sich Ali von ihr getrennt.

Nada habe eine überraschende zweite Erklärung abgegeben, erzählte mir nun Sara. Sie empfinde eine gewisse Zuneigung für Alis andere Frauen, aber die Bastarde von Alis Konkubinen gingen ihr zunehmend auf die Nerven. Ali habe siebzehn eheliche Kinder und dreiundzwanzig uneheliche.

Das Anwesen, das Nada gerne ihr Heim nennen wolle, sei von Konkubinen und deren Kindern regelrecht übervölkert.

Angesichts von Alis Zeugungskraft mußte ich an seine *Wunderhosen* denken, und ich lachte, bis mir die hellen Tränen über die Wangen liefen. Ich wollte meinen beiden Schwestern den Grund für meine ungezügelte Heiterkeit jedoch nicht verraten. Nur zu deutlich war ihnen die Sorge anzusehen, die Ereignisse des Tages hätten sich schädlich auf die geistige Gesundheit ihrer jüngsten Schwester ausgewirkt!

Epilog

O Gott, gib, daß die letzten Tage meines Lebens
die besten und die letzten meiner Taten
die vorzüglichsten sind. Mach, daß der schönste
Tag meines Lebens der Tag der
Zusammenkunft mit Dir ist
O Gott, mach den Tod zum besten der Dinge, die
wir nicht erwählen, sondern erwarten, und das
Grab zum besten Ort, an dem wir verweilen
werden. Und mache das zum Besten,
was dem Tod folgt.

Ein Pilgergebet

Eine Woche war vergangen, seit wir unsere Familien in Monaco zurückgelassen hatten. In zwei Tagen würden unsere Männer und Kinder nach Saudi-Arabien zurückkehren.

An diesem Abend hatten sich alle meine Schwestern bei Nura versammelt. Wir waren selig, daß Reema in unserer Mitte weilte. Sie war am selben Morgen aus der Klinik entlassen worden und wollte im Haus ihrer ältesten Schwester bleiben, bis es ihr gesundheitlich wieder besser ging.

Wir hatten uns aus einem bittersüßen Anlaß zusammengefunden: dem zwanzigsten Todestag unserer Mutter. Wir begingen diesen Tag jedes Jahr, weil wir unsere Mutter auch nach zwanzig Jahren noch schmerzlich vermißten. Die letzten Male hatten wir den Gedenktag damit gefeiert, uns die Lieblingsgeschichten aus unserer Kindheit zu erzählen. Immer ging es in ihnen um den wunderbaren Einfluß, den unsere Mutter auf unser Leben gehabt hatte.

Diesmal war die Stimmung wegen Reemas Unglück etwas gedrückt, und unsere kummervollen Gedanken führten uns zu traurigeren Themen als sonst.

»Zwanzig Jahre?« meinte Sara nachdenklich. »So lange kann es nicht zurückliegen, daß ich zum letztenmal Mutters Gesicht gesehen habe.«

Wir waren uns alle einig, daß die Jahre schneller vergangen waren, als uns lieb war.

Mir fiel plötzlich auf, daß acht der zehn Töchter jetzt älter waren als unsere Mutter bei ihrem Tod. Alle außer Sara und mir. Als ich diese Feststellung äußerte, begannen meine älteren Schwestern zu jammern und zu klagen.

»Sultana! Kein Wort mehr, bitte!« rief Nura aus. Nura hatte schon Enkelkinder, und ihr Alter war seit ein paar Jahren als Gesprächsthema tabu.

Reema bat um Ruhe, weil sie eine kleine Geschichte über unsere Mutter erzählen wollte. Sie gestand, daß sie aus Furcht, sie könnte mich verletzen, diese Geschichte noch nie erzählt habe.

Meine Augen leuchteten vor Überraschung und Neugier, und ich versprach, daß Reema erzählen konnte, was sie wollte, wir würden uns an diesem Tag gewiß nicht streiten.

»Du mußt dein Wort halten, Sultana, auch wenn dich die Geschichte trifft!«

Ich stimmte lachend zu, und meine Ungeduld wuchs.

Als ich acht Jahre alt war, hatte Mutter Reema in ihr Schlafzimmer gerufen und sie um ein feierliches Versprechen gebeten. Reema war von dem Gedanken an ein besonderes Geheimnis, das nur sie mit der Mutter teilte, tief beeindruckt gewesen und hatte voller Vorfreude ihr Wort gegeben, niemandem von dem Gespräch zu erzählen.

Mutter vertraute ihr an, sie habe bei Sultana eine beunruhigende Neigung entdeckt. »Sultana ist eine Diebin!«

Ich riß vor Überraschung die Augen auf, während meine Schwestern in lautes Gelächter ausbrachen.

Reema bat mit erhobener Hand um Ruhe, um die Geschichte fortsetzen zu können.

Mutter hatte ihr jüngstes Kind beim Stehlen persönlicher Habseligkeiten anderer Familienmitglieder erwischt. Ich wurde entdeckt, wie ich Spielzeug, Bücher, Süßigkeiten, Kekse und sogar Sachen nahm, für die ich keine Verwendung hatte, beispielsweise Alis Schallplatten. Mutter sagte Reema, sie habe alles versucht, mich von diesem Laster zu kurieren, jedoch vergeblich. Sie sei mit ihrer Weisheit am Ende und benötige jetzt Reemas Hilfe, um meine Seele zu retten.

Mutter ließ Reema schwören, bis ans Ende ihrer Tage bei jedem Gebet Gott anzurufen, er möge Sultana beschützen, leiten und ihr vergeben.

Tränen glänzten in Reemas Augen, als sie mich ansah und sagte: »Sultana, es quälte mich, daß ich mich um dein sündiges Tun sorgen mußte. Das Versprechen war eine große Last, weil ich nicht nur die fünf obligatorischen Gebete täglich verrichte, sondern auch bei vielen anderen Gelegenheiten bete. Ein Versprechen, das ich meiner lieben Mutter gegeben habe, darf nicht gebrochen werden. Ich muß also bis ans Ende meines Lebens für dich beten. Noch heute bete ich, daß du das Stehlen lassen mögest, und meine Gebete wurden erhört!«

Acht weitere Stimmen erhoben sich zu wieherndem Gelächter. Alle meine Schwestern brüllten vor Lachen und überschrien sich gegenseitig. Als wieder Stille eingetreten war, stellte sich heraus, daß meine Mutter jede um dieses Versprechen gebeten und es erhalten hatte! Jede war davon überzeugt gewesen, sie wäre die einzige, die das Geheimnis von der diebischen Schwester kannte! Zwanzig Jahre lang hatte keine von dem Versprechen erzählt.

Ich war sehr erleichtert. Der Schutz vieler Engel war mir gewiß, da alle meine Schwestern fromm waren und täglich zahlreiche Gebete verrichteten.

Tahani fragte mich geradeheraus: »Sultana, wir wüßten gerne, ob Gott unsere Gebete erhört hat. Hast du seit damals irgend etwas an dich genommen, was dir nicht gehört?«

Meine Schwestern erwarteten offensichtlich, daß ich die Frage verneinte. Sie konnten sich nicht vorstellen, daß ich noch immer eine kleine Diebin war. Meine Lippen zuckten, als ich an Alis *Wunderhosen* dachte, die zwischen meinen Sachen in meinem Zimmer lagen.

Überrascht von meinem Zögern fragte Nura tadelnd: »Sultana?«

»Einen Moment«, rief ich und lief hinaus, um meine letzte Beute zu holen.

Meine Schwestern trauten ihren Augen und Ohren nicht, als ich das Zimmer, angetan mit Alis Unterhosen, betrat und die Gebrauchsanweisung vorlas. Als ich eine Banane in die »strategische« Stelle steckte, wollte Nura Mißfallen äußern, doch ihre Ermahnungen gingen im allgemeinen Gelächter unter. Drei mußten das Zimmer verlassen, eine meinte, sie habe vor Lachen in die Hose gemacht. Selbst die Ankunft von drei Dienern, die wegen des beängstigenden Lärms herbeigeeilt waren, konnte unsere Heiterkeit nicht dämpfen.

Nachdem wieder Ruhe eingekehrt war, klingelte das Telefon. Es war Nashwa, Saras Tochter, die aus Monaco anrief, um sich bei ihrer Mutter über ihre Cousine Amani zu beschweren. Meine Tochter hatte sich ihrer Cousine an die Fersen geheftet und sich selbst zu einem einzig aus ihr bestehenden »Komitee zur Bekämpfung von Lastern und gesellschaftlicher Korruption« ernannt.

Nashwa war äußerst empört: Amani hatte ihr das Make-up, den Nagellack und eine Sonnenbrille weggenommen, weil diese Dinge angeblich den islamischen Sittenkodex verletzen würden! Nun meinte Nashwa finster, jemand müsse ihr diese Cousine vom Hals halten. Andernfalls werde sie drei französische Freunde anstiften, Amani am Abend zu folgen, sie auszuziehen und nur mit Unterwäsche bekleidet auf einem Platz voller Touristen abzusetzen. Danach hätte das prüde Mädchen hoffentlich andere Probleme, als sich mit Nashwas Tugend zu befassen.

Schlagartig drehte sich das Gespräch nicht länger um Alis Unterhosen. Alle meine Schwestern ergötzten sich daran, daß Sultanas Tochter von religiösem Eifer erfaßt war, während Saras Tochter sich in Discos vergnügte!

Ich ging kurz hinaus, rief Karim an und berichtete ihm von den Spannungen zwischen unserer Tochter und ihrer Cousine. Mein Mann versprach, Amani in seiner Nähe zu behalten, bis sie wieder sicher in Riad sei. Unsere Tochter hatte an dem Tag schon von dem Villenbesitzer gefordert, daß getrennte Aufzüge für Männer und Frauen eingebaut werden müßten.

Ungläubig rollte ich die Augen. Karim und ich kamen überein, daß wir zu Hause über eine Behandlung Amanis beraten mußten. Seit Maha von ihrer Psychose geheilt worden war, glaubte Karim fest an den Erfolg einer psychiatrischen Behandlung.

Freude erfüllte mich, als ich an Maha dachte, die als verantwortungsvolles Mädchen in unsere Familie zurückgekehrt war und deren Gedanken jetzt um ihre Ausbildung und ihre Zukunft kreisten.

Als ich das Zimmer wieder betrat, war eine hitzige Diskussion im Gange. Es ging um den militanten Fundamentalismus, der unsere Familie als Beherrscherin Saudi-Arabiens bedrohte. Meine Gedanken kehrten zu Amani und ihrer extremen Hinwendung zum Glauben zurück. Alle meine Schwestern berichteten, ihre Männer hätten sich besorgt gezeigt über die wachsende Kluft zwischen der Monarchie und der religiösen Bewegung, die stetig an Macht gewann. Die Führer der islamischen Fundamentalisten sind jung, gebildet und leben in Städten. Sie predigen die kompromißlose Rückkehr zum Koran und sind auf Kollisionskurs mit unserem Regime, das nach Modernisierung und Verwestlichung strebt.

Ich sagte nur wenig, obwohl ich mich intensiv mit der Bewegung befaßt hatte, weil mein eigenes Kind monarchiefeindliche Tendenzen zeigte. Mir ging die Sache sehr nahe, und ich lenkte mich damit ab, Reemas Kopf mit Kissen zu stützen.

Was für Unruhen würde ich noch in meiner Heimat erleben müssen? Würde mein eigenes Kind zu der Opposition gehören, die die legitime Regierung von Saudi-Arabien stürzte?

Doch allmählich verloren wir das Interesse an diesem Thema, und Reema sagte, sie habe noch etwas mitzuteilen. Ich hoffte, daß nicht noch eine meiner Sünden ausgeplaudert werden würde, und bemühte mich, ein unbeteiligtes Gesicht zu machen.

Reema eröffnete uns unbewegt, Salim denke daran, eine weitere Frau zu nehmen.

Meine Mutter hatte die Demütigung hinnehmen müssen, daß unser Vater vier Frauen nahm, Reema jedoch war die erste von uns Schwestern, der dies widerfuhr. Mein Magen zog sich zusammen, und meine Augen füllten sich mit Tränen. Reema jedoch verbat sich diese und sagte, sie würde gerne das Leben einer wenig beachteten Frau führen. Nichts könne sie davon abbringen, ein friedliches Leben zu führen, solange man ihr die Kinder ließe. Mit lauter Stimme erklärte sie, sie sei glücklich, doch ihre Augen straften sie Lügen.

Reema zuliebe taten wir alle, als ob wir ihr glaubten, und gratulierten ihr zu dem kleinen Sieg, den sie errungen hatte.

Dann verkündete Nura, Nada sei noch einmal Alis Frau

geworden, und unser Bruder habe einen Vertrag unterzeichnet, in dem Nada ein eigenes Vermögen gestattet wurde. Außerdem habe sie nach Paris reisen dürfen und Diamanten und Rubine gekauft, die der Königin von England würdig gewesen wären.

Tahani erkundigte sich, wie Ali das islamische Gesetz umgangen hatte, nach dem er Nada nicht noch einmal heiraten hätte dürfen. Es überraschte mich nicht zu hören, daß Ali einen saudischen Cousin bezahlt hatte, der Nada heiratete, ohne die Ehe zu vollziehen. Gleich nach der Hochzeit fand die Scheidung statt, und anschließend hatten sich Ali und Nada neu vermählt.

Ich sagte meinen Schwestern, daß der Islam das nicht erlaube. Der Prophet selbst habe gesagt, er werde die Männer verfluchen, die mithalfen, Gott zu betrügen.

»Wer wird einschreiten?« fragte Sara.

»Niemand«, seufzte Nura resigniert. »Aber Gott weiß es«, fügte sie hinzu, und wir empfanden alle tiefes Mitgefühl für Ali, weil dies nicht seine erste schwere Sünde war.

Der Abend neigte sich dem Ende zu, als das Telefon erneut klingelte. Eine Dienerin kam und bat Tahani an den Apparat. Wer von uns seine Lieben in Monaco zurückgelassen hatte, befürchtete eine weitere Krise. Daher baten wir unsere Schwester, uns wenigstens heute Einzelheiten zu den Torheiten unserer Kinder zu ersparen.

Wir hörten einen Aufschrei und rannten zu Tahani. Als sie den Hörer aufgehängt hatte, dauerte es noch eine ganze Weile, bis wir sie beruhigt hatten. Schließlich stammelte sie: »Samira ist tot.«

Regungslos und stumm standen wir da.

War es wirklich möglich?

Ich zählte an den Fingern ab, wie viele Jahre das liebe Mädchen in der »Frauenkammer«, einer Gummizelle im Haus ihres grausamen Onkels, eingekerkert gewesen war.

Sara begriff, was ich da abzählte. »Wie lange?«

»Beinahe fünfzehn Jahre.«

»Ich habe eine schwere Sünde begangen«, beichtete Tahani. »Viele Jahre lang bat ich Gott, den Onkel bald zu sich zu nehmen!«

Wir wußten, daß Samiras Onkel alt und gebrechlich war, und dies hatte uns zu der Hoffnung veranlaßt, Samira könne nach seinem Tod zu uns zurückkehren.

»Wir hätten wissen sollen, daß man bei so jemandem nicht damit rechnen kann, daß er rechtzeitig stirbt«, bemerkte ich sarkastisch.

Samira war ein glückliches, von Vater und Mutter abgöttisch geliebtes Kind gewesen. Aber ihre Eltern kamen bei einem Autounfall ums Leben, und danach hatte der Bruder ihres Vaters ihr Leben in die Hand genommen. Samira war mit einem jungen Mann, den sie liebte, vor ihrem Onkel geflohen. Mit falschen Versprechungen wurde sie nach Saudi-Arabien zurückgelockt und gegen ihren Willen verheiratet. Als man entdeckte, daß sie nicht mehr Jungfrau war, hatte ihr wütender Onkel sie in dem »Frauenzimmer« eingesperrt.

Im Laufe der Jahre hatten viele versucht, Samiras Freilassung zu erreichen; sie argumentierten, Samiras Sünde verdiene keine ewige irdische Strafe. Der Onkel war jedoch der Meinung, nur er allein kenne Gottes Ratschluß, und hob sein hartes Uteil nicht auf.

Samira war ein reizendes Mädchen gewesen. Was ihr die Natur gegeben hatte, hatte ihr das grausame Schicksal genommen. Die Frau, die wir geliebt hatten, war allmählich von der einsamen Haft zerbrochen worden.

Tahani begann zu schluchzen und konnte nur mühsam weitersprechen. Schließlich brachte sie heraus, daß Samira heute begraben worden war. Samiras Tante hatte gesagt, Samira sei zwar sehr mager geworden, habe aber noch immer wunderschön ausgesehen, als man sie in das weiße Laken wickelte, in dem sie vor Gott erscheinen würde.

Wie war der Schmerz über ihren grausamen Tod zu ertragen?

Ich unterdrückte mein Schluchzen und versuchte, mich an ein paar Zeilen von Kahlil Gibran über den Tod zu erinnern. *»Erst wenn du aus dem Fluß des Schweigens trinkst, wirst du wirklich singen. Wenn du den Gipfel des Berges erreicht hast, wirst du zu klettern beginnen. Und wenn die Erde deine Glieder fordert, dann wirst du wahrhaftig tanzen.«*

Wir reichten uns die Hände und erinnerten uns daran, daß wir wie eine Kette waren – so stark wie das stärkste Glied, so schwach wie das schwächste. Mehr denn je fühlten wir uns als Schwestern verbunden, nicht nur durch die Blutsbande. Wir würden die Grausamkeiten der Männer und den von Männern verursachten Tod einer unschuldigen Frau nie mehr tatenlos hinnehmen.

Ich sagte: »Die Welt soll wissen, daß die Frauen in Saudi-Arabien sich zunehmend bewußt sind, daß sie Rechte haben.«

Meine Schwestern sahen mich an, und ich wußte, daß sie meinen Kampf zum erstenmal verstanden.

In diesem Moment glaubte ich daran, daß die Welt irgendwie verändert werden könnte und eines Tages das Recht triumphieren würde. Die große Bewegung zur Durchsetzung der Achtung vor den Menschenrechten hat in Saudi-Arabien gerade erst begonnen. Sie wird nicht von doktrinären Ignoranten niedergeschlagen werden. Die Männer meines Landes werden meine Existenz beklagen, denn niemals werde ich aufhören, für die Rechte der Frauen in Saudi-Arabien zu kämpfen.

Anhang

Über Saudi-Arabien

Allgemeines: Staatsoberhaupt: König Fahd Ibn Abdul Asis Al Saud
Offizieller Titel: Wächter der beiden Heiligen Moscheen
Fläche: 2,1 Millionen Quadratkilometer
Einwohner: circa 14 Millionen
Wichtige Städte:
- Riad – Hauptstadt
- Dschidda – Hafenstadt
- Mekka – Heiligste Stadt des Islam
- Medina – Grabstätte des Propheten Mohammed
- Taif – Oasenstadt und Sommerferienort
- Damman – Hafenstadt und Geschäftszentrum
- Dharan – Zentrum der Erdölindustrie
- Al Khabar – Geschäftszentrum
- Yanbu – Erdgas-Exporthafen
- Hail – Handelszentrum
- Jubail – Industriestadt
- Ras Tanura – Raffineriezentrum
- Hofuf – Hauptstadt der Al Hasa Oase

Religion: Islam
Feiertage: Eid Al Fitr – 5 Tage, Eid Al Adha – 8 Tage

Geschichte: Die Stämme Saudi-Arabiens können ihre Wurzeln bis zu den Ureinwohnern der Arabischen Halbinsel zurückverfolgen. Die Vorfahren der heutigen Saudis lebten auf den wichtigen alten Handelswegen und erzielten einen Großteil ihres Einkommens durch Überfälle. Jeder Stamm hatte ein eigenes Gebiet und wurde von einem unabhängigen Stammesführer regiert. Die sich bekriegenden Stämme gehörten alle dem Islam an, den der Prophet Mohammed im 7. Jahrhundert gestiftet hatte. Als der Prophet im Alter von 63 Jahren starb, war fast ganz Arabien muslimisch.

Die Vorfahren der heutigen Herrscher Saudi-Arabiens regierten im 19. Jahrhundert fast die gesamte arabische Welt. Nachdem sie einen Großteil des saudischen Gebietes an die Türken verloren hatten, wurden sie aus Riad vertrieben und flüchteten nach Kuwait. König Abdul Asis Al Saud, Vater des heutigen Königs, kehrte nach Riad zurück, um das Land wieder unter seine Herrschaft zu bringen. Es gelang ihm, und er gründete 1932 das moderne Saudi-Arabien.

1938 wurde das Öl entdeckt. Saudi-Arabien wurde schnell zu einem der wohlhabendsten und einflußreichsten Länder der Welt.

Geographie: Saudi-Arabien ist mit einer Fläche von 2,1 Millionen Quadratkilometern ein Drittel so groß wie die Vereinigten Staaten und ebenso groß wie Westeuropa.

Saudi-Arabien liegt am Berührungspunkt dreier Kontinente: Afrika, Asien und Europa. Das Land erstreckt sich vom Roten Meer im Westen bis zum Persischen Golf im Osten. Es grenzt im Norden an Jordanien, den Irak und Kuwait, im Süden an den Jemen und Oman. Im Osten liegen die Vereinigten Arabischen Emirate, Katar und Bahrain.

In Saudi-Arabien, einem rauhen Wüstenland mit nur wenigen ganzjährig Wasser führenden Bächen, liegt Rub al-Ch'ali (»das leere Viertel«), die größte Sandwüste der Welt. Die Gebirgszüge von Asir erreichen im Südwesten eine Höhe von über 3000 Metern.

Kalender: In Saudi-Arabien wird der muslimische Kalender verwendet, der im Gegensatz zum gregorianischen Kalender auf dem Mondjahr aufbaut.
Ein Mond-Monat umfaßt den Zeitraum zwischen zwei Neumonden. Das Mondjahr hat 12 Monate, ist jedoch elf Tage kürzer als das Sonnenjahr. Aus diesem Grund wandern die Feiertage durch die Jahreszeiten.
Die Zählung nach Mondjahren beginnt 622 n. Chr. im Jahr der Hidschra, der Flucht des Propheten von Mekka nach Medina.
Der islamische heilige Tag ist der Freitag. Die Arbeitswoche beginnt in Saudi-Arabien am Samstag und endet am Donnerstag.

Wirtschaft: Mehr als ein Viertel der bekannten Ölreserven der Welt liegen unter saudischem Sand.
Im Jahre 1933 erwarb die Standard Oil Company of California das Recht, in Saudi-Arabien nach Öl zu suchen. 1938 wurde die Damman-Ölquelle 7 entdeckt, die noch heute Öl liefert. 1944 wurde die Arabian American Oil Company (ARAMCO) gegründet. Sie hat das Recht, im Königreich weiter nach Öl zu suchen. Seit 1980 ist die ARAMCO im Besitz der saudischen Regierung.
Der Ölreichtum bescherte den Bewohnern des Landes einen außergewöhnlich hohen Lebensstandard. Die Ausbildung ist kostenlos, und mit zinslosen Krediten haben es die meisten Saudis zu Wohlstand gebracht. Alle Saudis sowie muslimische Pilger werden auch kostenlos medizinisch versorgt. Es gibt Regierungsprogramme zur Unterstützung von Saudis im Falle von Erwerbsunfähigkeit, Tod und im Ruhestand. Das ganze Land ist ein eindrucksvoller Sozialstaat. Wirtschaftlich hat sich Saudi-Arabien zu einem modernen und technologisch fortschrittlichen Land entwickelt.

Währung:	Währungseinheit ist der saudische *Rial*. Der *Rial* entspricht 100 *Hallalas* und wird in Scheinen und als Münzen in verschiedener Höhe herausgegeben. Ein *Rial* entspricht 0,42 DM.
Bevölkerung:	Saudi-Arabien hat ungefähr 14 Millionen Einwohner. Alle Saudis sind Muslime. 95 % der Muslime sind Sunniten, 5 % Schiiten. Es herrscht großes Mißtrauen zwischen den Anhängern der beiden muslimischen Glaubensrichtungen. Die schiitische Minderheit wird von der sunnitischen Regierung diskriminiert.
Offizielle Sprache:	Offizielle Landessprache ist Arabisch; Geschäfts- und Handelssprache ist Englisch.
Rechtssystem und Regierung:	Saudi-Arabien ist ein islamischer Staat, dessen Recht auf der *Scharia* gründet. Dieser Gesetzeskodex wurde dem Koran und der *Sunna,* der Überlieferung des Lebens des Propheten Mohammed, entnommen. Der Koran dient als Verfassung des Landes und als Richtlinie für Rechtsurteile. Der König führt mit einem Ministerrat die exekutive und legislative Gewalt aus. Ihre Entscheidungen basieren auf der *Scharia.* Alle Ministerien und Regierungsstellen unterstehen dem König.
Religion:	Saudi-Arabien ist die Heimat des Islam, einer der drei monotheistischen Religionen. Muslime glauben an einen Gott und daran, daß Mohammed sein Gesandter ist. Als Herzland des Islam nimmt Saudi-Arabien in der muslimischen Welt eine besondere Stellung ein. Jedes Jahr unternehmen Millionen von muslimischen Pilgern eine Reise nach Mekka, um Gott zu huldigen. Aus diesem Grund ist Saudi-Arabien eines der konservativsten islamischen Länder, und seine Bewohner halten an einer strengen Interpretation des Koran fest.

Ein Muslim hat die sogenannten fünf Säulen des Islam zu erfüllen:

1.) Das Glaubensbekenntnis: »Es gibt nur einen Gott, und Mohammed ist sein Prophet.«
2.) Ein Muslim soll fünfmal täglich nach Mekka gewandt beten.
3.) Ein Muslim muß einen bestimmten Teil seines Einkommens als Almosensteuer *(Zakat)* entrichten.
4.) Im neunten Monat des muslimischen Kalenders soll ein Muslim fasten. Er soll während dieser »Ramadan« genannten Zeit von der Morgen- bis zur Abenddämmerung weder essen noch trinken.
5.) Ein Muslim soll, wenn es seine finanziellen Mittel erlauben, wenigstens einmal in seinem Leben die *Hadsch* durchführen.

Glossar

Abahja	Langer, schwarzer Umhang, den saudische Frauen über dem Kleid tragen.
Abu	Vater
Al Ras	Mädchenschule in Saudi-Arabien
Al Saud	Regierende Dynastie des Königreichs Saudi-Arabien.
Arabisch	Mundartenreiche Sprache der arabischen Welt.
Assiut	Stadt in Südägypten
Backgammon	Im Nahen Osten populäres Brettspiel.
Bahrain	Inselstaat im Persischen Golf
Beduinen	Nomadisches Wüstenvolk, Ur-Araber.
Ben (oder Ibn)	»Sohn von«, steht nach dem Namen des Mannes und vor dem Namen des Urgroß- oder Großvaters.
Christentum	Religion nach den Lehren von Jesus Christus
Dhu l-Qa'da	Elfter Monat des *Hidschra*-Kalenders.

Dhu l-Hidscha	Zwölfter Monat des *Hidschra*-Kalenders.
Dubai	An Saudi-Arabien grenzende Stadt in den Vereinigten Arabischen Emiraten.
Dschidda	Saudische Stadt am Roten Meer
Emirate	Die Vereinigten Arabischen Emirate sind eine Föderation sieben autonomer Emirate in Vorderasien.
Frauenkammer	Zimmer im Haus eines Mannes, in das saudische Frauen eingesperrt werden, die sich den Wünschen ihres Mannes, Vaters oder Bruders widersetzen. Die Strafe kann kurz oder auch lebenslang sein.
Gamaa Al Islamiya	Islamische Extremistengruppe, die sich Anfang der achtziger Jahre in Ägypten bildete.
Grünes Buch	Philosophie von Muhammar al Gaddafi, Libyen.
Hadith	Aussprüche und Taten des Propheten Mohammed; islamische Rechtsquelle.
Hadsch	Jährliche Pilgerreise nach Mekka islamischer Glaubensanhänger.
Hadschi	Ehrentitel für Absolventen der Pilgerreise nach Mekka.
Hidschra	Islamischer Kalender, der mit der Flucht des Propheten Mohammed von Mekka nach Medina beginnt.
Ihram	Bestimmter Zeitraum während der Hadsch, in dem der Pilger sich in einem religiösen Weihezustand befindet.
Imam	Vorbeter der Gemeinde, der am Freitag das Gebet leitet.
Kindestötung	In vorislamischer Zeit weitverbreitete Praktik, unerwünschte Töchter loszuwerden.

Islam	Religion der Muslime, deren Prophet Mohammed war. Der Islam entstand als letzte der drei großen monotheistischen Religionen.
Jemen	Nachbarland Saudi-Arabiens im Südwesten der Arabischen Halbinsel.
Judaismus	Religion der Urchristen
Kaaba	Wichtigstes Heiligtum des Islam. Die Kaaba ist ein fast würfelförmiges Gebäude in der Heiligen Moschee von Mekka, das um den Schwarzen Stein gebaut wurde, das am meisten verehrte Objekt der Muslime.
Kairo	Hauptstadt von Ägypten
Koran	Die heilige Schrift des Islam. Das Wort Gottes, wie es dem Propheten Mohammed offenbart wurde.
Kuwait	Kleines Emirat, an Saudi-Arabien grenzend. Verfügt über 10 % der Erdölreserven der Welt.
Mahram	Männer, die eine Frau nicht heiraten kann, beispielsweise ihr Vater, Bruder oder Onkel. Sie können eine Frau auf Reisen begleiten; stets nahe Verwandte.
Medina	Zweitheiligste Stadt des Islam, in der Mohammed beigesetzt wurde.
Mekka	Heiligste Stadt des Islam. Jedes Jahr reisen Millionen muslimischer Pilger nach Mekka.
Monotheismus	Glaube an einen einzigen Gott
Muezzin	Ruft fünfmal täglich zum Gebet.
Muslim	Anhänger der von Mohammed im Jahre 610 begründeten Religion.
Mut'a	Im Islam erlaubte temporäre Ehe.

Mutawa	Angehöriger der Sittenpolizei. Die Männer verhaften und bestrafen Personen, die sich nicht an das saudische religiöse Gesetz halten.
Najd	Traditioneller Name für Zentralarabien. Die Bewohner dieses Gebietes sind als konservativ bekannt. Die regierende Familie von Saudi-Arabien sind Najdis.
PLO	Palestine Liberation Organization (Palästinensische Befreiungsorganisation).
Polygamie	Vielehe. Muslime dürfen mit vier Frauen gleichzeitig verheiratet sein.
Purdah	Brauch in einigen muslimischen Ländern, Frauen zu einem isolierten Leben in ihrem Haus zu zwingen.
Riad	Hauptstadt Saudi-Arabiens, in der Wüste gelegen.
Rial	Saudische Währung. Ein Rial entspricht derzeit 0,42 DM.
Rub al-ch'ali	Ausgedehnte Sandwüste im Südwesten der Arabischen Halbinsel. Wird häufig als »das leere Viertel« bezeichnet.
Sanaa	Hauptstadt des Jemen
Saudi-Arabien	Land in Vorderasien, das den größten Teil der arabischen Halbinsel einnimmt. Besitzt mindestens ein Viertel der Erdölreserven der Welt.
Schiiten	Eine der beiden Hauptkonfessionen des Islam, die sich im Streit um Mohammeds Nachfolger von der sunnitischen Konfession abgespalten hat.
Shawarma	Beliebtes Sandwich in Saudi-Arabien und anderen arabischen Ländern. Gewürztes Lamm-, Rind- oder Hühnerfleisch in Pitabrot mit Soße.

Shayla	Schwarzes Gazetuch, das muslimische Frauen in Saudi-Arabien tragen.
Sittenpolizei	Religiöse Behörde in Saudi-Arabien, die Menschen festnehmen kann, wenn diese ihrer Meinung nach moralisch gefehlt oder gegen die Lehren des Islam gehandelt haben.
Sunna	Die Überlieferung vom Leben, Wirken und den Äußerungen des Propheten Mohammed.
Sunniten	Hauptkonfession des Islam. Die saudische Bevölkerung ist zu 95 % sunnitisch. Das Wort bedeutet »Traditionalisten«. Eine der beiden Hauptkonfessionen.
Taif	Saudischer Ferienort in den Bergen nahe Mekka.
Teheran	Hauptstadt des Iran
Thobe	Langes, hemdartiges Gewand der Saudis. Traditionell aus weißem Baumwollstoff, für die Wintermonate aus dichterem Material in kräftigen dunklen Farben.
Umm al-Qura	»Mutter der Städte« oder »Heilige Stadt« – Mekka.
Umra	Kleine Pilgerfahrt nach Mekka, die das ganze Jahr hindurch unternommen werden kann.
Zakat	Gesetzliche Almosensteuer, der alle Muslime unterliegen. Dritte Säule des Islam.

Chronologie

570 n. Chr.	Mohammed wird in Mekka geboren.
610 n. Chr.	Mohammed hat eine Vision Gottes. Der Islam ist geboren.
632 n. Chr.	Tod des Propheten Mohammed.
650 n. Chr.	Der Koran wird nach den göttlichen Offenbarungen niedergeschrieben.
1446	Erster Beleg dafür, daß sich ein Vorfahre Sultanas in Darija, dem heutigen Riad, niederläßt.
1744	Der Krieger Mohammed Al Saud verbündet sich mit dem Lehrer Mohammed Al Wahhab.
1806	Nach jahrelangen Kämpfen in der Wüste sind die meisten Araber unter der Herrschaft von Al Saud und Al Wahhab vereinigt.
1876	Abdul Asis Ibn Saud, der Begründer des modernen Königreiches Saudi-Arabien, wird geboren.
1887	Die Raschids, Rivalen der Al Sauds, erobern Riad.
1891-1901	Die Al Sauds ziehen durch die Wüste und gehen schließlich nach Kuwait ins Exil.

1902	Abdul Asis und seine Männer erobern Riad zurück.
1932	Abdul Asis Al Saud gelingt die Vereinigung fast ganz Arabiens. Das Königreich Saudi-Arabien wird das zwölftgrößte Land der Erde.
1933	Die Vereinigten Staaten erhalten die Konzession, in den Wüsten Saudi-Arabiens nach Öl zu suchen.
1938	Im saudischen Damman wird Öl entdeckt.
1946	Die Ölförderung steigt auf sechzig Millionen Barrels pro Jahr.
1948	Prinz Faisal leitet die arabische Delegation gegen die jüdische Delegation, die einen Staat Israel zum Ziel hat. Der Staat Israel wird gegründet. Die arabische Delegation schwört Vergeltung durch Krieg.
1948	Der erste arabisch-israelische Krieg beginnt.
1953	König Abdul Asis Ibn Saud stirbt. Nachfolger wird sein ältester Sohn Saud, Faisal wird Kronprinz.
1962	Im Königreich Saudi-Arabien wird die Sklaverei offiziell abgeschafft, besteht aber inoffiziell weiter.
1963	Trotz der Proteste religiöser Gruppen wird die erste Mädchenschule eröffnet.
1964	König Saud dankt ab und verläßt das Königreich. Kronprinz Faisal wird der dritte König Saudi-Arabiens. Neuer Kronprinz ist Khalid.
1967	Sechs-Tage-Krieg zwischen Israel und den arabischen Nachbarn. Die Araber werden geschlagen.
1969	Der entthronte Exkönig Saud stirbt in Griechenland.
1973	Im Oktober 1973 ist Israel der Niederlage nahe, kann jedoch unter Aufbietung aller Kräfte die arabischen Truppen aufhalten.
1973	König Faisal ruft zum Ölembargo gegen die westlichen Länder auf.

1975	König Faisal wird von einem Neffen ermordet.
1975	König Khalid wird zum König ernannt. Fahd wird neuer Kronprinz.
1977	König Khalid verbietet Frauen per Verordnung, sich ohne Begleitung eines männlichen Familienmitgliedes außerhalb des Hauses zu zeigen. Eine zweite Verordnung nimmt ihnen die Möglichkeit zum Auslandsstudium, es sei denn, ein naher Angehöriger würde sie begleiten.
1982	König Khalid erliegt einem Herzanfall. Fahd wird zum König ausgerufen, Abdullah wird Kronprinz.
1990	Der Irak marschiert in Kuwait ein. Saudi-Arabien gestattet ausländischen Truppen den Aufmarsch im Königreich.
1991	Saudi-Arabien verbündet sich mit westlichen und arabischen Truppen. Der Golfkrieg wird siegreich beendet, die ausländischen Truppen verlassen das Land.
1992	Religiöse Gruppen legen der weiblichen Bevölkerung Saudi-Arabiens harte Beschränkungen auf.
1993	Gruppen zur Verteidigung der Menschenrechte werden in Saudi-Arabien aktiv und protestieren gegen die Verletzung der Menschenrechte. Die Regierung läßt Personen festnehmen und löst die Gruppen gewaltsam auf.
1993	Die Israelis und die Palästinenser unterzeichnen ein lang erwartetes Friedensabkommen. Die saudische Regierung spricht vom Frieden mit Israel.

Personenregister

König Abdul Asis Al Saud	Großvater von Prinzessin Sultana. Erster König und Begründer des Königreichs Saudi-Arabien. Starb 1953.
Abdul	Ägyptischer Angestellter von Prinzessin Sultana (mit Fatima verheiratet).
Abdullah Al Saud	Sohn von Prinzessin Sultana
Aisha	Freundin von Prinzessin Maha
Alhaan	Ägyptisches Mädchen, das gegen den Willen ihrer Großmutter Fatima an den Genitalien verstümmelt wurde.
Ali Al Saud	Bruder von Prinzessin Sultana
Amani Al Saud	Jüngste Tochter von Prinzessin Sultana.
Arafat, Jassir	Vorsitzender der PLO
Assad Al Saud	Schwager von Prinzessin Sultana (Ehemann von Sara).
Connie	Philippinisches Hausmädchen saudischer Freunde von Prinzessin Sultana.

Cora	Philippinisches Hausmädchen von Prinzessin Sultana.
Elham	Ägypterin, Tochter von Abdul und Fatima (Angestellte von Prinzessin Sultana).
König Fahd	Amtierender König Saudi-Arabiens, wird von Prinzessin Sultana, seiner Nichte, hoch geschätzt.
Fatima	Ägyptische Haushälterin von Prinzessin Sultana (mit Abdul verheiratet).
Fayza	Tochter saudischer Freunde von Prinzessin Sultana. Sie floh mit dem Palästinenser Jafer, weil sie nicht gegen ihren Willen verheiratet werden wollte.
Fouad	Vater Fayzas
Hanan	Jüngere Schwester von Prinz Karim (Schwägerin von Prinzessin Sultana).
Huda	Afrikanische Sklavin, die bei Prinzessin Sultanas Eltern arbeitete. Ist inzwischen verstorben.
Jafer	Palästinensischer Angestellter von Prinz Karim und enger Freund dessen Sohnes Abdullah.
Karim Al Saud	Prinz der herrschenden Familie; Sultanas Ehemann.
König Khalid	Vierter König Saudi-Arabiens, der bei seinem Volk sehr beliebt war. Starb 1982.
Khomeini	Religiöser Führer im Iran, der die Revolution gegen den Schah anführte und eine Islamische Republik gründete.
Lawand Al Saud	Cousine ersten Grades von Karim, wurde einige Jahre eingekerkert.
Majed Al Saud	Sohn von Ali (Neffe von Prinzessin Sultana).
Maha Al Saud	Älteste Tochter von Prinzessin Sultana.
Mishail	Königliche Cousine von Prinzessin Sultana, die wegen Ehebruchs zum Tode verurteilt wurde.

Mohammed	Schwager von Prinzessin Sultana. Er ist mit Karims Schwester Hanan verheiratet.
Mousa	Ägyptischer Fahrer von Prinzessin Sultanas Familie.
Nada	Jugendfreundin von Prinzessin Sultana, die von ihrem Vater wegen der Verletzung seiner Ehre getötet wurde.
Nashwa	Nichte der Prinzessin Sultana. Nashwa ist die halbwüchsige Tochter von Prinzessin Sara.
Nasser	Schwiegersohn von Fatima
Nura	Schwiegermutter von Prinzessin Sultana
Nura Al Saud	Älteste Schwester der Prinzessin Sultana.
Reema Al Saud	Schwester von Prinzessin Sultana
Rima	Kinderbraut aus dem Jemen
Salim	Schwager von Prinzessin Sultana. Salim ist mit Reema verheiratet.
Samia	Mitglied der königlichen Familie, mit Fouad verheiratet und Mutter von Fayza.
Samira	Jugendfreundin von Tahani, einer Schwester von Prinzessin Sultana. Samira wurde bis zu ihrem Tod in die Frauenkammer gesperrt.
Sara Al Saud	Schwester von Prinzessin Sultana. Sara ist mit Assad verheiratet, einem Bruder von Karim.
Tahani Al Saud	Schwester von Prinzessin Sultana
Wafa	Jugendfreundin von Prinzessin Sultana, die als junges Mädchen mit einem alten Mann verheiratet wurde.
Yousif	Ägypter, Studienfreund von Prinz Karim, der sich später einer radikalen islamischen Gruppe in Ägypten anschloß.

Danksagung

Besonderer Dank geht an Jack W. Creech, der mich tatkräftig unterstützt hat, sowie an die Mitglieder meiner Familie, die mir jederzeit mit ihrer Liebe zur Seite standen: meine Schwester Barbara, mein Schwager George, ihre Tochter Roxanne sowie deren Ehemann David.

Herzlichen Dank drei besonderen Freunden, David Abramowitz, Nancy Apple und Richard Billingsly.

Ohne Frank und Lydia hätte ich die langen Arbeitstage nicht durchgestanden.

Ich bin meinem »Superagenten« Frank Curtis sehr dankbar für seine Begeisterung für das Buch und die fachmännische Abwicklung aller Verkaufsangelegenheiten von *Ich, Prinzessin Sultana, und meine Töchter.*

Einige Freunde wage ich allerdings nicht zu nennen: treue saudische Kuriere, die eigenhändig Botschaften zwischen Sultana und mir transportierten, als keine Kommunikation möglich war. Sie wissen, wer gemeint ist. Ich danke ihnen.

Zwei besondere Freunde in Australien dürfen nicht unerwähnt bleiben. Ich hoffe, daß ich ihnen eines Tages offen für ihre Zuneigung und Unterstützung danken kann.

Ich danke den zahlreichen saudischen und sonstigen arabischen Freunden, die mich nicht im Stich gelassen haben, weil ich Sultanas Geschichte aufgeschrieben habe. Sie wissen, daß mein detaillierter Bericht über das Leben saudischer Frauen nicht bedeutet, daß ich alle Araber verurteile. Sie wissen, daß ich das arabische Volk liebe.

Mein größter Dank gilt selbstverständlich Sultana.